ON COMPETITION
竞争论

● [美] 迈克尔·波特◎著 ●
刘 宁 高登第 李明轩◎译

中信出版社
北京

图书在版编目（CIP）数据

竞争论/（美）波特著；高登第，李明轩译 . —北京：中信出版社，2012.8（2022 . 1 重印）
书名原文：On Competition
ISBN 978–7–5086–3420–3

I. 竞…　II. ① 波…　② 高…　③李…　III. 竞争－研究　IV. ① F038.2

中国版本图书馆 CIP 数据核字（2012）第 148302 号

竞争论
JINGZHENGLUN

著　　者：[美] 迈克尔 · 波特
译　　者：高登第　李明轩
策划推广：中信出版社（China CITIC Press）
出版发行：中信出版集团股份有限公司（北京市朝阳区惠新东街甲 4 号富盛大厦 2 座　邮编　100029）
（CITIC Publishing Group）
承 印 者：北京通州皇家印刷厂
开　　本：787mm × 1092mm　1/16　　**印　　张**：28　　**字　　数**：392 千字
版　　次：2012 年 8 月第 3 版　　**印　　次**：2022 年 1 月第 4 次印刷
京权图字：01–2009–2006
书　　号：ISBN 978–7–5086–3420–3/ F · 2670
定　　价：88.00 元

· ON COMPETITION · 目　录 ·

第三篇　以竞争力的方式来解决社会问题

第四篇　战略、慈善事业与企业社会责任

第五篇　战略与领导力

· ON COMPETITION · 导　言[①] ·

竞争是社会最重要的力量之一，它能够促进社会诸多领域的进步。在过去的几十年时间里，笔者一直都在对竞争和价值创造进行着深入研究。竞争无处不在，无论是对于争夺市场的各个企业，面对全球化的各个国家，还是对于满足社会需求的各个社会组织。为了向客户提供高端产品和服务，每个组织都需要制定出自己的战略。

在过去的几十年时间里，竞争在所有领域都呈现出越来越激烈的趋势。因此，如今竞争更是在社会各个方面显示出其强大的影响力。竞争已经跨越了地域界线，各个国家必须通过竞争来保持其现有的繁荣。同时，竞争还遍及社会的各个角落，包括艺术、教育、医疗保健和慈善事业等有众多需求但缺乏资源的领域。

今天，各个领域内的组织必须通过不断竞争来创造出价值。企业必须要向客户提供价值，国家也必须创造出社会价值。现在，不仅企业生产产品或者提供服务是在创造价值，对医院来讲，提供医疗保健服务也是创造价值；对基金会来讲，开展慈善捐款活动也是创造价值。创造社会价值（单位投入所带来的社会效益）已经越来越成为所有致力于为公众谋利益的组织的要务之一。

在理解竞争和价值创造的过程中，我的目标是要弄清楚复杂的事实及其发生

---

① 在此，我要感谢琼·马格丽特在我写作本《导言》以及本书某些章节过程中给予我的大力协助。托马斯·斯图尔特和安德烈亚·奥万斯对《导言》部分也作出了有益的评价。同时，我还要感谢林恩·波尔和汉纳·金利在撰写手稿过程中给予的专业指导。当然，如果没有我的共同作者所付出的努力，也不可能有本书的出版。

的原因。尽管作为一名经济学家我善于进行经济推理，但是我所要做的不仅是提出理论，还要使得我的理论对实践者产生实际指导作用。我的最终目的是打造出一套严谨、实用的体系，从而有效地填补实践和理论之间的空白。

我在本书中全面地向读者介绍了我所理解的竞争和价值创造的概念，以及理解这两者的方法，这包括我新近的研究成果以及原来的研究基础。本书基于我对竞争的多方位、多层次的研究，这些不同的方位和层次都由一个共同的主线所贯穿。①

这一修订版包括5个部分。第一篇《竞争与战略：核心概念》列出了企业竞争战略的一些核心概念，其范围从单一产业延伸到多业务或多元化经营的企业。产业竞争的驱动因素、企业获得并保持竞争优势的方式以及制定独具特色的战略原则都是竞争的核心。深入理解如何在某一特定业务中保持竞争力，为企业的其他选择奠定了基础。比如，多元化的获得离不开其与单个产业中的竞争力的有机结合。同时，第一篇中写到的原则对非营利性组织以及企业同样适用。②

第二篇《地域的竞争力》阐述了地域在竞争中所扮演的角色。随着竞争范围的扩大和竞争强度的提高，人们对国家、州以及城市之间的竞争力显示出了越来越浓厚的兴趣。随着科技使得企业的行为越来越国际化，资本在国际间的流动越来越自由，许多专家都认为，地域的重要性正在逐渐消失。然而，本书第二篇则向这一论断发起了挑战。在本篇中，我对企业和整个国家如何依赖于竞争发生的环境进行了论述。传统意义上，一个区域或者一个国家的竞争力一直被看做主要是为促进投资和创造就业机会而由政府做的事情。竞争的新模式则使企业必须扮演一个其并不熟悉的角色，它们必须学会塑造竞争环境。企业、政府和其他当地机构之间需要建立一种新形式的关系，同时，我们对政府政策也应当有新的认识。要制定企业的全球战略，在第一篇的观点之外，我们还必须懂得地域对竞争所带来的影响。③

---

① 关于我在这些领域所有研究的目录（包括演讲和访谈），请见战略与竞争学院网站（http://isc.hbs.edu）。

② 《哈佛商业评论》关于此领域的其他文章包括迈克尔·波特和凯瑟琳·鲁迪·哈里根合写的《夕阳产业的残局战略》（1983年7~8月《哈佛商业评论》）。

③ 《哈佛商业评论》关于此领域的其他文章包括《资本劣势：美国欲振乏力资本投资体系》（1992年9~10月《哈佛商业评论》）和迈克尔·波特与T·M·霍特及E·鲁登合写的《全球化企业如何成为赢家》（1982年9~10月《哈佛商业评论》）。

第三篇《以竞争力的方式来解决社会问题》沿用前两篇的理论体系讨论了一些重要的社会问题。环境、城市贫穷、收入不均和医疗保健等通常都被看做是重要的社会问题。本篇说明上述社会问题与经济（更确切地说是竞争）是分不开的。我越来越相信，要长久有效地解决这些问题，我们必须从竞争中有效地吸取经验。如果能够正确处理诸如环境、弱势群体以及医疗保健问题，我们的社会和企业便有机会取得共赢。这一过程将会创造出正和博弈，从而促进改革，为社会创造出更大的价值。①

第四篇《战略、慈善事业与企业社会责任》阐述了组织和企业的慈善事业的战略原则。在一个缺乏公共资源和社会需求迫切需要得到满足的世界，通过慈善事业来创造价值已是当务之急。社会必须将足够多的资源用于慈善事业，这些行为很多都会有税费方面的补贴，因此会得到民众的支持。我们再也不能误将慈善事业看做是一种个人的行为，实际上，它的确能够创造出真正的社会价值。

目前，企业前所未有地被要求加入到社会事务的大潮中去。在这一过程中，企业高举的旗帜一般是企业社会责任。企业如何能够参与社会事务，从何处着手，以及它们如何投资于慈善与公益事业中去，是目前每一个企业决策者所面临的紧要课题。这一课题的关键在于，要看到社会事务与经济事务并不是相互独立的，它们之间是可以互促互进的，本篇将就此展开讨论。因此，参与社会事务能够而且应当成为企业战略的一部分，而不应当被独立出去。

第五篇《战略与领导力》阐述的是，要创造出更大的价值，领导力是必不可少的。对任何组织来讲，战略的制定都是一种领导行为。为使组织中的所有个体都朝着一个目标与方向努力，战略也许是领导者手中最为有力的武器。如领导力一样，我们对领导者的作用不能小觑，特别是那些位居《财富》100强或者500强之列的大型企业或组织的领导者。这些机构异常庞大和复杂，以至于没有哪一位领导者能够全面掌握其业务，完全管理好数千名员工中的每一名，甚至是作出全部决策中的哪怕一小部分。在这些机构中，领导者所扮演的角色是很微妙和间接的。最近，我们已经针对这一角色开始了研究和探索。

---

① 《哈佛商业评论》关于此领域的其他文章包括迈克尔·波特与福里斯特·L·莱因哈特合写的《关于气候的战略方法》（2007年10月《哈佛商业评论》），和迈克尔·波特与伊丽莎白·泰斯伯格及格雷戈里·B·布朗合写的《医疗业的竞争力》（1994年7~8月《哈佛商业评论》）。

竞争与战略：核心概念

第一篇的第一章是《五力模型》。此章内容能够有助于最终确定一些商业惯例和学术思维方式。任何产业中的任何企业都可以被分成两大部分：第一部分归属于其所在产业，第二部分归属于企业在产业中的相对盈利能力。经常有人问我，要读懂我的作品应当从何处入手。我认为，即便是对那些认为自己已对“五力模型”很熟悉的读者，本章也无疑是一个基本的切入点。经过改写之后，我更新了对战略者与投资者的产业分析的认识。

战略中的许多误解来自于对竞争概念及其作用机理的基本面的错误认识。人们经常把竞争定义得过于狭隘，从而使其看上去似乎只发生在直接竞争对手之间。本章基于经济理论论述了用于评价所有产业中竞争行为的一套体系。这套体系为我们提供了一种评价任何产业结构及其可能发生变化的系统的方法。①“五力模型”的焦点在第一部分，也就是它能够解释巨大的产业平均盈利能力并持续存在的差别以及战略的确切含义。采用“五力模型”（包括买方的议价能力、供应商的议价能力、新进入者的威胁、替代产品或服务的威胁以及现有竞争者之间的竞争）的分析方法，可以使人们能够很好地理解所有产业的长期盈利能力，以及企业如何能够沿着对自己有利的方向对产业竞争施加影响。

第二章《什么是战略》则阐述了盈利能力的第二部分：为什么有些企业能够击败其竞争对手。在我的《竞争战略》一书中，我介绍了一般战略的概念，从而第一次对产业竞争先进方法的定位和创立进行了讨论。②其后，在《竞争优势》一书中，通过引入价值链的概念，问题得到了进一步的阐述。本章则进一步对定位的概念作了论述。一家企业通过较之竞争对手更高的产品价格或者更低的生产成本会获得很高的产业盈利能力。在本章中，我论述了竞争者之间的价格或者成本差别是如何从两种不同的源头出现的，这两种源头分别是运作效率（也就是企业是否具备最佳表现）和战略定位。在获得最佳表现方面进行的竞争我称其为“最优者竞争”。所有企业都必须不断改进其运作效率，然而，这是一场极难胜出的竞

① 本章是我的《竞争战略》一书的开篇。

② 关于我对定位的早期研究，请参见《竞争战略》的第二章和《竞争优势》。

争。盈利能力的差异大都来自于战略定位的不同，我称其为“独一无二性竞争”。最终，通过竞争实现自己独有的特点，要比取得更好的量上的优势具有更好的可持续性，本章便对此课题进行了阐述。

《什么是战略》这一章阐述了战略定位的理论。战略的不同取决于价值链活动的不同，比如企业物流、订货、产品设计、组装和培训等方面的不同。战略之所以具有可持续性，原因是企业能够进行取舍或者选择提供某种形式的价值，而同时牺牲价值链中其他方面的价值。竞争优势取决于特定价值链所提供的独特价值主张，包括不同于竞争对手的取舍以及能够互相促进的诸多行为。

第一篇中的前两章为所有产业水平的战略制定提供了核心分析体系：产业结构与竞争定位。接下来的两章《如何利用信息形成竞争优势》以及《战略与互联网》则为您解读了现代竞争中无处不在的信息技术所发挥的作用。这些章节运用并扩展了核心体系，并且对如何将其用于更好的理解与创新进行了论述。

《如何利用信息形成竞争优势》这一章对竞争中信息技术所发挥的作用进行了全面地论述。在此章中，维克多·米勒与我都认为，信息技术在产业结构和竞争定位中都发挥着重要作用。“五力模型”提供了一种分析产业效果的方法，而价值链则提供了一种在发展迅速的领域中解读竞争优势的方法。本章写作多年以后，其内容仍具有时代意义，因为它所揭示的是基础理论，而不是对一些现代趋势的论述。因此，要理解每一代新技术体系的竞争意义，此章仍能够提供一套分析方法。

我们经常会听到一种说法，叫做“互联网改变了一切”。《战略与互联网》这一章论述了互联网在竞争中所起到的作用，并探索了互联网改变了什么和没有改变什么，以及所有组织应当如何评估互联网对其竞争力的影响。对于那些努力寻求一种强有力的变革工具的组织来讲，产业结构分析再一次被证明是一种有效的战略方式。尽管许多人都认为，互联网会使战略过时，但事实正好相反。本章论述了互联网为什么削弱了产业盈利能力而没有催生自有优势，从而使人们懂得战略实际上较之以前更为重要。

同时，本章还对如何战略性地思考任何技术上的非连续性进行了讨论。很多人都认为，许多关于创新的工作会导致破坏性结果，使得产业中的既有企业遭受灭顶之灾。产业结构工具能够帮助经理层评估一项新技术的诞生是否会影响到企业的盈利能力。竞争优势的思维逻辑能够指明既有企业在什么情况下会比新进入者更具备驾驭新技术的能力，并帮助所有企业（新企业或者既有企业）在产业转型时思考其新的盈利定位。我们可以预见，在21世纪，技术革新将会层出不穷，从而重塑既有的产业经济。这一加剧竞争的趋势已经普遍存在，势不可当。我认为，在面临重大技术变革时，企业经常难以及时地采取战略思维方式，这会使企业处于非常不利的地位。

第一篇的前四章阐述了单个产业的战略，我将其称为"竞争战略"。在单个产业中，竞争处于战略的核心地位，因为正是这一点决定着产业的盈利能力和竞争优势的存亡绝续。然而，许多企业的业务遍及不同的产业。《从竞争优势到公司战略》这一章便从另外一个重要层面——业务范围涉及多个产业的企业的总体战略——对战略进行了论述。我将此称为"企业战略"。

许多人都认为，多元化与企业的竞争战略格格不入。这一错误的分立思想恰恰能够解释众多多元化企业的不佳表现，对此我在这一章中作了论述。如果企业将其对多元化的思考与其在多个产业的竞争现实分立起来，那么企业便会遇到麻烦。

《从竞争优势到公司战略》一章认为，尽管企业战略会牵涉到竞争战略方面的不同问题，但两者必须紧密联系起来考虑。从产业的角度来讲，企业战略需要考虑企业选择产业的种类以及如何进入这些产业。从竞争优势的角度来讲，企业的核心问题在于如何利用其他业务来提高（而不是破坏）每项业务的竞争优势。如何利用产业结构概念和价值链，本章对这些问题再次进行了探索。本章说明的是，要获得多元化带来的成果，应当如何利用行为概念去理解多元化的战略逻辑以及如何将企业战略与组织结构和运作方式紧密联系在一起。

自本章首次发表以来，企业一直没有丧失其对多元化的兴趣。但同时，多元化的发展历程仍存在问题。许多关于企业多元化核心竞争力与关键资源的观点已经取代了一些不足信的多元化模式。然而，这些观点也是没有远见的，多元化的结果仍使许多企业受害不浅。事实证明，对企业来讲，不符合可持续性竞争优势的多元化很可能会毁掉企业所创造的经济价值。

地域的竞争力

竞争战略与企业战略的核心概念为解读所有竞争形势提供了基础，如今这也经常意味着跨国竞争。企业会通过国家、地区和全球战略来实施跨地域竞争。同时，国家和地区必须同其他地域进行竞争，从而创造出一个具有商业吸引力的环境。无论是企业还是国家，实施跨地域竞争需要认识到两个问题。第一个问题是竞争的地域作用。由于企业的跨地域竞争，它们便具备了在任何地域进行活动的能力。地域如何影响到竞争优势对于企业至关重要，但这同时对经济发展政策也起到了关键的指导作用。第二个问题是关于国际竞争的，即企业通过扩大在地区或者全球范围内的跨地域价值链活动获得竞争优势的方式。现在，价值链以前所未有的方式进行着跨界传播，原因是贸易与投资门槛降低，而且许多国家通过外包，提高了地域效率。

第二篇开篇便提到了地域问题。在《国家竞争优势》一章中，我提出了一个国家、州和其他地域竞争力的新理论。对于竞争力，由于诸如劳动力、自然资源和资本等生产要素的存在，许多人看重的是宏观经济政策（比如政府预算赤字、货币政策、市场开放程度和私有化程度等）或者相对优势，而本章中的观点则截然不同，我认为地域竞争源自于其提供给企业的产业环境的性质。劳动力、资本和自然资源等已不再是决定企业发展的关键因素，因为它们已变得越来越容易获取。实际上，竞争力来源于生产效率，地域内的企业正是利用这一效率生产出有价值的产品和服务。在既定领域中，企业的生产效率与经济状况并不取决于其所在的竞争产业，而在于他们的竞争方式。高科技与低科技、制造业和服务业之间的传统区别并不会在很大程度上影响到经济状况，因为制造业和服务业的界限正越来越模糊，而且实际上所有产业都能够通过先进技术和技能的使用实现高水平的生产效率。

在《国家竞争优势》一章中，我对生产效率如何取决于国家和地区竞争环境进行了论述。本章推出了竞争力的“钻石体系”，包括4个方面：生产要素、需求条件、战略与竞争环境以及相关产业与支持性产业。政府政策可以从正面或负面影响“钻石体系”的4个方面。本章对这些竞争力的来源、变化以及它们对政府与企业的意义进行了探索。“钻石体系”不仅是一种经理人使用的工具，而且能够从微观经济学上协助政府促进经济的发展。（这些观点在我的《国家竞争优势》[①]一书中有更为详细的解读。）

《产业簇群与竞争：企业、政府和机构的新议题》探讨了一个贯穿我的竞争理

① 该书中文版已由中信出版社于2012年再版。——编者注

论体系的重要观点——“产业簇群”概念。产业簇群是指地域上高度集中的企业、供应商、相关产业以及专业机构，它们可以在一个国家的范围内，也可以在州或者城市范围内。产业簇群的例子有金融服务业的华尔街、娱乐业的好莱坞以及汽车制造业的德国南部区域。本章阐述了我对产业簇群的全部理解——从产业群理论、产业簇群在竞争中的作用，产业簇群对政府政策、企业行为以及诸如大学和行业协会等机构的影响方面，进行了调查与实践层面的研究。对于每一个发达经济体来讲，产业簇群都是一个普遍的现象，产业簇群的形成是经济发展的一个不可或缺的因素。产业簇群能够提供关于经济和经济发展的新的思维方式，能够加强企业、政府及其他机构所起到的新作用，并且能够理顺企业与政府间以及企业与大学间的关系。目前，世界上已经出现了数百种产业簇群，本章便对来自于发达经济体与发展中经济体的集中产业簇群进行了总结。

第二篇的最后一章《跨地域竞争：通过全球战略增强竞争优势》将跨界竞争的两种因素——地域和全球网络——结合在了一起。活动与价值链的定义对于理解竞争优势至关重要，因为它为国际战略也提供了基础体系。在开展跨界竞争时，企业能够将其活动扩展至多个地域，并掌握当地的竞争优势，同时通过将许多零散的活动集合在一起获得全局的竞争优势。

这一章对特别产业中的全球战略进行了解读。企业的全球战略能够将企业总部或者“大本营”的创新和生产力优势扩展至一些产业簇群所涉及的地域，并将其他活动进行扩展，从而能够获得低成本生产要素和进入国外市场的机会。协作能够将这些分散的活动转型为一种全球网络。早期关于全球战略的思想关注的只是全球化，这显然过于简单。地域也会起到很大的作用，本章的目的便是要将人们对于全球化的战略思维模式推进到更高的层次。本章还说明，全球化战略只是跨地域竞争这个一般现象中的特例。同样的体系还可用于解析区域性生产商通过努力成为全国性生产商的例子。

以竞争力的方式来解决社会问题

对竞争与价值创造的深入了解能够为应对诸多社会问题提供强大的思维工具。第三篇的《绿色时代的新竞争力：打破僵局》（与范德林德教授合写）对环境进行了论述。环境的改善经常被认为与经济竞争力背道而驰，因为要达到环保标准便必须付出代价。然而，这一观点来自于对竞争的静态和过于简单的认识。本章认为，"环境与竞争力的势不两立"是一种错误的二分法。

我们提出的新观点认为，竞争力来自于资源使用过程中生产力效率的不断提高。生产效率必须得到不断的提高，在这种情况下，各种形式的企业污染实际上都只能说明经济过程中的浪费行为，比如低效率的资源使用、能源的浪费以及废弃的有价值的原材料。因此，通过更好的技术和方法改善环境面貌便可以提高生产效率并抵消或者部分抵消作出这一改进的成本。这一观点已作为"波特假设"①被环保界所熟知了。这意味着，环保制度应当着重提高环境标准，这一过程中不需要规定具体的方法，从而降低了制度本身所引起的不必要的成本，推进了产品与工艺的创新。②本章曾经引起了广泛的争议，但现在得到了人们的广泛认可，特别是在某些领域中。企业不应当把环境的改善看做是一种制度上的障碍，而应当将其看做是提高生产效率和竞争力的必要因素。

《市中心区的竞争优势》一章阐述了美国城市核心邻近区域的经济困境。城市贫困已被看做是一个重要的社会问题，解决方案的焦点在于满足市中心区居民急切的人性化需求。然而，这同时也是一个经济问题。如果没有健康的经济，没有哪一个社会能够健康地运行下去；没有足够的就业机会并创造出足够的财富，仅靠社会投入远不能获得持久的效益。基于市中心区面对许多竞争劣势的假设，"经济"发展经常还在很大程度上包括了创立非营利性组织。同时，为了阻止企业对地域的选择，政府大规模启用了补贴政策。

本章并没有专注于竞争劣势，而是反其道行之。在本章中，我认为只有通过专注于市中心区域的可持续竞争优势，我们的经济才能得以持续发展。我将很大一部分篇幅用在了对市中心区竞争力的研究上，从而大体上阐述了市中心区的优势。这些优势催生出了基于美国主要城市市中心区的数千家成功企业。一个基于这些优势发展起来的经济发展方式为解读目前最为困难的社区提供了较好的模式。

---

① "波特假设"的首次提出是在《科学美国人》杂志 1991 年 4 月版第 168 页的《美国的绿色战略》一文中。

② 对于学术水平较高的读者，可参见《经济展望》杂志 1995 年秋季版第 97~118 页的《环境竞争力关系新论》一文。

如果我们将注意力从降低贫困转移到创造就业机会和提高收入及福利水平上，那么城市完全可以摆脱走向衰落的厄运。本章的中心思想在于引出一家非营利性组织ICIC（创建富有竞争力的内城计划），这家组织加大了对内城经济的研究力度，并且协助将一些观点付诸实施。①同时，我还将这一想法运用到了解读农村地区所面临的经济发展挑战方面上。②

医疗保健是目前美国及许多国家都面临的一个紧迫的社会问题。在美国，医疗高成本以及大量没有医疗保险的人群引发了整个国家关于如何优化医疗卫生体系的一场争论。在《重新定义医疗保健竞争》一章中，伊丽莎白·泰斯伯格和我都认为，错误的竞争方式已经搅乱了美国的医疗保健体系。正确的竞争方式应当着重于为患者创造价值，并提供一个可持续发展的方案。在这里，价值的定义便是单位投入所带来的患者健康的改善程度。只有通过持续不断地专注于提高医疗保健价值的创新，医疗成本才能得到控制，而且医疗质量也不会下降。实际上，真正能够降低医疗成本的方法是改善医疗质量，因为只有人们健康水平提高了，寻求医疗救助的情况少了，医疗成本才会降低。

本章还对医疗保健竞争成为一种零和博弈（参与者瓜分价值而不是增加价值）的原因进行了解析：在错误的层面针对错误的目标出现竞争。为了从更多的患者身上获取更多的收入，医疗成本发生了很大的变化，议价能力也得到了提高。要改变这一状况，需要将竞争的焦点从“谁付钱”转移到“谁能够提供最高的价值”上。为了说明医疗保健体系中的正和博弈，我们提出了一种观点，并在本章中作了详尽的解析，阐述了医疗保健如何进行转型，以及每一名医疗制度的参与者如何能够为患者的健康创造出价值。

第三篇阐述了一种将经济政策与社会政策融为一体的新观点。传统观点认为，经济政策和社会政策是存在区别甚至是水火不相容的：经济政策通过提供动机、鼓励储蓄和投资以及最大限度降低政府干预，创造出价值；社会政策则专注于公共教育及其他人性化需求，救助社会弱势群体，通过各种政策保护市民利益以及最近实施的环境保护。社会政策在很大程度上依赖于对市场的干预、补贴和再分配。

社会政策制定者倾向于将市场看做是发生问题的根源，因此他们会千方百计

① 更多的信息请参见http://www.icic.org以及http://isc.hbs.edu。

② 参见2004年2月经济发展局发布的《美国农村竞争力》报告。

改变这一现象；经济政策制定者则倾向于将政府干预看做是一个问题。社会宣传组织经常将企业看做是一个问题；而企业则认为社会问题与己无关，并认为社会组织是特殊利益的代表。

这些老的二分法是错误的，并代表着一种过时的观点。从长期来看，社会目标与经济目标并不存在冲突。一个高速增长的经济体需要教育程度高、安全健康有保障、居者有其屋的工作者，他们无时无刻不看到机会的存在，他们会充满激情。环境的改善能够促进经济竞争力的提高，因为企业污染来自于对资源的低效率利用。真正的冲突在于方式方法的不同。通过再分配、补贴和市场扭曲的方式实现社会目标最终经常以失败告终，而且这一过程会造成经济成本的陡然升高，对于这点在关于环境与内城经济发展的章节中我也有详细叙述。同时，以牺牲员工培训机会、安全以及幸福感为代价而提高经济效益的做法，从长远来讲也必然遭遇失败。

为了使经济与社会目标和谐相处并同时实现这两大目标，本篇介绍了一种新方法。这一方法可通过对竞争、创新和价值的专注而实现，同时要符合市场规律而不是与其背道而驰。社会计划必须将个人的成功纳入到市场体系中，而不是将两者分离。在处理社会问题（诸如污染以及医疗保健高成本）时，必须对创新与竞争进行控制，而不是试图将成本转嫁于社会中的其他群体。

第三篇便利用医疗保健、环境和城市贫困的例子叙述了上述这些原则，而这些原则还可以应用于许多社会事务，包括社会安全、教育或者住房等。

战略、慈善事业与企业社会责任

在处理社会问题方面，社会已不再完全依赖于政府。今天，包括基金会、企业及许多非政府组织都在慈善事业上投入了数千亿美元的资金，以应对许多棘手的社会问题。通常情况下，它们会选择与政府合作。这一来自于稀有资源的大量投资所创造出的价值已经越来越引起人们的注意。

第四篇一开始便提出了如何通过慈善事业创造价值这样一个问题。多数慈善事业主要通过资助的方式，因为人们普遍认为资助能够带来直接的好处。然而，在《慈善事业的新课题：创造价值》一章中，马克·克雷默与我都认为，许多慈善资助所带来的社会效益十分有限，慈善家和基金会等动用的持续增长的资源会使社会丧失掉很多机会。

本章的观点是，仅仅通过资助行为，基金会只能创造极为有限的价值。当然，这一观点也引起了人们的争论。为了真正创造出价值，在向某些值得做的事业提供资助之外，基金会更需要讲求一些战略。本章提供了一套方法，讲述了基金会如何能够通过选择合适的受资助者而创造出更多的价值，从而帮助受资助者扩大和提高他们的社会影响力，以及促进基金会在其所擅长的领域全面发挥作用。所有这些都需要基金会为确定其业务领域而作出明确的战略选择，同时还需要基金会所从事的事业具有一定的独特性，从而有助于促进社会影响力的形成。

在《企业慈善事业的竞争优势》一章中，我们运用这些慈善行为的一般原则对企业资助进行了论述。较之社会中几乎其他任何一种机构，企业在处理社会问题、创造价值方面具有更大的优势。然而，企业创造社会价值的能力仅来自于那些与其业务息息相关的社会事务，因为企业在处理这些事务上拥有独一无二的技能、资源和关系网。通过发现那些在改善社会状况方面能够提供双赢机会的领域，以及为这些领域提供一个具备长期竞争力的环境，本章论述了企业用于提高其资助行为的战略性的一些方法。

第四篇的最后一章《战略与社会——竞争优势与企业社会责任之间的关系》对企业与其所在社会之间的关系进行了广泛的解读 。企业从未像目前这样暴露于公众舆论之下，也从未像目前这样对社会施加着影响。然而，许多企业却对企业社会责任退避三舍，而更多地去关注企业形象。实际上，企业竞争力和社会进步之间并不存在矛盾，而是互相依存的，这一点在前文中已有过论述。本章有助于我们理解企业与其所在社会之间存在的千丝万缕的联系，从而使我们看到企业如何能够为社会尽到其义不容辞的责任。许多企业在其发展战略中都会融入社会因素，从而使这一战略更具有可持续性。

第三篇与第四篇合起来，向我们阐述了战略原则对社会进步（不仅仅是经济进步）的重要性。用价值理论进行思考将会使我们发现，那些标新立异的机构与那些满足于向高尚事业提供资助的机构存在着很大的区别。

战略与领导力

第五篇为我们讲述了决策者所扮演的角色。无论是企业、国家，还是组织，没有高效率的领导，就不会最大限度地创造出价值。然而，在这一课题方面，特别是对于大型复杂的组织机构，我们仍然知之甚少。

在《新任CEO们的七个意外》一章中，我与尼汀·诺瑞亚和杰伊·洛尔希一起研究了复杂组织机构中领导决策的特点，并解读了企业中CEO与其他资深管理人员角色的不同。在解读过程中，我们利用了从哈佛大学新任CEO工作室（一项致力于帮助新任CEO站稳脚跟并制订未来发展计划的项目）搜集来的资料。目前已有来自于资产数十亿美元的大型企业的超过100名新任CEO加入了这一项目。本章还介绍了CEO在其任职过程中将会面临的几种意想不到的情况。我们的结论是：CEO们要获得成功，关键是要讲求战略。

其 他

我希望本书能够向读者阐明一系列关于竞争和价值创造的观点，并能够自成理论体系。同时，随着时间的推移，我的观念会不断进步，不断吸纳新的元素。对产业结构能够决定竞争领域这样一种观点，“五力模型”无疑是最好的印证。同时，价值链已成为竞争优势论的印证，也就是说，盈利能力的高低来自于那些能够使企业降低成本或提高销售价格的能力的差异。在理解战略性质及其与其他管理事务的差异的过程中，正确处理战略定位与运作效率之间的差异尤为重要。这套核心体系贯穿于我的各项工作（包括社会工作）。对于其中每一项工作以及它们之间的联系，我的理解仍在不断加深。

在试图理解竞争和战略的过程中，我总会遇到接踵而至的问题。比如，对一项产业中竞争和战略的思考使我对多元化如何影响到产业竞争发生了兴趣。对定位的研究使我加深了对企业的认识，从而使自己拥有了一套关于价值创造的思维方式。在深入思考战略与经理人所从事的其他事情的区别时，我开始注意到战略与运作效率。对活动的思考使我对全球化或跨地域活动所带来的影响感到困惑，从而希望能够探索地域是如何发挥其作用的。对地域的关注会影响到国家和地区的竞争力来源以及政府（不仅是企业）在竞争中所发挥的作用。随着我对国家与社区的进一步研究，我开始专注于探索这样一个课题：在对其正确理解并正确利用的基础上，竞争和价值创造原则如何在实际生活中处理社会中的紧要问题——无论是环境的可持续性、城市贫困，还是医疗保健。随着更多的社会资源被基金会和其他慈善机构所利用，我开始专注于研究如何提高这些组织的效率。

随着时间的推移，我又开始了一些新的研究。由于作为研究单元的企业在社会中能起到至关重要的作用，因此我的工作侧重于对产业的研究。我知道，竞争优势不会凭空从企业中产生，因此我接下来的工作便是研究企业活动。鉴于管理思维几乎完全专注于企业内部，我增加了对地域方面的考虑。鉴于产业政策专注于产业或者国家，我突出了产业簇群的作用。在医疗保健业中，尽管人们的焦点在于保险、医院或诊所，但我们在本书中却将医疗条件和保健周期看做是关键的价值创造因素。

随着新问题的不断产生和新认识的不断出现，我必须再返回头重新审视。对企业的认识使我对一般战略有了新的看法。新理论使我加深了对定位的认识，并使定位更紧密地与活动发生联系。通过本书，我能够通过引入取舍概念和适应概念拓展自己对企业活动的认识。

另外，运作效率和定位之间的区别引出了一系列其他问题。比如，金融市场压力可能成为改善企业经营的理想促进因素，但这经常会导致企业向自己独有的战略定位妥协，而追求其弱势业务的增长。另外一个例子出现在对竞争中信息技术所发挥作用的评估上。许多企业应用新信息技术的目的是为了提高运作效率，而并不是促进独特定位的形成。然而，新一代IT工具有一个潜在的危险，即许多企业会以同样的方式使用这些工具。这无意中会使产业里的企业在竞争中出现同质化，从而限制了客户的选择范围，并可能导致破坏性的对抗。

我对地域的研究也有了一些新的发现，最明显的一点是对全球战略概念的扩展。显然，地域因素在产业结构和竞争优势中会扮演重要的角色，并影响到行之有效的竞争。产业簇群的深度可以提高或者降低产业进入门槛，改变客户和供应商的能力并影响替代威胁的出现。同时，地域因素还会影响到国家经济的竞争形式。这些竞争形式在发展中经济体中可能表现为模仿和价格竞争，在发达经济体中可能表现为创新和差异性。对于发展中经济体，地域缺陷会导致企业难以进入有吸引力的产业，并难以避免破坏性的价格竞争；同时，政府干预和资金短缺经常会使企业丧失竞争力并催生垄断。

地域还会强烈影响到竞争优势和企业选择并成功实施的战略类型。当地基础设施的状况、当地工人的技术水平以及条件，都会直接影响到运作效率。而诸如当地需求及相关产业等条件，同样会重塑所选择战略定位的种类。一个地域内的商业环境不仅会影响到企业的战略选择，而且会影响到战略的实施能力。在实际操作层面同样明显的是，能够大大有助于形成企业自身特色的众多资源、能力和技术取决于当地环境的情况。

地域还关系到企业战略。某些条件会影响到某些类型的企业增加价值，而这些价值关系到企业的竞争优势。在发展中国家，要创造出价值，企业必须具有资本渠道以及职业管理方面的能力。这便有助于我们理解为什么目前许多新兴经济体中大企业间强强联合盛极一时了。在更为发达的经济体中，组合管理不会产生出太大的价值，而需要其他一些多元化的方式。诸如物流系统和供应产业之类的条件也会影响到企业合并之后的优势。

许多读者可能已经看到，我对战略的观点和对地域的观点似乎有些矛盾。产业结构体系显示出，买方能力、供应商能力以及高强度的竞争会影响到盈利能力；然而“钻石体系”告诉我们，区域性竞争、条件苛刻的客户以及成熟的区域供应商能够通过刺激和支持高生产效率与快速创新而促进竞争。那么，如何去协调上述各个方面呢？首先，我们必须将区域内产业和全球范围产业区分开来。某个区域中的优势条件（包括激烈的区域竞争）会使当地企业获得更高的生产效率并获得较之其他区域内的企业更快的发展。区域市场的盈利能力可能会相对较差，但是基于当地区域的企业其全球市场的盈利能力会非常高。要理解这一问题，我们还应当认识到，钻石条件会影响到某一区域内企业获得较之其他区域内企业的竞争优势的能力。毕竟，产业的全球平均盈利能力取决于全球产业结构的一般情况。

对地域的研究使我们看到了生产效率的决定因素，并突出了竞争力动态发展的重要性。产业结构和活动体系为我们提供了一套理解企业及企业市场的理论基础。我的早期调查更具有代表性，它回答了一些普遍存在的问题，比如为什么有些产业比其他产业更具盈利空间，以及为什么某一竞争者比另一竞争者具备更高的盈利能力。从逻辑上来讲，这些都是人们首先感兴趣的问题。

我最近的工作更多地关注于运作效率和定位，致力于发现定位、地域和动态提高之间的联系。我的作品强调了运作效率持续提高的重要性和战略持续性的重要性。无论是运作效率还是战略，都会受到地域的影响。

通过对地域的研究，我对竞争和价值创造有了更为深入的了解，从而为探索竞争与社会事务之间的关系开辟了一片新天地。经济竞争力与社会进步可以共存共荣，协调发展下去。基于价值创造原则，社会组织的能力会阔步向前进。如果一切向价值看齐，那么竞争便能够促进社会的快速发展。

最终，对竞争与社会事务之间关系的理解使我将目光转向了慈善领域。目前，人们普遍意识到了政府在解决社会问题方面的局限性，因此当务之急是要找到一种快速高效的、将资源引入慈善领域的方法，从而能够为社会创造出更多的价值。

我的研究还有待于去发现更多的关系，我对竞争和价值链的认识永远不会停止。商业领域和科学技术中所出现的任何新情况最终都会找到它们的理论和实践基础，其中一种情况便是企业与资本市场之间持续升温的关系。目前多数资本都是由大型机构投入的。另外一个新趋势是经济战略与社会战略的融合，在这一融合的体系中，社会目标（比如环保事业）通过市场体系体现了出来。然而，这些趋势自身并不会创造出价值，真正的价值来自于全面地看待组织和环境。战略思考较之以前会更加弥足珍贵。

未来难以预测，但有一件事是确定无疑的：随着竞争的持续发展，它在给我们带来不安的同时，也会带来经济的繁荣。如果说这只能传递一个信息的话，那么我希望是：竞争会使用其无与伦比的力量改善我们的世界——无论是企业，还是社会。

ON COMPETITION

第一篇 竞争与战略：核心概念

01 五力模型

从本质上讲，战略家的工作就是要去理解竞争和应对竞争。然而，经理人有时会过分狭义地理解竞争，认为竞争只限于现代社会中面对面的竞争。其实，对于利润的竞争已经超越了传统产业，并涵盖了其他四种竞争力量：买方、供应商、新进入者、替代产品或服务。这五种竞争力量扩展之后的竞争决定了产业结构，并且形成了产业内部竞争交互作用的特性。

正如不同产业之间表面上存在的不同一样，盈利能力的各种推动力之间也存在差异。比如，全球汽车产业看上去与全球艺术品市场或者制度严谨的欧洲保健品产业市场没有丝毫的共同点。然而，为了理解上述三种市场中每一种市场的产业竞争和企业盈利能力，我们必须按照五种竞争力量对基本产业结构进行分析(见图 1–1)。

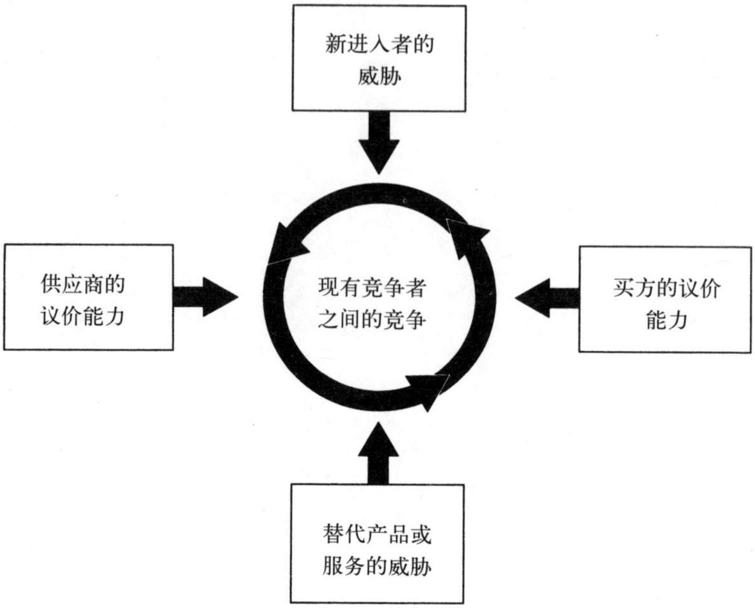

图 1–1　产业竞争五力模型

对于存在激烈竞争的产业，诸如航空、纺织和酒店产业，几乎没有哪家企业能够获得理想的投资收益率。如果竞争不激烈，诸如在软件、软饮料和化妆品产业，那么许多企业都会取得可观的利润。产业结构决定着竞争和盈利能力，不管这一产业产出的是产品还是服务，是刚刚兴起还是已经成熟，是否为高科技产业以及是否受到调控。许多因素（包括天气与产业周期）都能够在短期内影响到产业的盈利能力，而以竞争力量表现出来的产业结构却决定着产业的中长期盈利能力（见图 1–2）。

对竞争力及其基本层面的理解有助于揭示出当前产业盈利能力的根本原因，同时也为长期预计和影响竞争（以及盈利能力）提供了一个概念框架。一个健康的产业结构应当与企业自有地位一样，为战略家所关注。对产业结构的深入理解对于高效率的战略定位也至关重要。我们将会看到，保护竞争力量并使它们满足企业的要求是制定战略的关键（参见本章插入内容“实践中的产业分析”与“产业分析的典型步骤”）。

实践中的产业分析

好的产业分析都会密切关注盈利能力的结构性基础。首先，要准确了解周期。产业分析的基本任务之一是将暂时性或者周期性变化与结构性变化区分开来。特定产业的全部商业周期是准确判断周期的一项良好的准则。对多数产业来讲，3~5年的周期是正常的，尽管在某些投入产出周期较长的产业（比如采矿业）中，周期可能会长达10年甚至更久。我们分析的焦点应该是产业周期内的平均盈利能力，而不是某个特定年度的平均盈利能力。

其次，产业分析的关键不是要指出一项产业是否具备吸引力，而是要弄清楚竞争的基础和产生盈利能力的本质原因。分析者应当定量地研究产业结构，而不是仅仅满足于一些定性的因素。五种竞争力量的许多元素都可以被量化：产品占买方总成本的百分比(为了理解买方价格的敏感性)，为使企业满负荷运转或者高效运作物流网络所需的销售百分比（为了便于评估进入门槛），买方的转换成本（确定进入者或竞争对手向客户所必须提供的优惠条件）。

再次，竞争力的强度会影响价格、成本以及竞争所需的投资，因此竞争力直接关系到产业参与者的损益表和资产负债表的情况。产业结构决定着收入与成本之间的差异。比如，激烈的竞争会压低价格或者提高营销、研发、客户服务的成本，从而降低利润率。实力强大的供应商会抬高生产要素成本。买方的议价能力会压低价格或者提高满足买方要求（比如要求更多存货或者提供融资）的成本。具体数字是多少呢？进入门槛低或者近似替代品会限制价格的水平。具体数字又是多少呢？正是上述这些经济关系使战略者们对产业竞争有深入的认识。

最后，好的产业分析并不仅仅是列出增长或者降低的数据，而是以宏观、系统的观点看待一项产业。哪些因素能够促进（或者限制）目前的盈利能力呢？一种竞争力量的变化是如何引起另外几种竞争力量的变化呢？正确回答这些问题才能够形成真正的战略洞见。

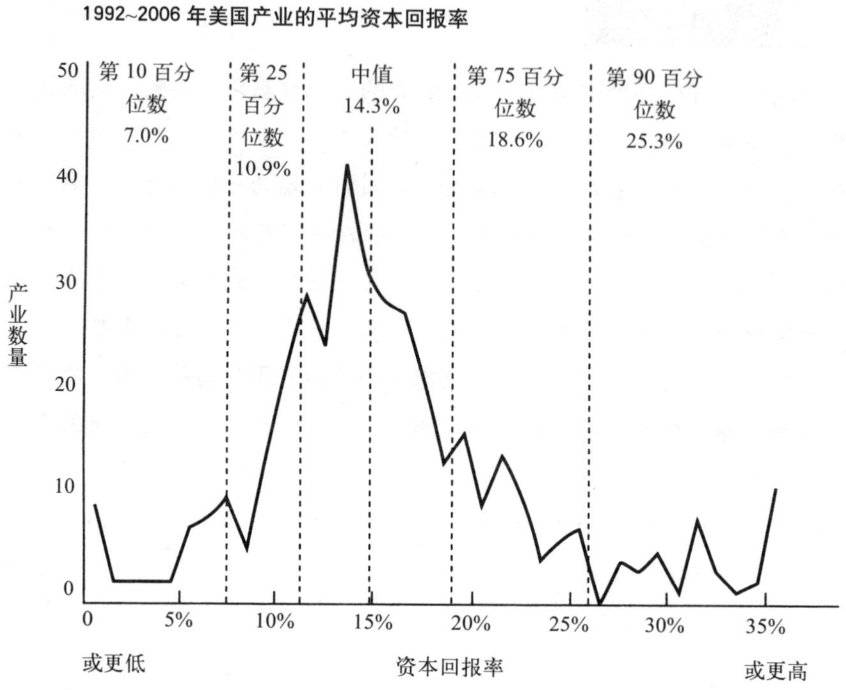

图 1–2　产业盈利率的差异

资本回报率（ROIC）是对战略制定盈利能力的合理的衡量，这里权且不提权益投资者。销售回报率或者利润增长率无法解释产业竞争所需的资本。这里，我们以平均投资额减去超额现金所得的差为分母，以利息和税前盈利为分子，这样就是资本回报率的衡量方式。这种方式在各个企业和产业中对资本结构和税率进行了控制。

资料来源：标准普尔 Compustat 数据库和作者的计算。

不同的产业，其平均资本回报率有很大差异。比如，1992~2006 年，美国各产业的平均资本回报率低达零甚至负 50%。而在同一阶段，诸如软饮料和标准化软件等高端产业的利润几乎是航空业利润的 6 倍之多。

图 1–2（续）

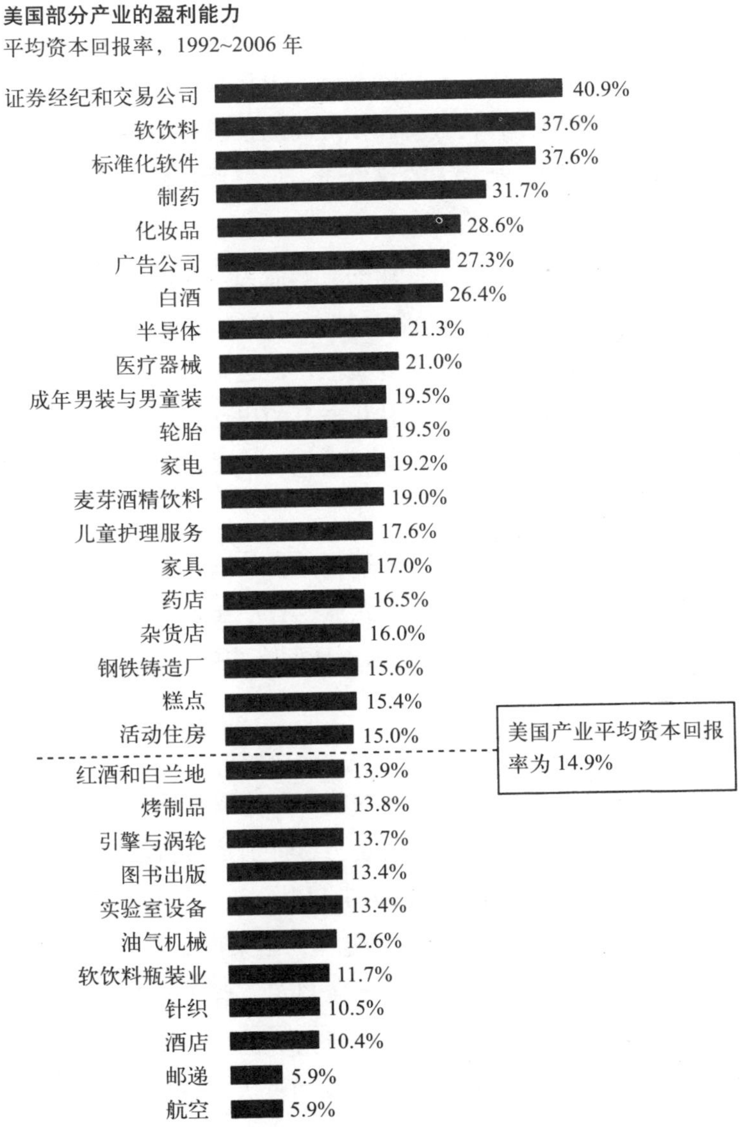

图 1–2　产业盈利率的差异

构成竞争的力量

产业的不同，五种竞争力量的格局也不同。在商用飞机市场，空中客车和波音公司两大主要制造商之间的竞争异常激烈，大批量订购飞机的航空公司有很强的议价能力，而进入威胁、替代威胁和供应商的议价能力则和缓得多。在电影业中，替代娱乐形式的增加、制片人的议价能力、影片发行人以及关键生产要素都十分重要。

最强大的竞争力量决定着一个产业的盈利能力，并已成为制定战略最为重要的因素。但最突出的力量却并不总是容易被人所发现。

比如，尽管商品产业中的竞争非常激烈，但这并不一定成为影响盈利能力的因素。例如，随着数字摄影这一超强替代产品的出现，胶片产业的资本回报率大幅下降，世界领先的胶片生产商柯达和富士也发现了这一点。在这种情况下，如何应对替代产品成为战略之首要任务。

产业结构来自于一整套经济和技术特征，正是这些特征决定着每一种竞争力量的强弱。在后文中，我们将会从既有企业或者产业公司的角度，对这些驱动因素进行阐述。同时，我们还会对潜在进入者所面临的挑战进行分析。

进入威胁

一项产业的新进入者，会产生出新的能力和获取市场份额的欲望，同时也会对价格、成本和竞争所需投资力度形成压力。特别是当新进入者与其他市场竞争者存在差别时，他们便可以带动现有的力量和现金流，加剧竞争。相关的例子有：百事进入瓶装水产业，微软推出互联网浏览器，苹果推出电子音乐业务。

因此，进入威胁限定了一项产业的潜在利润，当这一威胁很大时，现有企业便必须通过下调价格或者增加投资以抵御新竞争者。比如，在精品咖啡零售产业中，相对较低的进入门槛意味着星巴克必须通过大力投资使其连锁店更现代化，菜单更丰富。

一项产业的进入威胁取决于现有的进入门槛高度和新进入者预计的既有企业的反应。如果进入门槛很低，新进入者预计既有企业不会采取严厉的报复措施，那么进入威胁便会很高，产业盈利能力便会受到削弱。使盈利能力降低的是进入威胁本身，而并不是这一进入行为是否真的发生。

产业分析的典型步骤

相关产业的定义：

- 产业生产哪些产品？其中哪些产品是另外某个产业也生产的？
- 竞争的地理范围如何？

确定参与者，如果合适，将它们分成小组：

谁是

- 购买者和购买群体？
- 供应商和供应群体？
- 竞争者？
- 替代者？
- 潜在进入者？

对每一种竞争力量的基本驱动力进行评估，确定每一种力量的强弱并分析原因。

确定产业整体结构，并进行一致性分析：

- 盈利水平为什么是目前的状态？
- 盈利的限制因素有哪些？
- 产业分析与实际长期盈利能力相符吗？
- 盈利能力更强的竞争者在五种竞争力量方面是否具备更大的优势？

从正面和负面两个角度对每种竞争力量最近和将来可能发生的变化进行分析。

对有可能受到竞争者、新进入者或者企业自身影响的产业结构的各个方面进行分析。

进入门槛。进入门槛指的是既有企业相对于新进入者所拥有的优势，这些优势主要来自于7个方面：

1. 供应方的规模经济。当企业以较低的单位生产成本大量生产时，便会产生规模经济，因为它们可以将固定成本分摊到更多的单位产品中去，使用更有效的技术或者向其供应商提出更优惠的条件。供应方规模经济能够迫使雄心勃勃的新进入者最终大规模进入同一产业（这需要新进入者排挤掉既有竞争者），或者最终接受成本劣势的现实，因此新进入者的门槛便大大提高。

实际上，规模经济存在于价值链中的每一项活动中。规模经济的哪些方面最重要取决于不同的产业。①在微处理器产业，诸如英特尔等既有企业会受到来自于规模经济中研发、芯片制造和消费者市场等方面的保护。诸如Scotts Miracle-Gro等花草护理公司，规模经济的最重要方面来自于供应链和媒体广告。在小包裹快递产业中，规模经济会随着全国物流体系和信息技术的发展而出现。

2. 需求方的规模效益。这类效益通常又叫做网络效应，出现于买方愿意争相购买企业产品的产业。对于关键产品，买方更愿意相信大企业。人们常说，没有人因为购买了IBM的产品而被解雇，原因就是IBM是占据统治地位的计算机制造商。同时，买方很看重与大量的其他客户一起形成一个客户“网络”。比如，在线拍卖参与者都喜欢eBay，因为eBay能够为参拍者提供交易伙伴。需求方的规模效益使得客户不愿意从新进入者那里购买产品，并且迫使新进入者要吸引大量客户就不得不大大降低自己产品的价格，从而提高了进入难度。

3. 客户的转换成本。转换成本是买方改变供应商时需要付出的固定支出。这一成本的出现，是因为买方要改变供应商，就必须采取一系列行动，比如改变产品规格，重新培训员工使用新产品，或者改进工艺或信息系统。转换成本越高，新进入者要争取到客户便越困难。企业资源计划（ERP）软件便是一个很好的高转换成本的例子。比如，一旦某家企业使用了SAP的ERP系统，那么它要更换软件便必须付出高昂的成本，原因是有关数据已经嵌入，而且内部流程已经适应了SAP的软件，更换软件需要再培训。

4. 资金需求。资金需求是指与新进入者竞争或者阻止其进入所需要的大额投入。需要资金的地方不仅仅是固定设施，而且包括客户信用的扩展、存货的建立以及基金启动损失等。如果存在不可收回的支出，比如先期广告或者研究开发，

---

① 关于价值链体系，请见迈克尔 · 波特的《竞争优势》。

那么这一资金便很难募集，行动便会遇到很大阻力。尽管大企业都有融资渠道，可以转型至几乎任何其他产业，但某些领域对资金的大量需求增加了新进入者加入的难度。相反，在诸如报税服务或短距离公路运输等领域，资金需求量小，可能会出现大量的新进入者。

很重要的一点是，我们不能过分夸大资金需求的能量，认为资金需求本身便可以阻止新进入者的进入。如果产业的资本回报率很高，预计未来将持续如此，而且资本市场效率较高，那么投资者将乐于向新进入者提供其所需的资金。比如，对于雄心勃勃的航空公司来讲，它们可以为购买昂贵的飞机而募集到资金，原因是其再销售价值高。这也是为什么每个地区都涌现出很多新的航空公司的缘故。

5. 与规模无关的既有优势。不管规模如何，既有企业都会拥有成本或者质量的优势，而这些都是潜在竞争对手所难以获得的。这些优势可能源于自有技术、原料供应的最佳渠道、对多数有利地理位置的优先使用权、根深蒂固的品牌优势或者长久积累的经验等，它们使得既有企业知道如何更高效地进行生产。而新进入者们会千方百计去规避对方的这些优势。比如，迅速崛起的廉价零售商塔吉特和沃尔玛便将其卖场设在了相对独立的区域，而不是设在那些已被传统商场所占据的地区购物中心。

6. 进入销售渠道的不平等地位。新进入者必须保障其产品或服务的销售渠道。比如，一种新的食品必须通过打折促销等激烈的销售手段将其他产品从超市货架上替换下去。批发或零售渠道越有限，现有竞争者越依赖这些现有渠道，要进入这一产业的难度便也越大。有时候，进入销售渠道非常困难，以至于新进入者必须完全绕过现有销售渠道而独立开发自己的渠道。因此，新兴的低成本航空公司都避免通过旅行社进行销售（旅行社都喜欢现有的高价机票），而是鼓励乘客从互联网上自行预订机票。

7. 政府的限制性政策。政府政策会对新进入者起到直接阻碍或者推动的作用，同时也会提高或者降低进入门槛。比如，通过诸如许可限制或者外资限制等手段，政府可以直接限制甚至阻止新进入者进入现有产业。诸如烈酒零售、出租车服务以及航空公司等受限产业尤为明显。通过为保护自有技术免受模仿而制定的专利政策或者为提高新进入者所面对规模经济的环保或安全政策，政府政策便可以提高其他进入门槛。当然，通过向新老企业直接补贴或者间接支持基础研究从而降低规模经济的政策，政府也会降低进入门槛。

进入门槛的评估应当基于潜在进入者的能力，这些潜在进入者可以是新崛起者、外资公司，或者是有关产业的公司。同时，根据我们的经验，战略家必须留心，新进入者可能会通过创造性的方式找到规避进入门槛的办法。

预计报复。潜在进入者预计既有企业会采取的反应也会影响到他们是否进入新产业的决策。如果既有企业的反应强度大、时间长，那么进入这一产业的潜在利润便可能会较低。既有企业经常会使用杀鸡吓猴之术，通过对进入者的反应向其他进入者传递其决定保卫市场份额的信号。

新进入者在下列情况下极有可能会害怕受到报复：

- 既有企业之前曾经对新进入者采取过强烈措施。
- 既有企业拥有足够的反击优势，包括充足的资金、未使用的购买力、潜在的生产能力以及对销售渠道和客户的影响力。
- 既有企业似乎愿意降低价格，原因是它们致力于不惜一切代价保持现有市场，或者是产业固定成本过高，从而使得人们强烈希望通过较低价格来满足过剩的能力。
- 产业增长速度慢，因此新进入者只能努力从既有企业那里分得一杯羹。

分析进入门槛和预计报复，对任何正在考虑进入一项新产业的企业来讲都非常关键。最具挑战性的一点是在保持产业现有盈利能力的前提下（通过高额投资）寻找一种逾越进入门槛的方法。

供应商的能力

实力强大的供应商更多是通过提高价格、限制质量或服务水平以及将成本转移给同业竞争者来为自己谋取价值。实力强大的供应商（包括劳动力供应商）能够从那些不能将增加的成本转移到销售价格的产业中获取利润。比如，微软公司曾致力于通过提高操作系统的价格而削弱个人电脑制造商的盈利能力；而那些为吸引客户转向自己产品而激烈竞争的个人电脑制造商并没有相应很大的提高价格的自由度。

产业企业要依赖于涵盖范围极广的生产要素供应商群体。如果具备下列条件，供应商群体的实力便会强大起来：

- 供应商群体比其所供货的产业更为集中。微软在操作系统上近乎垄断的地位加之个人电脑支离破碎的市场便是一个强有力的例证。
- 供应商群体的销售并不严重依赖于产业。服务于多个产业的供应商不愿意放弃其中任何一个产业的高额利润。如果其中一个特殊产业占据了供应商群体大部分的销售或利润，那么供应商便会希望通过合理的定价来保护这一产业，并通过研发和游说对其进行扶持。
- 产业参与者在更换供应商时会面临转换成本。比如，如果企业已经在特殊辅助设备（比如金融专业人士所使用的彭博资讯终端）或学习操作供应商设备方面投入了大量资金，那么更换供应商便会非常困难。或者，企业可能会将其生产线安置在供应商制造厂的附近（比如，有些饮料公司与集装箱制造商便是如此）。如果转换成本很高，产业参与者便很难从与供应商的鹬蚌相争中渔翁得利（请注意，供应商也会发生转换成本，这会影响到他们的实力）。
- 供应商提供的产品与众不同。相对于普通的制药公司，能够提供疗效显著的专利药品的制药公司将对医院、保健公司及其他药品购买者产生更大的吸引力。
- 供应商群体提供的产品没有替代品。比如，飞行员联盟对航空公司有格外强大的供应能力，部分原因是航空公司无法通过更好的渠道找到训练有素的飞行员。
- 供应商群体有能力对吞并下游产业形成威胁。在这种情况下，如果产业参与者比供应商能够挣到更多的钱，那么他们会愿意将供应商引诱到市场中。

买方的实力

实力强大的客户（与实力强大的供应商相对），能够通过强制降价、要求提高产品质量或者提供更多服务（从而提高生产商的成本），甚至设法使产业参与者之间不惜牺牲产业盈利能力而自相残杀等方式获取更多的价值。如果买方通过自己的影响力对产业参与者造成了降价压力，从而掌握了对产业参与者的议价主动权，特别是当产业参与者对价格敏感时，买方的实力便会强大起来。

与供应商相同的是，不同的客户群体其议价能力也不尽相同。如果出现下列情况，买方群体便会具备议价优势：

• 买方数量很少，或者每一家买方的购买量占单家卖方的供货量的相当比例。在固定成本高的产业（比如通讯设备产业、近海钻井产业和大型化工产业）中，大宗买家具有特别大的影响力。高的固定成本与低的边际成本会使竞争对手面对巨大压力，必须通过打折保持自身竞争力。

• 产业的产品为标准化或者无差别化。如果买方相信自己总能找到一种等价的替代产品，那么他们很容易从一个卖方转移到另外一个卖方。

• 买方在重新选择卖方时不需要付出太高的转换成本。

• 如果卖方赚取利润太大，买方便有足够理由威胁卖方向上游兼并，从而自行生产所需产品。比如，软饮料和啤酒制造商一直以来都控制着上游的包装制造商，其手段便是威胁后者要自己做包装，甚至有时候他们也的确会弃包装制造商不用而自己解决包装问题。

如果出现下列情况，那么买方群体便会对价格很敏感：

• 买方购买的产品占其成本结构或者采购预算相当大的比重。这时，买方很可能会四处寻找卖家并尽力讨价还价，就像客户申请优惠抵押贷款条件一样。如果产业销售的产品仅占买方成本或费用的一小部分，那么买家通常便不会对价格很敏感。

• 买方群体由于利润低、现金周转困难或者其他原因需要削减其购买成本。相对而言，利润较高、现金周转良好的客户一般情况下对价格不十分敏感（这当然是在购买的产业产品占其成本比例并不高的前提下）。

• 买方产品或服务的质量不会受到产业产品的太大影响。如果买方产品的质量在很大程度上取决于产业产品，那么买方一般情况下对价格不十分敏感。比如，购买或者租借高质量摄影机时，影片制造商会看重其可靠的质量和最新的功能，而对价格并不太在意。

• 产业产品对买方的其他成本没有太大的影响。这时，买方便会十分关注价格。相反，如果一项产业的产品或服务可通过改进性能或者降低劳动力、原材料或其他成本而使买方实现极高的性价比，买方反而不会过多看重价格，而更多地关注质量了。有关的例子包括可以为买方节省费用甚至创造价值的产品和服务，比如税务会计和测井（对油井地下情况实施的测试）。此外，对于投资银行业等一些服务，买方并不太计较价格，因为如果没有这些服务，他们会面对更大的成本。

买方的大部分议价能力来源既适用于消费者，又适用于商家对商家（B2B）客户。像产业客户一样，如果消费者购买的是无差别化产品，或者相对其收入价格太高，那么他们便倾向于讨价还价。消费者与客户的主要区别在于，消费者的需求更加令人捉摸不定，很难量化。

对于中间客户，或者说那些不是所购买产品的最终用户的客户（比如组装商或者分销商），我们可以采取与其他买方同样的方法进行分析，只是有一点重要的不同。如果中间商能够影响到下游客户的决定，那么中间商的议价能力会大大得到提高。电器零售商、珠宝零售商和农业设备经销商等便是经销领域的很好的例子，他们能够对最终客户产生强大的影响。

生产商都希望能够通过与特别的经销商或者零售商进行独家合作，或者通过直接向最终用户销售而绕过经销商这一渠道。零部件制造商希望通过使下游客户推荐使用自己的零部件而对组装厂家形成制约力。比如，自行车零部件和增甜剂便属于这种情况。通过大力宣传其Strainmaster品牌的地毯纤维，杜邦公司最终不但对地毯生产者产生了影响，而且对下游的客户也产生了很大的影响。尽管杜邦并不是专业的地毯生产商，但许多客户都点名要Strainmaster的地毯纤维。

替代品威胁

替代品与产业产品能够通过不同的方式实现相同或者类似的功能。比如，电视会议能够替代出差，塑料能够替代铝，电子邮件能够替代特快专递。有时候，当一种替代产品替换掉买方另一种产业产品时，其替代威胁是对下游的或者间接的产业。比如，当城区多户型公寓代替了郊区单户型公寓时，花卉草坪护理产品和服务便会受到威胁。当航空公司和旅游网站代替了旅行社时，销售给旅行社的软件便会受到威胁。

替代品无时不在，但是它却很容易遭到忽视，原因是它们可能看上去与产业产品大相径庭。比如，有人要在父亲节为父亲买一件礼物，那么他可以买领带，也可以买电动工具。

当替代品威胁很大时，它会对产业盈利能力造成影响。替代产品或者服务可以通过设定价格上限而降低产业的盈利能力。如果产业产品不能在性能、销售或者其他方面使自己在很大程度上区别于替代品，那么它们的盈利能力甚至是发展潜力便会受到极大的影响。

替代品不仅会在正常情况下影响到产业的盈利能力，并且会在形势大好的情况下夺走产业的发展机遇。比如，在时下的经济发展态势下，随着越来越多的客户选用移动电话而弃用有线电话，刚刚发展起来的有线电话业受到了重挫。

如果出现下列情况，替代品威胁便会很大：

- 替代品相对于产业产品具有很高的性价比。替代品的相对价值越高，那么产业潜在利润率所受的影响便越大。比如，随着Vonage和Skype等廉价的互联网电话服务的出现，传统的长途电话服务商受到了冲击。此外，随着有线和卫星视频点播服务、诸如Netflix等在线视频服务以及诸如谷歌的YouTube互联网视频网站的出现，录影带出租业正面临窘迫的处境。
- 买方向替代品的过渡成本低。比如，通常情况下，从专利名牌药品向非专利药品的转换会大大降低成本，这也是目前人们大量转而使用非专利药品（以及非专利药品价格为什么大大下降）的原因。

对于其他产业中所出现的能够带来替代品的变化，战略者应当特别留心。比如，塑料材质的改进使其在许多汽车零部件上取代了钢铁。由此，在一些看似无关的领域内发生的技术变化或者竞争的非连续性会对产业盈利能力产生极大的影响。当然，替代威胁也会造福某一产业，对这一产业的未来盈利能力和发展潜力起到推动作用。

现有竞争者之间的竞争

现有竞争者之间存在的竞争有许多种常见的方式，包括价格折扣、新产品推介、广告和服务改进。激烈的竞争会使产业的盈利能力受到影响。竞争者对产业盈利能力的向下拉动程度首先取决于企业间的竞争激烈度，其次取决于它们之间的竞争基础。

如果出现下列情况，便说明竞争激烈程度很高：

- 竞争者数量众多，或者竞争者的实力相当。在这种情况下，竞争对手便难免有投机取巧的行为。如果没有产业领袖，产业所规定的一些做法便难以得到实施。
- 产业增长速度很慢。慢速增长会在很大程度上加剧对市场份额的竞争。
- 退出门槛很高。退出门槛与进入门槛正相反，退出门槛是由高度专业化的资产或管理而形成的。正是这一门槛的存在才使得企业能够存续下去，尽管企业利润很低甚至亏损。过剩的生产能力依然存在，经营不善的企业依然强力硬撑下去，这种情况会使那些状况良好的竞争者也受到牵连。
- 竞争者高度专注于产业业务，并渴望成为产业领袖，特别是当他们的目标超越了产业经济状况时。出现这一情况有很多原因。比如国有企业竞争者的目标可能是招贤纳士或者提高自己的声誉；大企业联盟可能会出于形象的原因或者为了使自己的产品更加全面而进军某一产业。企业的自私自利和定位之间的冲突有时会加剧竞争力度，从而对诸如媒体和高科技企业等领域的盈利能力造成损害。
- 由于互相之间缺乏了解、竞争方式的多样化或者目标的不同，企业之间不能解读对方的信号。

企业之间的对抗力度不仅仅反映了竞争程度的高低，还反映了竞争的基础。竞争的因素，以及竞争对手之间是否聚焦同样的竞争因素，对盈利能力会产生重要的影响。

如果竞争对手之间的对抗仅仅针对价格，那么这会对盈利能力造成极大的影响，原因是价格竞争会将产业利润直接转移给客户。降价是竞争者最容易想到和实现的一种竞争方法，而且这种方法带有很大程度的报复性。持续的价格竞争会使客户逐渐不再注重产品特性和服务。

如果出现下列情况，便可能会发生价格竞争：

- 竞争者之间的产品或服务几乎完全相同，使得对买方来讲，转换成本极低。这会使竞争者不得不通过降价的方式吸引新客户。多年以来航空公司之间的价格竞争已经说明了这一点。
- 固定成本高，边际成本低。这会对竞争者造成极大的降价压力，他们会将价格降至平均成本以下，甚至接近于边际成本，从而赢得更多的客户。许多基础原料产业（诸如造纸业和制铝业等）都存在这一问题，特别是当需求量降低时。那些网络路线固定的物流配货公司也会面临这一问题。
- 为了提高产业效率，必须加大产量。产能的大量扩张（如聚氯乙烯产业）会破坏产业的供需平衡，从而导致长时间不断出现产能过剩和降价的情况。
- 产品周期短。周期短会导致大幅度降价，从而在产品仍存在价值时将其抛售出去。实际上，在人们通常能够想到的产品之外，还有许多短周期产品。人人都知道，西红柿周期短，因为它们很容易腐烂；而计算机也是，因为它们很容易过时；信息一旦透露出去或者过时，便也会失去其价值。诸如酒店业等服务产业也会有类似问题，原因是盲目扩张会导致长时间闲置。

价格之外因素方面的竞争，比如产品特性、支持性服务、交货时间或者品牌形象等对盈利能力的影响较小，原因是它们能够提升客户价值并会提高产品价格。同时，专注于这些方面的竞争会提高产品自身相对于替代品的价值并提高新进入者的进入门槛。尽管有时候非价格竞争会激烈到损害了产业盈利能力，但总体来讲，它的出现概率要大大低于价格竞争降低产业盈利能力出现的概率。

与竞争因素同样重要的是，竞争者是否在同样的因素上竞争。如果所有或者许多竞争者都瞄准同样的客户需求或者在相同的方面进行竞争，那么竞争便不会创造出任何价值。这时，一家企业的盈利经常会造成另一家企业的亏损，从而从整体上降低产业的盈利能力。然而不管怎样，价格竞争相对于非价格竞争风险要大得多，只要企业在进行非价格竞争时注意细分市场，将低价产品提供给单独的客户，便不会引发价格竞争所带来的恶劣后果。

只要每一名竞争者都能满足不同客户的不同要求，包括价格、产品、服务、特性或品牌等方面，竞争就会产生净利润（正和博弈），甚至会提高产业的平均盈利能力。此类竞争不仅会提高平均盈利能力，并且随着更多客户群的要求得到满足，产业的规模还会越来越大。在服务于多客户群的产业，出现正和博弈的可能性会更大。对竞争的结构性支撑有了清晰的认识，战略者便能够采取措施将竞争引领到对产业发展更为有益的道路上。

竞争因素，而不是竞争力量

五种竞争力量所体现出来的产业结构决定着产业的长期利润，原因是它能够决定产业所创造的经济价值如何分配——产业公司留取的利润、客户和供应商砍掉的利润、替代品截取的利润和潜在新进入者夺取的利润各有多少。通过综合考虑五种竞争力量，战略者便会对综合结构了然于胸，而不会将注意力单纯放在某一个因素之上。同时，战略者的注意力应主要放在结构状况，而不是短暂因素上。

常见的误区

在进行分析时，应当避免出现下面常见的错误：

- 过分狭隘或过分宽泛地对产业进行定义。
- 不作严谨的分析，而只是一味地罗列事实。
- 不深层次考虑最为主要的因素，而对所有竞争力量给予同等关注。
- 将因（买方市场）与果（价格敏感性）混淆。
- 运用静态分析，忽视产业动态。
- 将周期性或者短暂性变化与真正的结构性变化混淆。
- 使用概念性的分析判断产业是否具有吸引力，而不是通过这一分析引导战略性选择。

我们要避免将产业中的某些可见特征误认为是其基础结构，这一点特别重要。我们来看下面几点：

产业增长率

认为快速增长的产业便一定具有吸引力，这是一类常见的错误。产业增长的确会削弱竞争，因为一个持续扩大的蛋糕会给所有竞争者都提供机会。但是，产业快速增长会将供应商置于一个有利的地位，高增长率和低进入门槛也会吸引新进入者的目光。即便没有新进入者，如果客户实力强大，或者替代品有竞争力，较高的产业增长率也不会保证持续的盈利能力。的确，近些年来，一些快速增长的产业（比如个人电脑产业）其利润却越来越低。只是目光狭隘地关注于产业增长是战略决策失败的一个重要原因。

技术与创新

先进的技术或创新本身并不能使一种产业在结构上吸引人（或不吸引人）。通常情况下，买方对价格敏感、转换成本高或者由规模经济引起的进入门槛高的普通的低技术含量产业，较之诸如软件和互联网等吸引竞争者目光的产业，盈利能力要高得多。①

政府

我们不能将政府作为第六种竞争力量，原因是政府干预本身不总是单纯地提高或降低产业盈利能力。要正确地理解政府对竞争所造成的影响，最好的方式是具体分析政府政策是如何对五种竞争力量施加影响的。比如，专利会提高进入门槛，并提高产业潜在盈利能力。相反，倡导联合的政府政策会提高供应商的实力并削弱产业潜在利润。破产法规允许破产公司重组而不是退出会导致产能过剩和激烈的竞争。总之，政府会进行多层次和多方位的政策决策，每一项政策都会以不同的方式影响到产业结构。

互补性产品和服务

互补性产品和服务指的是与产业产品一同使用的产品和服务。当两种产品组合起来对客户的价值高于每一种产品对客户单独价值的和时，互补性产品和服务

---

① 关于互联网技术如何提高某些产业的吸引力并影响其他产业的盈利能力，请见本书第四章。

便会出现。比如，电脑硬件和软件结合在一起，才会体现出其价值，如果将两者分开，两者都会失去价值。

近年来，战略研究者们一直在强调互补性产品的重要作用。这一点在高科技产业中体现得尤其明显。[①]然而，互补性产品绝不仅仅出现于这类产业。比如，有了加油站、路边维修店和汽车保险，汽车才会有更大的使用价值。

当互补性产品影响到对产业产品的总体需求时，便能充分体现出其重要程度。然而，正如政府政策一样，互补性产品并不是决定产业盈利能力的第六种力量，因为互补性产品的强势存在并不会对产业盈利能力造成过好或过坏的影响。互补性产品是以其影响五种竞争力量的方式来影响产业的盈利能力的。

战略者必须密切关注互补性产品对所有五种竞争力量或正面或负面的影响，从而判断它们对盈利能力的影响。互补性产品的存在能够提高或者降低产业进入门槛。比如，在应用软件产业中，当补充性操作系统的生产商（如微软公司）通过提供一整套工具而方便用户使用时，进入门槛便降低了。相反，吸引补充性产品生产商可以提高进入门槛，视频游戏软件便是如此。

互补性产品的存在也可以影响到替代品的威胁。比如，对加油站的需求使得使用双燃料的汽车难以替代传统的汽车。但是，互补性产品也可促进替代的发生。比如，苹果公司iTunes的出现加速了数字音乐替代CD的步伐。

互补性产品会从正面（当互补性产品提高了转换成本时）或负面（当互补性产品降低了产品区别度时）影响到产业竞争。类似的分析也可用于买方和供应商的议价能力。有时候，企业会改变互补性产业的条件而从竞争中得益，比如录像机生产商JVC说服影视制作公司在发行盒带时支持JVC标准，尽管从技术角度讲，竞争对手索尼公司的标准很可能要更高。

互补性产品的确定需要分析者动一番脑筋。有了政府政策或者重要技术，通过五种竞争力量，互补性产品的战略意义将会得到最好的解读。

---

① 可参见亚当 · M · 布兰登堡和巴里 · J · 奈尔伯夫的《合作竞争》一书。

产业结构的变化

截至目前，我们已经对竞争力量逐个进行了讨论。实践证明，产业结构相对比较稳定，产业盈利能力的差别也一直持续存在。然而，产业结构会不断经历微调，有时甚至会经历突变。

结构的变化可能来自于产业外部，也可能来自于产业内部。产业结构的变化可以提高产业利润，也可以降低产业利润。这一变化可能由技术变化引起，也可能由客户需要的变化及其他情况引起。“五力模型”为确定产业最重要的发展和预计这一发展对产业吸引力造成的影响提供了一套体系。

新进入威胁的转移

上述提到的 7 种门槛中，任何一种发生变化都会提高或者降低新进入的威胁。比如，专利的到期会催生出新进入者。默克公司的Zocor降胆固醇药物专利到期的当天，便有 3 家制药公司打入了这一药品的市场。相反，冰激凌产业中不断增加的产品已经逐渐塞满了商店的冰柜，从而使得新的冰激凌制造商很难在北美和欧洲市场占有一席之地。

领先的竞争者的战略决策经常会对进入威胁产生很大的影响。比如，自 20 世纪 70 年代开始，诸如沃尔玛、凯马特和玩具反斗城等零售商便开始采取新的采购、分销和储存控制技术，投入了大量的固定成本，包括建立自动配货中心、条码和销售点终端。这些投资提高了规模经济效益并使得小规模的零售商难以与之竞争（现存的小规模竞争者也难以继续生存下去）。

改变供应商或者买方的议价能力

事关供应商和买方的关键实力的因素随时间变化而变化，他们的影响力也会相应地提高或者降低。比如，在全球家电产业中，包括伊莱克斯、通用电气和惠而浦等的竞争者都受到了零售渠道合并的影响（比如，家电专卖店风光不再，而诸如美国的百思买和家得宝等大型零售商却风头正劲）。另外一个例子是旅行社，它们依靠航空公司而成为关键的供应商。当互联网使航空公司能够直接向客户售卖票时，航空公司便大大提高了自己对旅行社佣金的议价能力。

替代威胁的转移

替代品随时间推移其威胁增加或减小的一个最常见原因是技术进步创造出了新的替代品或者将性价比向其他方向转移。比如，最早的微波炉体积很大，价格高达 2 000 多美元，从而使其难以替代传统的炉具。随着技术的进步，微波炉逐步成为非常不错的替代品。近年来，电脑闪存技术有了很大的进步，从而使闪存成为低容量硬盘驱动器的有力替代品。补充性生产商越来越多，其表现越来越好，也转移了替代品威胁。

竞争的新基础

竞争激烈程度会随着时间的推移而自然加强。随着一种产业的成熟，其增长步伐也会降低下来。随着产业惯例的出现、技术的扩散以及消费者品位的集中，竞争者互相之间也会变得更为相似。由此，产业盈利能力将降低，实力较弱的竞争者便会面临压力。这一现象在许多产业都出现过，比如电视机产业、雪地摩托车产业和通讯设备产业等，不一而足。

但是，价格竞争及其他形式竞争的加剧趋势是无法避免的。比如，近几十年以来，美国赌博业显示出强大的竞争活力，然而其竞争大部分是迎合新领域和地理区域的正和博弈。短兵相接的竞争会使价格下降，或者提高胜出者的成本，因此这种模式已很少出现。

合并与收购提供了一种新的竞争方式，它改变了产业竞争的本质。或者说，技术革新能够重塑竞争。在零售经纪产业，互联网的出现降低了边际成本和差异性，从而使得佣金和费用方面的竞争比过去更加激烈。

在某些产业中，企业会选择合并，其目的不是为了改善成本和质量，而是为了阻止激烈的竞争。然而，消除竞争实际上是一个危险的战略。“五力模型”告诉我们，现有竞争者消失所带来的效益经常会吸引新竞争者的目光，并引发客户与供应商的激烈反应。比如，纽约的银行业在 20 世纪 80 年代与 90 年代出现了商业银行与储蓄银行的合并大潮，包括汉华实业银行、化学银行和大通银行。然而，今天来看，曼哈顿的零售银行格局仍像以前一样分散，因为许多新进入者（如瓦乔维亚银行、美国银行以及华盛顿互惠银行）又进入了这一市场。

战略暗示

理解构成产业的竞争力量，是推出产业战略的出发点。每一家企业都应当了解其所在产业的平均盈利能力，并且知道这一能力如何随时间变化而变化。“五力模型”揭示出了产业盈利能力高低的原因。只有这样，企业才能够利用产业状况制定出自己的产业战略。

“五力模型”揭示出了竞争环境最重要的方面。同时，“五力模型”还为衡量企业的优势和弱点提供了一个基准：面对买方、供应商、新进入者、竞争者和替代品，企业的立场是什么？最重要的是，对产业结构的理解会引导经理人实施卓有成效的战略举措，这些举措包括：对企业进行重新定位，以更好地应对当前的竞争力量；对竞争力量的变化进行预计并加以利用；重塑竞争力量的平衡，以创造出一种有利于企业的新的产业结构。最好的战略应当尽可能多地利用各种有利的情况。

企业的定位

战略可以被看做是一种应对竞争力量或者寻找产业中最薄弱力量的防御性构筑。比如，我们来看一下帕卡公司在重型汽车市场的定位。重型汽车的产业结构极具挑战性。许多买方都需要庞大的车队或者是大型的租车公司，他们有能力也希望在大宗交易中降低交易价格。而大多数的卡车都是按照固定的标准制造，并具有类似的特点，这便造成了激烈的价格竞争。资本密集能够引起激烈的竞争，特别是在循环出现的经济低迷期。尽管很少有产品能够取代 18 轮卡车，但卡车购买者仍会面临一些很重要的替代品，比如铁路运输等。

在这种情况下，位于华盛顿州贝尔维尤市的占有北美 20% 重型汽车市场的帕卡公司选择将重点放在一个客户群体上：自有驾车人——拥有自己的卡车并直接与货运公司打交道或者为大型卡车公司充当分包商的司机。这些自有驾车人作为卡车购买者的影响力有限；同时，他们对价格不是太敏感，原因是他们对产品有着很强的情结，并对产品存在极高的经济依赖性。他们深为自己的卡车而骄傲，因为他们的大部分时间都与自己的卡车相依为命。

充分考虑到这些自有驾车人的需求，帕卡公司便通过大力投资，开发出了一系列的特性：豪华的睡仓、舒适的皮革座椅、防噪音驾驶室、平滑的外部轮廓等等。在公司经销商广泛的销售网中，有买车意向的买家可通过软件在几千个选项中作出选择，并可以在卡车上留下自己的个性签名。这些客户定制的卡车按订单制造，而不是按库存发货，交货周期为6~8周。帕卡重型汽车还具有符合空气动力学的良好设计，这一设计能够降低油耗。同时，帕卡二手卡车比其他类型的卡车要好卖得多。帕卡的路边服务系统和IT支持的零部件销售系统则大大缩短了卡车的非服役时间。所有这些对于自有驾车人来讲都是至关重要的。为此，客户要向帕卡公司支付10%的额外费用。帕卡公司的Kenworth和Peterbilt品牌已经成为卡车业地位和身份的象征。

帕卡公司很好地诠释了在既定产业结构内部进行企业定位的原则。他们找到了产业中的薄弱环节，在这一环节上竞争力很低，从而可以避免买方强势地位和基于价格的竞争。同时，帕卡公司使价值链中的每一个部分都处理好了与这部分存在的竞争力量之间的关系。其结果便是，帕卡公司连续68年保持盈利，并且长期以来一直保持超过20%的股本回报率。

除了现有产业中存在定位机会之外，“五力模型”这一体系结构使得企业能够对进入和退出实施严谨的分析。无论是进入，还是退出，都要首先弄清楚一个并不简单的问题：这一产业的未来前景如何。如果产业结构不理想或者正在走下坡路，企业没有良好的定位前景，那么企业便应当退出。在考虑进入一种新产业时，有创造性的战略者可利用这一竞争力量体系提前发现具有良好前景的产业，而不需要等待这一良好前景在将来企业并购时才体现出来。对五种竞争力量的分析也可以揭示出产业对一般进入者的吸引力之所在，同时使企业相信，自己能够以较大多数企业更低的成本跨越进入障碍，或者自己有足够的应对产业竞争力量的能力。

产业变化的利用

如果战略者对竞争力量及其支撑力量有着深刻的理解，那么产业变化便能给他们提供发现和提出新的有前景的战略定位的机会。比如，让我们来看一下过去10年里音乐产业的发展。随着互联网和数字音乐的出现，有分析家预计由此会诞生出数千家音乐公司（也就是扶植艺术家并将他们的音乐推向市场的唱片公司）。

分析家认为，这将会打破自爱迪生发明留声机以来的一个固定模式：总是有 3~6 家唱片公司统治着音乐产业。分析家还预计，互联网将会绕过音乐发售门槛，从而将许多新进入者引领入音乐产业。

但是，一项严谨的分析研究表明，音乐发售并不是最关键的进入门槛，影响进入的真正门槛是大型音乐公司坐享其成的利润。在推出新人方面，大型音乐公司会选择多管齐下，从而降低了一旦出现某一点失败而带来的影响。更为重要的是，他们在冲出重围、让自己的新人独树一帜方面有自己的优势。他们会向电台和唱片商家许诺与知名艺术家合作，而作为回报，电台和商家便会帮助他们推介新人。而音乐产业的新进入者几乎不可能做到这一点。只要大型音乐公司持续这样的做法，新生代的音乐公司便难以与之抗衡。

然而，这并不意味着数字音乐的出现并没有改变音乐产业的结构。无授权音乐下载便是一种非法却极具杀伤力的替代品。多年来，音乐公司一直致力于拓展自己的音乐发售平台，但主要音乐公司不愿意将自己的音乐通过竞争对手拥有的平台出售。2003 年苹果公司推出的用于支持 iPod 音乐播放器的 iTunes 音乐商店则填补了这一空白。主要音乐公司允许创造一个新的强力看门人，但是由此引起的产业结构的变化却对其自身构成了威胁。实际上，主要音乐公司的数量从 1997 年的 6 家下降到了目前的 4 家，原因就是他们要不断与新生的数字势力作斗争。

如果产业结构变化不定，新的具有发展潜力的竞争定位便可能会出现。结构变化催生出了服务于现有需求的新需求和新方法。当前的产业领导者可能会忽略这一点，或者一味固守过去的战略。而产业中较小的竞争者则可以利用结构变化，否则，这些空白将可能被新进入者所填补。

产业结构的重组

企业对结构变化的利用，实际上是大势所趋。然而，企业也具备重组产业结构的能力。一家企业能够将其所在产业引领向新的竞争方式，从而使五种竞争力量得到优化。在重组产业结构的过程中，企业也会希望其竞争者随之一起行动，从而使整个产业得到转型。尽管许多产业参与者会受益于这一过程，但是如果革新引领者能够使产业转型沿着其擅长的方向进行，那么他将成为最大的受益者。

产业结构的重组可通过两种方式进行：按照有利于既有企业的方式重新分配

利润，或者扩大整体利润池。产业利润重新分配的目标是增加产业竞争者的利润，而不是供应商、买方和替代者的利润，并要防止潜在的新进入者的出现。利润池的扩大则会提高产业所创造的经济价值总量，从而使产业中的竞争者、买方和供应商都能从中分得一杯羹。

利润再分配。为了使产业竞争者获得更多的利润，首要的一点是确定目前是哪一种或哪几种竞争力量制约着产业的盈利能力。实际上，一家企业可能会影响到所有的竞争力量。这时，战略家的目标便是要降低供应商、买方和替代者的分摊利润，并防止新进入者的出现。

比如，为了遏制供应商的强势，企业可以采取将零部件标准化的做法以降低转换供应商的难度。同时，企业可通过培植新的卖方或者改变技术的做法以避免强势供应群体的出现。为了应对强势客户，企业可以扩展服务，从而提高买方的转换成本，或者可以寻找另外一种与客户交易的方式，从而压制强势渠道。为了缓和价格竞争的利润侵蚀效应，企业可以大量生产稀缺产品（许多制药公司便采取了这样的做法），或者向客户提供拓展支持性服务。为了使新进入者知难而退，既有企业可以提高竞争的固定成本，比如，他们可以提高研发或者营销成本。为了限制替代品威胁，企业可通过拓展产品特性或者拓宽产品销售渠道以更好地体现产品的价值。比如，软饮料生产商推出自动售货机和便利店销售模式之后，他们大大提高了软饮料相对于其他饮料的易获得程度。

北美最大的食品服务经销商西斯科公司给我们上演了一个产业领导者如何改良产业结构的经典案例。一直以来食品服务经销商从农民和食品加工者那里采购食品和相关产品，然后他们将这些产品集中储存并向酒店、医院、公司餐厅、学校及其他餐饮服务业配送。由于进入门槛极低，食品服务经销产业曾经见证了无数当地竞争者蜂拥而入的历史。竞争者要培植与客户的关系，而买方却对价格敏感，原因是食品占据了买方相当大的成本。同时，买方也可以变换一种做法，转而直接从生产商处购买或者通过零售渠道进货，从而彻底避开食品经销商。供应商则会充分利用其议价能力，因为供应商通常都是商品加工者与客户认可的拥有强大品牌优势的大企业。

西斯科看到，鉴于其遍布全美的规模，他们可以改变这种情况。于是，西斯科发起了一次变革，引入经销商自有品牌，并根据食品服务市场的需求量身定制产品规格。西斯科强调的是为客户提供增值服务，包括信誉、菜单计划和存货管理，从而将竞争基础从价格这一唯一因素上转移开来。西斯科的这一举措以及信息技术与地区经销中心投入的增加大大提高了新进入者的门槛，并使得替代品不再具有吸引力。毫无疑问，这一产业得到了很好的整合，产业盈利能力得到了提高。

对于改善产业结构，产业领导者负有特殊的责任。因为，这需要一些只有大企业才拥有的渠道。同时，产业结构得到改善也具有公众效益，因为这不仅会使产业结构改善的首倡者受益，还会造福于产业内部的所有企业。一般情况下，产业领导者比其他参与者更愿意为群体利益而付出努力，因为产业领导者通常最终是最大的受益人。的确，改善产业结构可能为产业领导者提供最有益的机遇，部分原因是进一步获取市场份额的愿望能够激发起来自于竞争者、客户甚至是供应商的强烈反应。

同时，我们也要看到，产业结构重组也有其不利的一面。竞争定位和运作管理发生的盲目变化可能会使产业结构遭到伤害。面对获取市场份额的压力，或者由于迷恋于谋取私利而倡导创新，经理人可能会引发新形式的竞争，尽管这一竞争会不利于既有企业。因此，当采取措施改进自身企业的竞争优势时，战略家应当首先自问一下他们的新举措是否会破坏长远意义上的产业结构。比如，在个人电脑产业的早期发展史上，IBM曾试图通过一种能够设定产业标准并吸引补充性应用软件制造者眼光的开放式体系来弥补其后来者的劣势。在这一工程中，IBM将个人电脑的核心部分——操作系统和微处理器——拱手让给了微软和英特尔。这一将个人电脑标准化的做法加剧了价格竞争。最终，IBM成为暂时的产业领导者，但产业结构从此陷入了长期的不合理状态。

利润池的扩大。当总体需求上升时，便会出现产业质量水平上升、固定成本下降和产业规模扩大的情况。同时，竞争者、供应商和买方可获得的总利润也会提高。比如，当经销渠道变得更具竞争力或者产业发现了新的潜在的产品购买者时，总利润池便会扩大。当软饮料生产商改善了自身的灌装网络从而提高了效率时，收益的不仅是软饮料公司，还有灌装企业。当企业改善了与供应商的合作并降低了供应链中不必要的成本时，总价值也会增长。这便会降低产业结构的固有成本，从而通过更低的价格提高了利润，增加了需求。再者，统一质量标准可以提升产业内的产品质量和服务水平，从而提高产品价格，最终使竞争者、供应商和客户受益。

总体利润池的扩大为产业参与者创造了双赢的机会，同时也降低了恶性竞争的风险（恶性竞争经常会在既有企业有意将议价能力转移或者获取更多市场份额时出现）。然而，市场份额的扩大并不能降低产业结构的重要性。如何对扩张之后的市场进行再分最终将取决于五种竞争力量。最成功的企业在扩大产业利润池时，应当允许各有关企业不按比例共享利润的增加额。

产业的定义

五种竞争力量还是关系到有关产业企业间存在竞争的决定性因素。正确划定产业竞争的界限有利于盈利能力的提高和战略的制定。对每一种不同的产业，企业都需要不同的战略。竞争者对产业的错误定义为标定好的战略定位提供了机遇（参见本章的插入内容“相关产业的定义”）。

相关产业的定义

定义竞争实际所发生的产业对产业分析十分重要，当然，这对选定战略和设定业务范围也至关重要。许多战略错误都来自于对相关产业的误解，对相关产业或过宽或过窄的定义。对产业定义过宽会混淆不同产品、不同客户或者不同地理区域，而这三者对竞争、战略定位和盈利能力都是至关重要的。而对产业定义过窄会忽视不同产品或者不同区域市场之间的共性和联系，而这两者对竞争优势的形成是至关重要的。同时，战略家必须对产业界限可能出现的变化保持敏感。

产业界限包括两个主要因素。第一个因素是产品或服务的范围。比如，轿车用燃油与卡车和固定式发动机用燃油是否属于同一产业？第二个因素是地域范围。多数产业都分布于世界各地。然而，竞争是在同一州范围之内还是在一个国家范围之内发生呢？产业竞争是在诸如欧洲或北美市场之内发生，还是发生于全球范围内的同一产业？

“五力模型”是解决这些问题的基本工具。如果两种产品的产业结构相同或者类似（也就是说两种产品拥有相同的买方、供应商和进入门槛等等），那么这两种产品最好被看做属于同一种产业。但是，如果两种产品的产业结构存在明显区别，那么这两种产品最好被看做属于两种不同的产业。

对燃油来讲，轿车用燃油与卡车用燃油类似甚至完全相同，但相似之处却仅此而已。通过强势广告，轿车用燃油通过许多强势渠道销售给零散的弱势客户。产品采用小包装，物流成本很高，这使本地化生产成为一个必要条件。卡车和发电机用油则通过单独的供应链以完全不同的方式出售给完全不同的买家。这两者的产业结构（买方实力、进入门槛等）截然不同。因此轿车用燃油与卡车及固定发动机燃油分属于不同的产业。在这两种情况下，产业盈利能力也有所不同。因此，燃油公司针对两种情况应当采取不同的战略。

同时，五种竞争力量的差别还显示出竞争的地域范围。如果一种产业在所有国家都有相似的结构（竞争者、买方等），在全球竞争的大前提下，从全球角度进行考虑的五种竞争力量便会确定平均产业盈利能力。整个产业在全球范围内仅需要一种战略。然而，如果一项产业在不同的地域范围具有不同的结构，那么每一区域都可能会形成自己独特的产业。否则，竞争将会使这些差异消失。用于在每一区域内进行分析的五种竞争力量都会设定各自的盈利能力。

有关产品或者跨区域的五种竞争力量之间的差异度使得对产业的定义往往成为一种人为的判断。一种经验法则是如果任何一种竞争力量之间的差异较大，或者差异牵涉到一种以上的竞争力量，那么便会产生出不同的产业。

然而，幸运的是，即便产业界限划分错误，对五种竞争力量的严谨分析也能够揭示出重要的竞争威胁。比如，从产业定义中省去的紧密相关的某种产品可能会成为一种替代品，或者，没有被当做竞争对手的竞争者最终会被看做是潜在的进入者。同时，五种竞争力量分析应当显示出在范围极广的产业内部的主要不同，这意味着需要对产业界限或者战略进行调整。

竞争与价值

竞争力量会揭示出产业竞争的驱动力。企业战略家只要知道将来的竞争范围会扩大至现有竞争者之外，那么他们便能够发现更多的竞争威胁，并且能够更好地采取应对措施。同时，综合思考产业结构能够发现机遇：不同客户、供应商、替代者、潜在进入者以及竞争者之间的区别，这些区别可以成为产生良好结果的各种战略的基础。随着竞争的更加公开化和变革的更加残酷，我们比以往任何时候更需要系统地思考竞争问题。

理解产业结构对投资者与经理人同等重要。“五力模型”能够揭示出一项产业是否具备真正的吸引力，并且能够帮助投资者对产业结构在明显出现或正面或负面的转变之前作出判断。“五力模型”能够将短期的暂时现象与结构性变化区分开来，并帮助投资者利用人们错误的悲观或者乐观的情绪。其战略能够引导产业转型的企业对局势形成更为清晰的判断。这种对竞争的深度思考较之当下所流行的财务预测和趋势归纳法更容易使人们获得真正的投资成功。

如果经理人和投资者都对竞争采取这样的态度，那么资本市场将会成为企业成功和经济繁荣的更为有效的力量。经理人和投资者都应当将注意力放在能够促进可持续盈利能力的基本方面上。投资者与经理人之间的对话应当主要基于结构性因素而不是短暂性因素。如果我们将“讨好华尔街”的做法用在能够创造真正经济价值的因素上，我们便可以想象一下，企业（以及整个经济）会取得多大的进步。

02 什么是战略

经营效率不等于战略

近 20 年来，经理人不断在学习全套的规则，例如，企业必须保持弹性，迅速适应竞争与市场变迁；持续标杆学习以达到最佳表现；积极采取外包方式以达到最佳效率。此外，为了能在竞争中维持领先地位，企业必须培养一些核心能力。

定位曾一度是战略的核心，现今则因过于静态，不再适合今天生气蓬勃的市场与快速变迁的技术而遭到扬弃。根据新的教战守则，竞争者能迅速模仿任何市场定位，因此定位所形成的竞争优势，充其量只是暂时性的。

问题是，这些想法只对了一半，而且把越来越多的企业引导到了相互毁灭的竞争道路上。没错，随着管制放宽与市场的全球化，有些竞争障碍已经不复存在。已有企业把重心适当地放在保持精简与灵敏之上。然而，许多产业出现所谓的过度竞争，其实是企业自己造成的伤害，而非竞争变迁所导致的不可避免的后果。

问题出在人们将经营效率与战略混为一谈。企业为追求生产力、质量和速度，而孕育出许多著名的管理工具与技术，例如全面质量管理、标杆学习、时间竞争、外包模式、合伙关系、企业再造、变革管理等。虽然改善操作方式的结果通常很惊人，许多企业却因无法把这些进展转换成可持续的盈利能力而沮丧不已。不知不觉中，管理工具取代了战略的地位。在经理人拼命改进这些管理工具的同时，他们反而离能让企业生存的竞争地位渐行渐远。

经营效率：必要但非充分条件

企业的主要目标是达成良好的绩效，而经营效率和战略则是达成优良绩效的必要条件。问题是，这两者的运作方式并不相同。

企业能在竞争者中脱颖而出，前提是它能建立并保持与竞争者之间的差异。它必须给客户更高的价值，或以更低的成本创造相当的价值，或两者兼备。卓越盈利能力的算法是：提供更有价值的商品，让企业可以要求更高的产品单价，或更高的效率可导致更低的平均单位成本。

企业在成本或价格上的所有差异，都是源自数百项活动的最后结果。这些活动都是为了创造、生产、销售和运送产品或服务，例如电话访问客户、组装产品、培训员工等。成本源自于执行活动，能否取得成本优势，就看企业在特定活动上是否能比竞争对手表现得更有效率。同样，差异性来自企业选择哪些活动，以及如何进行这些活动。因此活动可以说是竞争优势的基本单位。整体优势或劣势，其实是来自企业的所有活动而非少数活动的结果。①

经营效率意味着，在进行相似活动时，企业的绩效比竞争者更佳。经营效率包含效率，但绝不限于效率。它意指任何能让企业更充分地利用资源的运作，例如减少产品的瑕疵，或更快速地开发更好的产品。反过来说，战略定位意味着，企业开展不同于竞争者的活动，或是以不同的方式开展类似的活动（见图 2–1）。

企业会有不同的经营效率不足为奇。有些企业能比其他企业从投入的要素中获得更多，因为它们减少了不必要的活动，采用了更先进的科技，更能激励员工士气，或对特定活动具有更敏锐的洞察力。经营效率的差异，是竞争中决定盈利

① 我在《竞争优势》一书中首次阐述了活动概念及其在理解竞争优势时所起的作用。本文的观点正是建立在此基础上，并对其作了进一步思考。

水平的重要因素，因为它们直接影响到企业相对成本地位和差异化的程度。

整个20世纪80年代，日本企业挑战西方企业的核心手腕，就是经营效率上的差异。这段期间，日本人之所以能在竞争中领先，就在于他们提供了品质更佳、成本更低的产品。这一点非常值得注意，因为当前有关竞争的思维，很多都以此为基础。试着去想象一个能在任何时间，提供所有最佳表现的生产力边界(productivity frontier)。把这个区域当成是企业在既定成本下，运用最佳的科技、技能、管理技巧和原料，提供某项产品或服务所能创造的最大价值。生产力边界的概念可以应用于个别活动，也能用于如订货流程和制造等一连串整套的活动，乃至于全公司的活动。当企业提高经营效率时，它就会朝该区域移动。朝生产力边界进军，需要资本投资、不同的员工特质，或只需要新的管理方式。

生产力边界在新技术、新管理方法或新材料问世后，整个区域都会向外扩展。笔记本电脑、移动通信设备、互联网及诸如莲花公司的Notes等软件，便重新定义了销售业务上的生产力边界，创造出销售与订货流程、售后服务支援等活动之间更丰富的关联性。同样，涉及整个活动的精益生产，也使得制造上的生产力和资产的使用率获得了实质的改善。

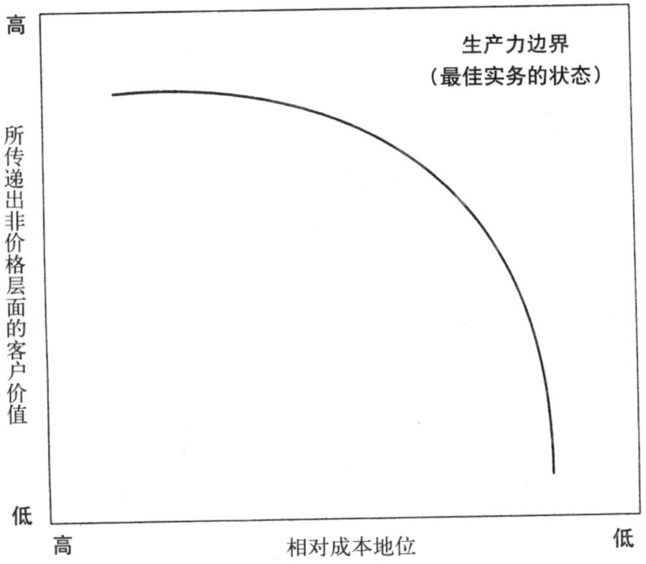

图2–1　经营效率对战略定位

至少在过去10年间，经理人满脑子都在思考如何提高经营效率。通过类似全面质量管理、时间竞争、标杆学习等计划，经理人改变了活动的表现方式，以淘汰没有效率的部分，改善客户满意度，并达到最佳表现。为了跟上生产力边界变动的步伐，经理人又着手持续改善、授权、变革管理所谓的学习型组织。外包模式的盛行与企业虚拟化的普及，反映了业界已日渐认识到，要像专家一样同时让所有活动都具有高度的生产力，是相当困难的。

企业一旦朝生产力边界努力，就会同时改善好几个层面的绩效。比如，制造业者采用日本20世纪80年代的快速替换的做法，降低成本并改善产品的差异性。又比如我们一度认为，成本与瑕疵之间存在此消彼长的关系，如今已证明它是经营效率低下所造成的假象，可见经理人已经学会拒绝这种错误的观念。

经营效率上经常性的改进，是达到卓越盈利能力的必要条件，但通常并非充分条件。很少有企业能长期以经营效率为基础，而在竞争上大获成功，即使是维持领先竞争对手的地位，也变得越来越难。最明显的理由是，最佳实务的做法会快速扩散。竞争者很快就能模仿相同的管理技巧、新技术，并改善材料以更卓越的方式满足客户需求。最一般性的解决方案，也就是那些能运用多种状况的方法，其扩散的速度也最快。由于管理顾问支持这些观点，经营效率的工具更是一路繁衍，百家争鸣。

当经营效率的竞争使得生产力边界向外推移时，每家厂商面对的问题都是一样的。尽管这种竞争对经营效率带来相当大的改善，但也导致无人能有特别突出的表现。就以美国年产值50亿美元以上的商用印刷机产业为例，主要厂商如当纳利公司（R.R.Donnelley & Sons Company）、魁北克公司（Quebecor）、全球彩色印刷公司（World Color Press）和大花印刷企业（Big Flower Press）等，莫不积极竞争，服务于各种类型的顾客，提供相同形式的印刷技术（照相制版和网版），大量投资于相同的设备，提高印刷速度，减少人工数量等。但结果是，客户与供应商的生产力大增，企业本身并未因此获得更高的盈利能力。即使这个产业的龙头当纳利公司，在20世纪80年代曾持续维持在7%以上的利润率，而到1995年时，却降到不足4.6%。这种现象从一个产业蔓延到另一个产业。即使此种新竞争形态的先驱者日本，同样受困于持续的低盈利水平（参见本章的插入内容“缺乏战略的日本企业”）。

缺乏战略的日本企业[①]

在20世纪70和80年代，日本人引发了全球性的经营效率革命，他们率先推出如全面质量管理和持续改善等做法，让这一时期的日本制造商多年来享受到实质的成本和质量优势。

但是日本企业极少发展出本文中所讨论的与众不同的战略定位，如索尼、佳能和世嘉等企业，也只是特例而非常态。大多数日本企业是在彼此模仿下寻求如何超越对方，所以绝大多数竞争者的产品、功能与服务，所使用的销售渠道，甚至于工厂的面貌，都十分雷同。

如今，日本式的竞争危机越来越清晰可辨。在20世纪80年代，当竞争者的经营效率离生产力边界尚有一大段距离之际，日式竞争模式似乎还有可能在成本和质量上双赢，各企业只须借助国内经济的扩张，便可以渗透到国际市场并不断成长。但是随着经营效率的差异缩小，日本企业逐渐掉入他们自己设下的陷阱。日本企业如要摆脱相互毁灭、伤害绩效的战斗，就必须学习战略。

要这么做，就必须克服强大的文化障碍。日本人寻求共识的倾向举世闻名，企业也强烈倾向于减少个人之间的差异，而非强调彼此间的特色。另一方面，制定战略时必须作出重大的选择。日本人也具有根深蒂固的服务传统，使他们倾向于满足客户所提出的各种要求。以这种方式竞争，企业只会使本身清楚的定位日渐模糊，而毫无选择地提供所有的产品，以满足所有的顾客。

改善经营效率的第二个理由是，竞争的趋同性往往不知不觉地发生微妙的变化。企业越进行多标杆学习，它们彼此就越相像；竞争者越经常地将业务包给更有效率的第三者（通常对象相同），这些活动的面貌也就越雷同。当竞争者模仿彼此在品质、生产周期或供应商伙伴关系方面的改善做法时，战略会趋于一致，竞

① 本文关于日本的讨论，源自本书作者与竹内弘高的研究，以及木神原磨理子的协助。

争只是殊途同归，没有所谓的赢家。单以经营效率为基础所形成的竞争，彼此会相互毁灭，而且所导致的损耗战，只有在限制竞争的情况下才能终止。

近年来盛行以合并进行产业整合，从经营效率的竞争观点来看，自然有其道理。但它缺少战略的愿景，一味受到绩效压力的驱使，除了各企业一家接着一家买下竞争对手外，似乎别无更好的点子。能留在市场上的竞争者，往往只是力图比其他竞争者在市场中待得更久，而非拥有真正优势的企业。

经过 10 年在经营效率上的长足发展，许多企业如今面临利润下降的现象。持续改善的观念已经烙印在经理人的脑中，但是所用的工具不知不觉将企业引导到模仿和高同质性的路上；逐渐地，经理人让经营效率取代了战略，结果造成了零和博弈，价格无法提升甚至被迫下降，面临成本的压力，从而牺牲了企业长期投资的能力。

战略有赖于独特的活动

竞争战略探讨的其实是差异性的问题，它意味着选择一套不同的活动，以提供独特的价值（参见本章的插入内容“发掘新定位：企业的优势”）。

以美国西南航空公司为例，它在中型城市和大都市的次要机场之间提供短程、低价和点对点的服务。西南航空公司避开了大机场及长距离的飞行，顾客包括商务旅客、家庭、学生等。西南航空公司以频繁的班次与低价，来吸引那些对价格敏感的顾客，否则他们便会以巴士或汽车代步；而寻求便利性的旅客，也会因此在其他航线上选择能提供完整服务的航空公司。

大多数经理人向客户叙述他们的战略定位时会说：“西南航空公司服务于注重价格和便利的旅客。”但是战略的本质存在于活动之中，在于选择以不同的方式来执行活动，或执行与竞争者不同的活动。否则，战略不过是一句营销口号，经不起竞争的考验。

提供全套服务的航空公司的构想是，尽可能让乘客舒舒服服地从甲地抵达乙地。为了到达众多的目的地，满足旅客的转机需求，全套服务的航空公司便以大机场为中心，建立辐射状营运系统。为吸引追求舒适的乘客，这类航空公司必须提供头等舱和商务舱的服务；为了给必须转机的乘客提供便利，航空公司还必须为他们协调班机和行李转运的时间；再加上有些乘客属于长途飞行，航空公司还要供应餐点。

西南航空公司正好相反，它的所有活动都朝特定航线、低成本、便捷服务的方向设计。西南航空公司的登机时间通常不超过15分钟，这使得它可以比竞争者飞行更长的时间，并用更少的飞机承飞同样多的航班。西南航空并不供应餐点，也不受理指定座位、跨航线行李转运或高级舱位的服务。它在登机门前设置自动售票机，让旅客不必通过旅行社购票，也省掉中介费。而标准化的波音737机队，也提高了维修的效率。

西南航空以一系列精简的活动，发展出一套独特而又有价值的战略定位。在西南航空所经营的航线上，其他提供全套服务的航空公司，根本无法提供如此便利或低成本的服务（见图2–2）。

发掘新定位：企业的优势

战略性竞争可以被视为新定位的认知过程；它可以以现有定位来招徕顾客，或能够吸引新顾客进入市场。比如，提供种类完备的单一商品的超市，从提供品种更多但选择性相对有限的百货公司手中抢占了市场占有率；而邮购商品目录，则锁定了在乎便利性的顾客。理论上，既有厂商和企业家在发掘新的战略定位时，面对的是相同的挑战，现实中反而是新进厂商通常比较占优势。

战略定位不容易被察觉，发现它们需要创造力和洞察力。新进厂商通常能发现已存在于市场的独特定位，而这些定位又普遍被原有厂商忽略了。以宜家家居为例，它便察觉到一群被忽略或欠缺服务的客户。当电器业的电路城（Circuit City Store）进入二手车市场时，它创办的CarMax提出了一套全新的经营方式，如全面翻修旧车、产品保证、不二价、细致的客户贷款服务等，这些都是原有厂商忽略的做法。

新进厂商可以通过模仿与观望，占据竞争者曾一度保有的地位，并因此而日益蓬勃发展。由其他产业转入的新进厂商，也能以原行业的活动创造出

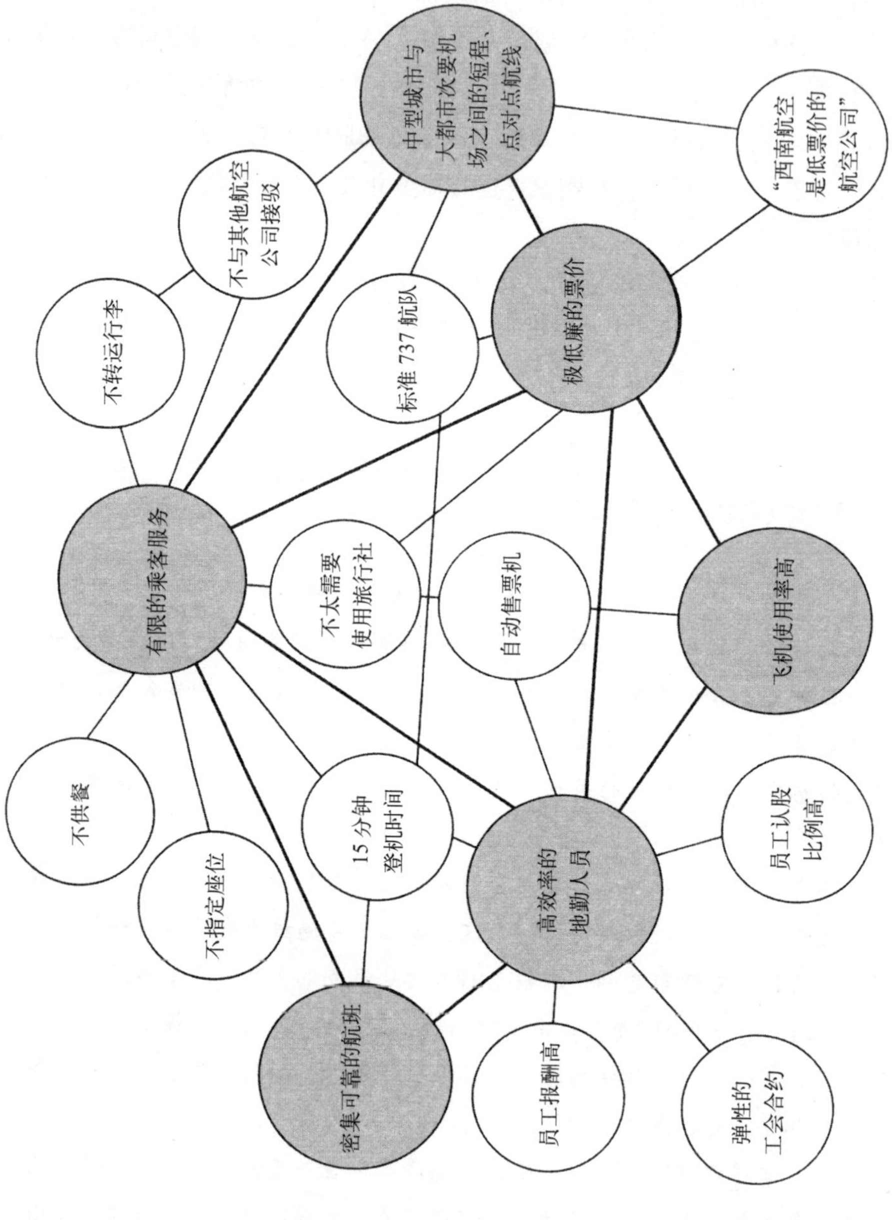

图 2–2　西南航空公司的价值活动系统图

新的定位。如CarMax大量借用电路城商场在库存管理与信用上的专业知识，以及消费性电子零售方面的活动。

最常见的情况是，变革会带来新的定位，例如新的客户群或采购机会的增加，随着社会进步产生的新需求，新的销售渠道出现，新技术得以发展，新设备或信息系统开始问世等。当这些变革发生时，新进厂商没有某个产业背景的包袱，通常更容易察觉以新方法竞争的潜力。不同于原有厂商，新进厂商可能会较为灵活，因为它们没有取舍新旧活动的问题。

瑞典的全球性家具零售商宜家家居，也有清楚的战略定位。宜家家居的目标对象是年轻的客户，而他们在乎的是价格低廉的时尚家具。让这个营销概念转变成战略定位，靠的是量身打造出一套能有效运作的活动。就像西南航空一样，宜家家居选择以不同于其他竞争者的方式，来开展自己的活动。

让我们想象一下典型的家具公司：展示间陈列着各种商品的样品，这一区域可能包含25套沙发，另一个区域则展示5张餐桌，但是这些项目只是客户能选择项目的一部分而已。当然，他们还会提供几大本展示不同布料、木质或不同设计的样品图录，提供数以千计的产品让顾客选择。这时业务员通常亦步亦趋地陪伴顾客逛完所有陈列品，回答问题并协助他们走出迷宫般的样品展示厅。一旦顾客选择了某项产品，订单接着就被送往制造厂。如果运气好，这件家具能在6~8周内送到顾客的家中。这是将顾客和服务予以最大化的价值链，但是成本相对也很高。

宜家家居反其道而行之，为那些愿意节省成本而牺牲服务的顾客提供服务。它不以业务员一路尾随顾客的方式销售，而采取明亮的店内展示的自助式服务；它相信与其依赖制造商，不如自己设计专有的低成本、组合式、可自行组装的家具，这更符合该公司的定位。在占地面积较大的卖场中，宜家家居将空间隔成一般的房间，陈列所有的产品，因此顾客不需要装潢设计师的协助，也能想象各式家具摆放在一起之后的模样。紧临家具展示间的是仓库，所有产品均已打包放在输送台上，顾客必须自己动手取下，并设法带回家。必要时，宜家家居还贩卖车顶架，方便顾客载货，且下次造访归还时还能退费。

尽管这种低成本的定位需要顾客“自己动手组装”，不过宜家家居也提供了许多竞争者没有的额外服务，例如在店内提供儿童照顾区，延长营业时间等。这些服务都独具匠心地配合了顾客的需求，因为这群顾客属于年轻、小康，可能要抚养小孩（但是没有保姆）的一族；此外因为必须上班赚钱，他们通常只能在下班时间逛街购物（见图 2–3）。

战略定位的起源

战略定位有三个独立的来源，彼此之间并不互斥，常常还会重叠。

第一种定位方式是企业可依生产一个产业某类产品或服务中其他的次要产品（或服务）来定位，我称这种定位为“以产品种类为基础的定位”，因为这是基于选择产品或服务的种类，而非客户的细分来定位的。当企业运用特殊的活动，使特定产品或服务的生产达到最佳状态时，根据产品种类来进行定位，自然有其经济上的合理性。

例如捷飞洛国际有限公司（Jiffy Lube International）专门生产汽车润滑油，但不提供其他汽车修理或保养的服务。这套价值链让它比服务项目较多的维修公司，能以更低的价格提供更快速的服务。这套组合非常具有吸引力，因此许多顾客宁愿多花一道手续，先在捷飞洛更换润滑油，然后再到它的竞争者那边购买其他服务。

另一个根据产品种类定位的例子是共同基金产业内的龙头老大先锋集团。先锋集团提供一系列表现稳定、手续费最低的股票、债券和货币市场基金。从常态来看，这种投资方式无法帮投资人掌握在某年度异军突起的金融商品。不过先锋集团以独特的指数基金出名，不乱猜测利率升降，不明确建议某类股票表现。基金经理人保持低度的交易规模，好让开销下降；此外，这家公司并不鼓励顾客短线操作，因为这样做会提高成本，并迫使基金经理人出售股票以使现金到位，因应投资人赎回。在管理配销、客户服务和营销活动上，先锋集团同样采取一种持续低成本的做法。许多投资人会在买进其他竞争者的管理作风大胆及特定的基金同时，将先锋基金也放在自己的投资组合中。

购买先锋集团或捷飞洛国际有限公司产品的消费大众，他们的消费行为大多是对特定形态服务的回应，形成了卓越价值链。根据产品种类的定位，可以服务

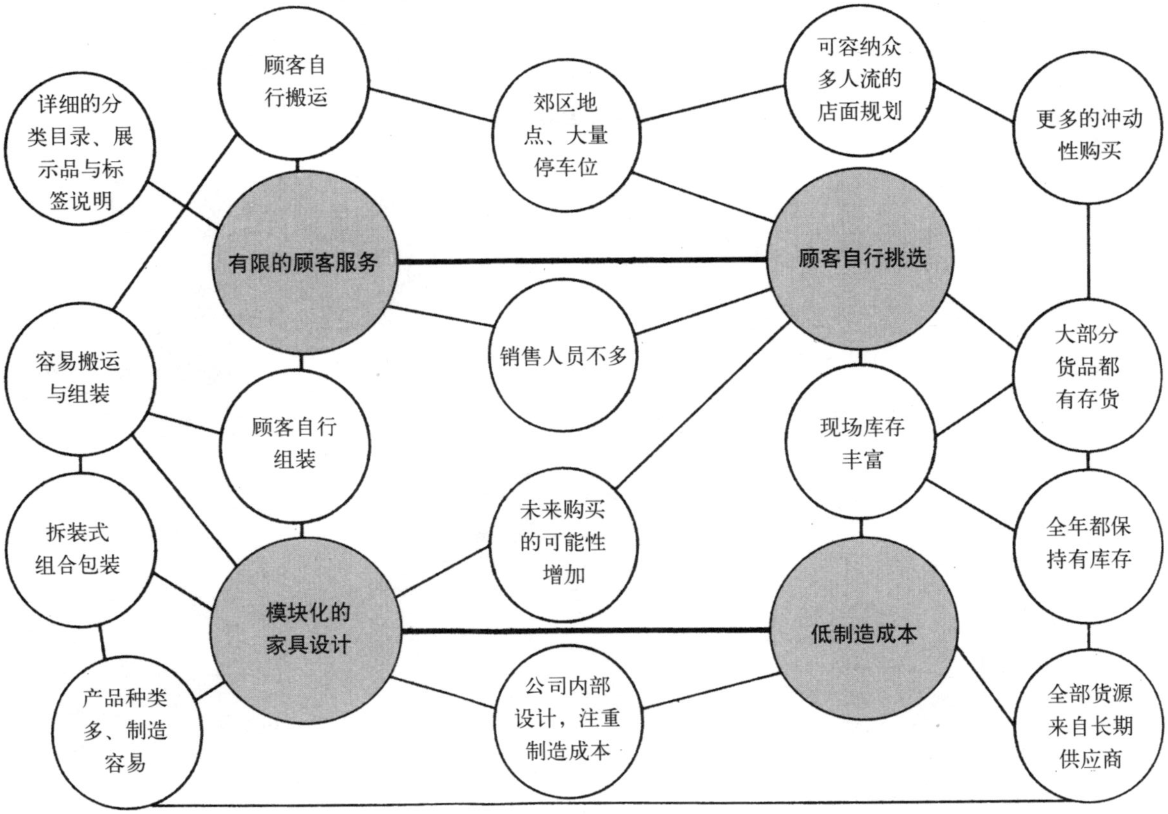

图 2–3　宜家家居活动系统图

宜家家居活动系统图显示了企业如何把战略定位包含于一套经过量身打造的活动之中。在战略定位明确的企业内，可以发现一些具有优先顺序的战略主题（如图中深色圆圈），并且通过紧密相连的活动（如浅色圆圈）而得以完成。

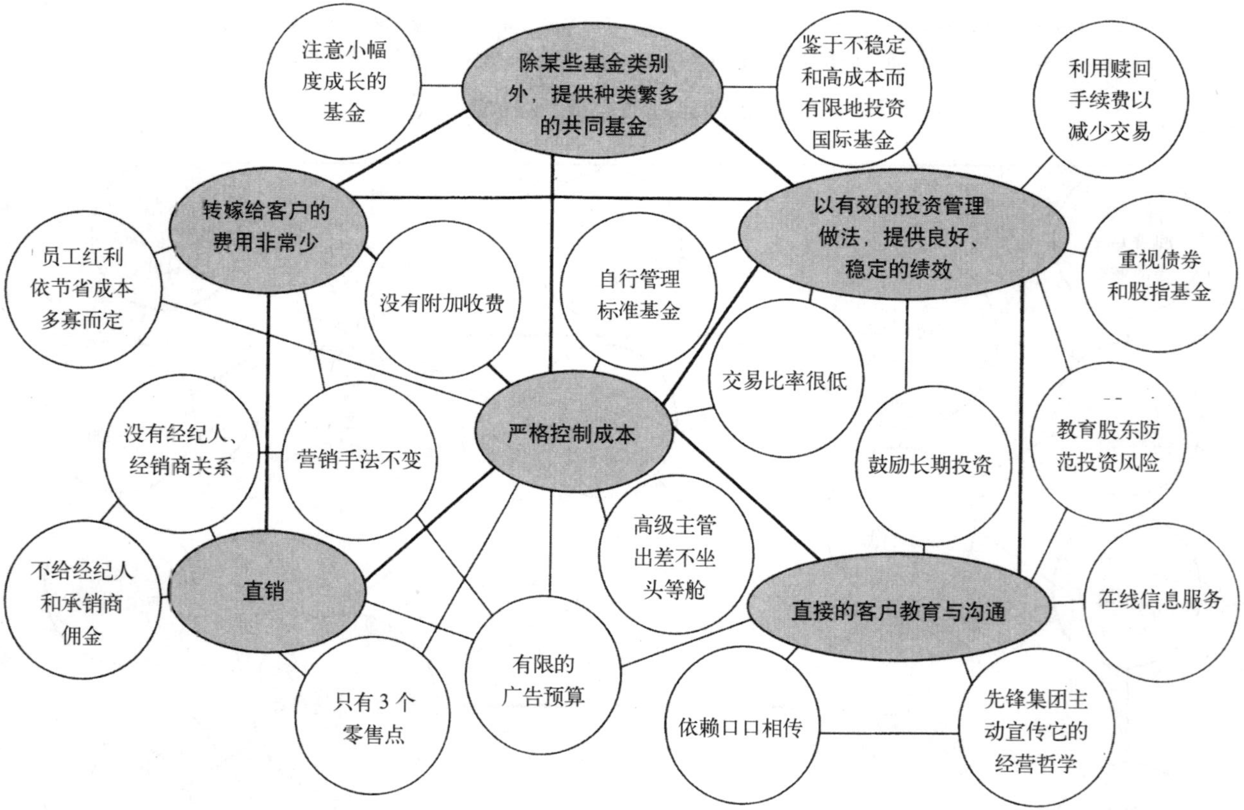

图 2–4　先锋集团的价值活动系统图

活动系统图可用来检查与强化战略适合度。整个流程应该由以下这些问题引导。首先，每项活动是否与整体定位一致？这里面包括各种生产项目、各类服务需求，以及各种接触客户的形态。各项活动的问题可用于找出公司内部其他活动如何改善或伤害到其关键的表现。其次，是否有方式能够促进活动与活动群组彼此强化的程度？最后，是否可能通过改变一项活动而减少其他活动的需求？

广泛的客户，但大多数还是只满足了他们的次级需求（见图 2–4）。

第二种定位方式是服务特定顾客群的所有需求或大多数需求，我称这种定位为“以需求为基础的定位”，它与传统上设定顾客细分的思考很类似。当顾客的需求可以被细分开来时，或一套特别设计的活动最能满足他们的需求时，这种定位方式的可行性就增加了。例如有些顾客群比其他顾客群更在意价格，有的则需要不同的产品功能、更多种类的信息，或对支援与服务有较高的要求。宜家家居的顾客就是这类客户群的标准例子，宜家的做法就是满足这群顾客所有家具方面的需求，而非只满足其中的一部分。

当同一顾客在不同场合或不同的交易形态下有不同的需求时，以需求为基础的定位也会有所变化。比如，一个人在商务旅行时的需求可能不同于居家出游时的需求；又如罐装容器的饮料公司客户，对主要供应商和次要供应商的需求就可能不同。

大多数经理人凭直觉来感受其事业与顾客需求的关系，但是以需求为基础的定位其中一项关键要素完全不靠直觉，而且常被忽略。除非满足需求的配套活动本身设计上就有差异，否则需求上的差异并不能转化成有意义的定位。如果不能做到这一点，每个竞争者都能满足相同的需求，那么就没有什么定位上的独特性或价值了。

以私人银行服务为例，俾斯麦信托公司的目标客户是那些可投资资产在 500 万美元以上的家庭，这类家庭既要保值，还要累积财富。俾斯麦信托让心思缜密的专案经理人负责 14 个家庭客户，使它的服务个性化。例如双方会面通常是在客户的农场或游艇上，而不是一般常见的办公室。俾斯麦信托也提供一系列特别指定的广泛服务，包括投资管理和地产业务、监督石油与天然气的投资，以及赛马和航空器的会计服务等。大部分私人银行主要的盈利来源是贷款，但俾斯麦信托的客户很少办理贷款，而且顾客的账户也只占业务很小的部分。尽管从营运费用的比重上来看，客户主管的薪资极为优厚，而且人事成本也极高，但俾斯麦信托带给目标客户的差异性，让它在股东权益报酬率上，在所有私人银行中最高。

与俾斯麦信托的做法有所不同的花旗银行，它服务的客户是资产达到 25 万美元以上的客户。这类客户希望借贷手续便捷，从高额抵押贷款到小额贷款都有。花旗银行的客户经理主要是放贷人，当顾客需要其他的服务时，客户经理会推荐客户到其他花旗银行的事业部交涉，每个事业部都有一套自己的金融商品。比起俾斯麦信托，花旗银行的系统没有那么多客户导向，项目经理平均服务的客户是125人，且每年两次的办公室会晤仅限于最大的客户。但无论是俾斯麦信托还是花旗银行，都针对不同的客户理财需求，设计出了有针对性的活动；在盈利的前提下，单一价值链绝不可能同时满足这两类顾客的需求。

第三种定位是以不同方式接触细分型客户。这类客户的需求虽然与其他顾客差不多，但要满足他们的最佳功能活动却不相同，我称此为“以接触为基础的定位”。可以依顾客所在的地理位置或规模来接触顾客，或提出任何需要不同配套活动的方案，以达到最能满足顾客需求的目标。

与前两种定位相比，以接触为基础的定位方式比较少见，相对来说也未被充分了解。比方说，卡麦克院线锁定人口在20万以下的小镇电影院，这样的市场不仅小，而且票价无法和大城市一样高。它如何在此情况下盈利呢？它的做法是通过一系列成本结构非常精简的活动，让小镇顾客接受标准化、低成本、银幕不多、投影设备没有大城市高级的影院。这家公司专有的信息系统和管理流程，使影院无需当值管理人员，只需一位剧院经理就能应付自如。卡麦克院线还通过集中采购、低租金和较低的薪资成本（因地点缘故），使企业的管理销售费用只占2%（这个产业的平均值是5%），形成自己的优势。在小型社区营运又让卡麦克院线敢于尝试，让剧院经理以高度个人化的营销方式，促销影片或吸引观众。虽然卡麦克院线不是当地唯一的影院——它主要的竞争者是高中足球队比赛——但卡麦克院线已经成为这个市场的主导者，因此即使面对影片的发行商，它也有较强的议价和选片空间。

在接触细分型客户的差别上，市区与市郊的顾客差异是个很好的例证。另一个例子是，即使在同一个区域内，不论服务对象是小众还是大众，是人口密集还是人口稀少区的顾客，如果设计能满足他们需求的营销、订货流程、运筹补给与售后服务最佳方式，往往就会不同。

定位不仅能开创利基，定位的来源也可以或宽或窄。如宜家家居这个目标精准的竞争者，会针对特定顾客群的特殊需求设计活动。在这群顾客受到适当照顾时，目标精准的厂商自然也欣欣向荣，否则这群顾客通常不是被过度照顾（价格也过高），就是受到忽略（因此价格不敷成本）。像先锋集团或三角航空公司般目标广泛的竞争者，服务的客户对象也比较广泛，就必须执行一系列能满足顾客一般需求的活动；至于特定顾客的特殊需求，只好做到部分满足或加以忽略（参见本章的插入内容“一般性战略的联系”）。

定位的基础无论是按产品种类、顾客需求或接触，还是这三种方式的进一步组合，都需要一系列配合设计的活动，因为这是供给面上的差异化函数，也就是说在活动上的差别性。不过，定位绝非需求面或客户的差异化函数。以产品种类与接触为基础的定位，其实并不太依赖特定客户的差异需求。例如为了满足对小镇顾客品位的需求，卡麦克院线就比较偏向放映喜剧、西部片、动作片或家庭娱乐片，根本不放映任何NC–17级别（即不允许17岁以下的孩子观看）的影片。

一般性战略的联系

在《竞争战略》一书中，我提出了一般性战略的概念，分别是成本挂帅、差异化和焦点锁定等不同的战略定位。这些战略仍然是现今最简单、实用且最为广泛应用的战略定位工具。比如，先锋集团就是成本挂帅战略的典范；宜家家居锁定比较狭窄的顾客群，是成本导向的典范；露得清则是采取锁定差异化的做法。定位的基础如产品种类、顾客需求和接触等，有助于了解这些一般性战略如何应用在更大的特定范围。例如宜家家居和西南航空都是成本导向的业者，但是宜家家居的目标是以客户群的需求为基础，西南航空则是以提供不同服务取胜。

一般性战略架构导入需求的选择，目的在于避免不同战略的先天的矛盾性。不相容的定位之间，活动取舍的现象最能说明这些矛盾性。大陆航空启动了名为Continental Lite的业务，试着同时经营两条路线，结果彻底失败。

确定了定位后，我们便可以回答“什么是战略”这样的问题了。战略是由独特而有价值的定位所创造出来的，它涉及一连串不同的活动。如果世上真有一个最理想的定位，那就不需要战略了，企业面对的规则也很简单，即率先发掘并抢占这个定位。战略定位的本质是，选择能与竞争对手有所差别的活动。如果同样的活动能提供完整的产品种类、满足所有顾客的需求，并和所有的顾客保持接触，企业的定位就能在三者之间转换自如，这时经营效率就成了决定绩效的关键。

可持续的战略定位，必然有得有失

然而，企业仅仅选择一个独特的定位，并不足以确保竞争优势。有价值的定位会吸引其他现有厂商仿效，模仿的做法不外乎下面两种。

首先，竞争者可以重新自我定位，以追求卓越的表现。例如，洁西潘尼百货公司曾经重新定位，将自己从西尔斯百货公司的模式转变成更高级、更时尚的服饰类零售商。其次，更普遍的模仿是骑墙派的业者，他们在维持既有定位的同时，积极寻找更成功、更能获利的定位，然后将新的功能、服务或技术移植到现有的活动中。

对那些主张竞争者能抄袭任何市场定位的人而言，航空业是最佳的反面教材。乍看之下，似乎每家业者都在抄袭别人的做法，买相同型号的飞机、租邻近的登机门，并提供与别家业者相同的餐点、订票和行李运送服务。

大陆航空也看到西南航空的做法，并且决定跟进。在维持大陆航空完整服务的定位下，它开设了几条点对点的航线，并把这一新服务冠名为Continental Lite。Continental Lite也省掉了餐点和头等舱的服务，增加班次、降低票价，并缩短了登机前的候机时间。因为大陆航空在其他航线上仍维持完整的服务，因此它继续使用旅行社售票，使用混合机型的机队，并提供指定座位和行李转运服务。

问题是，除非在它与其他定位之间作出取舍，否则便无法维系战略定位。取舍效应出现在不相容的活动上。简单地说，取舍意味着要加重某些事物的比重，必须牺牲另一事物的分量。一家航空公司能选择供应餐点（这将使成本增加、登机前的候机时间延长），也可以选择不提供；但是它要两者兼顾时，效率变差是必然的结果。

取舍效应是企业必须选择定位的原因，它也保护企业免受重新定位的厂商或骑墙派的侵袭。以露得清香皂为例，露得清采取以产品种类为基础的定位方式，标榜“对皮肤温和”，不残留化学物质，pH值为中性等效果。它向皮肤医生巨细靡遗地介绍这项产品，这种营销策略让露得清看起来更像药品公司，而非肥皂制造商。露得清也在医学期刊上打广告，给医生发广告邮件，参加医学研讨会，并让其护肤机构进行研究。为了强化定位，露得清起初的销售渠道是药店，而且避免使用价格促销的手法。它采用一种速度较慢而花费较多的制造流程，以生产出此种质地较为细腻的香皂。

为了选择这个定位，露得清香皂的成分中不包含除臭剂和柔肤霜等，一般消费者认为这是香皂必含的成分。露得清还放弃了通过超级市场和促销价格等扩大销售量的做法，并且牺牲了制造效率以达到期望具有的特质。在原始定位上，露得清虽然牺牲不少，但此种取舍效应相对地也保护它免受竞争者的抄袭。

取舍效应会在以下 3 种情况下出现：首先是形象或信誉不一致时。一旦企业提供的某种价值已被认同，而后又提供另一种新的价值，或尝试同时提供两种不一致的产品时，便可能欠缺可信度或使顾客感到迷惑，甚至伤害企业的声誉。比如，象牙肥皂的定位是平价日用肥皂，如果要转变形象成为像露得清般高价的“医用”产品形象，恐怕困难重重。在重要的产业里，企业要创造一个新形象，一般需要花费数千万甚至上亿美元的费用。这也是一个强有力的模仿障碍。

其次，也是更重要的，取舍效应会影响活动本身。不同的定位（与为它们特别设计的活动）需要不同的产品规格、不同的设备、不同的员工行为、不同的技能和不同的管理系统。许多取舍效应反映出机器、人员或系统本身缺乏弹性。宜家家居推出越多降低其成本的活动（其方式是让它的顾客自己动手组合、运送），也就越难满足讲究高质服务的顾客。

不过，取舍效应可能发生在更为根本的层次上。一般来说，活动被过度设计或设计不足时，它的价值反而会遭到破坏。比如，某名业务员能为某位顾客提供高度的协助，换成其他不需要这样服务的顾客而言，这位业务人员的能力（以及其所付出的部分成本）其实是一种浪费。此外，活动的变化不大时，它的生产力会提高。业务人员或整体业务活动要同时达到学习和规模的效率，则需要长期的高度配合。

最后，取舍效应会出现在内部协调的限制和控制上。一旦清楚地选择某种方式竞争，高级管理层就能让组织的优先顺序变得很清楚。反之，想要为顾客提供所有服务的企业，则要承受员工每天混乱、理不出头绪的风险。

竞争中，定位上的取舍效应相当普遍，对于战略也很重要。这样的效应使得企业必须作出定位上的选择，并且限制了企业所提供的产品或服务，同时也会阻挠竞争对手骑墙或重新定位的做法。因为尝试这些做法的竞争者，将伤害自己的战略，甚至降低既有活动的价值。

因为取舍效应，大陆航空最终不但亏损了上亿美元，总裁遭解聘，而且不得不停飞。它的飞机在位居交通枢纽的大城市机场总是误点，行李转运也过于缓慢，误点或取消航班导致每天要受理上千起投诉事件。大陆航空无法既在价格上竞争，又持续支付旅行社的佣金，但是它又不能抛开旅行社，因为还有其他全面性服务的航线要照顾。这家航空公司的妥协之道是，全面砍掉大陆航空所有班机的佣金。同样，它也无法一面实行Continental Lite业务较低廉的票价，同时又为旅客提供类似竞争对手班次频繁的好处。二度妥协的办法是，再进一步降低针对整个大陆航空飞行常客计划的优惠措施。结果造成旅行社和要求完整服务的旅客双双不满。

大陆航空试图同时以两种方式竞争：既想在某些航线提供低成本服务，又在其他航线提供完整服务，这让它饱尝骑墙派的苦果。如果不是这两种定位之间存在着取舍效应，大陆航空很可能会成功。但是经理人必须汲取忽略取舍效应会带来危险的教训。品质绝对是花钱也买不到的。西南航空形同高品质服务的便利性，恰巧与低成本战略是一致的，因为它频繁的航班均以快速登机和自动订票等低成本活动为后盾。不过构成航空品质的其他层面，如订位、餐点、行李转运等，还是需要成本才能提供。

一般说来，在成本与品质间发生的不良的取舍效应，主要源自重复性、浪费性活动，准确性欠佳，或是协调不足。唯有当企业远远落后于生产力边界或此边界向外延伸之时，产品的成本与差异化才可能同时改善。当企业的生产力边界达到最佳状态时，成本与差异性之间的取舍是实际存在的。

享有长达10年的生产力优势后，本田汽车与丰田汽车均碰到了难以为继的障碍。在1995年客户持续抗拒高价位汽车之际，本田汽车发现，生产平价汽车的唯一方式便是减少产品本身的功能。在美国市场，它将思域轿车的后轮碟式刹车换成成本较低的滚筒刹车，后座的皮椅也使用比较便宜的材料，并希望顾客不会发现。丰田汽车则希望将它在日本最畅销的花冠车款引进美国，并借助比较便宜的座椅和未上漆的保险杆来压低价格。结果，由于顾客掉头而去，丰田汽车只好赶快放弃了这个战略。

过去10年间，经理人大幅改善经营效率之际，他们也将“消除取舍效应是好事”的思考内化。但是如果取舍效应不存在，企业根本就无法达到持久优势。结果为了保持现有地位，只能越跑越快。

我们回到“什么是战略”这个问题，取舍效应为答案增加了新的解读层面。战略就是制造竞争中的取舍效应，战略的本质是选择何者不可为。如果没有取舍效应，企业根本不须选择，也就不需要战略；任何好的想法都能迅速被模仿；企业的表现将完全视经营效率而定。

整合带动竞争优势与持续力

选择定位不仅决定了企业会执行哪些活动以及设计个别活动的方式，同时还涉及活动之间的互动关系。经营效率是为了使个别活动、功能有卓越的表现，战略则重在整合这些活动。

西南航空登机时间短，因而能排出更密集的班次并更充分调配运用飞机，这是它能达到高度便利、低成本定位的重要原因。问题是，西南航空是如何做到的呢？部分答案在于该公司为地勤人员提供高薪，再加上比较有弹性的工会规则，这让员工的生产力大为提高。但是西南航空在其他活动上的做法更为关键。因为它不供应餐点，没有订位服务，也没有行李转运服务，避免了这类会减缓航空公司速度的活动。而西南航空所选择的机场和路线，也避开了可能导致误点的拥塞，其严格限制路线的种类和距离的做法，更让飞机的标准化变得可行：西南航空的飞机全是波音737。

西南航空的核心竞争力究竟是什么？成功的关键因素又是什么？正确的答案是，每一个相关的活动。西南航空的战略涉及一系列的活动，而非部分活动的集合。它的竞争优势来自于各活动的整合方式，以及互相强化的方式。

创造出一个极为紧密的活动链，可将模仿者排除在外。大多数企业都有不错的战略，西南航空的活动则是以彼此互补的形式呈现，进而创造出真正的经济价值。比如，它会因为其他活动的执行，导致某项活动的成本降低；同样，某项活动对顾客的价值，可以因企业内的其他活动而提高。这就是战略性整合创造竞争优势与卓越盈利能力的方式。

整合的形态

整合各项功能性政策的重要性，是战略思考中最原始的想法之一。不过，这种重要性逐渐被管理问题取代。企业往往不再被视为单一的整体，经理人关心的是“核心”能力、“重要”资源和“关键性”成功因素。事实上，整合的重要性，远超过大多数人所了解的范围。

整合之所以重要，是因为个别活动经常会相互影响。比如生产高技术产品的企业，若能在营销上强调协助与服务顾客，将有助于业务团队产生更大的优势。一条能生产多种产品的生产线，如果库存和订单处理系统能最大化地减少库存，在销售过程中销售人员多加解释并鼓励用户定制，并在广告宣传上突出产品多元化、能满足顾客特殊需求，将会更有价值。在战略上这样的互补很普遍。有些活动只是作一般性的整合，并能应用在很多企业之上；但最有价值的整合具有战略上的特定性，因为它会提高定位的独特性，并强化取舍效应。[①]

整合的形态有 3 种，但彼此并不相互排斥。第一层次的整合是各活动（功能）与整体战略之间的“单纯一致性”。譬如先锋集团将所有活动与它的低成本战略相呼应，将投资组合周转率降到最低，也不需要高薪的理财经理。该公司直接分配基金，避免中介的佣金增加成本；限制广告开销而依赖公共关系和口碑的推荐。而且，先锋集团将员工的红利与节省成本紧密地结合在一起。

活动与战略的一致性，将确保活动能够累积竞争优势，而不会侵害或抵消活动的效益。如此，便能使战略更容易与顾客、员工和股东们沟通，并通过企业的专注而改善执行力。

第二层次的整合发生在强化某些活动之时。例如露得清向高级旅馆推销，让旅客使用皮肤科医生所推荐的香皂。旅馆通常会将一般品牌的香皂换成自己旅馆的名称，却同意露得清保留其制式的包装。一旦旅客在高级旅馆使用露得清的香皂，他们往往会继续到药店购买，或征询医生对这种香皂的看法。因此，露得清的医疗和旅馆营销活动相互强化，降低了整体营销成本。

---

① 保罗 · 米尔格罗姆与约翰 · 罗伯特已经就活动、作用与互补作用等系统经济学作了研究。他们把研究的焦点放在一系列作为崭新互补活动而出现的“现代制造”上，放在公司内部对外部变化的回应趋势上，放在对协同职业经理的集中调整上。在后面的例子中，他们论述了战略的基础原则是什么。

还有一个例子，比克公司通过零售店、商场、降价市场或免费赠品等所有可能的渠道，对真正重要的顾客市场促销一系列标准、低价的圆珠笔。比克的对象虽然非常广泛，定位也各有不同，但是它强调一个共同的需要（低价好用的圆珠笔），并采用可以达到更广泛接触的营销战略（庞大的业务人员和密集的电视广告）。所有活动几乎都能让比克获得一致性的好处，包括强调便于生产的产品设计，低成本的工厂形式，采购选择最便宜的材料，并在内部生产零件，以便因应任何经济情况。

然而，比克的做法不仅仅是维持一致性，因为它的活动会相互强化。比如，公司使用销售点的陈列与频频更改包装的做法，以刺激冲动性购买。要完成销售点的任务，企业需要相当多业务人员。而在这个产业中，比克拥有最雄厚的业务人员，在销售点的表现也比竞争对手强。此外，将销售点活动、大量电视广告和改变包装相结合，绝对比任何单一的营销活动更能刺激购买。

第三层次的整合不只是活动之间的相互强化，而是要达到我所说的“努力最优化”的程度。像盖普这家休闲装零售商，将“在门市便可购得各种产品”作为其战略中的一个重要元素。盖普利用店内库存或仓库存货等方式，保持产品充裕的状态。盖普的三座仓库贮存的是公司所选定的基本服饰，几乎每天出货，以减少店面必须保持大量存货的需要。盖普这种强调中继存货的做法，依靠它的商品战略锁定几项基本款式的几种色调。因此其他零售商每年存货周转率只能达到3~4次，盖普却能达到7.5次之多。此外，由于服装款式每6~8周就会更新一次，快速换货也降低了盖普此种短周期款式的成本。[①]

在活动间进行协调和信息交换，以排除重复作业，并将浪费降到最低，是这种努力最优化的最基本形态。这种努力最优化还有更高的层次，例如让客户自主选择产品设计，能降低售后服务的需求，或让客户自行处理相关事务。同样，与供应商或销售渠道的协调，能让对内部活动（例如对最终使用者进行培训）的需求降至最低。

这三种形态的整合考虑的是整体而非个别的单一活动。竞争优势源自整个活

① 有关零售战略的资料部分来源于简 · 里夫金未发表的工作稿“The Rise of Retail Category Killers”。尼科拉齐 · 希格考准备了有关盖普公司的案例研究。

动体系，而活动间的整合则会降低成本，或增加差异化。此外，个别活动的竞争价值，或相关技能、能力、资源，都是整个系统或整套战略中不可分割的一部分。因此，具有竞争力的企业可能被误认为成功来自特定个人的实力、核心能力或关键资源。其实竞争力的来源横跨许多功能，而且彼此融合。对企业比较有用的是，思考各种活动的主题，如降低成本、开展一种特定的服务，或传达一种特定的价值，并将这些主题在紧密联系的活动中具体呈现。

整合与持续力

在许多活动间进行战略性整合，不仅是竞争优势的关键，也是保持这项优势的根本之道。竞争对手模仿一套环环相扣的活动，远比模仿某一特定销售做法、跟上一项制造技术或复制产品特色要难得多。经由活动体系所建立起来的定位，也比建立在单一活动上更持久（见表 2–1）。

表 2–1　对战略的不同观点

过去 10 年来笃信不疑的战略模式	可持续的竞争优势
在产业内找到一个理想的竞争地位	企业具有独特的竞争定位
标杆学习所有的活动，并追求最佳的实务做法	根据战略调整活动
积极外包业务与结盟，以争取效率	有明确的取舍原则，并选择主要竞争对手
优势来自少数关键性成功因素、关键性资源及核心能力	竞争优势来自于跨活动的整合
灵活而快速地回应所有竞争及市场的变化	持续的效果来自整个活动体系，而非个别单一的活动
	经营效率是已知数

试想这个简单的例子：竞争者能跟上各种活动的概率通常小于 1。要竞争者迅速跟上一整套系统性活动的概率则更低（$0.9 \times 0.9 = 0.81, 0.9 \times 0.9 \times 0.9 \times 0.9 = 0.66$，依此类推）。原有厂商要尝试重新定位或骑墙观望，将会被迫重新设计许多活动；即使是新进厂商，虽然不像原有竞争者必须面对取舍效应，但模仿时仍面对着可怕的障碍。

如果企业把定位建立在第二层次、第三层次的系统性活动整合上，优势就越能持久。这类活动系统，本质上很难让外界理出头绪，因此也很难被模仿。即使竞争者能界定出相关的交互关联性，要复制这些关联性也有相当的难度。达成整合的困难，在于它需要对许多独立的下级单位进行决策和行动的整合。

竞争者即使寻求模仿一个系统性活动，也只能模仿到部分的活动，而无法全盘照搬，因此获益恐怕有限。如此一来，企业的绩效未必会获得改善，甚至可能衰退。大陆航空的Continental Lite业务模仿西南航空所带来的灾难，就是一个鲜明的例子。

最后，企业内部活动的整合，会带来提高经营效率的压力和诱因，让竞争者的模仿更加困难。整合意味某项表现不佳的活动，会拖累其他活动，因此会暴露其弱点，让弱点受到更多的注意；反之，一项活动的改善，会使其他活动受益。能强力整合活动的企业，很少成为别人模仿的目标。因为这些企业在战略和执行上的卓越表现，只会倍增自身的优势，并增加他人模仿的障碍。

一旦活动可以形成互补，竞争者除非能成功地赶上整个系统，否则很少能从模仿中取得好处。这种状况也助长了“赢家通吃”式的竞争。像玩具反斗城这类建立最佳活动系统的企业，屡战屡胜；而以类似战略跟进的竞争者，如儿童世界和Lionel Leisure却落后一大截。因此一般而言，为产业找出一个新的战略定位，通常比在现有地位居第二或第三位的模仿者更好。

最可取的定位是活动系统因为取舍效应而无法相容。战略定位会设计取舍规则，定义出个别活动如何调适与整合。以活动系统来看待战略，会更清楚为什么组织结构、系统和流程必须具有特定的战略。依据战略来改造组织，更容易达到互补的效果，进而增加优势的持久性。

这意味着战略定位不能被视为单一的计划周期，而应该具有10年以上的历史渊源。持续改善个别活动与跨活动的整合，可以培养组织迎合本身战略之独特性的能力和技能，而这样的持续性也会强化企业的自我认同。

反过来说，频频改变定位是很耗费成本的，这不仅需要重新设计个别的活动，还必须重新整合整个系统。战略摇摆不定时，有些活动根本无法配合。频频变更战略或无法找出独特的定位，必会造成一味模仿或活动功能不良、功能之间不一致以及组织不协调的结果。

因此，对于究竟什么是战略，我们现在可以给出充分的答案。战略就是创造各企业活动的整合。战略是否成功，有赖于把许多事情做好，并让这些事之间有良好的整合。假如各活动之间无法整合，就不可能有清晰的战略，战略也无法持久；管理将走回监督个别功能的较简单任务，经营效率则将决定组织的相对绩效。

重新发掘战略

为什么许多企业无法制定战略？为什么经理人避免作出战略性的选择，或即使选定战略后，又任由战略逐渐式微或模糊（参见本章的插入内容“重回战略竞争之路”）？

对企业战略的威胁一般来自外部，原因是发生了技术改变或竞争者的行为改变。外在变动虽然是个问题，但战略的更大威胁其实来自内部。一个稳健的战略，可能因为错误的竞争观点、组织运作失灵或渴望成长的期待，而毁于一旦。

回避战略的选择

必须面对抉择常令经理人感到困惑。在许多企业的营运离生产力边界还有一大段距离时，取舍效应似乎还不必予以考虑，因为运作良好的企业，似乎可以同时在各方面打败缺乏效率的竞争对手。流行的管理思潮认为，经理人不必作出取舍，因此他们认为，考虑活动之间的整合，是一种示弱的象征。

现实竞争中，由于缺乏对过度竞争的警觉，经理人可能会越来越倾向相互模仿所有事物。虽然被告诫要多从革命的角度去思考，经理人仍然不遗余力地追求各种新科技。

经营效率因为具体且可收到立竿见影之效，因此具有相当的诱惑力。过去10年来，企业对经理人的绩效要求日趋严苛，他们必须提出有形且可以评估的改善成果。商业刊物和管理顾问频频在市场上散布其他企业做法的信息，这更强化了要有最佳表现的心态。只一味地要跟上经营效率的竞赛步伐，许多经理人甚至不知道为何需要有战略。

重回战略竞争之路

大多数企业最初的成功，来自它们独特的战略定位，以及明确的取舍。这些企业的活动都配合定位而行，但随着时间流逝和成长压力，企业不断在不知不觉中妥协。尽管每项改变在当时看来都很合理，但是一连串累进的改变后，许多公司的妥协做法把自己变得和竞争对手没有两样。

今天，历史性定位已然在一些老企业消失无踪，它们的挑战一如新进厂商，在于应如何开始。它们碰到的现象其实很普遍：已具有规模的企业，经营收入却平平，缺乏明确的战略。增加产品的种类，并努力增加服务的新客户群，加上仿效竞争者的活动，让它们丧失了本身明确而有竞争力的定位。一般来说，只要竞争者有什么，这类企业就想要立即跟进，意图囊括所有的顾客群。

有许多方法可帮助企业重回战略竞争之路。首先，应该谨慎检查目前的所作所为。许多大公司内部，都有一个独特的核心。要把这个特质找出来，企业必须回答下列问题：

- 公司的产品或服务中，哪些最具有独特性？
- 公司的客户群中哪些是对公司最满意的？
- 哪些顾客、销售渠道或采购机会的盈利性最佳？
- 公司的价值链中，哪些活动的差异性和效益最高？

这些核心独特性，会随时间而渐渐地被掩盖，只有去除它们，才能发掘支撑企业的战略定位。在产品项目或顾客类别中，最能带给企业利益或占最大销售比重的，往往只是其中一小部分。因此，接下来的挑战是，重新把焦点放在独特的核心上，并使它与企业的活动重新整合。通过不予注意或涨价等手法，来放弃核心以外的顾客和产品，而逐渐淡出此一市场。

企业的历史也可能成为包袱。创办人当初的愿景是什么？企业当初发展的产品和顾客是哪些？回顾一下，企业可以检查最原始的战略，了解它是否仍然有用。一个过去的定位是否能以现代化的方式执行，是否能与现代化的技术和实践相匹配？这些思考会引发更新战略的意愿，也会使组织努力重新找回自己的独特性。这样的挑战可以激励士气，逐渐形成自信，以因应必要的取舍效应。

企业还可能基于其他原因，有意避免或模糊战略的选择。产业内的传统观点通常已根深蒂固，更强化了竞争的同质性。有些经理人误将“以顾客为中心”当成必须服务所有顾客，或回应经销渠道的每一项要求。其他的经理人则认为应对顾客的需求应保持弹性。

组织的现实也与战略的做法背道而驰。取舍效应经常令人感到畏怯，有时候冒险作错决定还会挨骂，不如不作决定来得稳当。企业一窝蜂地彼此模仿，因为大家都假设竞争对手必然知道一些自己不知道的东西。新获得授权的员工，也会被要求尽可能地在所有方面作改善，尽管他们通常不了解整体的愿景，对取舍效益也缺乏正确的认识。有时企业也无法作出选择，因为它不愿让这些受到重视的经理人及员工失望。

成长的陷阱

在各种影响力中，渴望成长或许对战略具有最大的影响力。而取舍和限制则似乎会局限成长。比如，服务某一群顾客，而不顾其他顾客，就对收入成长形成实际或意料中的限制；低价位营运战略，更会让在乎功能和服务的客户掉头而去。反过来说，执行差异化的战略，则会丧失在乎价格的顾客。

经理人经常受到诱惑，企图超越限制而逐步扩张，结果导致战略定位模糊失焦。最后，由于成长压力或目标市场明显饱和，经理人只好以延伸产品线、增加新功能、模仿竞争对手广受欢迎的服务、流程动作同步化，甚至收购其他公司等方式，扩大原先的定位。多年来，美泰公司的成功，主要是靠可靠、耐用的洗衣机和干衣机，后来又扩张到洗碗机。而该产业传统的观点，都主张应该发展全面的产品线。由于产业成长趋缓、大型家电厂商的竞争，以及经销商的压力和顾客的鼓励，美泰终于将产品延伸到电冰箱、烹饪用具等，同时还收购了尊爵、哈维烟具、胡佛、海军上将和妙厨师等定位各异的品牌。从 1985~1994 年间，美泰的营业额从 68 400 万美元，增加到 34 亿美元，但是原本 20 世纪七八十年代还能维持在 8%~12%的销售报酬率，到 1989~1995 年，平均值已经降到 1%以下。这个问题可以用削减成本的方式加以改善，但是洗衣机和洗碗机产品仍是美泰公司的获利主力。

露得清也掉入了相同的陷阱。在 20 世纪 90 年代初期，这家公司的分销系统扩大到沃尔玛等大型超市。同时它也以露得清的品牌进入洗发精、眼部卸妆露等各式各样的产品市场。问题是，这些产品并非露得清所独有，此举会稀释自身的品牌形象，进而被迫走上降价促销的路子。

追求成长与采取的妥协措施不一致，会腐蚀企业最初产品或目标客户的竞争优势。企图同时以好几种方式竞争，也会造成混淆，并伤害组织的重心和动机。收入增加但盈利减少便是此举的结果。对此，经理人无从抉择，企业也只好着手下一轮的扩大产品线与妥协。通常竞争会让这样的竞赛持续，直到一方认输，此一循环才会被打破，接着就是合并或缩减规模至当初的定位。

盈利性的成长

经过 10 年的结构重组和削减成本后，许多企业的注意力开始转到成长这件事情上。我们经常看到，企业致力于追求成长的做法，往往让自己的独特性变得模糊、产生妥协、降低整合度，最后伤害到竞争优势。事实上，一味地追求成长对战略是非常危险的。

可不可能在维持成长之余还能强化战略？广义来说，可以把重心放在深化战略定位上，而不是扩大定位、削弱定位。一种做法是追求战略的延伸，将现有活动系统的力量发挥到极致，其方式是提供竞争对手单凭某方面的优势所做不到或者代价颇高的特色或服务。换句话说，经理人可以自问，在公司活动可以形成互补效应的前提下，哪些活动、特色或竞争形式最可行，或是花费较少。

深化定位涉及让企业的活动更为独特、更彻底整合，且更有效地与重视公司战略的顾客沟通。许多企业无法抗拒“轻松”成长的诱惑，对热门的特色、产品或服务一律照单全收，却未经过滤或修正以使其适合本身的战略；他们也可能锁定自己并不专长的新顾客或市场。企业要快速成长，同时兼顾获利并不难，只要能更加深入到与众不同的产品与需求上，而不是一相情愿地在自己缺乏独特性、但有潜在较高成长性的领域冲刺。卡麦克院线如今已经是美国最大的剧院连锁企业，它的快速成长来自于坚持原则——只针对小市场。开展购并时，如果包含大都市的剧院，它也会快速地将它们转卖掉。

全球化能让企业的成长与战略保持一致性，并为更集中的战略打开更广大的市场。全球化的扩张与本国市场的扩张不一样，它可能会发挥并强化企业本身的独特定位和个性。

通过在产业内部扩张以追求成长的企业，最好能开发出独立经营的事业单位，以降低此举对战略的风险，并使每个事业单位有自己的品牌及特别设计的活动。美泰公司就在这方面吃了亏。它一方面把高价位的品牌组织到具有不同战略定位的单位中；另一方面，又企图以美泰公司名义囊括所有旗下品牌，以取得市场上的关键多数地位。结果，由于这些产品具有共同的设计、制造、分销和顾客服务系统，便很难避免同质性过高的问题。假如某个事业单位试图以不同的定位来发展不同的产品，并在不同的顾客市场竞争，却又要避免发生妥协，这几乎是不可能的事。

领导的角色

发展与重建一个清晰的战略，通常是组织的主要挑战，并且考验领导人的能力。由于有那么多的力量阻碍组织内的决策与取舍效应，因此反制之道是建立一套清楚的、指引战略的知识架构。此外，愿意作决策的强势领导人，也是不可或缺的要素。

在许多企业中，领导人正退化为指挥改善作业和交易的角色。但是领导人的角色应该更广也更重要。一般性管理要比个别功能的工作管理范围更宽，它的核心就是战略：界定和传播企业独特的定位，决定如何取舍，并整合活动。领导人必须提供决策的原则，指导如何在避免组织混乱、维持企业独特性的前提下，回应产业变迁和客户需求。中低层主管通常缺乏这样的观点，对维持战略的信心也比较匮乏。因为整个回应的过程，必须面对妥协、排除取舍效应以及与对手竞争的持续压力。领导人的工作就是，教导组织内的其他人理解战略，同时对诱惑说不。

基于战略思考，选择哪些该做哪些不该做，其实同样重要。领导的另一项重要功能是设定限制。因此，企业制定战略时，固然要决定把哪些客户群、产品或需求视为目标，而决定不要哪些顾客、需求或哪些特色与服务同样也很重要。因此，战略需要持续的原则和清楚的沟通。事实上，明确且沟通良好的战略有一项重要的功能，就是指引员工如何选择，因为他们在个别活动与每天的决策中，都必须有所取舍。

新兴产业和技术

在新兴产业或经历革命性技术变化的行业中制定战略，是一项大胆的主张。在这样的情况下，经理人在关于顾客需求、最受期待的产品与服务、能达到最适功能的活动与技术等方面，都面临着高度的不确定性。由于所有的不确定性，市场上充满了模仿与投机——因为不敢冒险以免造成错误或落后，企业往往推出具有各种功能的产品，提供所有新的服务，并开发所有新的技术。

处于这样的发展阶段，产业会建立或重新建立基本生产力边界，许多企业可能因此经历一段高盈利的爆炸性成长，但是这样的盈利是暂时的，因为模仿和战略趋同终将降低产业的盈利能力。能持续成功的企业，将是那些尽早开始定义与落实其独一无二竞争定位的竞争者。在产业萌芽期，模仿是在所难免的做法，但是这段时间反映的是前景不确定性，而非期待的事物。

在高科技产业，模仿阶段通常为时较久。基于技术追求的狂热，企业拼命增加产品功能，其中绝大多数派不上用场，但又同时进行全面降价。很少人想到这其中隐含的取舍效应。满足市场压力的成长动力，导致企业进军所有产品领域。虽然有少数几家具有基本优势的企业得以欣欣向荣，但绝大多数厂商都注定了失利的命运。

具有讽刺意味的是，普遍受欢迎的商业媒体锁定热门、新兴的产业，认为这证明我们已经进入新竞争时代，所有旧的规则都不再适用，而事实上却刚好相反。

在管理上，改善经营效率是必要的，不过经营效率并非战略。把这两者混为一谈的经理人，会不自觉地回到旧有的想法，认为是竞争导致许多产业朝向竞争协同的现象，而且产业内的厂商无一能幸免，谁也捞不到最大的好处。

经理人必须清楚地区别经营效率和战略。这两者都很重要，但是强调的课题却不一样。

有关经营效率的课题涉及全面性的持续改善，但必须以无关取舍效应为前提。企业即使有很好的战略，如果经营效率不佳，仍然不堪一击。经营效率着重于持续变革、弹性、无怨无悔地付出以追求最佳实务。相反，战略强调的却是找出独一无二的定位、明确地取舍各项活动，以及紧密整合各项活动。战略涉及持续地找出能强化和扩展企业定位的方法，其规划必须具有规范性和连续性；扭曲和妥协是它的敌人。

战略的连续性并不意味着对竞争保持静态的看法。企业必须持续改善它的经营效率，主动尝试改变生产力边界。与此同时，它也需要持续努力扩展本身的独特性，并强化各活动的整合性。战略的连续性，事实上可让组织的持续改善更有效率。

产业结构发生重大变化时，企业必须改变它的战略。事实上，产业变化通常导致新的战略定位出现，而与产业传统渊源较弱的新进厂商，往往更易探索出此种战略定位。不过，企业选择一个新的定位，必须考虑新的取舍效应，发挥新系统的活动互补性，以带来持续的优势。

03 如何利用信息形成竞争优势

迈克尔 · 波特

维克多 · 米勒

信息革命正横扫世界经济，没有哪家公司能免受它的影响。传统的交易方式，正面临新的变化，如大幅降低信息获取、制造程序、信息交换等成本。

大多数经理人知道这场革命正在进行，无人敢质疑它的重要性。越来越多的时间和资金都受到信息技术及其效应的吸引，管理者也清楚，这项技术不再只是电子数据库或信息部门的事。经营者在看到竞争对手运用信息形成竞争优势时，便会认清一项事实：他们也必须投入到对这项新技术的管理工作中。但问题是，面对快速多端的变化，他们往往无所适从。

这一章的目的，是帮助高级管理人回应信息革命挑战。尖端信息技术如何影响竞争与竞争优势的来源？企业应该采取什么战略来使用这种技术？竞争对手采取某项行动的真正含义是什么？在诸多信息技术的投资项目中，哪些才是最迫切需要的？

要回答这些问题，经理人必须先了解，信息技术不只是电脑硬件而已。今天，信息技术必须包含企业开发运用的信息软件，以及范围越来越广泛且环环相扣的信息处理技术。由电脑、数据辨识系统、通信技术、工厂自动化和其他相关的硬件和服务形成的信息革命，正以 3 种重要方式影响竞争：

- 它改变产业结构，同时也改变竞争规则。
- 它让企业以新的方式超越对手，进而创造出竞争优势。
- 它能从企业内部既有作业中，培植出全新的事业。

我们首先讨论为什么信息技术具有战略价值，它又如何影响各项事业。接着讨论这项新科技如何改变竞争的本质，高明的企业又如何应用它。最后，我们列出一种方法以便经理评估信息技术在企业内的角色，并定出将信息技术转为竞争优势的优先投资顺序。

战略性意义

信息技术正在改变企业运作的方式。从产品创造开始，信息技术对企业的影响无所不在。此外，信息技术也重塑了产品风貌，如产品的包装、服务，以及创造更多的客户价值。

突出信息技术在竞争中的角色，一个很重要的概念是“价值链”[①]。这个概念将企业的活动划分为经济活动和技术活动，以进一步识别这些活动的绩效。我们称这些活动为“价值活动”。基本上，企业创造的价值根据客户购买产品或劳务时愿意付出的价格总值来衡量。企业创造的价值超过“价值活动”的成本时，企业就能盈利。企业要比竞争对手更具竞争优势，必须以更低的成本从事这些活动，或以不同的方式导致产品的差异化，卖到更高的价格（更多的价值）。[②]

企业的价值活动分属九大部门（见图 3–1）。主要活动是涉及产品实体的创造、

① 有关价值链概念的更多信息，参见迈克尔 · 波特的《竞争优势》。

② 对两种基本竞争优势的讨论，参见迈克尔 · 波特的《竞争战略》。

分销、配送，以及售后的支援与服务性活动；辅助活动则提供那些能让主要活动顺利进行，如进料和基础设施等的活动。每项活动都会牵涉原料采购、人力资源和技术的组合。企业的基础设施包含一般管理、法律事务、会计等功能，支援整个价值链。在这些大项目内，根据行业类别，企业会提供各自需要的活动，例如所谓的服务通常包括安装、维修、调整、升级和零件库存管理等。

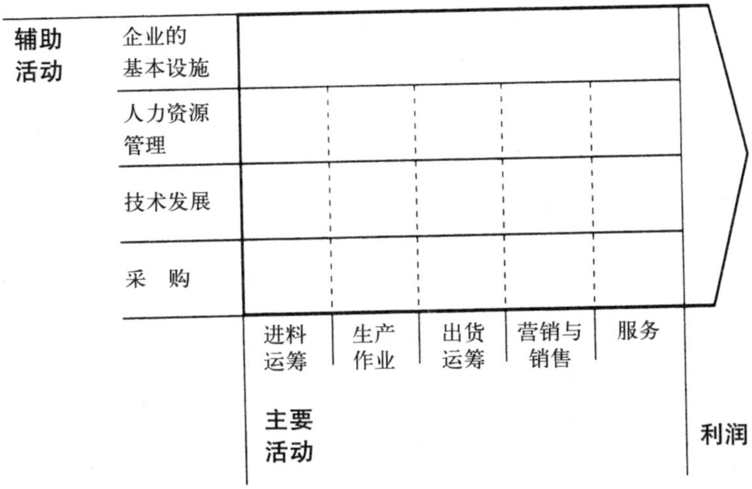

图 3–1　一般价值链

价值链与联结点

企业的价值链是一个交互依存的活动系统，由联结点衔接。当从事某项活动的效益会影响到其他活动的成本或效益时，联结点就会出现，并造成原本应该形成最大效果的个别活动出现取舍效应。比如，产品的设计成本越高、采用的材料越贵，售后服务成本便可能越低。企业要根据它的战略，解决这类取舍问题，并达到竞争优势。

联结点也需要活动之间彼此协调。准备工作、出货运筹和服务性活动（如安装）间平顺的运作、良好的协调，才能让企业在不增加高额成本的库存下准时送货。谨慎地管理联结点，这通常是竞争优势的有力来源，因为对手不容易察觉它们，而且它们还涉及整个组织的取舍效应。

在特定产业中，企业的价值链深藏在一个更大的活动群中，我们称之为“价值系统”（见图 3–2）。价值系统包括提供原材料给下游企业，从而形成该价值链的供应商价值链（如原料、零部件、采购服务）。企业的产品通常经由销售渠道的价值链到达最终客户，最后产品又变成下一阶段价值链的采购元件。

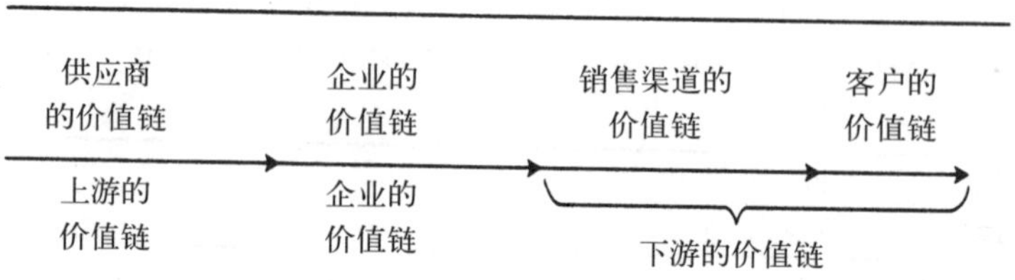

图 3–2　价值系统

联结点不仅联结企业内部的价值活动，也创造企业的价值链与供应商、销售渠道之间的交互依存关系。企业可以应用联结点创造竞争优势。譬如糖果制造商可说服供应商，将巧克力由固态转为液态运送，如此便可以达成节省制造步骤的效果。供应商的及时补货也有相同的效果，不过协调供应商和销售渠道节省成本的机会不限于后勤和订货流程。如果企业、供应商和销售渠道都能更加认清和使用这种联结点，彼此都可因此而受惠。

企业价值链的功能之一，是形成成本或差异化的竞争优势。企业的成本地位，会反映相对于竞争对手其所有价值活动的成本绩效。每项价值活动都包含成本驱动因素，它可以决定形成成本优势的潜在来源。同样，企业的差异化能力反映在每项价值活动满足客户需求的贡献程度。许多企业活动（不仅是有形产品或服务）都会带来差异化。反过来说，客户需求不仅受企业产品的影响，也受企业提供的其他活动（如后勤或售后服务）表现的影响。

在寻求竞争优势时，企业通常根据价值活动的范围，形成不同的竞争范围。竞争范围有 4 个主要层面：区间范围、纵深范围（垂直整合的程度）、地理范围以及产业范围（或企业所在产业的相关产业范围）。

在创造竞争优势上，竞争范围是项重要的工具。较大的竞争范围容许企业开发价值链的交互关系，服务不同的产业区间、地理区域或相关产业。比方说，两个营运单位可能共用同一销售团队来销售产品，或采购相同的零部件。企业面对全国性或全球性竞争时，运用这套协调价值链的战略，便能产生相对于本地或国内竞争对手的竞争优势。普遍应用纵深范围方法，企业可开发出在内部开展更多活动的潜在利益，而不必仰赖外界的供应商。

另一方面，选择小范围的经营规模，企业可配合特定目标区间，量身打造自己的价值链，以降低成本或达到差异化。小范围的竞争优势，来自于价值链可以针对客户个别需求而设定或调整，以尽量满足特定产品、客户或地理区域。如果目标区间有特别的需求，经营范围较大的竞争者将很难做到个别满足。

改变价值链

信息技术出现在价值链的每个点上，这就改变了价值活动的开展方式与活动之间联结点的本质。它同时也影响了范围，并重新塑造产品符合客户需求的方式。这些基本的影响说明了为何信息技术具有战略性意义，而且不同于许多商业应用的其他技术。

每项价值活动都有实体流程和信息流程两种要素：实体要素包括所有需要开展该活动的实际工作；信息流程则包含掌握、处理、流通这些信息所需的步骤，而这些信息又是开展活动所不可或缺的。

每项价值活动都会创造和使用某种信息。例如说，运筹活动会用到时程约定、运费、生产计划等信息，以确保时效和低成本的运货。服务活动则可能用到安排服务时间的电话预约等事项，以及从不合格产品的信息中获得修改产品设计和制造方法的信息。

价值活动的实体与信息流程要素可能很简单，也可能很复杂。价值活动不同，也需要这两种要素的不同组合。譬如，烙印这项活动所用到的实体流程远多于信息流程，保险活动的情况则正好相反。

在产业发展史上，大多数时候是技术性进步影响到企业的实体部分。在工业革命期间，企业是靠机器取代人力，从而形成竞争优势。那时候，信息流程还是以人力为主。

如今，技术变化的速度已经扭转。信息技术的进步速度远超过实体流程的技术，信息存储、处理、传递的成本都大幅降低，进步无远弗届。在工业革命期间，从波士顿到新罕布什尔州康科德的铁路运输，一下子从 5 天缩为现在的 4 小时，只需当年 1/30 的时间。[①]但是信息技术的进步更为伟大。比起 30 年前，电脑运算比人力作业的成本便宜到原来的 1/8 000。1958~1980 年，电子信号的作业时间则缩短到原来的八千万分之一。美国国防部研究显示，条码输入信息的错误率为三百万分之一，而人工输入信息的错误率为三百分之一。[②]

随着信息技术的变迁，企业运作的速度已经超过经理人发掘机会的程度。从电脑辅助设计技术发展到仓储自动化，信息革命已影响到了企业九大类的价值活动（见图 3–3）。新的技术与设备取代人工处理信息，分类账或概括估算的工作都交给电脑负责。

起初，企业应用信息技术主要是用于做账和储存记录，利用电脑自动反复记录的功能（如价值链中的订货流程）。今天，信息技术已经扩张到整个价值链，所能涵括的作业几乎无所不包，它的控制功能甚至类似最高主管的判断功能。例如，通用电气利用数据库通过电话为客户提供技术支持，而这一数据库便包括应用服务工程师累积的经验和（直觉）知识。

信息技术已经让企业可以经由价值活动产生更多有用的数据，并且使企业能搜集或寻找以往无法接触到的信息。同时这类技术也能利用更庞大的资料，作更全面的分析，因此企业在分析或控制的变量数量上，有了惊人的成长。亨特韦森公司就发展出一套电脑程序，协助研究分销中心有关扩张业务和改变地点等事务。这程序块让亨特韦森能同时评估多个变量、方案和替代战略，这是他们以前办不到的。同样的，信息技术让苏尔寿公司的工程师改善了柴油发动机的设计方式，这也是以往人力所不能及的。

信息技术也改变了价值活动的实体流程部分。在制造过程中，电脑控制的工具机比老式、人工操作的工具机更快、更精确，也更有弹性。斯伦贝谢公司开发出一套钻探油井的电子设备，帮助工程师计算钻井角度、岩石温度和其他的变量，大幅缩减了钻探时间，甚至有些过程还被取消了。目前在西海岸，有些渔民使用气象卫星提供的洋流温度，就可以找出鱼群所在位置，从而大幅减少了在海上的时间和燃料成本。

---

① 参见阿尔弗雷德 · 钱德勒《看得见的手》。

② 参见詹姆斯 · 麦肯尼和沃伦 · 麦克法伦，“The Information Archipelago—Maps and Bridges”，《哈佛商业评论》，1982 年第 5 期，第 109 页。

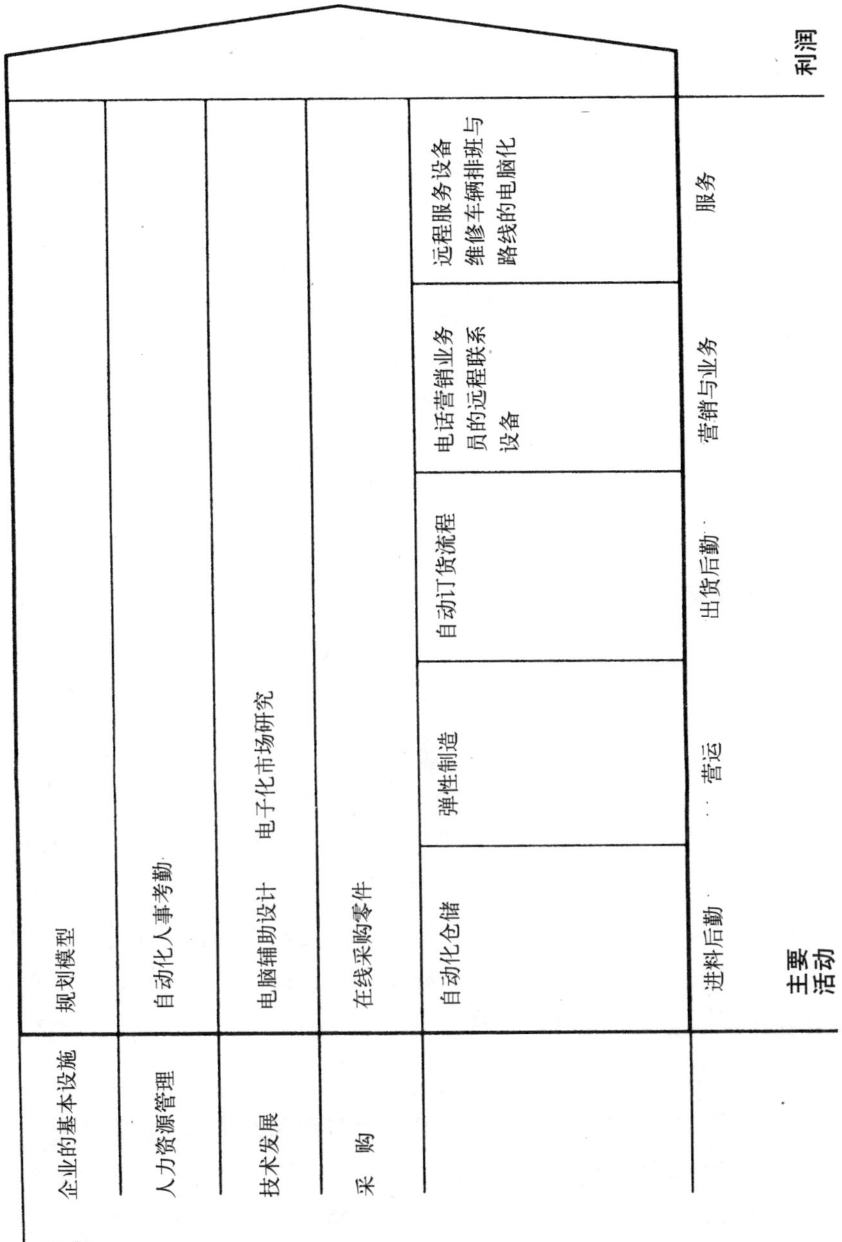

图 3–3　在企业价值链中，信息技术无所不在

信息技术不仅影响个别活动的执行方式，也通过新的信息流，加强了企业开发内外部价值活动之间联结点的能力。这项技术也在价值活动之间创造出新的联结点，借此企业可以协调各项作业以更贴近客户和供应商的需要。美国最大的药品经销商麦克森，便为旗下的药店提供终端机，方便客户下单、点收和准备发票，药店客户因此更愿意下大额的订单。同时，麦克森本身的订货流程也变得简便有效。

最后，新科技对竞争范围会产生重大影响，像信息系统便能方便企业协调远程据点的价值活动。比如波音公司的工程师在网上与外国供应商一起开展设计工作。信息技术也创造出许多事业间新的交互关系，扩张了产业的领域，使得企业必须参与竞争才能形成优势。

信息技术普遍运用所造成的冲击，给主管带来的艰难问题是：信息泛滥。这个问题又创造出使用信息技术的新方法，以储存、分析涌向主管的信息浪潮。

改变产品

大多数产品都兼具实体和信息两项要素。广义的信息要素，可以说是客户要获得并使用产品以达到预期结果的一切信息。也就是说，产品包括了产品本身的特色、使用方式与售后服务等信息。对消费性电器而言，容易获得维修和服务流程的信息，是买方考虑的重要条件。

传统意义上，产品的实体要素比信息要素更重要，然而信息技术可以在提供实体产品的同时，提供更多信息。例如通用电气的客户热线，便以数据库作为后盾，使得通用电气与竞争者的客户服务内容有所差异。同样，因为线路和货运企业间的协调获得改善，企业能够提供给客户即时的运输信息。由于信息技术的发展，只供应信息而没有实体产品逐渐变得可能。Compustat数据库的客户，已可以获得各企业提报证券交易委员会的财务数据；许多企业也纷纷采用“建筑物能源使用分析”这项产品。

许多产品也在一般功能之下增加了信息处理的功能。像洗碗机需要有一个控制系统，以指挥整个洗涤循环，并显示此一过程，让使用者明了。新的信息技术强化了产品性能，并且让产品能更容易提升信息的内容。例如汽车的电子控制系统，便普遍应用在仪表板、语音控制面板和自动侦测异常信息等方面。

产品具有越来越多信息的趋势是毋庸置疑的。此一要素结合了企业价值链的改变，突出了信息技术日益增加的战略性作用。今后不再会有所谓的夕阳产业，只有过时的企业经营方式。

变革的方向与步伐

尽管企业和产品的信息密集趋势已然明显，在不同产业中，信息技术的作用和重要性又各有不同。像银行与保险业，向来都属于信息密集产业，这样的产业自然是热衷使用数据处理的先锋。另一方面，尽管数据处理的业务日渐增加，像水泥等生产导向的行业，实体产品的制造过程仍居于主导地位。

图 3–4 是价值链中信息密集度与产品信息内容的关系图，显示出在不同产业之间信息密集度与作用的差异。在银行业与报纸业的产品和制造过程上，信息技术的比重都很高。炼油业在炼油过程需要较高的信息，但是在产品层面，信息需求相对较弱。

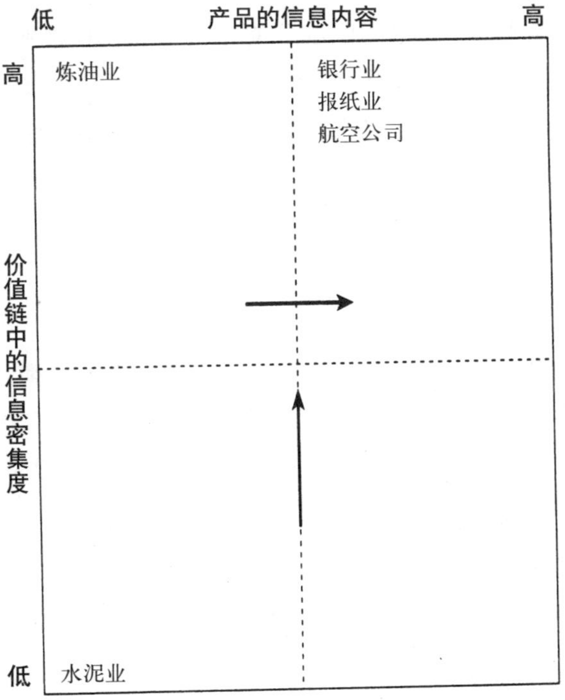

图 3–4　信息密集度的矩阵模型

由于信息技术的成本降低，能力增加，许多产业似乎也在产品和制造过程上向较高的信息内容迈进。值得强调的是，科技仍会快速进步。硬件的成本会持续降低，经理人则会持续将信息技术应用推广到企业的基层。开发软件的成本目前仍是主要的制约因素，但随着更多能满足客户环境需求的套装软件的出现，开发成本也将逐渐降低。企业对信息技术的应用，现在只是开始而已。

信息技术不仅改变产品和制造过程，也改变了竞争的本质。尽管信息技术的使用越来越普遍，各产业会依其在图 3–4 中所处的位置与其改变的步伐，而有所差异。

改变竞争的本质

经过广泛的产业调查，我们发现信息技术正以 3 种方式改变竞争的规则。首先，信息技术的进步正改变产业结构。其次，信息技术是一种重要性日增的杠杆工具，企业能用它来创造竞争优势。由于竞争者竞相模仿产业龙头的战略创新，龙头企业通过信息技术追求竞争优势的做法，通常会引发扩散效应，进而影响产业的结构。最后，信息革命会孕育全新的行业。这 3 个效应对了解信息技术如何影响特定产业，以及如何制定有效的应对战略非常重要。

改变产业结构

产业结构是五种竞争力量的具体化，共同决定一个产业的盈利能力。这五种力量分别是：客户的议价能力、供应商的议价能力、新进入者的威胁、替代产品的威胁以及现有竞争者之间的竞争。这五种不同力量集合后的效应，会随产业而有不同，进而影响到平均盈利能力。每种力量的力道也会改变，或增强或减弱这个产业的吸引力。[①]

信息技术可以改变这五种力量，依此类推，也会改变产业的吸引力。信息技术正将许多产业的结构松绑，创造需求和改变的机会。例如：

- *在那些将所购零件予以组装的产业，信息技术可以增加采购者的力量。*

---

① 参见迈克尔 · 波特《竞争力量如何形成战略》，《哈佛商业评论》，1979 年第 2 期，第 137 页。

自动化的物料报价单及行情资料，可使采购者更容易评估物料来源，并决定买或不买。

• 需要在复杂软件上进行大量投资的信息技术，已提高了新的进入障碍。为了争取企业型客户，银行在现金管理服务上的竞争非常激烈，如今更需要最先进的软件，向客户提供在线信息。这些银行也需要投资于改善电脑硬件和其他设备。

• 有弹性的电脑辅助设计和制造系统，能够以更快、更容易也更低廉的方式提高产品的功能，因此已经对许多产业的替代品产生威胁。

• 订货流程与提货发票流程的自动化，已经增加了物流业的竞争程度。新的科技在取代人力的同时，也提高了这个产业的固定成本。如此一来，经销商必须持续奋战以增加业绩。

像航空公司、金融服务、物流业、信息供应商等产业（见图 3–4），已经感受到这些效应 ①（详见本章的插入内容“信息技术与产业结构”）。

由于信息技术会影响企业与供应商、销售渠道与客户之间的联结点，它在供应商与客户间的议价关系上，影响力特别大。跨企业的信息系统愈来愈普遍，有些情况下，产业的界限已经被打破。②

联结客户与供应商的信息系统也越来越广泛。施乐公司利用电子传输，提供生产数据给供应商，以帮助它们运送原材料。为提高订单输入速度，西屋电气供应公司和美国医院设备供应公司干脆提供客户终端机。这些系统会将企业、客户、供应商更密切地联结起来。至于其他方面，由于新系统的加入会干扰原先的作业，且又有重新训练的需要，许多系统会提高转换的成本。

信息技术正改变竞争规模、自动化和弹性之间的关系，并可能产生深远的影响。大规模的生产制造已不再是发展自动化的必要条件。如此一来，部分产业的进入门槛因而降低。

---

① 参见沃伦 · 麦克法伦《信息技术改变了你的竞争方式》，《哈佛商业评论》，1984 年第 3 期，第 98 页。

② 参见小詹姆斯 · 卡什和本 · 康辛斯基《是否重新划定竞争边界》，《哈佛商业评论》，1985 年第 2 期，第 134 页。

信息技术与产业结构

客户的力量

录影带公司正逐渐增加提供给客户的信息。客户可使用店里的个人电脑，通过浏览电子目录，比较价格和产品特色；还可以在任何时间，以低于零售价25%~30%的价格，购买录像带。正在快速成长的Comp-U-Card，营业额在两年内增长5倍，达到950万美元，会员增加为15 000人。根据预测，20世纪90年代中期，美国75%的家庭都可得到此种服务。

信息技术

Shelternet是第一波士顿公司开发的电子信息交易系统。这套系统可让房屋中介商快速且方便地判断现有哪些物业待售，以及买主是否符合贷款条件。这套系统改善了房屋买卖的风险。买卖双方可在30分钟内完成初步的流程。

取代

类似NEXIS的电子数据库，正取代传统图书馆检索和顾问公司。NEXIS订户可以在最短时间内，找出225种期刊中任何一篇文章的全文，大幅减少了使用者检索的时间。此外，客户可以省下订购期刊的成本，而只须付信息费。

同时，自动化未必导致无弹性。例如通用电气利用电脑储存所有设计和制造的相关资料，将艾瑞机车制造厂改为大规模弹性工厂，因此可以同时生产10种规格的火车，而不须人工调整机器设备。宝马汽车公司在安装一套智能型制造系统后，即使在一般生产线上，也可以生产客户定制的车种（每辆有特制的齿轮箱、传动系统、内部设计和其他特色）。自动化与弹性因此同时达成，并且改变了竞争者之间的竞争形态。

许多价值活动的弹性日增，加上产品设计的成本下降，使得产品客户化和服务小型利基市场等突然涌现新商机。电脑辅助设计能力不仅降低了设计新产品的成本，同时也大幅压低了现有产品修改或新增功能的成本。针对市场细分定制的产品成本也在下降，并再一次影响到产业的竞争。

经理人使用信息技术以改善产业结构时，不能忽略技术也有破坏结构的可能。比方说，最新的信息系统容许航空公司频繁改变票价，并在任两个地点间提出多种不同的票价结构，这使得班机和票价能灵活搭配，旅客也可获得最经济的票价。其结果是，现在的票价要低于没有利用这一信息系统时的票价。由于信息技术通过减少人际交往促使服务商品化，它降低了部分专业性服务产业的吸引力。经理人在将新科技应用在产业结构上时，必须小心谨慎，除了要看它所带来的优势，也要准备应对它带来的不良后果。

创造竞争优势

无论在哪种企业，信息技术对于降低成本和产品差异化的竞争优势，都产生了强大的影响。信息技术会影响价值活动，或容许企业改变竞争规模以获得竞争优势。

降低成本。如前所述，信息技术能改变企业价值链中任一环节的成本。①传统上讲，信息技术对价值活动的影响，仅限于它重复信息流程的能力。这项限制如今已不存在，现今即使如组装等主要涉及实体流程的活动，也都拥有大量的信息流程要素。

以佳能公司为例，它在低价的复印机组装过程中，发展出一套全自动选取零件与物料处理系统。对特殊复印机，装配工人手边也有各种特殊需求的零件储存箱。佳能这套系统能够成功，主要是靠控制零件库存和选择的软件。在保险经纪业，往往多家保险公司需要同时参与一份保险合约的签订工作，文件成本相当惊人。如今，一套电脑模块能让参与保单的保险公司数量达到最优，降低经纪人的总成本。在成衣制造方面，一系列自动绘图、纺纱、搬运到缝制的车间运输系统的出现，让现场制造减少了一半的工时（详见本章的插入内容“目标：竞争优势”）。

信息技术除了在成本上具有直接的影响力，也会改变价值活动的成本驱动因

① 参见格雷戈里 · L · 帕森斯《信息技术：一种新的竞争武器》，《斯隆管理评论》，1983 年秋季号，第 3 页。

素，以改善（或侵蚀）企业的相对成本地位。路易斯安那石油与轮胎公司就把整个业务部的10名业务员全部召回办公室，改为电话营销。如此一来，业务经费比原先降低了10%，而业绩增长了1倍。不过，要走这一步，先决条件是业务范围必须由区域扩大到全国性的规模。

目标：竞争优势

降低成本

赌场的营业额中，有20%是用在高消费群体的服务上。精于赌场经营的老板，一定会注意哪些人是赌场的豪客。如今，许多赌场都已开发出可以分析客户表现的电脑系统。恺撒皇宫开发出一套更准确地找出大赌客的玩家概率系统，使服务预算降低了20%以上。

提高差异化

利用信息技术，美国运通公司已发展出一套与同业有区别的企业客户旅游服务。这项服务包括安排旅游与密切监控个人开销。电脑会自动找出最便宜的机票价格，追踪每位持卡人的旅游开支，而且每个月列账一次。

提高差异化。信息技术对差异化战略的影响同样巨大。如前面提过，差异化的关键因素在于企业与产品在客户价值链中的角色。新的信息技术使得接受客户定制产品的可能性大增。譬如使用自动化作业，苏尔寿公司将低速船舶柴油引擎规格从5种增加为8种。船东如今可以更精确地各取所需，并选择更能节省能源的引擎类型。同样，数字设备公司的人工智能系统XCON，运用决策原理开发客户电脑的外观，大大缩短了填写订单所需的时间，并提高了准确性。如此一来，数字设备公司的品质形象大为提升。

通过将更多信息与产品实体相结合并卖给客户，新科技也影响了公司提升自我差异化的能力。杂志经销商如果利用信息系统处理待售的书刊，将比竞争对手更多地获得客户赞誉。同样，在实体产品中埋下信息系统种子，也是让企业与竞争对手产生差异化的一种日益有力的方式。

改变竞争范围。信息技术可以改变竞争范围与竞争优势之间的关系，并增加企业协调区域性、全国性和全球性活动的能力，使企业在更广阔的地理范围内活动，以创造竞争优势。以报业为例，《华尔街日报》的发行者道琼斯公司，抢先在其 17 个美国印刷厂之间建立起版面传输技术，成为货真价实的全国性报纸。道琼斯公司在通讯技术上的发展，进一步推动了全球战略，因此它经营《亚洲华尔街日报》和《华尔街日报欧洲版》，在全球印报，同时还共用社论版面。

信息革命使原本疏离的产业重新整合，电脑和通讯技术的融合就是一个很重要的例子，这种结合对两种产业的结构影响深远。美国电话电报公司便以它在电信业的地位做跳板，进入电脑产业。IBM则刚买下电信设备制造商罗姆，开始反攻。在金融服务业，如银行、保险、中介等产业，信息技术也是它们之间逐渐增加的融合与交互关系的核心；至于办公室自动化设备产业，原本也各有各的功能领域，如今像打字、复印、数据与语音通讯等也都重新组合。

信息技术让拥有多条产品线的厂商也能做到细分市场，这是以往锁定特殊市场的厂商才能办得到的。以卡车产业为例，辛辛那提市的联合运输服务公司，便因此完全改变了它的报价系统。以往地方分公司根据人工方式制定价格，如今他们使用电脑将总公司与各地分公司连线，统一计算价格。此一新系统让该公司推出新的价格政策，向需要全国性运输的大客户提供折扣价。配合全国性客户修改本身的价值链，原本是联合运输服务公司做不到的事。

随着信息技术逐渐普及，企业从新的竞争范围中发展优势的机会将只增不减。但唯有将信息技术在沟通性的组织得以全面推广时，才能增加受益范围（以及联结点的绩效）。完全分权化的组织设计与各自应用信息技术的方式，将会阻碍这些可能性，因为企业内部各部门间的信息技术将无法交流。

孕育新产业

信息革命以 3 种方式催生全新的产业。首先，它让新行业在技术上变得可行。比如结合现代影像和电信技术形成的传真服务，造就了联邦快递公司的传真服务。同样，先进的微电子技术让个人化运算变得可行。美林证券的客户现金管理账户服务，则需要新的信息技术以将数项金融产品组合成单一商品。

其次，信息技术可借由创造出对新产品的衍生需求，孕育出新的行业。西联汇款的EasyLink便是一例。通过精密、高速、数据通讯的网络，它可让个人电脑、文字处理机、其他电子设备彼此传递信息，甚至传达至全世界。而在信息技术未普及前，这项服务根本没有市场可言。

再次，信息技术会在老行业中创造出新业务。在价值链中包含信息处理流程的公司，也许可将剩余的能力和技巧卖给外界。西尔斯百货利用其处理信用卡账户的技术以及它的大规模经营，可以对其他业者提供类似服务。西尔斯将信用卡授权和交易流程服务卖给菲利普斯石油公司，又将零售汇款流程服务卖给梅隆银行。同样，汽车零件制造商史密斯公司，发展出数据通讯服务以满足传统业务。当有大银行集团寻求一家能运作自动提款机网络的承包商时，史密斯公司便顺利得标。柯达公司最近开始利用内部通讯系统提供长途电话和数据传输服务。若是企业内部价值链的信息技术易受规模大小的影响，企业便可以借着增加信息处理的规模降低成本，以全面改善竞争优势。借由将额外的能力卖给外界，又可产生新的收入。

企业也能创造并销售过程中所衍生的信息副产品。据报道，美国国家优质生活公司将美国制罐公司买下，一部分原因是要取得美国制罐公司900万个广告邮件零售点的顾客资料。在超级零售市场使用的条码扫描机，也将传统杂货店变成市场研究的实验室。零售商可以在日报上刊登一则广告，下午就验收它的效果。它们也可以将这些信息卖给市场研究公司和食品制造商。

在信息时代中竞争

高级主管应该根据以下5个步骤，把握信息革命所创造出的机会优势。

1. 评估信息密集度。 企业的首要任务，便是评估其营运单位中产品和流程之间既有与潜在的信息密集度。要帮助经理人达成这个目标，有数种方法可衡量信息技术的潜在重要性。

信息技术在产业中具有下列一种以上的特质时，它很可能就扮演了一个战略性角色：

- 信息密集度可能很高的价值链：企业能与许多供应商或客户直接交易、

需要大量信息以进行销售的产品、能提供许多不同产品种类的产品线、制造包含许多零件以及步骤的产品，以及从下订单到交货周期时间很长的产品。

• 信息密集度可能很高的产品：主要提供信息的产品、生产过程涉及大量信息处理的产品、采购者必须处理大量信息的产品、在培训客户上需要高成本的产品，以及有许多不同用法或买方之本业具有高信息密集度的产品。

这些都有助于事业单位确定信息技术投资上的优先顺序。在选择优先处理方面时，企业要牢记信息技术应用的广泛性，它所涉及的不只是简单的运算。

2. 信息技术在产业结构中所扮演的角色。经理人应该预测，信息技术可能对产业结构造成哪些影响，并检视信息技术对各种竞争力量可能造成的影响。它不仅有可能改变竞争力量，而且也有可能使整个产业边界发生变化。

许多企业都在控制产业结构的本质变化步调方面扮演一定的角色。企业通过积极投资于信息技术，并迫使其他公司跟进，使许多产业的竞争基础发生了永久改变。花旗银行推广自动提款机与交易流程；美国航空公司开发出电脑订位系统；《今日美国》将散布各处的印刷工厂以版面传输系统联结起来，都是率先使用信息技术而改变整个产业结构的例子。企业应该了解，产业的结构性变化会迫使企业必须作出反应，并找出抢先领导整个产业变革的方式。

3. 找出信息技术可能创造竞争优势的方法，并加以评比。开始的假设应该是，信息技术可能影响到价值链中的每一活动。同样重要的是，在价值活动之间，可能存在新的联结点。经过小心谨慎的观察，经理人能够找出最容易影响成本和差异化的价值活动。显然，如果这些价值活动具有重要的信息处理要素，同时又反映了高额成本或差异化的关键，最需要仔细检验。联系企业内外部活动的价值活动也很重要，主管必须检视这些活动，找出信息技术可能创造持续竞争优势的方法。

企业除应仔细检查自身价值链外，还应该考虑信息技术改变竞争范围的方式。信息技术能否帮助企业服务于新的产业细分？信息技术的弹性，是否会导致拥有广泛产品线的竞争对手侵入原本利基所在的领域？信息技术是否能提供企业全球化的杠杆效果？经理人是否能利用信息技术，开发出与其他产业之间的交互关系？或信息技术是否能帮助企业缩小其范围，从而创造出竞争优势？

对公司的产品也可以按以下的顺序重新予以观察：

- 公司是否将更多的信息内容与产品相结合？
- 公司能否让信息技术在组织内扎根？

4. **研究信息技术如何孕育新事业。**经理人应该考虑，从既有事业中创造新事业的机会。对于企业开展多元化经营，信息技术是一个重要性日增的途径。洛克希德公司进入数据库事业，就是因为觉察到这是一个充分运用自身电脑能力的机会。要找出扩张新事业的机会，必须先回答以下几个问题：

- 公司能够出售的一般性（或潜在的）信息有哪些？
- 企业内部有哪些信息流程能发展成新事业？
- 信息技术是否能带来与公司现有产品相关的新产品？

5. **发展出能以信息技术形成优势的计划。**前 4 个步骤应导出一项行动计划以跟上信息革命。这项行动计划应该将软硬件上的必要投资分出优先等级，并在新产品开发活动中反映出产品所增加的信息内容。能够反映该项技术在联结企业内外活动所扮演角色的组织变迁，可能也有其必要。

信息技术的管理不再只是电子数据处理部门的事。现在越来越多的企业必须在使用信息技术时，更精确地理解竞争优势的形成条件。发展组织内部系统应该不限于个别单位，总经理必须介入以确保能达成跨部门的沟通与联系，并通过信息技术达到目标。

这些变化并非意味着信息技术的某一主要功能应扮演一个重要的角色。然而，信息服务经理与其控制信息技术，倒不如协调整个组织的架构和应用标准，并尽可能为系统的发展提供支援和指导。除非企业内部的信息技术能够彼此相容，否则，它们的好处将无法发挥。

信息技术有助于战略的执行。反馈系统则能追溯执行战略的关键点与成功的因素。利用信息系统，能让企业更精确地评估活动，帮助并鼓励经理人成功地执行战略。①

---

① 参见维克多 · 米勒《决策导向型信息》，*Datamation* 杂志，1986 年 1 月，第 159 页。

信息革命的重要性毋庸置疑。问题并不在于信息技术是否会对企业的竞争地位产生重要的影响，而是在于它的影响会在何时以何种方式爆发。能主动预期信息技术力量的企业，将主导后续的发展；疏于回应信息技术发展的企业，则将被迫接受由别人引发的变革，并发现自己已处于竞争劣势。

04 战略与互联网

互联网是一项极为重要的新技术。也正因为如此，它备受企业家、经理人、投资商和商业观察家们的青睐。身处这样一股狂热的大潮，许多人都认为，互联网会改变一切，而且，关于企业和竞争的所有旧观念都将会过时。人们产生这种想法，本无可厚非，但这一想法却十分危险。这种想法已经导致许多实业公司、网络销售公司和职场人士作出了错误的决策。这些决策使他们丧失了其自身的产业吸引力，并且毁掉了其固有的竞争优势。比如，有些企业由于使用了互联网技术，使竞争的基础一味偏向于价格，而背离了质量、特性和服务，结果便导致整个产业陷入了盈利困难的窘境。还有些企业盲目追寻合作伙伴和外部关系，从而丧失了自身的看家本领。直至最近，由于受到来自于市场中的扭曲信号的影响，这些做法的负面效应还难以显现。然而，现在人们已逐渐看到了事情的严重后果。

当前，我们是该擦亮眼睛，重新认识一下互联网了。我们需要揭开那层覆盖在互联网上面的“互联网产业”、“电子商务战略”以及“新经济”的靓丽修辞，去审视一下它的本质：一项蕴涵着巨大潜能的技术——可被几乎所有产业作为其任何战略的一部分而或正确或错误地使用的一套强大工具。我们需要理顺一些基本的问题：到底谁能够获取互联网所创造的经济利益？所有价值最终是否将流向客户，企业最终能否分得一杯羹？互联网对产业结构会造成什么影响？互联网是提高了还是降低了利润率？互联网对企业战略会造成何种影响？对于相对于竞争者的可持续性竞争优势，互联网是将提高还是降低企业获得这一可持续性优势的能力？

在回答这些问题时，我们却感到有些不安。我认为，截至目前，企业在互联网方面的经验一定已经大打折扣，其中的许多经验必须被彻底忘掉。即便用肉眼我们也看得出，互联网已经很难称得上是一种福祉了。它可能会改变产业结构，从而影响到企业的整体盈利能力。同时，对于商业惯例，互联网还会产生一种杠杆效应，从而降低企业建立可持续性竞争优势的能力。

然而，关键的问题不是要讨论是否要利用互联网技术——如果企业要保持其竞争力，它们别无选择——而是要讨论如何利用这一技术。对此，我们有保持乐观的充足理由。与过去的信息技术相比，互联网技术能够为那些志在建立独树一帜战略地位的企业提供更好的机会。要获得竞争优势，并不需要采取全新的模式，而只需要在已被实践证明为有效策略的基础之上进一步升华。从本质上讲，互联网本身并不具备多么强大的竞争力，许多事业有成的企业都只是将互联网看做是一种对传统竞争方式的补充，而并不是将其独立于企业的现有主业之外。对于那些善于将互联网和传统方法融合在一起从而巩固现有优势的企业来讲，这无疑是一个好消息。然而，网络公司同样可以获得成功，只要他们能够在互联网和传统方法之间找到平衡，并且能够由此而塑造出其独具特色的战略。有些人会认为，互联网会弱化战略的重要性，实际上，互联网最看重的却恰恰是战略。

扭曲的市场信号

对于那些已开始大规模使用互联网技术的企业，它们深受来自于市场的扭曲信号的困扰，而这些扭曲的信号却往往是由它们自己造成的。我们知道，面对一种新的商业现象，我们应当以市场为结论导向。然而，对于任何重要的新兴技术，它们早期所发出的市场信号往往是靠不住的。一项新技术的产生，会激起企业和客户强烈的试水欲望。但从经济角度讲，试水往往是没有可持续性的。结果，市场行为便出现了扭曲，人们在解读这些市场信号时必须慎之又慎。

互联网就是这样的一种新型技术。下面我们来看一下，互联网大行其道的各个产业的销售收入和利润情况。实际上，它们的销售数据是靠不住的，原因有三。第一，许多企业对购买其产品和服务的客户实施优惠政策，以期在互联网上占有一席之地，从而笼络住大量的客户（政府也通过免除营业税的方式对在线买卖实施补贴）。现在，网络买家能够拿到极大的优惠价格，甚至是免费，从而不必支付能够反映产品真实成本的价格。一旦价格被人为地降低，需求量便会被人为地提高。第二，许多买家取道互联网，完全是出于好奇。即便他们因此而获得的好处并不明确甚至是有限的，他们也乐于进行网络交易。如果亚马逊网站能够提供与传统书店相同或者更低的价格，并且运费优惠甚至免费，那么试一下又何妨呢？然而，有些客户可能迟早会回归原有的传统购物方式，特别是在网络卖家基于对客户的诚信度而取消这些优惠政策的情况下。第三，网络买卖的一部分“收入”是以股票而不是现金形式实现的。比如，亚马逊从其合作伙伴那里确认的总收入中有大约 4.5 亿美元的收入是股票。这类收入的可持续性着实值得怀疑，它的真实价值不可避免要受到股价波动的影响。

如果说互联网产业的销售收入是一个并不明确的概念，那么其成本也同样有些模糊。许多实施网络交易的企业都会享受一定的生产要素补贴。供应商们迫切希望能够与这些企业的决策层攀上关系并开阔眼界，因此愿意以极为优惠的价格向他们提供产品、服务和网络内容。比如，许多网络内容供应商会争先恐后地将自己的信息提供给雅虎公司，以期抢占这一点击率较高的互联网地址的滩头。甚至还有一些供应商向主流门户网站倒贴钱以提供信息。使得互联网产业成本更加不明朗的另外一个原因是，许多供应商——暂不谈企业员工——都愿意接受互联网产业公司和投机企业用自身的权益、所有权或者股票期权来支付购买服务和产品。权益购买并不会出现在收益报表中，但这的确是股东的一笔真实开支。供应商的这一人为做法着实降低了互联网产业的业务成本，从而使其看上去更加诱人。最终，对资金需求的低估造成了对真实成本的低估。就这样，网络交易的低资产密集性得到了人们的争相追捧。但最终他们会发现，存货、仓储和其他投资必须要向客户提供价值。

股市信号则更加不可靠。投资者对互联网爆炸式增长的热情，使得股票价值严重脱离其商业基本面。人们已经无法再以公司的股票价值作为衡量真实经济价值创造量的准确依据了。任何企业，一旦它们为影响近期股价或者影响投资者热情而进行决策，那么它们无异于是将自己推到了悬崖边上。

失真的销售收入、成本和股价是企业所采取的不可靠的财务统计的产物。网络业务公司的决策者们出于便利，低估了传统方式所能带来的利润和经济价值。相反，他们强调的是销售收入、客户数量，甚至是单纯地强调用户数量（顾客渗透率）、网站访问者数量及点击率等。同时，他们也创造了许多财务方法。的确，互联网产业催生出了许多新做法，这些新做法与经济价值关系松散，比如在预计收入时，它会将在并购中发生的偶生成本去除。度量报告和实际收益能力之间的关系存在极大的不确定性，这只会将使人困惑的市场信号进一步放大。尽管，股市已对这些度量作了充分考虑，但这却会使情况变得更加糟糕。基于所有这些原因，许多与互联网有关联的公司，其真正的财务表现要逊色于他们的财务报告。

有人会认为，网络公司的一再繁荣恰恰证明了互联网的经济价值。这一结论有些过于武断。网络公司之所以蜂拥而出，一个主要的原因是他们不必证明自己的生存能力便能够筹集到资本。各行各业涌现出来的网络销售公司，无法发出一个健康的商业环境信号，它们除了能够证明其进入门槛低，说明不了任何其他问题。这无疑是一个危险的信号。

回归基本面

仅通过截至目前所发生的一切，很难对互联网的负面影响形成清晰的认识。但至少，我们可以得出两个结论。第一，目前互联网上活跃的许多业务都是通过人为手段进行的人为活动，这些活动背后的支撑资金目前尚没有出现问题。第二，互联网现在正经历转型，并且今后将会继续经历几个过渡期，看上去，新的竞争规则将会层出不穷。但是，一旦市场的力量用尽（目前已经用尽），过时的规则便又会大行其道。创造的真实经济价值将会再次成为业务成功的最终决定因素。

一家企业的经济价值说来简单，它只不过是销售价格与成本之间的差价，并且只能通过其持续盈利的能力进行可靠的衡量。增加收入、降低成本或者仅仅通过使用互联网技术而受益并不足以证明它已经创造出了价值。同时，企业当前的股价也不能完全反映出其经济价值。股东价值只有在长久时间段内才能作为经济价值考量的可靠方式。

在考虑经济价值的过程中，我们要将互联网的使用（比如网上市场的运作、玩具的销售或者证券的交易）和互联网技术（比如现场定制工具或者实时交流服务）两者区分开来。许多人认为，技术供应商的成功便证明了互联网的经济价值。但是，这一认识是错误的。最终创造经济价值的是互联网的使用。不管互联网的使用是否能带来盈利，技术供应商都会在一段时间内出尽风头。到了大规模效仿阶段，即便是出售虚假技术的供应商都会事业发达。然而，除非互联网的使用会产生出可持续的收入或者收益，否则一旦企业意识到继续投资下去将失去经济保障，那些技术供应商们的机会便大大减少。

那么，如何使用互联网去创造经济价值呢？为了找到答案，我们需要绕过最为直接的市场信号，来看一下决定盈利能力的两个基本因素：

- 产业结构：产业结构决定了中等能力竞争者的盈利能力。
- 可持续性竞争优势：可持续性竞争优势使得企业的表现能够超过中等能力竞争者。

盈利能力的这两大决定因素放之四海而皆准，比任何形式的技术经营方式都重要。同时，对于不同的产业和企业，这两点的表现也不同。实践证明，互联网业的一些前沿提法，比如商家对客户（B2C）和商家对商家，对于盈利能力并没有产生多大的实际意义。只有对单个产业和单家企业的情况进行审视，才能看清楚其潜在的盈利能力。

互联网和产业结构

互联网创造了一些新的产业，比如在线拍卖和网上市场。然而，互联网所带来的最大影响是它能够对现有的那些受信息交流、信息收集或者高交易成本困扰的产业进行重组。比如，远程教育的出现已有几十年了，目前每年大约有100万学生报名参加远程教育课程。虽然不能说是互联网造就了远程教育这一行当，但它的确起到了巨大的推动作用。同样，互联网为产品订购提供了有效的方式，但实际上，可进行免费电话服务和自动清偿的商品目录零售商已经存在了好几十年，互联网只是加快了这一进程。

不管是新兴产业，还是传统产业，其结构吸引力都取决于五种基本的竞争力量：现有竞争商的竞争强度、新竞争者加入的门槛高低、来自于替代产品或服务的威胁、供应商的议价能力和买家的议价能力。总而言之，这五种力量决定了产品、服务、技术或竞争方式所创造的经济价值是如何一方面被产业内的不同企业所分配，另一方面被客户、供应商、分销商、替代者和潜在新加入者所分配的。尽管有人认为，当今社会科学技术的迅猛发展会使得产业分析越来越失去其价值，但实际情况却恰恰相反。对决定因素的分析会凸显产业的基本吸引力，明确产业平均盈利能力的基本驱动力，并且帮助解析这一盈利能力未来的发展变化。即便供应商、产业渠道、替代者和竞争者发生了变化，这五大竞争力量仍是盈利能力的决定因素。

对于不同产业来讲，这五种竞争力量中每一种的力度都会大不相同，因此对于互联网对产业的长期盈利能力所造成的影响是不能妄下结论的，因为每一个产业所受影响的方式都是不同的。但不管怎样，对那些受互联网影响至深的许多产业的研究已发现了一些明显的趋势（见图 4–1）。其中有些趋势是正面的，比如企业可通过互联网提供给客户新的、更加直接的方法，从而抑制其议价能力。同时，互联网还能以多种方式提高产业效率，如通过改进其相对于传统替代者的地位而扩大市场。

然而，大多数的趋势却都是负面的。互联网技术为买家提供了关于产品和供应商的更便捷的信息渠道，但也相应提高了买家的议价能力。同时，互联网还减少了进入现有渠道的要求，从而相应降低了进入门槛。通过用新方法去满足需求和发挥功能，互联网又创造出了新的替代品。由于互联网是一个开放的体系，企业很难保持自有优势，从而加剧了与同产业竞争者的竞争力度。互联网的使用还将扩大市场的地理分布，使更多的企业加入到相互竞争的行列。另外，互联网技术倾向于降低可变成本并将成本结构向固定成本倾斜，这样会大大增加企业实施破坏性价格竞争的压力。

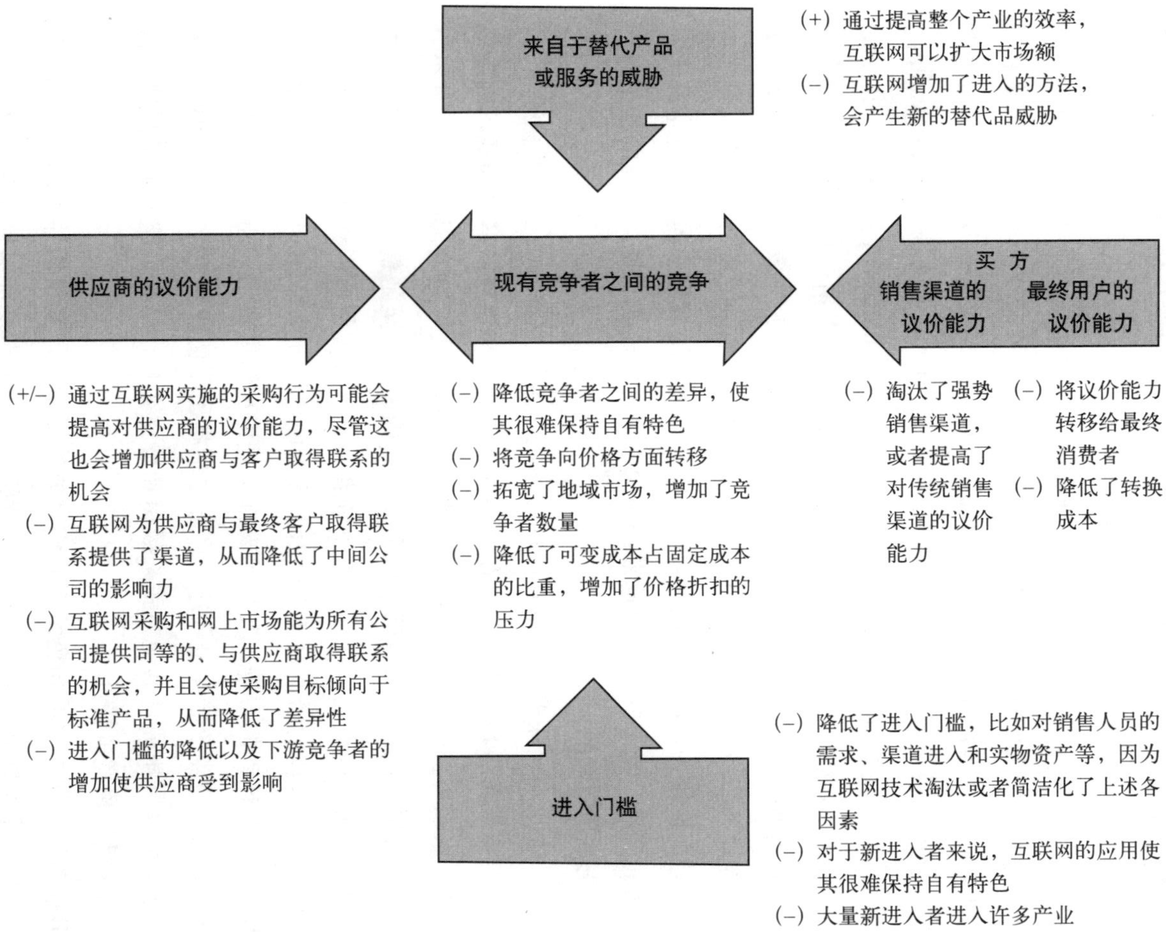

图 4–1　互联网如何影响产业结构

资料来源：本书作者与戴维 · 萨顿的研究，更详细的资料请见迈克尔 · 波特《竞争战略》。

尽管利用互联网可以扩大市场，但这样做往往会牺牲平均盈利能力。互联网的一个很大窘境在于，它的一些优势——拓宽人们获取信息的渠道，降低采购、营销和分销的难度，促使买卖双方更便捷地交易——却恰恰使企业难以利用其产生利润。

我们可以在汽车零售产业看到这一现象的存在。互联网能够使客户更便捷地获得关于产品的广泛信息，包括详细的规格和维修记录以及新车的批售价格和二手车的平均价格。客户也可以有更多的选择，他们不仅仅可以从当地代理商处购买汽车，也可以通过互联网推荐的各种渠道（比如Autoweb.com和AutoVantage.com）和在线直接代理商（比如Autobytel.com、AutoNation.com和CarsDirect.com）购买汽车。由于互联网降低了地理位置的重要性（至少在销售初期是如此），它将地域市场从当地扩大到了区域或者全国范围。实际上，每一家代理商或者代理集团都有可能成为市场的竞争者。但是，由于网络代理商缺乏陈列室、个人销售和服务部门等个性特征，他们彼此之间很难区分开来。随着越来越多的竞争商大量销售雷同的产品，竞争的基础便越来越倾向于价格。显而易见，这样的结果对产业结构的影响是负面的。

但是，这并不意味着，应用互联网技术的全部产业都将会变得没有吸引力。让我们来看一个网络拍卖的例子。在互联网上，客户与供应商各自为战，因此他们没有什么影响力；而诸如分类广告和跳蚤市场等替代渠道的影响面窄并且不方便运作。尽管进入门槛相对较低，但企业在基础设施甚至是整合买卖双方方面能够形成规模经济，因而它们能够阻止竞争者的进入或者将他们置于竞争劣势的地位。最终，这一产业的话语权便主要由占统治地位的竞争者eBay来执掌。eBay向人们提供了一个便利的市场，其收入来自于登记和销售费用，而运费由客户来承担。亚马逊和其他竞争者在进入这一产业之后推出了免费拍卖业务，而eBay则保持其价格不变并寻求通过其他方式来吸引和留住客户。结果，就避免了其他在线业务的破坏性价格竞争特性。

eBay在拍卖业务中的角色给了我们重要的提示：产业结构并不是固定的，而是在很大程度上会随竞争者的选择进行调整。eBay的做法能够提高其产业的盈利能力。与此截然相反，另外一家著名的互联网零售商Buy.com的做法却对这一产业形成了破坏，尽管它自身具备潜在的竞争优势。Buy.com比历史上任何一家公司都能更快地实现 1 亿美元的销售收入，但它这一成绩的取得完全是靠价格竞争。它销售产品的价格不但低于完全成本，而且还低于产品自身成本。因为它认为，它会从其他地方把钱赚回来，但一切都是徒劳。公司从未计划过要成为低成本供应商，相反将大量资金投入品牌广告，并且通过外部采办和向客户提供尽量低标准服务的方式来规避可能出现的差异化。同时，通过将注意力远离特殊商品销售的方式，公司放弃了与其他竞争者区别的机会。它很快便偏离了电子商务这一老本行，而进入了许多其并不擅长的产品领域。尽管公司一直在竭力进行重新自我定位，然而事实证明，此时已经回天无力积重难返了。

关于先来后到的认识误区

既然互联网存在许多不利于其盈利能力的因素，那么人们为什么仍然对利用互联网保持乐观态度甚至有些狂热呢？原因之一是人们都只看到了互联网能够做很多事情，并且其应用范围还在持续扩大，却并没有看到它对产业结构也会造成影响。不过，这种乐观情绪也可能是因为许多人都相信，互联网将会释放出能够提高产业盈利能力的力量。其中最为明显的一点是，人们都认为互联网的使用将会增加转换成本并且会产生出强烈的网络效应，由此便使得那些率先行动者具备了竞争优势和强大的盈利能力。通过快速建立起强大的新经济品牌，率先行动者会进一步强化自己的优势。结果，这便成为了一个具备足够吸引力的胜者为王的产业。然而，这一认识却经不起严密的推敲。

让我们来看一下转换成本。转换成本包括客户在转向新供应商的过程中所发生的全部成本——这里面包括从新合同的磋商到学会如何使用一项全新的产品或服务过程中的一切成本。随着转换成本的提高，客户的议价能力降低，产业的进入门槛提高。即使转换成本本身并没有发生多少变化，有些观察家也认为，互联网会大大提高这些转换成本。对于某一家企业的用户界面，买家会逐渐熟悉起来，他们会不愿意在搜索、注册和使用其他竞争者网站上面再下成本，或者，对于产业客户来讲，他们会不愿意再去花钱将竞争者的系统植入到自己的系统中。同时，电子商务使企业能够积累到关于客户购买行为的知识，因此，企业便能够提供更多的量身定做的项目、更优质的服务和更便捷的购买体验，而这些正是买家所不愿意失去的。人们经常谈起的所谓网站的“黏性”，实际上指的就是高转换成本。

尽管如此，实际上，互联网时代的转换成本很可能比传统业务模式（包括使用诸如EDI等早期信息系统的方法）的转换成本更低。在互联网上，买家经常可以仅通过点击几次鼠标便完成了供应商的切换，并且最新的网络技术还会更为系统地降低转换成本。比如，类似PayPal的公司能够提供结算服务或者互联网货币服务（所谓的电子钱包），这使得客户能够不必输入个人信息和信用卡号码便能在不同的网站进行购物。诸如OnePage等的内容合并工具使用户不必不断返回之前浏览的网站而找回之前的信息，从而使他们建立起自己的专用网页，这一网页能够动态地从许多网址收集用户所需的信息。同时，大范围使用XML标准将会使得企业在变更供应商时不必重新设置自有订购系统和拟定新的采购和物流协议。

随着更多客户的使用，产品或服务的价值将会变得越来越高。那么这一过程会不会产生网络效应呢？有许多重要的互联网应用会显示出网络效应，包括电子邮件、即时信息、拍卖、在线留言板和聊天室等。在这一效应明显的领域，会产生出一种需求方规模经济效益并提高进入门槛。很多人都认为，这将会形成一种赢者通吃的竞争态势，从而最终形成一两家企业独大的垄断局面。

但是，这并不能成为网络效应存在的充足理由。为了提供进入门槛，网络效应必须是某家企业的专有优势。互联网的开放性、其标准和规则的大众性和浏览的便捷性使得单家独立的企业很难获得网络效应所带来的效益（当然，美国在线是一个例外，它成功地在在线社区的外围保留了自己的领域，但这并不是规则）。即便某家企业足够幸运，能够控制一种网络效应，而一旦涌现出大量客户，这种网络效应通常也会导致利润的下降。而且，网络效应还受制于一种自我限制机制。一种特定的产品或服务首先会吸引那些需求被最大程度满足的客户。然而，随着渗透深度的加大，这种产品或服务对于市场中其余客户需求的满足程度便会降低，从而为具有不同特色的竞争者们提供了可乘之机。最后，创立一种网络效应需要大量的投资，这有可能会影响到未来的收益。从许多方面来讲，网络效应有些类似于经验曲线，会由于诸如成本优势等原因引起市场份额的垄断。实际上，经验曲线过于简单。事实证明，对经验曲线优势的执著追求会对许多产业造成灾难性后果。

同时，事实证明，互联网品牌很难建立。原因可能是相对于传统交易，虚拟交易缺乏实际会面和直接交流，从而使得客户感觉缺乏一种亲切感。尽管在产品广告、折扣和购买动机上加大了投入，但多数网络品牌并没有取得如现实品牌那样的影响力，而只对忠诚度和进入门槛产生了微弱的影响。

人们对互联网产生出无端热情的另一个误导原因是合作便能提高产业经济状况，从而实现双赢。实际上，合作需要有坚实的战略基础，互联网技术的应用更是如此。合作会以两种形式出现。第一种是通过与一种其他产业产品交互补充使用的产品。比如，计算机软件是对计算机硬件的补充性产品。在电子商务中，随着企业寻求提供范围更广的产品、服务和信息，补充性产品也越来越多。通过合作（通常是与竞争企业的合作）将补充性产品汇集已被看做是能够加快产业增长速度和避免目光短浅的破坏性竞争的一种方式。

然而，这一方法对补充性产品在竞争中所发挥作用的理解有失偏颇。诚然，补充性产品对一项产业的发展史非常重要的，比如，电子制表软件的应用加速了个人电脑产业的发展。但是，补充性产品不会直接影响到产业的盈利能力。一种相近的替代品也会降低潜在盈利能力，比如，一种相近的补充性产品可以产生正面或者负面的影响。替代产品可以通过它们对五种基本竞争力量施加的影响而间接影响到产业的盈利能力。如果一种补充性产品因为使产品的综合特性有了飞跃而提高了转换成本，那么它便会提高盈利能力。然而，如果一种补充性产品使得产业中产品的特点标准化（比如微软公司的操作系统），那么它只会加剧竞争和降低盈利能力。

有了互联网，与补充性产品生产者进行大范围的合作和减少与之合作同样都会加剧产业结构问题。随着合作的增加，企业与企业之间会越来越像，这便会使竞争加剧。而且，企业将不再把注意力放在自己的战略目标上，而是被迫将很多力气花在应付合作伙伴与自身之间潜在的目标冲突上面。竞争也经常会变得一波三折，而且，由于补充性产品的生产者也可能成为竞争者，来自于产业进入的威胁大大提高了。

另外一种常见的合作方式是外包。互联网技术使得企业能够更容易地与它们的供应商进行合作，从而形成一种在很大程度上依靠采购产品、元件和服务而建立起来的“虚拟企业”。尽管大量的外包会降低近期成本并提高灵活性，但对于产业结构来讲却存在着弊端。随着竞争者选择相同的卖方，它们所购入的产品便越来越相似，从而逐渐消除了不同企业之间的差异并加剧了价格竞争。同时，外包还会降低进入门槛，因为新进入者所需要做的只是建立与先入者同样的输入渠道，而并不需要创立自身的能力优势。另外，企业对其业务的重要方面会失去控制。从长远来看，产品或服务的关键经验会转移到供应商，从而提高这些供应商的实力。

互联网竞争的未来

尽管每一种产业都有自己独一无二的发展方式，但一项对产业结构的影响因素的研究表明，互联网的应用很可能会继续对许多产业的盈利能力施加压力。比如，我们来看一下竞争强度。许多网络公司处于破产边缘，这意味着将发生进一步的整合，竞争强度也将会下降。但是，尽管新加入者之间的整合是大势所趋，许多成熟的企业却对互联网技术更加熟悉，并且正在迅速扩大互联网的应用。就这样，新老企业并存加上进入门槛降低，使得多数产业最终很可能面临竞争者数量增加、竞争比互联网出现之前加剧的情况。

同时，客户的议价能力也将得到加强。随着买家初始阶段表现出来的对网络的兴趣逐渐消失以及优惠政策的结束，在线销售产品和服务的企业将不得不证明他们能够提供真正的好处。然而，客户似乎已经丧失了对这些服务（比如Priceline.com的反向拍卖）的兴趣，原因是这些企业所提供的好处已经难以补偿客户自己所面临的麻烦。随着客户对互联网技术越发熟悉，他们对初始供应商的兴趣也会下降，他们将会认识到，转换成本已经越来越低。

类似的变化也会影响到基于广告的战略。现在，随着广告者的鉴别能力越来越强，网络广告的发展速度越来越慢。预计，在网络广告新经纪人的支持和怂恿之下，广告者会继续运用他们的议价能力大幅度降低广告价格。

但是，我们看到的也并不全是坏消息，有些技术优势的确会为盈利能力的提高创造机会。比如，流媒体技术的进步和低成本宽带的大范围出现会使得客户服务代表或其他企业人员更易于通过电脑直接与客户对话。买家将更容易对不同的互联网销售者区别对待，从而使关注的焦点远离价格。不过，诸如银行自动支付之类的服务项目也会在一定程度上提高转换成本。但总体来讲，互联网新技术将会通过赋予客户更多的能力而蚕食企业的盈利能力。

为了更好地理解从互联网对产业结构的长远影响方面思考问题的重要性，让我们来看一下网上市场业务。这一类市场通过将众多的买家和供应商以电子形式联系到一起而实现自动交易。由此，买方便能够享受到一些好处，比如低廉的交易成本、便捷的产品信息获取渠道、便捷的相关服务的购买等等；供应商也能够享受到一些好处，比如低廉的销售成本、低廉的交易成本、更广阔的市场范围、有效地避免外部强势干扰等等。

从产业结构的角度来看，网上市场对人们的吸引力的强弱会随着产品的不同而不同。决定市场盈利能力的最重要因素是买卖双方在特定产品领域的内在动力。无论买方还是卖方，如果他们过于集中或者拥有差别产品，那么他们对这一产品市场的议价能力便会加强，从而获取所创造价值的大部分。而如果买卖双方都比较分散，那么他们的议价能力将会降低，市场将会有更多盈利的机会。决定产业结构的另外一个因素是替代威胁。如果买卖双方很容易在互相之间直接进行交易，或者很容易便能够建立他们的专有市场，那么那些独立的市场将很难保持较高的利润率。最后，设立进入门槛的能力非常关键。目前，一些产业中存在几十个竞争市场，买卖双方都通过对交易细分或者对自有市场进行干预以达到防止任一市场获得议价能力的目的，因此很显然，较低的进入门槛已经对盈利能力构成了很大的威胁。

网上市场之间的竞争目前正处于过渡阶段，产业结构也正处于变动过程中。目前市场所创造出的大多数经济价值都来自于市场建立的标准（包括核心支撑技术平台以及信息连接和交换协议）。然而，一旦设定这些标准，市场附加值便会受到限制。因为，现如今买方或者供应商向市场提供任何信息（比如订购规格信息或者库存情况）都可以通过他们的自有网站进行，供应商与客户也不需要通过中间人便可以直接进行在线交易。毫无疑问，新技术使人们互相之间进行商品的搜索与信息的交换更加便捷了。

在某些产品领域，企业能够享受到现有的优势和令人垂涎的盈利能力。在诸如房地产和家具等分散型产业，企业能够享受到这些好处。同时，一些新兴高附加值服务会兴起，并且它们只会出现于独立市场。然而，在许多产品领域，市场可能会被直接交易或者采购、信息、融资和物流服务的分别计价所取代。在其他领域，随着成本的集中，市场可能会被参与者协会或者产业协会所取代。在这种情况下，市场将会向参与者提供颇具价值的“公共利益”，然而市场自身却可能丧失全部的可持续利益。而且，从长期来看，我们很可能会看到许多买家从公开市场中撤出。他们将会再一次全力与较少的供应商建立起紧密和特别的关系，使用互联网技术从多方面提高利用这些关系的效率。

互联网与竞争优势

一旦在受互联网影响的诸多产业中出现平均盈利能力受到挑战的情况，那么每家企业都推出自己的特色便是大势所趋了，因为只有这样它们才能比业内平均盈利水平更高。要实现这一点，只能通过获取可持续的竞争优势——降低运营成本，实施优惠价格，或者两者兼备。成本和价格优势可通过两种方式获得。其一是运营效率，这一点你的竞争对手也会去做，但你要做得比他们更好。运营效率优势可通过多种方式实现，包括提高技术水平、提高投入质量、加强员工培训和提高管理效率等。其二是战略定位，要敢于做与竞争者不同的事情，从而实现向客户提供独一无二类型的价值。具体的方式可能是推出一整套特色鲜明的服务或者特色鲜明的物流管理方式。互联网会以多种方式影响到运营效率和战略定位，它会加大企业保持其运营优势的难度，但它却为取得和加强特色鲜明的战略定位提供了更多的机会。

运营效率

有证据表明，互联网是当今提高运作效率的最强有力的工具。通过使实时信息交换便捷化和高速化，互联网使各个价值链都实现了进步，其影响范围涉及每家企业和每项产业。同时，由于面对互联网，大家共同使用一个平台，遵循同样的标准，企业通常通过较少投资便能获利。

然而，仅通过运营效率的提高并不能催生出竞争优势。企业只有获得并保持比竞争者更高水平的运营效率才真正称得上获得了竞争优势。这在最好的情况下也是一个极为困难的命题。一旦一家企业创立出一套新的高效机制，其竞争者们便会争相效仿。再好的竞争模式最终也会导致竞争趋同，那时会有多家企业以同样的方式做着同样的事情。最终，客户会基于价格作出决策，从而降低产业的盈利能力。

互联网的本质使得企业保持运营优势面临前所未有的困难。在过去的信息技术时代，信息应用的发展通常极为复杂、困难、费时和耗资巨大。这些特点使获得IT优势非常困难，但同时，竞争者因此也难以进行互相之间的效仿。但如今互联网的开放性，加上软件设计、工具开发和模块运作的发展，使得企业能够更容易地开展设计和应用。比如，药品连锁店CVS能够在60天之内便摇身一变成为一家网络采购单位。随着系统开发固定成本的降低，效仿门槛也随之降了下来。

今天，几乎每一家企业都在开发相似的互联网应用程序，由此吸引第三方开发者们提供类程序包。运营效率提高的成果将在大范围内得到共享，因为企业将会集中于相同的应用，以获得相同的利润。很少有单家企业能够从“业界最佳软件”的应用中获得持续性优势。

战略定位

由于保持运营优势越发困难，战略定位便显得越发重要。如果一家企业的运营效率低于其竞争者，那么实现更高水平经济效益的唯一方法是通过独具一格的竞争方式获得成本优势或者价格优惠。具有讽刺意味的是，目前企业对牵涉到互联网的竞争的定义几乎完全是以运营效率为参照的。由于深知自身并不具备可持续性优势，企业便更多地寻求速度和灵活性，以期在竞争中抢得先机。当然，这样的竞争方法已成为一种自证预言。没有了特色鲜明的战略方向，速度和灵活性仍将无济于事。这样做，不仅不会创造出独一无二的竞争优势，而且发展也会流于形式或者不能持续。

战略的制定与实施需要一以贯之。战略需要高度关注的是盈利能力，而不仅仅是增长、定义独一无二价值主张的能力和在选择中作出艰难取舍的意愿。企业必须持之以恒，即便是面对急剧变化的形势，也要持续改进和拓展其特色定位。战略要远远高于对最佳做法的追求，这便要求对量身定制的价值链（指的是一系列用于生产和交付产品或服务的活动）进行设置，从而使企业能够提供独特的价值。同时，为了更能站得住脚，价值链必须高度集中。一家企业的活动整合成为一种自我加强体系之后，竞争者如果要效仿其战略，便必须再现整套系统，而不仅仅是简单地抄袭一两个没有内在联系的产品特征或者实施特别行为的方式。（参见本章的插入内容“战略定位的六大原则”）。

战略定位的六大原则

为了建立和保持一种独特的战略定位，企业需要按照六项基本原则行事。

第一，企业必须设定正确的目标：优厚的长期投资回报率。只有将战略的制定基于可持续性盈利能力，才能产生出真正的经济价值。当客户愿意为价格超过生产成本的产品或服务支付时，经济价值便会产生。企业如果将目标设定为高产量和高市场占有率，并期望利润会随之而来，便可能会制定拙劣的战略。如果将目标设定为满足投资者的某些愿望，也会产生同样的后果。

第二，企业战略必须包含一种价值主张或者一整套利益机制，从而使其不同于竞争者的战略。这样，战略便既不是一种普遍适用的基于最好竞争方式的诉求，也不会沦为为讨好每一位客户而采取的努力。战略应当确定一种竞争方式，这种竞争方式能够在某些特定情况下或对于某些特定客户实现一种独特的价值。

第三，战略需要在独特的价值链中得以体现。为了建立一种可持续性的竞争优势，企业必须实施与竞争对手不同的策略，或者以不同方式进行类似的活动。企业必须找出一种指导生产、物流、服务、市场、人力资源管理等方面不同于竞争对手的方法，而且这种方法应当适用于企业独特的价值主张。如果企业将力气花在采取最佳惯例做法上面，那么它最终将不可避免地与竞争者走向同一条道路，从而极难获得任何竞争优势。

第四，成熟的战略应当有所取舍。企业必须放弃或者忘记自己的一些产品、服务和做法，以便在其他产品、服务和做法上获得独一无二的竞争力。在产品和价值链中的这些取舍便使得企业真正做到与众不同。如果产品或者价值链中的进步不需要做出取舍，那么这一进步便很有可能成为新的最佳惯例而备受竞争者效仿，因为竞争者们可以在不影响现有竞争方式的情况下进行效仿。如果企业一味追求满足所有客户的所有要求，那几乎可以肯定的是，企业将失去所有竞争优势。

第五，所谓战略，指的是企业各个因素的互相配合。战略的制定需要在互相牵连的价值链中作出选择，企业的全部举措都应当互相支持。比如，企业的产品设计应当能够有益于制造方法，并且二者都应当影响企业售后服务的方式。不同因素之间的配合不仅会提高竞争优势，还会使自身的战略极难被竞争者所效仿。竞争者可以很轻易地便抄袭一种做法或者一种产品特性，但要完全复制一整套竞争体系却困难得多。如果没有各个方面的配合，生产、销售和营销过程中断断续续出现的进步便很容易被对手所赶超。

第六，战略取向应当具备连续性。企业必须确定一种能代表自身特色的价值主张，即便这意味着会放弃某些机会。如果失去了取向连续性，企业便很难发挥特色技术和发展优势，也将很难在客户中建立良好的信誉。因此，频繁的企业“再创造”实际上往往是缺乏战略思考和逐渐走向平庸的表现。企业必须保持持续进步，但这必须在战略取向的指引之下。

战略缺位

许多互联网业务的先驱，包括新兴网络公司和传统公司，它们的竞争方式几乎违背了优秀战略的各项要求。这些企业不去关注利润，反而不惜一切代价一味追求销售收入和市场占有率的最大化，并通过打折、免费赠送礼品、促销、经销渠道激励和大规模广告来讨取客户的欢心；它们不去关注如何创造出能够赢得客户诱人出价的实在价值，反而热衷于从互联网商业合作伙伴那里通过诸如广告和点击费用寻求间接销售收入；它们不去考虑如何取舍，反而绞尽脑汁地去考虑如何提供五花八门的产品、服务或信息；它们不去为自己量身定做一条独一无二的价值链，反而去盲目效仿竞争对手的做法；它们不去创建和保持现有的特色和市场渠道，反而扎堆去建设所谓的伙伴关系和外包关系，从而进一步蚕食掉了自身的特色。尽管有些企业的确没有因此而受到损失，但这只能说是特例。

由于忽视了战略的重要性，许多企业毁掉了企业所在产业的结构，从而加快了竞争趋同的步伐，降低了自身和其他企业获得竞争优势的可能性。一种破坏性的内耗式的竞争方式已经形成，从而使客户坐收渔翁之利。更为糟糕的是，价格已经成为重中之重，而不是一种竞争变量。企业不去重点加强互联网提供便捷性、服务、专业化、用户化及其他能够催生诱人价格的价值形式的能力，却一味将竞争进行到白热化。一旦竞争到了这种程度，便积重难返了（参见本章的插入内容“奉劝执迷不悟者的话：互联网的破坏性词汇大全”）。

奉劝执迷不悟者的话：互联网的破坏性词汇大全

互联网上的误导性竞争方法已经被收入专有的语言中了。网络公司及其他互联网实体闭口不谈战略，反而大谈特谈“商务模式”。这一看上去无伤大雅的措辞上的变化却很能说明问题。关于“商务模式”，人们极难对其下一个明确的定义。一般来看，商务模式似乎指的是一种关于企业如何做业务并产生销售收入的松散概念。然而，仅仅拥有一种商务模式对于企业的创立却远远不够。产生销售收入与创造经济价值相去甚远，而且一种商务模式如果独立于产业结构而存在，便难以对其进行衡量。针对管理的商务模式已经成为产生错误思想和自我陶醉的摇篮。

互联网词汇中的其他一些词也会产生不良后果。“电子商务”和“电子战略”便是两个存在很大问题的时髦词汇。在使经理人能够将互联网运作与其他商务模式区分开来的同时，这些词汇导致人们对使用互联网竞争的认识过于简单，并且增加了竞争模仿的可能性。而对于传统企业来讲，由于它们不能将互联网纳入到自身现有的战略中，它们最重要的竞争优势不会受到妨碍。

即便是那些十分成熟、运作良好的企业也被互联网拖下了水。这些企业会忘记它们的主业，忘记自身的特色，反而热衷于炒得正热的互联网应用，并抄袭网络公司的模式。产业领跑者进入了一个它们难以创造特色的市场，而甘于牺牲掉现有的竞争优势。比如，美林公司效仿其业务竞争对手而开展了低成本的在线业务，这使得其最为宝贵的优势——业务熟练的经纪人——面临危险。许多传统企业草率上马互联网业务，以期提高它们的股市价值，但这一切都只是徒劳。

这样做完全没有必要，现在没有必要，将来也没有必要。实际上，对于强化一项特色战略、量身定制行动计划以及提高配合能力来讲，互联网比前几代IT能够提供更好的技术平台。的确，在过去，IT是有悖于战略发展的。过去，软件包的应用很难定制，因此企业经常被迫改变做法，从而能够满足软件中嵌入的“最佳实践”。同时，将零散的应用联系在一起也非常困难。企业资源计划（ERP）系统可以将企业行为整合到一起，但是企业可能因此却不得不再次调整自己的做事方法。结果，IT最终成了一股将企业行为标准化和加速竞争趋同的力量。

如今互联网体系与其他软件体系和发展工具的共同进步使得IT成为一种制定战略的更为强大的工具。使互联网应用符合企业独特的战略定位已经变得更加简单。同时，通过提供一个贯穿价值链的普通IT传输平台，互联网体系和标准便可以打造出一套能够加强各种行为间协调的高度集成和客户化的系统（参见本章的插入内容“互联网与价值链”）。

然而，为了获得这些优势，企业需要停止采用那些平庸的会产生枷锁效应的程序包，转而使互联网技术的使用符合自身独特战略的要求。尽管程序包的定制会更加困难，但这项困难的任务却大大有益于竞争优势的可持续性。

互联网与价值链

要理解信息技术对企业的影响力，最基本的工具便是价值链。价值链是一系列的行为，这些行为创造出了产品或者服务，然后将其交付给客户。不管企业在何种产业中竞争，它都会进行许多看似零散却相互关联的价值创造活动，比如管理销售团队、制造零件以及交付产品等。这些活动与供应商、中间商和客户之间都有交汇点。价值链这一体系能够识别所有这些活动，并且能够对它们如何影响企业成本和交付给买方的价值进行分析。

由于每种活动都包括信息的创造、加工和交流，信息技术对价值链会产生全方位的影响。互联网的独特优势是它能够将一种活动与其他活动联系在一起，并且能够在企业内部及与外部供应商、经销渠道和客户的活动中产生实时数据。通过合并一整套通讯协议，互联网技术提供了一种标准化的基础、一种用于信息存取和输送的直观浏览器界面、双向通讯和连通的简洁性，而成本大大低于私人网络、电子数据交换。

价值链中许多最突出的互联网应用列在了图 4–2 中。有些是关于使现实活动转为网上活动的内容，而有些是关于使现实活动成本更低的内容。

尽管互联网具备很多优势，但它并不意味着与历史的决裂，相反，它处在目前信息技术发展过程中的最新阶段。的确，目前具备的技术可能性不仅来自于互联网体系，而且还来自于附加技术的进步，比如扫描、面向对象程序设计、关系数据库和无线通讯。

为了弄清楚这些技术进步最终如何影响价值链，一些历史观点很能说明问题。商业信息技术的进步可以从 5 个相连的阶段进行考察，每个阶段的进步都能够摆脱前一阶段中存在的限制。最早的IT系统使零散的交易（比如订单输入和结算）自动化。下一阶段中，自动化程度更高，个人活动（比如人力资源管理、销售团队运作和产品设计）的功能得到更大的提高。第三阶段受到互联网的提速，在这一阶段中产生了交叉行为的联合，比如将销售活动与订单处理联系到一起。多项功能是通过一些工具联结在一起的，这些工具包括客户关系管理（CRM）、供应链管理（SCM）和企业资源计划（EPR）系统等。目前第四阶段刚刚开始，在这一阶段中，价值链和整个价值体系结合到了一起。所谓整个价值体系，指的是一整个产业中的成套价值链（包括一系列的供应商、中间商和客户）。SCM和CRM已开始合并，因为有关客户、中间商和供应商的端到端应用将订购与诸如制造、采购和服务等行为结合在了一起。下一步，产品开发很快便会被并入。复杂的产品模型将会在各方之间进行互换，互联网采购目标将会从标准商品改变为设计项目。

在即将到来的第五阶段中，信息技术的使用将不仅用于连接价值体系中的各类活动和参与者，而且还将用于优化其实时功能。选择的作出将基于来自于多种活动和企业实体的信息。比如，生产决策将自动把各方面的能力和各个供应商的存货考虑在内。尽管在第五阶段的早期，选材、生产、物流和服务交易的优化将会相对简单一些，但深层次的优化将会涉及产品设计自身。比如，产品设计的优化和客户化将不仅基于来自工厂和供应商的意见，还将基于来自客户的意见。

然而，我们对于价值链中互联网的作用要正确对待。尽管互联网的应用对成本和行动质量会产生重要的影响，但它既不是仅有的影响，也不是占主导地位的影响。传统因素（比如规模、人员素质、产品和工艺技术、实际资产投入等）仍旧发挥着主导作用。虽然互联网使某些方面发生了变化，但是许多传统的竞争优势仍没有被撼动。

作为补充的互联网

为了利用互联网的战略潜力，经理人和企业家们需要改变他们的看法。人们普遍认为，互联网产业将异常残酷地取代所有传统的商业方式，并取代所有传统的优势。实际上，这有些杞人忧天了。不可否认，互联网产业和传统产业之间会出现一些此消彼长。比如，在唱片业，在线音乐资源可能会降低人们对CD制造业的需求。但是，总体来看，对多数产业来讲，这一影响并不大。尽管互联网将会取代产业价值链的某些元素，但要完全吞噬掉整条价值链，其可能性微乎其微。即便是在音乐领域，许多传统的活动，比如发现和推出高水平的新艺人、创作和录制音乐及唱片播放等等，将继续红火下去。

同时，销售渠道的冲突风险似乎也被过分夸大了。随着在线销售越来越普及，最初对互联网持怀疑态度的传统销售渠道也逐渐喜欢它了。对许多传统销售渠道来讲，互联网技术能为它们提供许多机会，而根本不是要将它们蚕食掉。看来，

企业基础设施
- 基于网络的财务和EPR系统
- 投资者的网上联系（比如信息传播、实时电话会议）

人力资源管理
- 人员和利益的自主管理
- 网络培训
- 基于互联网的企业信息共享和传播
- 电子化的时间和费用报告

技术发展
- 不同地址和多个价值系统参与者之间的产品设计合作
- 来自于组织所有组成部分的知识目录
- 研发机构对在线销售和服务信息的实时读取

采购
- 基于互联网的需求计划，实时的可承诺量/能承诺量和完成情况
- 采购、库存和预告系统与供应商的其他连接
- “需求到付款”的自动化
- 通过市场、变更、拍卖和买卖双方合作完成的直接和间接采购

图 4–2　价值链中互联网的主要应用

图 4–2（续）

输入物流	运作	输出物流	市场和销售	售后服务
• 实时安排、运输、仓库管理、需求管理和计划集成，企业与供应商间的高级计划和安排 • 内地和过程存货数据的企业内实时传播	• 内地厂家、合同装配者和零件供应商的集成信息交换、安排和决策 • 销售团队和中间商可获取的实时可承诺量与能承诺量信息	• 由最终客户、销售人员或合作中间商实施的实时订单交易 • 针对客户的自动协议与合同条款 • 客户与中间商对产品开发和交货情况信息的获取 • 与客户预报系统的合作性集成 • 集成式渠道管理，包括信息交换、保证和合同管理（过程控制）	• 在线销售渠道，包括网站和市场 • 客户信息、产品目录、动态定价、库存、在线提交报价和输入订购的内部与外部信息的实时获取 • 在线产品设置 • 根据客户情况制定的客户专用营销方式 • 广告 • 在线获取的定制 • 通过网络调查、进入/退出市场以及营销反馈追踪进行的实时客户反馈	• 通过对电子邮件反馈管理、计费集成、协同浏览、聊天、“现在呼叫我”、VoIP网络电话及其他流媒体的使用而进行的客户服务代表在线帮助 • 通过网站、智能服务（包括对收费和装运情况的更新）进行的客户自我服务 • 客户账户审核、形式审核、零部件订购、工作订单更新和服务管理方面的实时现场服务

← 供应链管理的网络分配 →

图 4–2　价值链中互联网的主要应用

销售渠道非居间化的威胁远比初始估计要小得多。

实际上，互联网应用所涉及的必要活动并非是事关竞争成败的关键，比如通知客户、理顺交易流程和采购生产要素。企业的关键因素，诸如人力资源、自有产品技术、有效物流体系等，丝毫没有受到互联网的冲击，它们才是企业能够保持现有竞争优势的中流砥柱。

在许多情况下，互联网并不会蚕食企业的传统活动和竞争方式，而是起到了互通有无的作用。让我们来看一下美国最成功的药品连锁店沃尔格林的例子。沃尔格林的网站向客户提供了大量的信息，从而使客户能够获得在线处方。网站并没有影响到连锁店的生意，相反却提升了连锁店的价值。在网上下订单的全部客户中，大约有 90% 的人会选择在就近的连锁店提货，而不是让连锁店发货到家中。沃尔格林公司发现，其密集的连锁店网点仍保持着强势的竞争力，即便有一部分订购活动转移到了网上。

另外一个很好的例子是 W.W.Grainger，这是一家销售维护产品和产品备件的分销商。作为一家在全美各地都有销售网点的中间商，Grainger 似乎很可能首当其冲地成为被互联网打败的一家过期旧式企业。然而，Grainger 却证明，互联网不仅不会破坏自己的战略，相反，它却使自己的传统业务在互联网上节节攀升。这一结果发人深省。网上购物的客户也会持续以其他方式购买——Grainger 估计，相比于那些只通过传统渠道购物的客户，网上购物的客户其成交量要高 9%。与沃尔格林一样，Grainger 也发现，网络订购提升了其销售网点的价值。与处方药的买家相同，工业产品的买家也希望能尽快拿到货物。而他们自己到就近的 Grainger 销售网点提货要比等待店家送货更为快捷，成本也更低。将网站和销售网点紧密捆绑在一起不仅为客户创造了价值，并且还降低了 Grainger 的成本。网络发送和处理订单要比传统方式更为高效，向当地销售网点大批送货也要比从中心仓库发送单批订单货物高效得多。

Grainger 还发现，印刷产品目录促进了网络运作。许多企业会认为，既然它们所要宣传的内容都已放到了网上，便不需要印刷产品目录了。然而，Grainger 却持续不断地发放其产品目录，并且发现，每发放一次新产品目录之后，在线订购量便会激增。产品目录已被证明为一种促进网络销售的高效工具，并且也已经成为买家梳理信息的一种便捷方式。

在一些产业中，互联网的使用仅在极低程度上改变了以往的良好做法。比如，对于Land's End等零售商、通用电气等电子数据交换服务供应商、Geico和Vanguard等直销商及许多其他类型的企业来讲，互联网业务看上去与传统业务并没有什么区别。在这些产业中，传统企业从网络运作和传统运作之间的良好协调中受益匪浅，这使得网络公司难以对其形成有效竞争。对那些与在线运作产业（在这些产业中，客户愿意放弃个人服务和及时交货，以便赢取自身的方便或较低的价格）具备相似特点的产业的研究，也可以为互联网机遇的大小进行重要而实际的评估。比如，20世纪90年代末，在处方药业务中，邮购仅占全部订单的13%。尽管网络药店可能要比邮购渠道吸引更多的客户，但它们不太可能取代后者的地位。

虚拟活动不但不会使现实活动销声匿迹，相反还会大大提高后者的重要性。之所以说互联网活动与传统活动之间的互补性得到了加强，有如下几个原因。首先，一种活动随着互联网应用的介入，经常会引起价值链中另外某点对现实活动的需求加强。比如，直接订购更突出了仓储和运输的重要性。其次，一种活动使用互联网技术能够产生全方位的结果，从而需要更新或者强化现实活动，这一点有些令人始料未及。比如，基于互联网的招聘服务大大降低了求职者的成本，并且会使得企业得到大量的应聘人的电子简历。在使求职者的简历发送更为简单的同时，互联网却迫使用工者从更多的不合适的候选人中间进行筛选，增加了的后期成本（通常用于现实活动）最终可能会超过前期的节省。类似的情况在网上市场也很可能会发生。供应商通过网络可以降低订购的交易成本，但是他们却不得不对许多附加的信息和报价作出回应，这便会再次对传统活动形成压力。这一全局性的效应突显了这样一个事实：互联网应用并不是一门独立的技术，它必须被纳入到整条价值链中去。

再次，多数的互联网应用与传统方法比起来有其自身的缺陷。现在，尽管互联网技术能够完成许多有用的事情并且肯定将造福于我们的未来，但它毕竟不是万能的。互联网的局限性体现在：

- 客户无法在现场对产品作检查、触摸和检测，也不能在使用和维修过程中得到供应商的现场帮助。

- 知识传递受限于已成文的知识，人们无法与资深人士面对面交流从而获得一手资料。
- 由于缺乏面对面交流，无法全面地了解供应商和客户（销售方法以外的方面）。
- 缺乏与客户的人性化交流，这便难以强有力地促进销售和交易双方间的条件磋商，也难以获得诚恳的建议和保证，无法圆满地完成交易。
- 在浏览网站和搜索信息的过程中会造成时间上的耽搁，客户要求直接发运也会浪费一定的时间。
- 对于小批量产品的组装、包装和运输，会造成额外的物流成本。
- 企业无法从营销人员、销售渠道和采购部门的低成本与非交易功能（比如到客户现场实施服务和维护）中获益。
- 物理设施的缺乏限制了某些功能的发挥，并且降低了提升形象和确立功能的能力。
- 在有限的可获取信息和购买选择的前提下，要吸引新客户变得十分困难。

如果以某种方式进行改进，传统行为可以弥补互联网的这些局限性，这正如传统方法的缺陷（比如缺乏实时信息、面对面交流的高成本等）可由互联网弥补一样。实际上，互联网应用和传统方式常常能够互相造福对方。比如，许多企业都发现，提供产品信息和支持直接订购的网站会提高而不是降低传统销售团队的效率和价值。销售团队通过提供人性化建议和售后服务能够弥补网站的不足；同时，网站通过将普通信息交流自动化以及作为一种高效的新式服务渠道，也可以大大提高销售团队的能力。由此，互联网的使用便加强了企业各类活动之间的默契配合，这对于战略定位无疑是一个里程碑。

一旦经理人明白，互联网只是一种补充手段，而不是洪水猛兽，他们便会想方设法通过各种方式实施自己的网络战略。许多传统企业都认为，新经济要在新规则下运行，因此它们都单独建立起了自己的互联网应用部门。有人认为，担心被吞噬会阻止主流单位对互联网的大胆使用。一个独立的单元也会对投资关系提供有益帮助，并催生出了首次公开发行、追踪股票和资产剥离，从而使得企业能够试水风险投资。同时，这也会向企业提供特别激励，从而将互联网精英招至自己旗下。

然而，尽管组织分离有其合理之处，它却经常会影响到企业获取竞争优势的能力。企业只是单纯地创立互联网战略，而不是将互联网纳入到整体战略之中，因此它们最终会难以利用起自身的传统资产，从而使竞争者竞相模仿，加速了竞争趋同的形成。巴恩斯与诺贝尔（Barnes & Noble）创立的Barnesandnoble.com作为一种单独机构便是一个活生生的例子。这一做法阻碍了在线商店对销售网点具备的许多优势的利用，从而最终沦为亚马逊网站的傀儡。

互联网技术不应当被隔离起来，而应当在各种企业内部发挥其主流作用。在IT人员和外部咨询人员的帮助之下，企业应当学会从战略上使用互联网，从而增强服务水平，提高效率并平衡各方因素。尽管在某些情况下，分离也算得上是件好事，但关键是每个人都要有足够的动力去利用互联网分享它给我们带来的成功。

新经济的结束

如此说来，互联网在一般情况下并不会对现有产业或传统企业造成伤害，它也不太可能使某一产业的竞争优势丧失殆尽，甚至在很多情况下它反而能够促进这些优势的发挥。而且，如果所有的企业都使用上了互联网技术，那么互联网自身便成为一种优势。互联网的基本应用将成为一种桌上筹码，离开它企业将无法生存下去，但拥有它企业也不会获得任何优势。相反，更为强劲的竞争优势将来自于那些传统层面，比如独一无二的产品、自主知识产权、独具特色的实业行为、丰富的产品知识以及强大的服务和人际关系能力。互联网技术可能会加强这些优势，使企业行为更加富有特色，但它却永远不能取代这些优势。

因此，对许多产业来讲，产业战略要取得成功，便必须将互联网与传统竞争优势和竞争方式整合在一起。对需求一方来讲，多数买家会非常看重将在线服务、人员服务和地理位置通过独立的网络形式集中在一起，他们都希望能够在多种渠道和多种交付方式中作出选择，并希望自己决定与企业打交道的方式。对供应一方来讲，如果供应商能够将互联网和传统方法按照具体战略的要求予以综合运用，那么生产和采购的效率将会大大提高。比如，有了互联网工具，企业便可以直接采购到定制的产品和服务。日用品可以通过网上市场购买，但是采购专家、供应商的销售团队以及仓储位置通常也能够提供有用的高附加值服务。

传统方法与互联网整合的价值为传统企业创造出了潜在的竞争优势。传统企业采用互联网要比网络公司采用传统方法容易得多。然而，仅仅将互联网与历史竞争方式结合在一起，形成一种“鼠标加水泥”（传统商业模式与互联网商业模式的联姻）的简单组合还是不够的。传统企业只有利用互联网技术重整自己的传统做法或者找到一种互联网与传统方法的新的组合，它们才能取得最大的成功。

对于网络公司来讲，它们首先做的是必须找到一个与众不同的战略，而不是一味地相互效仿或者去效仿传统企业。它们必须与仅以价格为竞争筹码的做法决裂，转而关注产品选择、产品设计、服务、形象及其他一些能够区别于其他人的事情。同时，网络公司还能够推动互联网与传统方法的结合。有些网络公司将会通过创建独具特色的整合方式而取得最终的成功，有些则会通过专注于某些市场领域中互联网和传统方法之间的取舍而取得成功，或是那些能够在最大程度上满足特定客户需求的纯粹的互联网方法，或是那些使特别产品或服务不需要有形资产便可以交付的方法（请见本章的插入内容“网络公司与传统企业的战略要务”）。

网络公司与传统企业的战略要务

在当今互联网技术发展的关键阶段，网络公司和传统企业面临着不同的战略要务。网络公司必须找到一套能够真正创造经济价值的战略。它们必须看到，现有的竞争方式起不到丝毫作用，并具有极大的破坏性，于己于客户都无益。而传统企业必须停止孤立利用互联网的做法，而应当利用互联网增强自身的战略特色。

最为成功的网络公司应当将注意力放在创造客户愿意埋单的价值上，而不是追求从第三方获得广告和点击率收入。为了增强竞争力，网络公司经常要延长价值链，以涵盖那些在互联网之外进行的活动和开发其他资产，包括有形资产。实际上，许多网络公司已经开始这样做了。比如，作为一种提供给购买者的便利，一些在线零售商已开始向客户发放2000年节假日的印刷产品目录。还有一些网络公司正在向人们推介拥有自主商标的自有产品，这不仅提高了盈利空间，还突出了自己的特色。正是这些价值链中出现的崭新行为决定着网络公司是否能够获得竞争优势。互联网业的先驱美国在线（AOL）看到了这一点，面对竞争者的免费举动，他们却针对其服务向客户收费。就这样，美国在线先行一步获取了自有特色，而不是坐享既有的来自于互联网技术的优势沾沾自喜。

但是，互联网公司也不能陷入效仿传统企业的圈套。只是简单地一味增加传统做法无异于东施效颦，最终不会带来任何竞争优势。网络公司的新战略应当呈现出新型的综合性价值链，将虚拟与现实活动独创性地结合到一起。比如，E*Trade计划在客户公司的网站上开设独立的售货厅，为此它并不需要另外招聘全职员工。一家名为VirtualBank的在线银行，目前正与一些企业进行品牌联合，成立内部信用联盟。另外一家名为Juniper的在线银行目前允许客户在Mail Box Etc.网站将支票入账。尽管这些做法难以保证一定会取得成功，但其背后的战略思考是合理的。

网络公司的另外一项战略是要学会取舍，将注意力集中于互联网模式独有的真正优势。网络公司不要寄希望于将互联网模式强加于整个市场，它们需要将眼光放到那些对互联网不能提供的功能没有强烈要求的客户身上，即便这部分客户仅占到全部产业的一小部分。在这种情况下，真正的挑战在于找到一个能与其他竞争对手划清界限的价值定位并应对较低的进入门槛。

成功的网络公司应当具备如下特点：

- 在互联网技术方面有强大的实力
- 相对传统企业与其他网络公司，有独具特色的战略以及依靠鲜明的重点和实惠的竞争优势
- 强调要创造出客户价值并直接收费，而不是依赖于辅助性销售收入
- 具备发挥有形功能与整合非互联网资产的独特方法，从而对战略地位形成补充
- 具备深厚的产业知识，从而建立起自有技术、信息和关系

对于大多数传统企业来讲，它们没有必要对互联网唯恐避之不及，因为

关于传统企业将受制于网络公司的预言被过分夸大了。传统企业所具有的传统竞争优势将会继续存在下去，同时，它们也有足够的能力利用互联网。

传统企业所面临的最大威胁在于它们可能不会利用互联网或者有战略性地利用互联网。每家企业在其价值链利用互联网的过程中都需要一个积极进取的计划，都需要使用互联网技术加强其传统竞争优势以及弥补现有竞争方法的不足。最关键的不在于模仿竞争对手，而在于将互联网应用在企业整体战略上，并且应用方式要保证将竞争优势扩大以及更具有可持续性。比如，在使用在线交易之后，嘉信理财的实体业务量反而增长了1/3，从而扩大了其对过分依靠互联网的竞争者的优势。只要正确使用互联网，它便能够支持更大的战略目标，并且能够催生出更具综合性的经营体系。

领先的经纪公司爱德华 · 琼斯公司便是一个很好的利用互联网服务于自身战略的例子。它的战略是要向那些看重资产保全和追求投资过程中值得信赖的个性化指导的投资人，提供保守和人性化的建议。其目标客户包括退休人员和小公司业主。爱德华 · 琼斯公司并不推荐商品、期货、期权及其他形式的风险投资。相反，它强调的是投资品（包括共有基金、债券和蓝筹股）的购买并持有。爱德华 · 琼斯公司的庞大网络中有大约7 000家小型分理处，这些分理处的地理位置为客户提供了极大的方便，并会促进其与经纪人之间良好的关系。

爱德华 · 琼斯公司将互联网用在了其内部管理、招聘（25%的求职申请来自于互联网）、公开报表和向客户提供其他信息方面。然而，对于竞争对手所热衷的在线交易，它却不为所动。由于在线交易采取的是自我向导，它既不符合爱德华 · 琼斯公司的战略，也不符合它向客户交付的价值目标，因此，爱德华 · 琼斯公司最终使互联网迎合了自己的使用，而不是去简单地效仿对手。正因为如此，这家企业才蒸蒸日上，其业绩表现远远好过那些在互联网应用上盲目跟风并因此抹杀了自身特性的竞争对手。

要在未来取得最大成功，传统企业必须利用互联网技术优化自身的传统优势，并且发现和运用过去根本不可能实现的虚拟活动与现实活动的组合。

随着传统领军者重显他们的力量以及网络公司采取更为集中的战略，这些原则已在许多产业中显示出了它们的存在。在经纪业中，嘉信理财的公司比E*Trade获得了更大的份额（1999年底，前者占18%，后者占15%）。在商业银行领域，诸如富国银行、花旗银行和富利银行等赫赫有名的机构比互联网银行拥有更多的在线业务。在诸如零售、金融资讯和网上市场等领域，传统企业也取得了对互联网公司的压倒性优势。最有前途的网络公司正通过调动它们与众不同的优势向客户提供真正的价值。比如，ECollege是一家与大学合作的服务提供商，他们将服务范围列在互联网上，然后按客户要求进行运作，并收取费用。ECollege的这一做法要胜过它的竞争对手，因为竞争对手只是免费为各大学提供挂在自身名下的网站，寄希望于收取广告费及其他附加费用。

这样看来，所谓的“新经济”看上去倒更像是一种能够获取新技术的旧经济。现在，“新经济”与“旧经济”两个词语逐渐失去其合理性。以传统企业为主的旧经济与以网络公司为主的新经济正在互相融合，并很快变得使人无法区别和分辨。忘掉这两个词语反而是一件好事，因为这会打消我们的困惑与迷惘。而正是这样的困惑与迷惘，在互联网方兴未艾阶段对很多产业的经济价值造成了极大的打击。

在我们一味寻找互联网与众不同的一面时，我们却没有看到它平常的一面。随着互联网的出现，尽管出现了新形式的商务运作，但竞争的基本面却没有发生任何变化。今后，随着互联网的进一步发展，人们的思维将会从“电子商务”重回到“商务”概念，从“电子战略”重回到“战略”概念。只有融入总体战略，互联网这项新技术才能够真正强有力地催生出竞争优势。

05 从竞争优势到公司战略

公司战略意指多元化企业的整体计划，乃是当前管理实务界又爱又恨的课题。管理层喜欢公司战略，原因是从 20 世纪 60 年代起，首席执行官一头钻进多元化经营而无法自拔。但是业界对公司战略的真谛并无共识，更别说如何形成战略，此一情况又造成责难不断。

多元化企业有两个层面的战略：事业单位（或竞争）战略，以及企业（或全公司）战略。竞争战略考虑的是，企业如何在各个行业中创造竞争优势；公司战略则关心两个不同的问题：企业应该进入哪个行业竞争，以及总管理部门应该如何管理旗下的事业单位。

公司战略的目的是，让整个企业的力量大于旗下各事业单位力量的总和。公司战略的以往记录并不光彩。我研究了 1950~1986 年美国 33 家大型、声誉卓著的企业集团多元化的记录，发现绝大多数是以购并而非捍卫既有事业单位进行多元化。大多数公司的战略，往往导致削弱股票价值，而非增加股票价值。

重新思考公司战略的必要性已经迫在眉睫。企业袭击者（corporate raider）便是靠失败的公司战略，而接管或解散那些公司。由于垃圾债券火上加油，规模再大、经营情况再佳的公司，都有让袭击者染指的机会。

正视过去多元化的错误后，有些企业规划大规模的结构重组计划，有些则以不变应万变。不管回应的方式如何，战略的问题依然存在。进行重组的企业必须决定下一步该如何进行，以免重蹈覆辙；静观其变的企业则必须认识到自身的弱点。要生存，企业必须了解何谓良好的公司战略！

一幅黯淡的景象

尽管有关公司战略成功的传闻不绝于耳，却没有足够的证据可以衡量公司战略的成功或失败。大多数的研究都以购并者在股票市场造成价格的波动为指标，亦即企业宣布购并前后的股价变动。

这些研究显示，购并者的市场价值变动不大，甚至会出现微幅下跌，很难如实衡量这项并购的意义。①然而，短期市场反应不足以评估长期是否成功，真正专业的管理人也不会以这种方式评估战略。

从一个长远的角度研究公司的多元化计划，是检验公司战略成败的一种更有效的方式。我在研究 33 家管理声誉甚佳的企业时，便采取一种独特的方式，检查大公司过往的记录（这项研究的细节，请参考本章的插入内容“相关数据从哪来？”）。研究中，每家企业平均进入 80 种新产业，以及 27 个新领域。在这些新尝试中，70% 属于购并，22% 是成立新公司，另外 8% 是联合投资。像 IBM、埃克森、杜邦和 3M 等公司，都把重心放在成立新公司之上；而 ALCO 标准、碧翠斯以及莎拉 · 李等公司的多元化，几乎一致倒向购并（见表 5–1）。

就成功的概率而言，这些数据描绘出一幅黯淡的景象。平均下来，企业在新产业领域的购并对象，超过半数会被转卖掉；如果企业进军的是全新领域，那么被购并的事业单位，又会有 6 成以上再被转卖。其中 14 家企业新领域的单位转卖率超过 7 成。在不相关产业的购并案中，转卖的记录更严重，平均转卖率高达 74%（见表 5–3）。即使像备受尊敬的通用电气，转卖所购并事业单位的比率也很

① 研究显示并购中的卖方从购并交易中获得了较大的收益。

表 5–1 33 家美国知名企业的多元化概况（1950~1986 年）

公司	事业单位总数	进入新产业的事业单位	购并百分比（%）	联合投资百分比（%）	新设事业单位百分比（%）	进入全新领域的新事业单位	购并百分比（%）	联合投资百分比（%）	新设事业单位百分比（%）
ALCO标准	221	165	99	0	1	56	100	0	0
联盟公司	77	49	67	10	22	17	65	6	29
碧翠斯	382	204	97	1	2	61	97	0	3
波顿化学公司	170	96	77	4	19	32	75	3	22
哥伦比亚广播公司	148	81	67	16	17	28	65	21	14
大陆集团	75	47	77	6	17	19	79	11	11
康明斯发动机	30	24	54	17	29	13	46	23	31
杜邦	80	39	33	16	51	19	37	0	63
埃克森	79	56	34	5	61	17	29	6	65
通用电气	160	108	47	20	33	29	48	14	38
通用食品	92	53	91	4	6	22	86	5	9
通用磨坊	110	102	84	7	9	27	74	7	19
格雷斯	275	202	83	7	10	66	74	5	21
西方海湾公司	178	140	91	4	6	48	88	2	10
IBM	46	38	18	18	63	16	19	0	81
埃喜工业	67	41	85	3	12	17	88	6	6
国际电话电报公司	246	178	89	2	9	50	92	0	8
强生公司	88	77	77	0	23	18	56	0	44
美孚石油	41	32	53	16	31	15	60	7	33

（续）

公司	事业单位总数	进入新产业的事业单位	购并百分比（%）	联合投资百分比（%）	新设事业单位百分比（%）	进入全新领域的新事业单位	购并百分比（%）	联合投资百分比（%）	新设事业单位百分比（%）
宝洁公司	28	23	61	0	39	14	79	0	21
雷神公司	70	58	86	9	5	16	81	19	6
美国无线电公司	53	46	35	15	50	19	37	21	42
罗克韦尔公司	101	75	73	24	3	27	74	22	4
莎拉 · 李	197	141	96	1	4	41	95	2	2
Scovill	52	36	97	0	3	12	92	0	8
Signal	53	45	67	4	29	20	75	0	25
天纳克	85	62	81	6	13	26	73	8	19
3M	144	125	54	2	45	34	71	3	56
天合公司	119	82	77	10	13	28	64	11	25
联合科技	62	49	57	18	24	17	23	17	39
西屋电气公司	129	73	63	11	26	36	61	3	36
威克斯	71	47	83	0	17	22	68	0	32
施乐	59	50	66	6	28	18	50	11	39
总数	3 788	2 644			906				
平均	114.8	80.1	70.3	7.9	21.8	27.4	67.9	7.0	25.9

注：碧翠斯、大陆集团、通用磨坊、美国无线电公司、Scovill和Signal等企业在本研究完成时，也被其他企业接管。这些企业的数据直到被接管时为止，但不包含接管后的表现，由于企业被接管的缘故，平均百分比加总结果不必然等于100%。

表 5–2　美国知名多元化企业的购并记录，依后来卖出的百分比排列（1950~1986 年）

公司	新产业的购并案	1980 年购并后卖出的百分比（%）	1975 年购并后卖出的百分比（%）	属于全新领域的新产业购并	1980 年购并后卖出的百分比（%）	1975 年购并后卖出的百分比（%）
强生公司	59	17	12	10	33	14
宝洁公司	14	17	17	11	17	17
雷神公司	50	17	26	13	25	33
联合科技	28	25	13	10	17	0
3M	67	26	27	24	42	45
天合公司	63	27	31	18	40	0*
IBM	7	33	0*	3	33	75
杜邦	13	38	43	7	60	50
美孚石油	17	38	57	9	50	50
波顿化学公司	74	39	40	24	45	44
埃喜工业	35	42	50	15	46	33
天纳克	50	43	47	19	27	51
碧翠斯	198	46	45	59	52	61
国际电话电报公司	159	52	52	46	61	71
罗克韦尔公司	55	56	57	20	71	67
联盟公司	33	57	45	11	80	50*
埃克森	19	62	20*	5	80	76
莎拉·李	135	62	65	39	80	93
通用食品	48	63	62	19	93	70

（续）

公司	新产业的购并案	1980 年购并后卖出的百分比（%）	1975 年购并后卖出的百分比（%）	属于全新领域的新产业购并	1980 年购并后卖出的百分比（%）	1975 年购并后卖出的百分比（%）
Scovill	35	64	77	11	64	67
Signal	30	65	63	15	70	76
ALCO标准	164	65	70	56	72	70
格雷斯	167	65	70	49	71	100
通用电气	51	65	78	14	100	70
威克斯	38	67	72	15	73	59
西屋电气公司	46	68	69	22	61	100
施乐	33	71	79	9	100	60
大陆集团	36	71	72	15	60	60
通用磨坊	86	75	73	20	65	72
西方海湾公司	127	79	78	42	75	83
康明斯发动机	13	80	80	6	83	100
美国无线电公司	16	80	92	7	86	88
哥伦比亚广播公司	54	87	89	18	88	
总数	2 021			661		
企业平均值**	61.2	53.4	56.5	20.0	61.2	61.1

*在截止年份，购并事业数目为 3 家或更低的企业。

**为将统计失真情形降至最低，在截止年份购并事业数目为 3 家或更低的企业不列入平均值。

注：碧翠斯、大陆集团、通用磨坊、美国无线电公司、Scovill和Signal等企业在本研究完成时，也被其他企业接管。这些企业的数据直到被接管为止，但不包含接管后的表现。

表 5–3　在联合投资、新设事业单位和不相关领域购并的企业多元化表现（1950~1986 年）

公司	新事业中联合投资的百分比（%）	1980 年前联合投资，后来放弃的百分比（%）	1975 年前联合投资，后来放弃的百分比（%）	新事业中新设事业单位的百分比（%）	1980 年前新设事业单位，后来放弃的百分比（%）	1975 年前新设事业单位，后来放弃的百分比（%）	所有新产业的购并案中，不相关领域者的百分比（%）	1980 年前购并，后来卖出的百分比（%）	1975 年前购并，后来卖出的百分比（%）
强生公司	0	+	+	23	14	20	0	+	+
宝洁公司	0	+	+	39	0	0	9	+	+
雷神公司	9	60	60	5	50	50	46	40	40
联合科技	18	50	50	24	11	20	40	0*	0*
3M	2	100*	100*	45	2	3	33	75	86
天合公司	10	20	25	13	63	71	39	71	71
IBM	18	100*	+	63	20	22	33	100*	100*
杜邦	16	100*	+	51	61	61	43	0*	0*
美孚石油	16	33	33	31	50	56	67	60	100
波顿化学公司	4	33	33	19	17	13	21	80	80
埃喜工业	3	100*	100*	13	80	30	33	50	50
天纳克	6	67	67	13	67	80	42	33	40
碧翠斯	1	+	+	2	0	0	63	59	53
国际电话电报公司	2	0*	+	8	38	57	61	67	64
罗克韦尔公司	24	38	42	3	0	0	35	100	100
联盟企业	10	100	75	22	38	29	45	50	0
埃克森	5	0	0	61	27	19	100	80	50*
莎拉 · 李	1	+	+	4	75	100*	41	73	73
通用食品	4	+	+	6	67	50	42	86	83
Scovill	0	+	+	3	100	100*	45	80	100

（续）

公司	新事业中联合投资的百分比（%）	1980 年前联合投资，后来放弃的百分比（%）	1975 年前联合投资，后来放弃的百分比（%）	新事业中新设事业单位的百分比（%）	1980 年前新设事业单位，后来放弃的百分比（%）	1975 年前新设事业单位，后来放弃的百分比（%）	所有新产业的购并案中，不相关领域者的百分比（%）	1980 年前购并，后来卖出的百分比（%）	1975 年前购并，后来卖出的百分比（%）
Signal	4	+	+	29	20	11	67	50	50
ALCO 标准	0	+	+	1	+	+	63	79	81
格雷斯	7	33	38	10	71	71	39	65	65
通用电气	20	20	33	33	33	44	36	100	100
威克斯	0	+	+	17	63	57	60	80	75
西屋电气公司	11	0*	0*	26	44	44	36	57	67
施乐	6	100*	100*	28	50	56	22	100	100
大陆集团	6	67	67	17	14	0	40	83	100
通用磨坊	7	71	71	9	89	80	65	77	67
西方海湾公司	4	75	50	6	100	100	74	77	74
康明斯发动机	17	50	50	29	0	0	67	100	100
美国无线电公司	15	67	67	50	99	55	36	100	100
哥伦比亚广播公司	16	71	71	17	86	80	39	100	100
企业平均值**	7.9	50.3	48.9	21.8	44.0	40.9	46.1	74.0	74.4

+本类目中并没有进入情形。

* 企业进入领域为两个或少于两个。

** 为将统计失真情形降至最低，在截止年份，进入产业领域为两个或少于两个的企业不列入平均值。

注：碧翠斯、大陆集团、通用磨坊、美国无线电公司、Scovill 和 Signal 等企业在本研究完成时，也被其他企业接管。这些企业的数据直到被接管为止，但不包含接管后的表现。

高。表 5–2 上方的企业很明显是转卖比率偏低的一群，有些是因为并购经过了公司战略的深思熟虑，是成功的，而维持了低转卖比率；还有就是因为公司尚未面临事业单位的问题，还不需要再转卖。

我计算了这段期间每家公司股东的投资报酬总值（股价增值加上红利），再以此与它的转卖率比较。名单越在前面的企业，投资人获利超过平均值越多，但报酬率并不是衡量多元化成功与否的可靠指标。投资人获利通常依赖公司核心产业的传统吸引力。像哥伦比亚广播公司与通用磨坊，因为本业获利丰厚，所以能够补贴多元化的亏损。

我对使用股东价值评估企业表现的做法，持不同的意见。将股东的价值量化以评价多元化的表现，只能应用在多元化前后的股值比较上。由于无法作此种比较，它不可能用来评估多元化的成败。公司多元化后保留原事业单位的数目，可能更适合担任衡量企业多元化表现的指标。

相关数据从哪来？

我们研究了 33 家美国企业从 1950~1986 年的购并记录。这些企业是从多项产业中随机选出。我们选择 1950 年为基期，是为了避免第二次世界大战造成的扭曲，并以这一年企业所在的行业为准。我们逐一核查每项购并、联合投资以及新设公司的记录，直到 1986 年为止，总共有 3 788 件。我们将这些决策行动分门别类成 3 种属性——进入一个全新的领域或产业部门（如金融服务），与母公司所在产业相关的新产业（如保险业），以及现有产品（服务）的地理性扩张；同时将它们分别归纳为与既有事业单位有关联或缺乏关联。接下来，我们就追踪母公司旗下的事业单位是否被转卖或关闭，这些情况又在何时发生，看看它们与企业能够维持多长的时间。

我们所采用的资料，包括年度报告、美国年度报表补充资料、F&S 索引及穆迪报告，再加上该产业的一般常识与判断。在少数案例中，我们也会征询这些企业某些专业性问题。

要确定进入一个新领域是否成功，必须衡量总购买金额、启动成本、以往的盈利情形、持续投资于该事业单位的时间与总金额数、冲销或划减账面价值，以及销售价格与销售总量。

但我们采取一种比较简单的衡量成功与否的方法：这项新事业是否被转卖或关闭。这项假设的理由是，除非比较罕见的案例，企业不会无缘无故转卖或结束一个成功的购并单位。在我们的研究中发现，多数企业会在5年内转卖新购入的事业单位，这反映了企业对那些单位绩效的失望。转卖案例很少不涉及损益。我们的转卖案例中，超过半数有亏损纪录。

表5–1的数据涵盖1950~1986年；不过，表5–2与表5–3的转卖比率，并未将这段期间内新进与退出的案例拿来比较，因为如此会过分夸大多元化的成功概率。企业通常不会马上卖掉或结束一个新的事业单位，而会给它一点时间证明它能成功。我们的数据显示，虽然许多转卖案例在5年内发生，保留新事业单位的平均时间是5~10年。为了准确地衡量多元化的成功，我们计算了1975年和1980年进入新产业并截至1987年1月关闭与转卖新事业单位的情形。如果把更新的购并活动加进来，则会有高估成功率的偏差。

整体来说，这些数据可能低估了失败的比率。企业惯于大肆宣告进入新产业，但是对于转卖或关闭新事业单位却保持低调。我们尽可能追溯每项交易，但无法保证绝无遗漏，不过这种情形应不会太多。

以上的研究数据描绘了一幅公司战略失败的黯淡景象。①在这13家企业中，6家被接管（见表5–2的附注）。在这些收购案当中，只有律师、投资银行、原卖主尝到甜头，而非投资大众。

公司战略的前提

成功的公司战略必须具备几项前提。这些前提不容更动，很多公司战略之所

① 近期的一些研究都认为公司在被收购后，其表现总是越来越糟。

以会失败，部分原因便是由于忽略了这些前提。

竞争发生在事业单位之间。多元化公司并不参与竞争，参与竞争的是各事业单位。除非公司战略将主要的注意力放在如何让各个事业单位成功，否则无论战略设计得多巧妙，都会注定失败。成功的公司战略必须能强化事业单位的竞争战略，并以此为发展基础。

多元化必然会增加事业单位的成本与限制。企业将总成本分摊给各单位，这项成本看似明显，却不如其他隐性成本与限制来得重要和分明。事业单位必须向最高管理层说明它的决定，又得花时间与企业集团其他系统的计划配合，也会受到公司章程与人事政策的约束，甚至会放弃能直接激励员工的配股政策。在多元化企业中，只能想办法降低这些成本与限制，但无法完全排除。

股票投资人也会随时自行分散资产。投资人借由选择那些最能吻合其偏好和风险的股票，而将其股票投资组合予以多元化。①投资人采取多元化投资的成本，要比企业多元化的成本低，原因是他们以市价买股票，不像企业可能会以溢价购买。这些前提意味着，除非公司战略有益于事业单位，能为它们提供有形的利益，有益于投资者（股东），能为股东提供独一无二的多元化投资方式，否则公司战略不会取得成功。

通过基本测验

要了解公司战略如何形成，必须更严谨地界定哪些多元化条件能真正创造投资人的价值。这些条件可以概括为以下 3 项测验：

1. 吸引力测验　为多元化所选择进入的产业，必须具有结构上的吸引力，或能产生吸引力。

2. 进入成本测验　进入市场的成本不能侵蚀掉未来的利润。

3. 相得益彰（better-off）测验　新的事业单位将因与企业相联结而获得竞争优势，反之亦然。

---

① 许多学者都发现了这一现象，例如马尔科姆 · 索尔特与沃尔夫 · 温霍夫德《通过并购实施多元化战略》（*Diversification Through Acquisition*）（纽约：自由出版社 1979）。

当然，大多数公司都会确保它们提出的战略通过以上数种测验。我们的研究明确显示，当企业忽略其中一到两项测验时，战略通常会带来灾难性后果。

产业的吸引力如何?

长期而言，在一个产业中竞争的可能回报率，取决于这个产业的结构状态，这部分我曾在《哈佛商业评论》另一篇文章中讨论过。[①]基本上，有吸引力、投资平均回报很高的产业，通常不易进入。原因是它的进入门槛很高，供应商与客户的议价能力较弱，替代品或替代服务不多，竞争者之间的较劲也很普遍。像钢铁等吸引力不高的产业，有其结构上的瑕疵，包括替代性材料过多，拥有强势并对价格敏感的客户，过度竞争导致固定成本过高，众多竞争对手背后拥有稳定的支持者。

除非新产业本身的结构良好，能使回报率大于资金成本，否则多元化并不能为投资人带来利益。假如产业的回报率有限，企业必须有能力重建该产业的结构，或取得持续的竞争优势，以使它能将回报率维持在产业平均值之上。在多元化以前，产业未必具有吸引力。事实上，企业可以在产业的潜能尚未完全展现前，就抢先进入，并因此从中获利。多元化会使得该产业的结构转型。

在我的研究中发现，企业主若含糊地认定该产业非常“适合”他的既有业务，便会搁置吸引力测验。一旦企业主相信多元化可以带来完美结局，便会忽略产业结构的根本问题。除非适合度可带来持续的竞争优势，否则一旦多元化的回报率表现欠佳时，这样的适合度就会转变为一种痛苦。当恶劣的产业结构压倒垂直整合和工艺技能的优势时，多元化的过程常常是不愉快的。荷兰皇家壳牌石油公司和其他大型石油公司在化学产业上就有类似的经历。

另一个忽略吸引力测验的共同理由是：市场进入成本很低。低市场进入成本是因为买家有内幕消息，或卖方急于脱手。不过，即使价格真的很低，眼前的甜头并不能抵消该产业本身的老问题。企业几乎千篇一律地随即发现它必须对新买下的事业单位进行再投资，如更新固定资产或增加流动资金等。

一般而言，区别目标产业吸引力高低时，多元化企业倾向于采用能否快速成

① 参见迈克尔·波特《竞争力量如何塑造战略》一文，《哈佛商业评论》，1979 年第 2 期，第 86 页。

长或其他简单的指标。许多匆忙进入快速成长产业（像个人电脑、游戏机、机器人等）的公司，通常结束得也很快，因为它们误把初期的成长当做长期的盈利潜力。产业能否盈利，并不在于它是否看起来诱人或是属于高科技产业，而是在于产业结构的吸引力。

市场进入的成本大小？

进入一个新行业的成本，如果会侵蚀预期利润，那么这类多元化并不能给投资人带来好处；而强大的市场力量正有这样的能力。企业要进入新行业，手段不外乎购并或新设公司两种。购并要面对的是越来越有效率的购并市场机能。购并者要占便宜，便要不断压低价格，并且要低到不足以反映新单位的前景才行。不过通常的情况是，市场上喊价者众，消息快速散布，投资银行与其他中介积极牵线，使得市场能充分发挥效率。近年来，像垃圾债券等新的投资工具引来大批新买家，即使大公司都有被购并的风险。购并价格越来越高，也越来越能反映被购并企业的远景，有时甚至到离谱的程度。像菲利普莫里斯集团竟以高于账面价值，买下七喜汽水。换算成最简单的数学，若要维持原先的投资回报率，利润必须是购并前的 4 倍。既然菲利普莫里斯并不能以超凡的市场技术，让七喜汽水在复杂的饮料市场大战中脱颖而出，七喜汽水的财务收支注定不好看，结果自然不能避免再次被转卖的下场。

企业要新设公司，必须克服进入门槛。这是标准的两难问题，因为一个产业如果有吸引力，进入门槛必然也高。在需要高成本的门槛下，潜在的利润必然将丧失。否则，其他进入者可能早已将盈利性侵蚀得一干二净。

企业在找到有潜力的产业后兴奋之余，有时会忘记运用市场进入成本测验。新产业越有吸引力，进入的代价就越大。

企业与各事业单位会相得益彰吗？

企业必须赋予新的事业单位一些重要的竞争优势，或新事业单位能为企业集团带来重要的优势。就事业单位而言，这种好处通常是因为母公司会在进入产业之初便全面审视它的战略，或安排一流管理团队进驻新事业单位。如果新事业单位可以与姊妹事业单位合作，分享更佳的分销系统，使产品销售更流畅，它的竞争优势也可能持续得更久。这也是百特公司与美国医院供应公司合并的主要理由。

如果新事业单位所带来的好处稍纵即逝，母公司就不该长期持有。若一次改善就成效显著，再投入的成本必将远大于带来的价值，则最好将新事业单位卖掉，以保持资源灵活。

相得益彰测验并非意味着多元化企业以经营风险为投资人创造价值。问题是，帮投资人做一些他们自己也能做的事，并非公司战略的范围（这种模式只适用于股票未上市公司，因为公司风险与股票风险是一致的，多元化本身有降低风险的价值）。避险式的多元化应该是公司战略的衍生产品，而非主要的动机。

经理人大多忽略相得益彰测验，或将其视为夸大造假的手法，而非真正的战略分析。之所以如此，原因之一是，他们把企业规模与投资人的价值混为一谈了。在经营大公司的潮流下，经理人忽视了自身的真正工作，却以多元化为理由搁置相得益彰测验。一旦大企业大幅削减总公司管理处的幕僚，转而赋予事业单位最大的自主权，这些经理人便认为，他们已经避开经营管理上的问题。其实，这种思考与多元化完全扯不上关系，因为多元化的目的在于创造投资人的价值，而非加以破坏。

公司战略的概念

这 3 项多元化的测验，为公司战略设下了遵循标准。要符合这些标准不容易，因此大多数多元化是以失败收场。多数企业缺少一个清晰、可以指引多元化方向的战略概念，或只想追逐能够回避这 3 项测验的概念。而其他的失败则源自战略执行的不力。

通过研究我找出 4 个能将公司战略付诸行动的概念：资产组合管理（portfolio management）、企业重组（restructuring）、技能转移（transferring skills）与共享活动（sharing activities）。这 4 个概念各有各的机制，企业可依此创造投资人的价值，每个概念也要求多元化企业以不同的方式进行组织管理工作。但这 4 个概念彼此并不必然相互排斥，其中前两项要求各事业单位能独立行事，后两项则依赖各事业单位之间的关联性（见表 5–4）。这 4 个战略概念各有其成功的环境，有些则比其他概念更适用于今天的情况。无视这些概念将会加速企业的灭亡。

表 5–4 公司战略的概念

	资产组合管理	重组	技能转移	共享活动
战略方面的前提	在界定与收购被低估企业方面有卓越的洞察力	在界定重组机会方面有卓越的洞察力	拥有目标产业中攸关竞争优势之重要活动的专有技能	能与新事业单位共享，以获得竞争优势的现有事业单位的活动
	当买家愿意付很高的溢价时，迅速出售没有竞争力的事业单位的意愿，或伺机将表现好的单位以高价卖出的意愿	对所购并且需要转型的事业单位，有干预的能力与意愿	在现有的基础上，具备在各事业单位之间移转技能的能力	共享的好处远超过其中的成本
	在资产组合的事业单位间，就经营类型制定广泛的指导原则和约束，以便于管理高层督导时更有效率	整个资产组合中，当事业单位有广泛的相似性时，愿意将重组有困难的事业单位出售，以减少损失	在新产业中，购并龙头企业作为发展基础	以新创业和收购作为进入的手段
	私人企业或尚未发展的资本市场	当重组完成、结果清楚，而且市场状况有利时，出售事业单位		在事业单位之间的合作上，拥有克服组织性抗拒的能力
	当资本市场效率变高或企业组织庞大时，能由资产组合管理战略转移的能力			

（续）

	资产组合管理	重组	技能转移	共享活动
组织方面的前提	自治的事业单位，公司规模小、成本低	自治的事业单位	基本上自治，但也彼此合作的事业单位	鼓励战略性的事业单位彼此共享活动
	诱因主要来自事业单位的成果	公司提供人才和资源，以指导所购并的事业单位进行战略性重新定位和全盘改造	公司高级职员将自己看成整合者的角色	在事业群组、事业部、公司层面，就战略规则而言扮演积极角色
		诱因主要来自被购并的事业单位的表现	跨事业单位的委员会、项目小组和其他形式组织，作为转移和掌握技术的活动焦点	公司高级职员把自己看成整合者的角色
			生产部门经理的目标包含技能转移	诱因主要来自事业群和公司的经营成果
			诱因大部分基于事业群和公司的经营成果	
共同的缺点	一窝蜂地到资本市场有效率、拥有足够专业管理人才的国家进行资产组合管理	误将快速成长或热门产业当成重组机会	误将本身与新事业的相似或融洽当成多元化的充分基础	共享来自自身需要，而不是因为它能导致竞争优势
		在有麻烦的情况或管理高层介入时，缺乏解决能力或资源	缺乏实际可行的技能转移途径	假设没有高级经理人的积极参与，共享仍能自然发生
	漠视产业结构缺乏吸引力的事实	漠视产业结构缺乏吸引力的事实	漠视产业结构缺乏吸引力的事实	漠视产业结构缺乏吸引力的事实
		口头上大力强调要实施企业重组，但实际运作仍不能摆脱消极的资产组合管理		

资产组合管理

在公司战略中，最常见的是资产组合管理，主要是通过收购来实现多元化。在公司的管理骨干同意留任的条件下，企业收购这些体质健全、有吸引力的公司。尽管所购买的公司未必是本行同业，但资产组合管理一般会锁定与本业相近的领域。这是受到管理者专业知识的限制所致。

被买下的事业单位通常享有自主权，其经营团队的酬劳也视表现结果而定。母公司提供资金与事业机会，由此建立专业管理技巧。与此同时，高级管理层再对成果作出客观的评估。资产组合经理人将事业单位分成有潜力与一般性两类，并将资源从已有现金收入的事业单位，转移到那些有现金需求或盈利潜力高的事业单位。

运用资产组合战略时，企业可以以数种方式来创造投资人的利益。它可以使用个别投资者缺少的专业知识和分析资源，找出有吸引力的潜在收购对象；它也可以利用有利的条件提供资金，表现出该企业整体的筹资能力；它也可以把专业管理技巧和纪律引入整个集团；最后，它能提供有别于该行业既定做法的高品质评估与指导。

资产组合管理概念的逻辑，建立在一些重要的假设上。如果一家公司的多元化计划符合吸引力和市场进入成本的测验，那么就必须找出价值被低估的公司。此时被收购的对象必须是价值被低估的，原因是母公司将其买下来后，并不会特别为它做什么。要通过相得益彰测验，企业必须提供重要的竞争优势给被收购的事业单位。一旦事业单位进入高度自治的阶段，它就必须拥有健全的产业战略，并能激励经理人。

在大多数国家，资产组合管理模式的公司战略概念已成过往烟云。面对发展日趋成熟的资本市场，既有良好的管理团队又有吸引力的公司，几乎受到所有买主的青睐，并且吸引了高价收购的资金。单单砸钱已经没有多少吸引力。对中小型企业而言，提出一个健全的经营计划很容易就能引来资金，因此它并不需要一个多金的母公司。

资产组合管理方法的好处也已然消退。大企业无法再以专业管理技术而盘踞市场。事实上，有越来越多的观察家认为，如果缺少对产业的特定经验和知识，经理人不可能做好管理的工作。资产组合管理概念的另一项优势，如果客观评估的话，也是未有定论，因为在一个经营良好的资产组合中，光是附加价值的评估就已经受到质疑。

另一个令人质疑的课题是，允许事业单位完全自主经营的好处。通过结合新技术、扩大分销渠道、改变规则等方式，企业各事业单位之间的相互关联越来越密切。放手让所有事业单位各自制定战略，只会伤害事业单位的表现。在我的研究中，多元化成功的企业充分认识到相互关联的价值，也能理解到企业整体意识的重要性绝不亚于事业单位财务上的表现。

但是这套管理工作极为复杂，甚至最佳的资产组合经理人也难逃阴沟里翻船的命运。随着企业的规模扩大，资产组合经理人需要找出更多的购并案来维持成长。由于要监管数十个甚至上百个互不相连的事业单位，持续增加的压力也会导致犯错。同时，多元化企业还有不可避免的成本问题。一旦公司的投资回报率每况愈下，事业单位的表现也会下滑。最后，一个新的管理团队出现，会提出大规模的转卖计划，并将使公司回归核心业务。这种案例不胜枚举，西方海湾公司、联合食品（即目前的莎拉 · 李食品公司），以及国际电话电报公司等都是新近的例子。在这些现实问题下，今天的美国资本市场对那些遵循资产组合管理模式的公司，以“集团折扣”作为报答：公司整体的表现，差于个别事业单位加总的结果。

在发展中国家，大企业的数目不多，资本市场还有待开发，专业化管理也付之阙如，因此仍有资产组合管理施展的空间。不过对发达经济体而言，这已不再是有效的公司战略模式。在今天的英国，在有活力的股票市场的支持下，这套技术依然很耀眼。不过，这种热潮终究会退去，资产组合管理已不再适于指导公司战略。

企业重组

不同于资产组合经理人扮演银行家、评估者等被动角色，以企业重组为战略基础的企业，会变成针对事业单位的主动重组者。新的事业单位未必与既有的事业单位有关，最重要的是它是否具有潜力。

企业重组战略应注意尚待发展、有问题或受到威胁，面临重大转变的组织与产业。母公司的干预方式，通常是借助大幅调整经营团队与战略，或注入母公司的新技术来进行。接下来，母公司会继续收购相关企业以形成关键多数，并出售不需要或无关联的部分，以降低收购成本，最终形成一个实力雄厚的公司，或是一个已转型的公司。这套战略的尾声是，随着形势明朗，母公司会将体质变强的事业单位卖掉，因为母公司已经不能再为它增加附加值，高级管理人因而决定将注意力转移到其他领域（参见本章的插入内容“汉森信托逆向操作企业重组”）。

如果执行顺利，重组是个相当不错的概念，因为它能通过成功多元化的3项测验。重组者以购买的公司类型来满足市场进入成本测验；借由买下有问题、前景黯淡或产业潜力尚待开发的公司，而压低购买价。企业对事业单位的干预，则明显可以符合相得益彰测验的需求，而其所提供的目标产业具有结构上的吸引力，因此重组模式能为投资人创造出极大的利益。洛斯保险、BTR与通用影院等公司就是走重组战略路线。具有讽刺意味的是，今天许多运用重组战略的企业的盈利，竟是靠以往的资产组合战略。

在运作上，重组战略需要企业管理团队对价值被低估的公司或急剧转型的产业有独到的洞察力。即使处于崭新或不熟悉的行业中，他们也必须具有让事业单位改头换面的洞察力。

这些条件表明，企业要成功运用重组战略，会面对相当的风险以及时间的压力。精明的提案人了解这个问题，清楚事业单位的错误所在，因而能果断地将之除掉。最棒的企业知道，它们不只是收购公司而已，而是必须重组一个产业。除非它们能整合各个购并案，以创造出一个全新而完整的战略定位，否则它们只是虚有其表的资产组合经理人罢了。摆在眼前的另一个重要难题是，当许多企业都加入这项行动，势必会竭泽而渔，并导致收购价格上升。

然而，最大的麻烦还在于，企业一旦将买来的事业单位重组，并且使其运作良好，便很难舍弃，也就是出现人性与经济理性之间的天人交战。此时企业规模取代股票价值，成为企业的中心目标。母公司即使已经不能为事业单位增加价值，仍然舍不得放手。转型后的事业单位也许适合转往其他相关行业发展，但是负责重组的公司仍然将其保留下来。渐渐地，负责重组的公司走上资产组合管理的道路。母公司的投资回报率随着事业单位重新投资的需求而下跌，而正常的营业风险终于抵消了重组所带来的利益。保持成长的需求加快了购并的步调，如此导致行事标准不再、错误不断。于是运用重组战略的公司最后顶多也只能成为利润只相当于产业平均水准的企业集团。

汉森信托逆向操作企业重组

汉森信托靠着技巧熟练的企业重组，成为英国最大的企业。作为一个涉足多项产业的集团，汉森信托看起来很像资产组合经理人。事实上，汉森信托与另外一两家集团，具有极为有效的公司战略。汉森信托曾买下伦敦砖厂（London Brick）、永备电池（Ever Ready Batteries）与SCM等伦敦人眼中的“低科技”公司。

尽管购并成熟的企业会遭受低成长之苦，但汉森信托并不只注意结构上具有吸引力的产业，也关心客户与供应商中实力较弱、竞争尚不激烈的企业。汉森信托的目标对象是市场的领导者，资产丰富但管理欠佳。在收购价格上，汉森信托只支付少许该企业未来能产生现金流量的现值，甚至更进一步积极地出售无法改善的企业，以降低收购金额。通过这种方式，在正常的购并案成交前半年，汉森信托只须筹募成本的1/3资金。对于帝国集团在伦敦的丰厚资产，汉森信托在接管两个月左右后，就将勇气酒厂（Courage Breweries）卖给澳大利亚的艾德士公司，收回了14亿英镑（它当初收购帝国集团的价格是21亿英镑）。

如同高明的企业重组者，汉森信托接管每个事业单位时，均有一套模块化的操作程序，并通过不断重复修正而臻于完美。

汉森信托强调低成本与严密的财务控制，它曾削减公司25%的人事成本，削减固定总成本，紧缩资本支出。为了强化控制成本的战略，汉森信托与各事业部经理合力规划出较详细的年度财务预算书，并通过宽松地采用按绩效配发奖金与股票期权计划，引导经理人执行计划。

要评估汉森信托是否会步实行重组战略的企业最终尾大不掉的后尘，目前为时尚早。如果它禁不起“大就是美”的诱惑，很可能会重蹈美国大型企业集团的失败覆辙。

技能转移

公司战略前两个概念，目的乃是描述通过母公司与旗下各自主事业单位之间的关系，创造出价值。企业所扮演的角色是选择、融资和干预。

后两个概念则是强调各事业单位之间的交互关系。然而，为了明确加以阐述，必须先了解定义不清的协同效应（synergy）概念。问题是，想象的协同效应远比实际存在的协同效应普遍。通用汽车买下休斯飞机公司，只是考虑到可以提高汽车的电子控制技术，因为休斯的主业就在电子技术，这显然是一个很愚蠢的纸上谈兵的协同效应。对多元化企业而言，这类企业关联性常常是事后追溯的合理性，当初的动机反而可能是由其他原因造成的。

协同效应即使被清楚地定义，也未必能顺利具体化。事业单位之间非但不合作，甚至还相互竞争。企业可以定义所要追求的协同效应，可是在达成之前，却会碰到组织的障碍。

可是对企业而言，获取事业单位之间关系所带来的利益，已经是迫在眉睫的课题。技术与竞争的发展，已经将许多行业联结起来，并为竞争优势创造出许多新的可能。在金融服务、电脑、办公设备、娱乐、医疗保健等领域，如何在原本各自独立的行业间形成交互关系，可能是战略的考虑重心。

要了解公司战略中关联性的作用，我们必须赋予这个定义不清的想法一些新的意义。价值链是一个很好的切入方法。[①]每个事业单位都是个别活动的集合体，从销售到会计等活动，可称之为价值活动。竞争优势的形成，源自这个层面，而非公司整体。可将这些活动归纳成9类：主要活动是创造产品（或服务）、送货、上市、提供售后服务等，它的类别则包括进货后勤、生产、出货后勤、营销、业务、服务等；支援活动则是为主要活动顺利进行而提供材料和基础设施的相关活动，包括了公司的基础设施、人力资源管理、技术发展和采购等。

价值链明确了两种有可能创造协同效应的交互关系形态：首先是企业在相似的价值链之间转移技能和专门知识的能力，其次是共享活动的能力。比方说，两个事业单位能共用同一个业务单位或后勤网络。

价值链也有助于理解公司战略中的后两个（也是最重要的）概念：其中一个

① 参见迈克尔·波特《竞争战略》一书。

概念的基础是，如何在多元化公司中进行事业单位之间的技能转移。当事业单位各自有本身的价值链时，有关如何执行活动的知识，便在各事业单位之间转移。以擅长便利品营销的卫浴用品公司为例，若是买下一个咳嗽糖浆领域的事业单位，它在新定位概念、促销技术与包装上的想法，都可以加以转移。既有事业单位的专门知识有助于新行业的经营，反之亦然。

当事业单位之间有类似的客户和销售渠道时，价值活动之间就会产生正如政府部门之间的关系。当它们有类似的价值链（像管理多层次的服务性组织）或战略概念（如低成本）相同时，技能转移的机会就大为增加。即使这些事业单位独立运行，它们之间的相似性仍容许知识的共享。

当然，有些相似性很常见，它们很可能出现在任何一个事业单位的部分层级中。无数企业就因为这些相似性，而很快地落入多元化的陷阱之中。这说明了单单有相似性还不够。

唯有在各事业单位的相似性满足下列3项条件时，技能转移才能带来竞争优势：

1. 各事业单位的活动类似到足以共享专业知识。太过广泛的相似性（例如营销密度，或共用核心工艺技术）并不足以成为多元化的基础。这类技能转移的结果，可能对竞争优势的影响不大。

2. 技能转移涉及对竞争优势具有举足轻重地位的活动。在政府关系、地产投资等周边活动的技能转移，可能会带来些许好处，但这并非多元化的基础。

3. 对接收转移技能的事业单位而言，技能转移代表一个重大的竞争优势来源。所转移的专业知识或专长，必须比竞争者能力更高或更具有专有性。

技能转移是一个主动的流程，会让接收技能的事业单位出现战略或运作上的重大变化，而这样的变化前景应该是明确和可以验证的。有太多的企业陶醉于技能转移的空洞前景与梦幻中，于是几乎可以确定投资人的利益将会落空。技能转移不会意外出现或自然渗透。企业甚至必须重新调度重要人事，而管理高层的参与和支持，也是技能转移的要件。许多企业在技能转移中功败垂成，因为他们并没有为参与技能转移的事业单位提供适当的诱因。

当企业将专有技能进行跨单位的传播扩散时，技能转移便能通过多元化的测验。因为它能确保企业抵消购并的溢价损失，或降低克服进入门槛的成本。

企业选择作为多元领域的产业，必须通过吸引力测验。即使搭配良好、技能转移机会极佳，仍无法克服产业结构不佳的问题。不过，技能转移的机会可能有助于企业转变新进入产业的结构，并为它们提供有利的方向。

技能转移可以一次完成，也可能持续进行。企业买下事业单位后，若已没有注入新专长的可能，这个事业单位将会难逃被转卖的命运，因为企业不再能够通过它创造出新的股票价值。不过很少有企业抓得住这个要点，多数企业遭逢回报率平平的境遇。随着企业朝更多的产业进行多元化发展，未来可资技能转移的方向也会越来越多。企业管理层若能察觉自己在这方面的角色，并创造适当的组织机制以协助跨单位的互换，共享专长的机会就非空中楼阁。

借由收购与内部发展，企业便能建立技能转移的战略。有时候，强有力的技能基础会创造出企业自内部进入其他产业的机会，而不必一味地考虑购并。然而，成功的多元化业者在使用技能转移概念时，通常会在目标产业中买下一家公司作为桥头堡，并对其内部的专业知识予以巩固。此种做法可以减少一些自内部进入的风险，并加速整个过程的进行。3M和百事可乐就是两个运用技能转移概念，而进行多元化的例子。

共享活动

第四个公司战略是，共享事业单位的价值链活动。例如宝洁公司的纸巾与纸尿布，便使用共同的分销系统与业务人力。批发龙头麦克森公司，则通过超大卖场，来处理药品和酒类等不同产品线的商品。

共享活动的能力是公司战略的有力基础，因为共享可通过降低成本与提高差异化，强化竞争优势。不过并非所有的共享都能导致竞争优势，企业也可能面对强大的组织性抗拒。这些残酷的事实导致许多企业过早地排斥协同效应，并恢复至简单而不当的资产组合管理。

未来共享机会的成本利润分析，可决定协同效应是否可行。当企业达到经济规模，并提高了使用效率或缩短了学习曲线时，共享会降低成本。通用电气在主要产品上的广告、销售和售后服务活动等成本很低，原因是它们横跨庞大的电气产品线。共享也能提高差异化的潜力。像一套共用的订单处理系统，可能让客户认为是有价值的新功能与服务。共享也能降低差异化的成本，例如共享的服务网站将使更先进的远程服务技术在经济上具有可行性。通常，共享容许重新设计整个活动，并能戏剧化地提高竞争优势。

共享必须包含攸关竞争优势的活动，而非所有活动照单全收。以宝洁为例，它所处的尿布与纸巾产业，产品体积大、运送成本高，因此宝洁将其并为同一个分销系统。反过来说，只为了有机会分摊企业总成本而进行多元化，这种做法并不恰当。

共享活动不可避免地会涉及考虑是否利大于弊。成本的考虑之一是，共享活动需要较大规模的协调；更重要的是，在设计与执行活动上必须妥协，以便它能被共享。例如一名业务员负责两个事业单位的产品销售，他的经营方式，就与这两个行业独立经营的方式不同。如果妥协的问题大到足以侵蚀事业单位的效率，共享可能就会降低而非提高竞争优势。

许多企业只是从表面界定可供共享的项目，也可能在未考虑是否攸关规模经济的情况下，就合并一些活动。一旦这些活动与规模经济无关，协调成本就会侵蚀利益。企业所犯的错误也可能是事前没有界定共享的成本，无法将这类成本降至最低。重新设计共享活动，通常能减少妥协成本，如给销售人员提供电脑设备，便能大幅提高生产力并向客户提供更多的信息。未经深思熟虑就将各事业单位贸然合并，将会提高共享的成本。

尽管有上述问题，由于技术、自由化与竞争的重大发展，共享活动形成优势的机会却在增加。许多产业中电子与信息系统的融合，带来产业联结的新机会。公司战略有购并与内部创业两种形态，以发挥共享活动的功能。内部发展通常比较可行，因为企业在成立新的事业单位时，能提供明确的资源；新公司在整合上的难度，也比购并来得低。企业应用共享活动概念，也能使购并成为登陆新产业的有力手段，并将事业单位整合。宝洁、杜邦、IBM等公司，都是利用共享活动来实现多元化的典型例子。它们多元化所涉入的领域，其实是一个由紧密关联的事业单位合成的簇群。万豪酒店的例子，则显示出共享活动长期下来的成败（参见本章的插入内容“万豪酒店以亲切服务增加价值”）。

万豪酒店以亲切服务增加价值

万豪酒店最早在华盛顿特区经营餐馆行业。由于万豪酒店的顾客经常直接外带餐饮赶赴机场，这导致万豪酒店后来从事航空餐饮服务。由此，万豪酒店再进军大机构的餐饮服务管理，并扩大其家庭式餐厅的基础，进军旅馆产业。近年来，它又挥军进入餐厅、小吃店、机场候机大厅的商品街，以及高级餐厅。此外，万豪酒店还从旅馆产业转向主题公园、大型旅游中介、游艇、平价汽车旅馆与退休安养中心等领域发展。

万豪酒店的多元化利用了餐饮业的成熟技能与亲切服务。万豪酒店厨房中所准备的食物，根据6 000多种标准食谱配制而成；旅馆服务程序也标准化，且详尽地记录在精美制作的手册中。万豪酒店在各事业单位之间共享许多重要的活动，它有一套餐饮服务的采购与分销系统，由9个地区采购中心供应所有事业单位的需要。如此一来，在餐饮服务上，万豪酒店的利润比其他旅馆企业高出50%以上。万豪酒店也整合房地产业的事业单位，以便在收购新的营业点，设计、建筑所有营建设施时，都能发挥最大的力量。

万豪酒店的多元化战略，是将购并与新设公司并行。新设公司或小型购并大多用在新产业的进入，这要视机会共享的密切程度而定。为扩张势力范围，万豪酒店则直接收购其他公司，然后抛售不适合的部分。

除了在这方面大有收获以外，在万豪酒店所购并或新设公司中，也有36%已被转卖。尽管这已经是中上水准的成绩，它的错误仍很明显。万豪酒店进入高级餐馆、主题公园、游艇、大型旅游中介等领域后，多半惨遭“滑铁卢”。万豪酒店发现尽管前3项行业有明显的相似性，却无法进行技能转移。标准化菜单并不适用于高级餐厅；经营游艇和主题公园更需要趣味性和时尚性，而非旅馆业与中价位餐厅一丝不苟的管理方式；大型旅游中介业务从一开始就注定落入失败的命运，因为万豪酒店正与自己在旅馆业的重要客户竞争，而且缺少更强的独家技术以供共享，形成提高价值的效果。

实施共享活动模式，需要鼓励经营单位强化组织关联性，但高度自治的经营单位通常敌视这样的合作。企业必须在组织中放进许多我称之为“水平机制”（horizontal mechanisms）的功能，诸如强烈的企业归属感，清楚展现企业集团使命、强调整合重要性的宣传，比个别经营单位表现更有吸引力的奖励系统，跨事业单位的项目小组，以及其他的整合方式。

基于共享活动所形成的公司战略，明显地可以通过相得益彰测验，因为事业单位可以从公司内其他部门获得持续、有形的优势。它也可借助降低逾越内部进入门槛的成本，通过市场进入成本测验。购并对象缺少共享机会时，价码也会比较低。不过，即使存在最广泛的共享活动机会，也不代表企业可以避开吸引力测验。许多多元化经营者会犯一个重大的错误，将多元化吸引力与适合进入目标产业画上等号。只有当目标产业通过严格的测验，证明它的结构具有吸引力，并存在共享活动机会时，多元化才能最终取得成功。

选择公司战略

多元化经营的企业可以应用前述的公司战略概念，以不同的方式创造股东价值。如果企业所采用的概念能使企业清楚地定义角色与目标、具备必要的技能、将事业单位组织成为适合战略的多元化方式，以及找出适当的资本市场环境，这 4 种概念的任何一种都能成功。这也说明，资产组合管理只适用于特定的环境。

企业在选择公司战略时，常受到过去经验的影响。如果旗下的事业单位处于缺乏吸引力的产业，公司就会将它除名。一旦公司的独家技术或活动，只能在相关多元化领域有限地共享，那么在进行多元化时，势必要应用其他的概念。然而公司战略绝不是一策定江山的选择，它是一个可随时间而演化的愿景。企业应该选择适合长期发展的概念，然后务实地从最初的起点向前迈进。

过去 10 年对战略逻辑和企业经验的研究都表明，公司如果将公司战略从资产组合管理调整为共享活动，其多元化战略将创造越来越大的股东价值。因为企业无须具备优异的观察力或其他争议性的假设，共享活动和技能转移就可以为创造价值开拓出一条康庄大道。

各种公司战略的概念之间并不互斥，第三、第四种概念更有相辅相成的优势。

在进行技术移转和共享活动之时，企业也可同时应用重组战略。假如事业单位间可交换技能，以共享活动概念出发的战略，会变得更加有力。如万豪酒店的案例显示，企业可以追求两种战略概念，并将重组的原则应用于其中，当它选择能转移技能或共享活动的产业时，企业同时也应调查让该产业结构转型的可能性。企业以交互关系为战略基础时，在创造股东价值上，就比贸然投入不熟悉产业的战略，具有更广泛的基础。

我的研究支持这种说法，即以技能转移或共享活动为基础的公司战略比较健全。而企业多元化经营的数据则显示，成功的多元化经营者具有一些重要的特质——涉足不相关的购并活动的比重很低。这里的不相关可以定义为，在技能转移和共享重要活动上并没有明确的机会（见表 5–3）。即使如 3M、IBM、天合公司等成功的多元化经营者，如果实施不相关领域的购并，绩效也令人失望。要通过购并成功地涉足多元化领域，彼此之间必须要有关联性。像宝洁与IBM，分别进军多达 18 与 19 个有交互关联的领域，并享受了许多技能转移与共享活动的机会。

在购并记录上表现优异的企业，在新设公司与联合投资上的比重也高于其他公司。在一般的印象中，大多数企业会以购并方式进入新行业。我的研究结果则质疑了这种传统的观点。表 5–3 显示，虽然联合投资的风险与购并一样高，但是新设公司则不然。此外，类似 3M、宝洁、强生、IBM 与联合科技的个案则显示，成功的企业通常在新设公司上有很好的记录。如果企业内部有能力新设一个事业单位，那么与仅靠收购以及接下来处理整合问题的做法相比，新设公司将可能会更为安全，成本也较为低廉。这种以自设公司进入新领域的做法，在日本企业多元化的历史上非常常见。

我手边的数据也显示，当产业结构欠佳或执行失当时，产业的关联性即使再强，公司战略也难以奏效。施乐的购并活动是在相关领域进行的，但是这些行业的结构欠佳，施乐本身的技术又不足以提供明显的竞争优势，以抵消执行面的问题。

行动方案

要将这套公司战略的原则转换为成功的多元化，企业首先必须以客观角度检查其既有事业，以及各事业单位对其所带来的附加价值。只有通过这样的评估，才能加深对公司战略的正确理解。这种理解也将指引未来的多元化，以及选择未来涉足新行业的技术和活动的发展。下列行动方案为执行评估提供了一个具体的方式。企业可借由下列方式来选择公司战略：

1. 确定既有事业单位之间的交互关系。企业可从目前事业单位的资产组合中，找出所有共享活动或技能转移的机会，开始发展公司战略。企业不仅要找出提高既有事业单位持续加强竞争优势的方法，同时也要开发更多可能多元化的路径。资产组合中缺乏有意义的交互关系，也是一项重要的发现。这项发现意味着必须证明公司重组或基本重组能带来附加价值。

2. 选择能成为公司战略基础的核心事业。成功的多元化，始于认清可当做公司战略基础的核心事业。核心事业是那些具有吸引力、有形成可持续竞争优势的潜力、与其他事业单位有重要交互关系，以及能提供代表多元化技术和活动的产业。

企业必须首先借由提升管理团队，采用国际化的战略，或改进技术，以确保其核心事业的稳固基础。研究显示，无论是通过购并、联合投资，还是通过成立新公司等方式，既有事业单位在地理上的扩张，其转卖率都远低于多元化的做法。

对于非核心的事业，企业也要保持耐心。把它们转卖掉将有助于灵活配置资源。在某些情况下，处置资产意味着能立即得到流动现金，而在另一些情况下企业应当整顿这些事业单位，等待更佳的市场时机，或特别有兴趣的买主。

3. 创造水平式的组织机制，促进核心事业间的交互关系，并形成未来相关产业多元化的基础。高级主管要促进内部的交互关系，方法包括强调跨事业单位的合作、有组织地对事业单位进行分组、修改激励机制，以及逐步建立强烈的企业归属感等。

4. 寻找需要共享活动的多元化机会。假如公司的战略能通过 3 项基本测验的话，那么它的公司战略将会极为有利。企业应该将现有事业单位中最能共享的活动，如强大的分销渠道或世界级的技术设备，予以集中应用。这些活动会引导出有发展潜力的新行业。企业也可以运用购并或新设公司作为桥头堡，后者可以发挥内部能力和减少整合的问题。

5. 共享活动机会有限或不再时，设法通过技能转移以达成多元化。企业可以通过购并追求此一战略；如果既有事业单位具有重要技能并且能转移的话，成立新公司亦不失为另一种合适的方式。

此种多元化方式通常风险较高，因为它所需要满足的条件最严苛。当企业面对这种不确定性时，必须避免只凭技能转移的基础来进行多元化。反过来说，共享活动可以被视为后续多元化的踏脚石。选择新产业时，应以能自然导引至其他产业为准。此一目标是建立一个有关联而且能相互强化的事业单位所形成的产业簇群。该战略的逻辑意味着，企业不应该对进入新领域的初步行动设定太高的回报率标准。

6. 管理技能适当或目前并无良好机会以打造企业内的交互关系时，可以追求企业重组战略。当企业发现一家公司经营不善，而且本身具有足够的管理能力与资源时，它就可以运用企业重组战略。资本市场愈发达、市场对企业的影响愈大，就愈需要耐心地寻找特殊的机会，而非不论好坏地一味贪多。

7. 发放股息以使股东能成为资产组合经理人。发放股息，要比实施基础不稳的多元化进而损害股东价值来得好。有些企业以税务理由来避免发放股息，但是企业如果不能展现盈利能力的话，它就缺乏多元化的合理理由。

确立企业的经营范围

要确保企业能创造出股东价值，设计、定义企业的范围不失为一良策。恰当的经营范围，有助于统合各事业单位的努力，并强化彼此间交互关联的方法，以及在选择进入新行业时能有指导原则。以“电脑与通讯”为经营范围的NEC，便是一个很好的例子。NEC处理它在电脑半导体、通讯与消费性电子产业时，就对电脑和通讯产业的范围进行整合。

确立一个明确的企业经营范围，说来容易做起来困难。像哥伦比亚广播公司希望成为一个“娱乐事业集团”，因此建构了一系列与休闲生活有关的事业单位，进军玩具、游艇、乐器、职业球队以及音乐零售业。这个企业集团的经营范围看似不错，认真想却是华而不实。这些行业彼此之间并没有共享活动的机会，或进行技能转移的可能，更不用说它们与广播电视和唱片等核心事业的关系。除了少数出版相关行业因为与哥伦比亚集团存有相关性而得以存活外，其他大多在历经庞大的亏损后被转卖出去。我在研究中发现，哥伦比亚广播公司因为广播电视和唱片业的杰出表现所创造出的股东价值，却因拙劣无比的购并而被侵蚀殆尽。

由竞争战略上升到公司战略，是一项如同通过百慕大三角洲的任务。公司战略的失败反映出一个事实，即大多数多元化企业未曾认真思考如何增加附加价值。一个能真正加强各事业单位竞争优势的公司战略，也是对企业袭击者的最佳防御战略。如果企业能把重心更多地放在多元化测验之上，并对公司战略的概念加以明确地选择，往后的企业多元化记录将大不相同。

ON COMPETITION

第二篇 地域的竞争力

06 国家竞争优势

国家财富是后天形成的，而非天生。它并不像古典经济学所称，与一个国家的天然资源、劳动人口、利率、币值有关。

国家的竞争力在于其产业创新与升级的能力。企业要能与世界最强的竞争者展开竞争，并获得竞争优势，关键在于国内的压力和挑战。强悍的国内竞争对手、积极行动的本国供应商、挑剔的本国客户，锤炼出这些企业过人的筋骨。

当今世界国际竞争愈来愈激烈，国家的作用不减反增。随着竞争的基础转为创造和累积知识，国家的作用变得日益重要，创造与保持竞争优势也变成本土化的过程。国家在价值、文化、经济结构、制度和历史的差异，都与竞争发生关联。不同国家有不同的竞争力形态，没有哪个国家能在所有或大多数产业中独领风骚。因此，各国都能在特定的产业成功，因为本国环境对于这些产业最有前瞻性、活力与挑战性。

这些结论可说是过去对 10 个贸易强国竞争成功的类型进行研究所得到的成果，但也与许多政府和企业持有的传统看法，尤其是目前美国的指导原则有所冲突（有关这项研究：参看本章的插入内容“国家竞争优势的类型”）。根据普遍的看法，劳动成本、利率、汇率、经济规模是左右竞争最有力的因素，而企业界流行的词汇则是购并、联盟、战略性伙伴、合作、没有国界的全球化。经理人对政府施压，要求支持特定产业。政府之间也往往实施各种政策实验，从管制汇率到左右贸易到变相鼓励垄断等政策，但通常结果总是适得其反（参见本章的插入内容“何谓国家竞争力？”）。

这些当前广受政府与企业青睐的方法，问题其实很大。它们从根本上误解了竞争优势的真正来源。追求这些短期上很有吸引力的目标，绝对会让美国与其他发达国家，无法实现实质而且可持续的竞争优势。

我们需要新的理论和工具——一种与传统意识形态或理论风尚无关，真正源自国际化成功产业的竞争力分析。我们需要知道，哪种方法行得通，为什么行得通。接下来我们要加以应用。

国家竞争优势的类型

为了调查为什么有些国家能在特定产业上获得竞争优势，以及竞争优势对企业战略与国家经济的启示，我主持了一个长达4年、涵盖10个重要贸易国家的研究。这些国家分别是：丹麦、德国、意大利、日本、瑞典、瑞士、英国和美国等。这个研究小组拥有30多位成员，他们绝大多数是以本国为研究对象的学者，但是使用的研究方法则事前经过统一。

10个国家中，美国、日本、德国这3个国家的工业处于世界级领先水平，其他各国则在国土面积、人口总数、政府产业政策、社会文化方面各有差异。1985年，它们的进出口金额占了全球贸易的50%。

大多数有关“国家竞争优势”的研究，往往只针对单一国家的表现，或仅就两个国家相互比较。本研究借由研究各国在特质和环境上的广泛差异，将特殊情况排除在国家竞争优势的建构条件之外。

这项研究，从两方面对所选国家进行考察。第一部分是通过已有的统计数字、补充性的公开信息与深度访谈，找出各国具有国际竞争优势的各类产业。我们对“国际成功”的定义是：该国的这项产业是否拥有足以与世界级竞争对手较劲的竞争优势。盈利程度等许多传统衡量竞争优势的指标，往往有误导之嫌。因此我们选择的指标包括：能对多国进行实际与持续的出口贸易；在母国发展资产与技术，并借以进行海外投资的企业。我们把国家视为企业的根据地，不论这些企业是当地人持有的本土公司，还是能独立营运的外资子公司。我们选择1971、1978和1985年这3个时点，整理出各国有国际竞争实力的产业轮廓。在这些国家，有竞争力的产业绝非随机发生，我们的任务就是解释这个现象，以及这些产业如何随时间演变。还有一个很有趣的课题是，各国有竞争优势的产业之间的关联性。

这项研究的第二部分，则是借着回顾一些特定产业竞争力的历史，了解竞争优势是如何被创造出来的。根据各国的国力调查，我们选择100多种产业或产业体系进行详细研究。我们尽可能回溯产业发展的历史，借以认识某个产业为何以及如何在国家生根、成长，其下的企业又是在何时、以何种方式发展出国际竞争优势，又如何保持或丧失这些国家竞争优势的完整过程。这些产业史研究或许不是历史学者巨细靡遗的大作，但是它给我们提供了看待产业发展与国家经济的新视角。

被遴选为各国样本的产业，必须能代表这个国家在特定产业上的竞争优势。它们都在该国贸易量中占有重要比例：在日本、德国和瑞士，具有竞争优势的产业占了全国出口的20%；在韩国，具有竞争优势的产业占全国出口的40%以上。这当中不乏当代国际最著名的产业成功故事，诸如德国的高级轿车和化工产品、日本的半导体和录像机产业、瑞士的银行和制药业、意大利的纺织和制鞋业、美国的民航业与电影业等。我们也选择一些知名度不高，但具有高度竞争优势的产业进行研究，如韩国的钢琴业、意大利的滑雪靴业和英国的糕饼业。另外，我们也注意到一些与传统理论相矛盾的产业，例如，在内需市场不存在的情况下，日本的英文打字机业不但出口强劲，而且还进行了大量的海外投资。我们撇开高度依赖自然资源的产业，因为它们的竞争优势问题比较适合采用传统理论解释，而且已不是发达经济体的骨干产业。不过，我们的研究对象也包括与自然资源相关但技术密集度较高的产业，如新闻纸业或农业化学业。

这里所选择的国家和产业，为发展与验证国家如何形成竞争优势的理论，提供了丰富的实证基础。本部分内容集中于单个产业形成竞争优势的关键要素，并描绘了我们的研究对政府政策与企业战略实践的总体意义。我在《国家竞争优势》一书中，发展出更完整的理论及其更深层的含义，并有更多的案例。该书也包含对所研究国家更详细的描述，以及经济发展的未来展望。

何谓国家竞争力？

国家竞争力的强弱，一直是个热门话题，但是各家说法之间却经常相互矛盾，更缺少放诸四海皆准的理论。更重要的是，我们在对有竞争力的企业之说法愈来愈清楚之际，却对有竞争力的国家这一概念模糊不清。直到今天，我们并没有一个能应用在国家“竞争力”上的定义。

有些人把国家竞争力看成是由汇率、利率、政府预算赤字等变量所引导的总体经济现象。但是有预算赤字问题的日本、意大利、韩国，面临货币升值压力的德国，以及实施高利率政策的意大利和韩国，这些国家的生活水平仍在快速提升。

有些人则主张，国家竞争力源自廉价而充沛的劳动力。然而如德国、瑞士或瑞典等国家，不但薪资高，而且劳动力短缺，它们的经济照样繁荣。此外，高薪似乎正是一个更合理的竞争目标。

还有一派将竞争力的大小与国家资源丰富与否画上等号。不过，又该如何解释德国、日本、瑞士、意大利和韩国这些资源有限、必须依赖进口原料的国家？

近年来，也有人将左右竞争力的源头指向政府政策：在政府的产业目标、保护政策、奖励出口和补贴等推波助澜下，日本与韩国的汽车、钢铁、造船、半导体产业纷纷登上世界主要舞台。但仔细考查就会发现，这类推论并没有扎实的资料佐证。在意大利，政府干预的效果奇差，但是意大利产业的出口成长率一度仅次于日本，高居世界第二位。德国政府很少直接干预出口产业。即使在日本与韩国，传真机、复印机、机器人、高级材料等重要产业中，政府的影响力也很薄弱；而一般认为是政府主导成功的日本缝纫机、钢铁、造船等产业，早已过时老去。

最后，还有一种蔚为风行的国家竞争力说法，认为这是由各国管理模式差异造成的。然而，这类解释也有它的问题，因为不同产业需要不同的管理方式。在意大利，小型、私人与松散的家族企业构成制鞋、纺织和珠宝等产业的骨干。这类产业的成功管理模式，如果被移植到德国汽车或化工，瑞士制药厂，美国飞机公司，结果可能是一场灾难。此外，也不可能找出管理劳资关系的通则。一般说法认为，工会强大会伤害竞争优势，但是在德国和瑞典，工会势力都非常强大，这却无碍于这两个国家发展出国际知名的大企业。

显然，前面的解释并不能令人满意，更没有哪一种说法能清楚说明，在国际竞争中产业与国家的关系。它们似乎各自成理，但是竞争优势显然来自更广泛也更复杂的力量。

众说纷纭的观点也暴露了一个更根本的问题，即一个国家必须具备哪些条件才能被称为“有竞争力”。一个“有竞争力”的国家，它的产业与企业是否也都是竞争高手？似乎没有哪个国家符合这个标准。即使在日本，大部分的产业与企业也远远落后于国际竞争对手。

“有竞争力”的国家是否意味其汇率应使该国产品价格能在国际市场上竞争？问题是，无论德国或日本，尽管长期面临货币升值的压力，它们的生活水平仍在大幅提升。

“有竞争力”的国家是否表示它拥有大量的贸易顺差？瑞士的贸易收支只能勉强平衡，意大利则经常出现贸易赤字。但是这两个国家的国民所得都在上升。“有竞争力”的国家是否必须是低工资和低劳动成本？印度与墨西哥符合这个标准，但他们的产业模式似乎都缺乏吸引力。

在国家层面上，有关竞争力的唯一有意义的概念就是“生产力”。国家的基本目标是为其人民提供高水准的生活，实现这一目标的能力则取决于运用劳动力与资本等国家资源所得到的生产力。生产力是每单位劳动力与资本的产出价值，并且由产品的质量、性能（这两者决定产品价格）以及生产效率决定。生产力是人均国民收入的根源，因此也是决定一个国家长期生活水准的基本因素。人力资源的生产力决定员工薪资；资本的生产力则表现为投资回报的多寡。

国家生活水平的高低，取决于企业达到高生产力水平的能力，以及继续提高生产力的能力。生产力的持续发展需要经济持续升级。企业持续改善产品的做法，不外乎提高产品品质、增加必要性能、改善产品技术或提高生产效率等。他们必须培养出在生产力要求越来越高，越来越精致的产业部门进行竞争的能力。最后，他们必须培养出能在全新的、更精致的产业进行竞争的实力。

国际贸易与海外投资犹如一把双刃剑，一方面带给国家提升生产力的机会，但同时也威胁该国的生产力。由于国际贸易，一国得以专注于企业生产力较高的特定产业或产业区间，并且进口生产力不如外国竞争对手的产品与劳务。没有哪个国家能在所有产业中所向无敌，理想的状态是，有限的资源被运用在最有生产力的领域。即使是在发达国家，也并非每家企业都有竞争力。

当然，国际贸易与海外投资也可能威胁生产力的发展。它们让国家的产业暴露在国际标准之下。与国外的竞争者相比，如果产业的生产力并未高到足以抵消国内的较高薪资，就会面临被淘汰的命运。如果一个国家无法在高生产力或者高薪资产业中竞争，它的国民生活水准便会受到威胁。

这也是为什么贸易盈余或贸易平衡并不代表一个国家有竞争力。一个国家如果以低工资和货币贬值扩大出口，同时又依赖进口精密高档产品，纵使创造贸易顺差或贸易平衡，也可能损及国民生活水准。竞争力也并不等于创造就业机会。决定经济繁荣的因素，并非以低工资创造就业机会，而是工作的类别。

因此国家的“竞争力”，其实是个伪命题。我们不能只看整体经济表现，而必须先认识决定生产力的因素，以及生产力发展的速度。接下来从细处着手，针对单个产业和产业部门的表现，了解生产力。我们必须知道，有商业价值的技能和技术是何时及如何被创造出来的，这些问题只有在对特定产业进行全面观察后才能得到解答。在特定产业与产业部门中，企业为了胜过外国对手，会在特定产品或产业上尝试设计与改善成百上千个生产流程。国家生产力的升级正是奠基在这个过程中。

如果我们仔细观察任何国家的经济，将会发现，能在国际竞争中脱颖而出的产业，通常各有不同的竞争优势，而且这些优势都集中在特定产品或产业部门上。德国出口的汽车集中在高级车种，韩国的出口主力则在汽车零件或零部件。在许多产业和产业部门里，真正具有国际竞争优势者，往往就是那少数几个国家。

因此我们要找出，使得某国之企业在特定领域获得和保持竞争优势的决定性特质——国家的竞争优势。我们特别关心技术与技能密集产业或产业部门在国际上崭露头角的关键要素，因为它们是生产力的基础。

古典理论解释国家在特定产业上的成功主要是根据土地、劳动力和天然资源等所谓的生产要素。它认为国家可从自身拥有最丰富，可以密集使用的要素中，获得比较优势。不过在科技力量与全球化竞争之下，先进产业与发达经济体却颠覆了古典理论。

新的理论必须承认，在现代化的国际竞争中，企业的全球战略不仅涉及贸易，还包括海外投资。新理论必须解释，为什么国家能向本国企业提供一个在国际竞争中有利的环境。母国基地通常是企业保持与创造实质竞争优势之所在，企业在这里制定战略，发展与维系核心产品和制造工艺技术，创造最有生产力的工作与最先进的技能。企业在一个国家建立企业总部，对当地的相关产业和国家经济，将产生极大的正面影响。虽然企业的所有权通常集中于母国，但投资人的国籍却未必如此。

新的理论必须超越比较优势理论的层次，提升到国家的竞争优势。它必须反映市场细分、产品差异、技术差异和规模经济等更丰富的竞争概念。新理论必须超越成本观念，解释为什么有些企业比别国对手有品质、性能和新产品创新的优势。新理论必须以动态和不断进化的竞争为前提。它必须回答下列问题：为什么有些企业比别国对手更能创新？为什么有些国家可以为企业提供一个环境，使之能比外国竞争对手更快地进步和创新？

企业如何在国际市场制胜

全球各地成为国际性产业龙头的企业，各有不同的战略。尽管成功的企业各有其独门兵法与特别的操作规矩，但是它们的特质与成功的轨迹，其实大同小异。

企业通过创新形成竞争优势。它们在各种领域，包括新科技与新的做事方式中发展创新，寻找新的竞争基础，或从旧的方法中找出更好的竞争手法。创新可以是新的产品设计、新的生产流程、新的营销方法，或是一种新的训练方式。许多创新是平凡观点的累积，靠的是些微的领先与洞察力累积，而非单一、重大的科技突破。创新的点子通常并不“新”——随处可见却很少有人当真。创新常涉及技术与知识，以及有形资产与品牌声誉的投资。

有些创新是察觉到一个受到忽略的全新市场机会，或为新的市场细分提供服务。当竞争者反应太慢时，这类创新就会带来竞争优势。以汽车和家电业为例，日本企业最早提出轻薄短小的产品形态，加上外国竞争者认为获利不高、不重要、缺乏吸引力而不当一回事，于是形成竞争优势。

在国际市场中，引发竞争优势的创新是不分国界的。比方说，当今国际上越来越在意产品安全，瑞典的沃尔沃汽车、阿特拉斯·科普柯与AGA公司的成功，就是因为他们提前预见到这个领域的市场机会。另一方面，如果本国市场所关心之事与状况并未与国际同步，这类创新只会减缓企业发展国际竞争力的速度。美国庞大国防市场的诱惑，就扭转了美国材料与机床业者对全球市场的注意力。

在改善与创新的过程中，信息扮演了重要的角色——信息可能是竞争对手无法取得，或是并未设法取得的事物。有时候，信息只是很单纯地从研究开发或市场研究中冒出来；更多时候，它来自努力、开放的态度，来自不受传统观点或盲目假设的影响、追求真相的态度。

这也是为什么创新者通常是来自产业外的人士，或来自不同的国家。创新也可能来自新公司，因为它的老板可能非科班出身，或是在老字号大公司中怀才不遇。当高级经理人是该产业的新人，他们更有可能察觉与追求机会，从而给现有公司带来创新。企业在多元化经营过程中引进新的资源、技能或对其他产业的观点时，也可能带来创新。还有，创新可能来自不同环境或不同竞争方式的国家。

撇开极少数例外不谈，创新是不寻常的努力的结果。企业能成功执行崭新或更好的竞争方式，大多靠着不屈不挠的决心，接受严苛的批评，克服艰辛的障碍。事实上，成功的创新通常是由身处逆境、面对压力、势在必行的力量激发出来的。这种没有退路的恐惧担忧，远比希望有所得的诱因强大许多。

一旦企业通过创新形成竞争优势，保持竞争优势的不二法门就是无止境的改善。优势都有其局限性。韩国企业在大批量生产标准化彩色电视机与录像机上，已经与日本对手旗鼓相当；在休闲鞋的设计与组装技术上，巴西厂商的能力也不逊于意大利的竞争对手。

任何企业一旦停止改善与创新，终将被竞争对手取代。有时候，僵化的企业可能因顾客关系、既有技术的规模经济、分销渠道的忠诚度等在初期获得优势，而且使得它能继续维持优势地位达数年、甚至数十年之久。但迟早，更有活力的对手会找出创新优势的方法，或创造出一个更好或成本更低廉的做事方法。意大利的家电厂商虽然成功地通过大型零售渠道，以低成本的优势来销售中小型的家电用品，而坐拥一段为时不短的初期优势。但后来德国竞争厂商通过发展差异性更强的产品，创造高知名度的品牌，而开始攻城略地。

最后，保持竞争优势的唯一之道是升级——朝越来越精致的形态发展，这也是日本汽车厂商的做法。它们最初以较低的劳动成本为基础，发展出品质尚可的小型、廉价车，而打入外国市场。而且即使劳动成本优势仍在，日本厂商已开始着手升级：它们大量投资，只建大型现代化工厂，以获取规模经济效益。然后，它们转向工艺流程的创新，率先推出零库存生产的做法，并成为品质与生产力的盟主。这些流程的改善导致更佳的产品品质、更少的维修记录、更高的客户满意度。近年来，日本汽车又成为生产技术的领先者，频频推出高价位的新品牌，与全球最受推崇的轿车一决雌雄。

日本汽车厂商的例子还说明，维持竞争优势还需要两个前提。第一，企业的战略必须包含全球化的思考。它必须通过自己掌握的国际市场渠道，向全球销售自有品牌的产品。一个真正的全球化做法，可能需要企业将生产与研发设备移到海外，以利用当地的低工资条件，顺利进入当地市场，或利用外国技术。第二，要创造更能持久的优势，企业在握有优势时，就必须未雨绸缪——即使它目前看来仍具优势。日本汽车厂商很清楚这一点，它们若不自行放弃既有优势、争取新优势，就会被其他竞争对手取而代之。

这个例子告诉我们，变革与创新是密不可分的。但是变革并非自然产生，尤其对成功的厂商而言，变革会面临强大的排斥与反扑的力量。过去的做法已成为标准作业程序与管理控制的机制：各项训练强调做事的正确方法只有一种；专业且集中的设施，将过去的做法凝聚为牢不可破的砖墙；既有战略弥漫着一股不容侵犯的气势，并深植于公司的文化之中。

成功的企业很容易在预测能力和稳定性上出现偏差。它们的工作就是保护既有的一切。改革会受到排斥，因为它会使人害怕失去太多，引来恐惧。组织中的各个层级，会主动过滤掉建议新做法、修正或偏离常规的信息。企业内部环境的运作如同免疫系统，会隔离或驱逐挑战现有方向，企图建立新思考的“有敌意”个人。创新因而停止，企业开始僵化。被更强的竞争对手取代，只是时间早晚的问题而已。

国家优势的钻石体系

为什么在有些国家中，部分的企业能持续创新？为什么它们锲而不舍地进行改进，寻找更精致的竞争优势来源？为什么它们能克服变革与创新的实质障碍，进而获得成功？

答案系于一个国家的四大特质，这些特质各自独立，又能系统性地组合成国家优势的钻石体系。在组成此一钻石体系的各领域中，各国可据以建立其产业，并加以经营。这些特质分别是：

1. 生产要素条件 该国生产要素，例如熟练的劳工或基础建设，是产业必备的竞争要素。

2. 需求条件 本地市场对产品或服务的需求本质。

3. 支撑产业与相关产业 该国是否具备这项产业的支撑产业与相关产业，及这些产业是否具有国际竞争力。

4. 企业战略、结构与竞争状态 支配企业如何创建、组织与管理的国内条件，以及该国的国内竞争性质。

这些关键要素创造出国家环境，而企业在其中诞生并学习如何竞争（见图6–1）。钻石体系的每个点，以及体系本身，都会影响企业在国际竞争中获得成功的基本条件。例如，是否具有形成产业竞争优势的必要资源与技术；是否拥有能让企业察觉趋势方向、调度资源和技术机会的充分信息，以及企业主、经理人与员工的目标。而最重要的是，企业投资与创新的压力（参见本章的插入内容“钻石体系如何运作：意大利瓷砖产业”）。

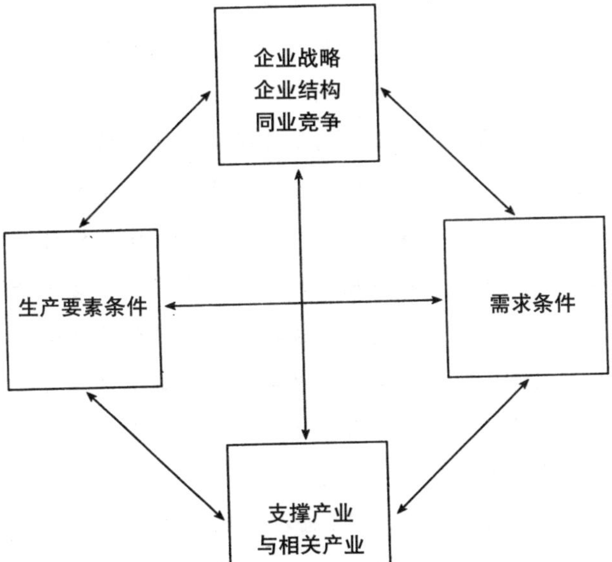

图 6–1 国家竞争优势的四大要素

当一个国家的环境能让企业以最快的速度累积专业资产与技能——有时只是因为努力与承诺——企业就会获得竞争优势。当一国的环境能为企业持续提供更好的产品与制造工艺的信息与洞察力时，企业也会从中获得竞争优势。最后，当国家环境逼迫企业创新与投资时，企业不但会形成竞争优势，也会持续提升这些优势。

钻石体系如何运作：意大利瓷砖产业

1987年时，意大利瓷砖生产业年产值100亿美元，是名副其实的瓷砖生产和出口王国。意大利瓷砖厂商主要集中在艾米利亚–罗马涅省的萨索洛镇。当地生产的瓷砖占全球产量的3成，国际市场的6成，并为意大利带来14亿美元的贸易顺差。

从意大利瓷砖产业的竞争优势的发展，可以看出攸关国家优势的钻石体系如何运作。萨索洛镇一直在瓷砖方面保持竞争优势，并非始于静态优势或历史渊源，而是由于产业内部的活力与变革。这里面有精明而挑剔的本地客户、强劲而独特的经销渠道、与本地厂商之间的贴身肉搏，业者因此面临持续创新的压力。不停的实验，累积的制造经验，让瓷砖知识快速成长。企业对乡土的感情与责任，又让业者持续投资，绝不轻言放弃。

在当地，高度发展的设备供应商和支撑产业，使得材料供应、服务和基础建设源源不绝，这也是萨索洛瓷砖产业的一大优势。这些世界一流的相关产业强化了意大利在瓷砖上的实力。最后，产业簇群的地理集中性主导了整个过程。今天，别国厂商要竞争的，事实上是一套完整的文化。这套系统机制的本质，代表了萨索洛瓷砖厂商最有持续力的优势。

意大利瓷砖产业的起源

萨索洛镇的瓷砖生产，源自13世纪当地陶器与瓦器的制造业。直到第二次世界大战结束，当地从事瓷砖制造的厂商依然屈指可数，也只限于本地市场。

战后的意大利，瓷砖的需求出现戏剧性的增长。因为重建计划需要大量建材，意大利本地对瓷砖的需求尤其强劲，原因是瓷砖满足了气候、本地品位和建筑技术的需要。和意大利其他地区相比，萨索洛镇的经济条件较好，当地人以小额资本加上必要的组织技术，就开始设立瓷砖工厂。1955年，当地共有14家瓷砖厂商，到了1962年，数目增为102家。

这些新企业得力于当地充沛而有经验的技术工人。环绕萨索洛镇的是法拉利汽车、玛莎拉蒂跑车、兰博基尼以及其他精密技术厂商所在地。当瓷砖产业开始成长繁荣，许多有技术的工人和工程师闻风而至，涌入这些成功的企业中工作。

意大利瓷砖产业的崛起

意大利瓷砖产业发展之初，黏土与生产技术完全依赖国外。20世纪50年代，瓷砖的材料是白色高岭土，萨索洛当地并没有这种材料，必须从英国进口。窑炉由德国、美国和法国进口，砖板平轧机是从德国进口。即使最简单的上釉机，也是依赖进口。

时间一久，砖厂商学习到如何修改进口设备，以适应本地环境：以当地的天然气取代重油，红土取代白土。萨索洛镇的技师一旦有所成就，往往就离开东家，自己成立瓷砖机械厂，于是本地的瓷砖机械产业开始形成。到了70年代，意大利自制的窑炉与平轧机不但世界一流，而且开始外销。于是形势开始逆转：早期萨索洛镇厂商进口别国窑炉来生产红土瓷砖，如今别国厂商反而向当地采购窑炉。

由于设备制造商与瓷砖生产商几乎毗邻而居，他们之间也有异常紧密的关系。20世纪80年代中叶，意大利大约有200家瓷砖机械制造商，其中60%汇集在萨索洛地区。为了争夺本地的商机，他们彼此竞争激烈，瓷砖厂商采购设备的价格通常低于外国竞争者，并能提早取得最先进的设备。

随着萨索洛地区瓷砖产业集中，形成簇群，这个产业的工程师、生产技师、维修工人、服务技师、设计人员等专业人群也在不断成长。这种地理集中性，鼓励了模具、釉料、包装材料、运输服务等其他支撑产业和相关产业的形成。小型专业化的咨询顾问公司也应运而生，给瓷砖业者提供在工厂设计、物料管理、财务、广告和营销等方面的服务。

由于意大利瓷砖生产协会的成员大多在萨索洛一地，这个公会也逐渐开始对会员提供如大宗采购、国际市场调查、法律事务和财务咨询等一般服务。瓷砖产业簇群的不断成长，又刺激了更多新的生产材料专业研究机构的形成：1976年，博洛尼亚大学、地区代理商以及瓷砖生产协会联合组成了“博洛尼亚中央瓷砖协会”（Centro Ceramico bi Bologna），进行产品分析与制造工艺的研究。

精致化的国内需求

整个20世纪60年代，意大利可能是全球瓷砖人均消耗量最高的国家。意大利瓷砖市场也是全球最精致的高级市场。意大利的消费者会率先使用新设计与新性能的产品，瓷砖生产商则持续创新以改善生产方式，并推出新造型，这就形成双向互动的良性循环。

这种独特而精致的国内需求特质，也延伸到零售领域。20世纪60年代，意大利开始出现瓷砖专卖店；1985年，这类专卖店的数目将近7 600家，并掌控近8成的国内销售量，比例远高于其他国家。1976年，皮耶姆公司首先推出由著名设计师设计的瓷砖产品，旨在增加销售渠道，并在消费者心中建立品牌形象。这些创新得力于意大利设计服务产业，因为意大利的设计服务业全球数一数二，每年出口值超过100亿美元。

萨索洛当地的竞争

萨索洛地区的瓷砖厂商密度太高，造成竞争接近白热化。任何有关产品或制造工艺的创新一出现就传扬开来，迫使企图在技术、设计、销售上领先的厂商，必须持续改善。

毗邻而居的激烈竞争也掺杂了个人因素。因为这些公司大多是自营性质或家族企业，企业主在同一个地区生活，彼此熟识，也是镇上的领袖人物。

升级的压力

在20世纪70年代的早期，意大利瓷砖业面临国内的激烈竞争、零售客户的压力，及1973年石油危机的冲击，为此业者必须辛苦地降低油耗和劳动成本。这些努力导致技术突破，出现快速的一次烧成工艺（single-firing process）。这种工艺使得瓷土硬化、质变和上釉等步骤，能在窑内一次完成。使用一次烧成法后，原本需要225名工人进行的双烧法产品，减少到只需90人即可完成。制作时间也从16~20小时，降至50~55分钟。

这种新式、体积较小、重量更轻的一次烧窑设备，也更容易外销。20世纪80年代早期，意大利设备制造商的外销数量首度超过内销。1988年，设备制造商的营业额中，近8成来自外销。

在瓷砖厂商和设备制造商的合作下，20世纪70年代中晚期，意大利瓷砖产业出现另一次重大突破：进料流程一贯化作业取代传统单窑作业。这项创新大幅减少了劳动成本，而劳动成本一直是意大利瓷砖生产的不利因素。

在当时，一般认为，意大利劳动成本远低于美国和德国。其实，美国与德国在各行各业的薪资差异很大。在意大利，技能等级的薪资落差并不大，法令也严格限制业者要求工人加班或上夜班。这项限制为瓷砖厂商带来巨大的成本：因为烧窑冷却后再启动的成本非常可观，最好是24小时持续作业。由于这项不利生产因素，意大利成为第一个发展自动化生产过程的国家。

国际化

意大利瓷砖市场在1970年进入饱和，停滞的国内市场迫使厂商更勤快地扩展海外市场。在瓷砖外销上，相关产业与支撑产业也助上一臂之力。瓷砖厂商通常会在国内外专业建筑杂志上刊登广告，而意大利的室内设计与装潢杂志，原本就拥有大量海外建筑师、设计师和消费者订户。杂志的优势连带强化了意大利瓷砖的形象。另外，意大利的大理石、建材、卫浴设备、灯饰、室内用品等产品都是世界一流，这些产业的形象有助于瓷砖业的外销。

1980年，意大利瓷砖生产协会在美国成立产品促销据点；德国与法国的促销据点则分别在4年和7年后成立。它举办的商展从意大利博洛纳到美国的迈阿密，同时大量刊登精美的广告促销意大利瓷砖。整个1980~1987年间，这个组织对美国市场促销的经费，大约有800万美元。

生产要素条件

根据传统经济理论，生产要素条件，如劳动力、土地、天然资源、资本、基础设施，会决定贸易的流向。一国所出口的商品，必然是在使用生产要素条件上占有相对优势的项目。这个理论可以追溯到亚当·斯密与大卫·李嘉图的古典经济学。

但是一个国家要有能支撑任何经济进步的精密产业，大多数生产要素条件，如熟练劳动力或科技基础等，并非天生，而是被创造出来的。更重要的是，特定时间内，该国拥有生产要素的多寡，还不及在特定产业内创造、提升与使用这些要素的效率来得重要。

最重要的生产要素条件，是那些涉及持续与大量投资，以及专业化的部分。基本生产要素，如劳动人口、天然资源等，并不能建构知识密集产业的优势。企业可以通过全球化战略，获得那些基本生产要素，或以技术克服这些因素。不同于传统观点，现代的国际竞争中，光是靠大量只有高中学历或大学程度的一般劳动力，并没有任何竞争优势可言。要获得竞争优势，必须在满足一个产业的特定需求上高度专业化，如在光学专业方面的研究机构，支持软件公司的人量资金等。对外国竞争者而言，这些因素比较稀少，也更难模仿，而且需要持续投资才能形成。

国家会在最能创造生产要素的产业上成功。竞争优势源于率先创造专业化因素，并有世界一流的组织不断提升水平。丹麦有两家医院专注于研究与治疗糖尿病，结果丹麦便成为出口胰岛素的全球龙头；荷兰拥有世界一流的花卉种植、包装和运输的研究机构，它也就成为花卉出口的龙头角色。

微妙的是，基本生产要素也可能会妨碍企业创新与升级。因此，从静态竞争来看的所谓“劣势”，通常是动态竞争中的一项优势。当一国的劳动力充沛、天然资源丰富廉价时，企业会依赖这些优势，并导致欠缺效率。如果企业面对选择性的劣势，如土地昂贵、劳动力短缺或本地缺乏天然资源等，而又想要在市场上竞争，它就必须创新与升级。

日本人经常放在嘴边的一句话，“我们是个缺乏天然资源的岛国”，就充分显示，这些缺憾有助于激发日本人的竞争创新。像零库存生产就是节约昂贵空间下的产物。意大利在布雷西亚地区的钢铁生产，也面对相似的劣势：高资金成本、高能源成本以及本地缺乏天然资源。这些位居北伦巴第的民间企业，面对着没有效率的国有运输系统以及遥远的南方港口，后勤运筹成本因而大增。这些劣势也导致它们率先推出只需要相对较少的资金、能源，可利用回收废铁的先进冶矿技术，这些技术讲求小规模、高效率，容许生产商将工厂设在接近铁屑来源与最终使用者的地点。换句话说，它们将不利的生产要素转为竞争优势。

要把劣势转化为优势，必须具备下列条件。第一，必须提供企业关于环境的适当信息，好让企业能比别国竞争对手抢先一步创新。以瑞士为例，第二次世界大战后，这个国家首先面临劳力短缺的问题。瑞士企业以提升劳动生产力、寻求更高价值及更能持久的市场细分来回应这项劣势。而大多数外国厂商在当时仍处于劳力充沛的情况下，专注于其他事务，导致升级缓慢。

第二个将劣势转为优势的条件是钻石体系具有其他有利的条件。企业要创新，必须拥有适当的人员与技术，以及能提供适当信息的本国市场需求。此外也需要激烈的国内竞争，以形成创新的压力。另一个前提是企业要对产业有永续经营的信念。缺少这样的信念与激烈的竞争，企业会安心于劣势而非因势利导刺激创新。

以美国消费电子厂商为例，它们面对相对较高的劳动力成本时，便选择把劳力密集型的活动移往中国台湾地区以及亚洲其他国家或地区，以维持产品与生产工艺的不变。另一方面，日本竞争者面对激烈的国内竞争、饱和的国内市场，却选择以自动化淘汰人力运作。此举导致装配成本降低，产品的零部件更少，并改善了品质与可靠性。很快地，日本厂商就在美国厂商大举迁出美国本土时，建立装配工厂。

需求条件

乍看之下，全球化竞争会减少国内需求的重要性。实际情形却正好相反。在国内的市场规模可观时，国内市场的特质与组成，通常会影响企业如何察觉、解释与应对客户的需求。在具有竞争优势的产业上，本地市场会给企业预告一个清楚的客户需求图像，而挑剔型的客户会迫使企业拼命创新，达到比别国竞争对手更大的竞争优势。从重要性来看，国内需求的特质还胜过规模大小。

当特定产业部门或国内的市场规模可观时，国内市场需求条件便有助于建立竞争优势。一个国家的市场越大，企业的注意力就越高；当市场较小而且较不理想时，企业的兴趣就较低。一个很好的例子是，在其他发达国家中，液压挖掘机可能只是其中一个很小的市场行业，但它却是日本国内市场使用最广泛的建设设备。这个市场行业因而成为国际竞争中日本厂商表现最为强悍的领域，也是卡特彼勒在世界市场中无法维持实质占有率的一环。

比市场行业组合更重要的是国内客户的特质。当国内客户对产品或服务的要求是全球最挑剔也最精致时，企业会因此获得竞争优势。精致需求型客户是厂商迈向高级客户需求市场的一扇窗；他们对厂商施加高标准的压力，激励厂商改善、创新、提升自我以进入更高级的市场部门。一如生产要素条件，需求条件也会以强迫厂商面对最严苛挑战的方式，令厂商形成优势。

本地的价值观与环境会导致极端严苛的需求。比方说，日本消费者居住在小型、紧凑的房屋，必须面对湿热的夏季与高成本的电力能源，这真是充满挑战组合的环境。为了回应这样的环境需求，日本厂商抢先开发出小型、安静，且具有省电型压缩机的冷气机。一个产业接一个产业，限制严苛的日本市场强迫企业从事创新，引导产品走向轻薄短小，并得到国际社会的接受。

当本地客户的需求能够预示或改变其他国家的需求时，即为全球市场趋势提供持续性的“早期预警指示”时，本地客户就可以帮助本国厂商获得优势。有时候会因为一个国家的政治价值改变，影响到其他方面的需求，进而引发新的需求。瑞典长期关心残疾人士，使相关产业具有越来越大的竞争力。丹麦的环保主义，导致对水污染控制设备和风车产业的成功。

一般而言，当该国的价值观在海外扩散时，企业便可以预期到，本国的价值观与品位将成为全球化趋势。美国企业在快餐和信用卡方面的全球性成功，反映出美国人对便利的需求，以及对世界各地的传播。国家要向外传递价值观和品位，可以通过媒体、培训外国人，或靠政治影响力及本国企业和公民的海外活动等渠道。

支撑产业与相关产业

第三个国家优势的关键要素是，该国在支撑产业与相关产业的国际竞争力。具有国际竞争力的本国供应商，会以数种方式在下游产业中创造优势：首先，它们以高效、及早、快速，有时甚至是特惠的方式，传送最符合成本效益的原料。

意大利金银珠宝厂商能独领风骚，部分原因是，其他意大利厂商供应全球 2/3 的珠宝制造与贵金属的回收机械。

然而，比零部件和机械更重要的是，本国支撑产业与相关产业提供创新与升级的优势。这也是一种基于密切工作关系形成的优势。供应商与最终使用者毗邻而居，在沟通距离、速度和信息流通，以及持续交换想法、创新上都占有优势。企业有机会影响供应商的技术，也能充当研究开发工作的测试地点，从而加速创新的步伐。

图 6–2“意大利鞋类的产业簇群”说明，一群紧密结合的支撑产业，如何在交

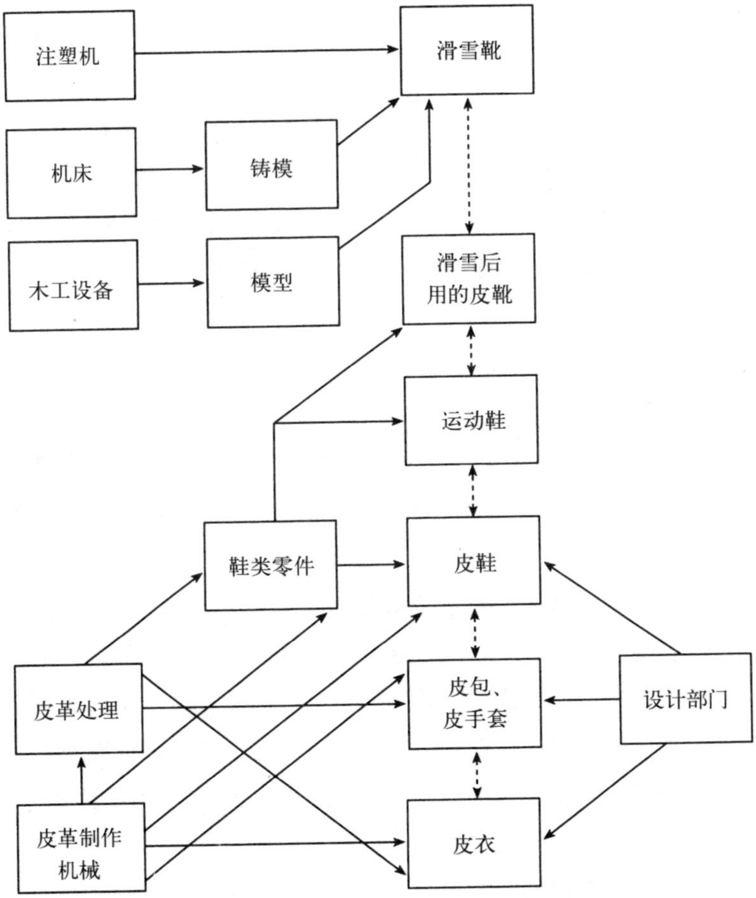

图 6–2　意大利鞋类的产业簇群

互关联的产业领域中创造国际竞争优势。以皮鞋制造商为例，它们定期与皮革制造商进行互动，就新款式和制造技术、开发阶段的新纹路和色样进行讨论。皮革制造商从中取得研判风尚的洞察力，帮助规划新产品。

这种互动具有相互受益与自我强化的效果，但它并非自然形成的：它的形成与地点邻近有关，更重要的是制造商与供应商共同合作。

当供应商本身是国际市场的竞争者时，本国厂商受益最大。若是有哪个国家或企业试图想“俘获”那些完全依赖国内产业的供应商，阻止其与国外竞争者合作，只会弄巧成拙。同样，任何国家也不必为了企业的竞争优势，而强迫自己在所有的支撑产业都具备竞争力。企业可以从海外获得原料、零部件或技术，同时又不会对产品的功能和创新产生重大的影响。电子或软件等产业在应用领域的一般性技术，就是很好的例子。

相关产业的本国竞争，也有类似的效果：信息流通与技术交流，会加速创新与升级。本国相关产业也会增加企业取得新技术的可能性，同时提供新厂商进入该产业的管道，而催生新的竞争方式。瑞士在制药业的成功，来自染料产业的国际竞争力；而日本主宰电子琴行业，源自它在消费性电子产品的地位和乐器的成功。

企业战略、结构与竞争状态

国家状况与所处的时空背景，会创造一种强大的趋势，这关系到企业如何创造、组织和管理，以及国内竞争的本质。以意大利为例，成功的国际级厂商，大多是私人经营、家族型的中小型企业；德国正好相反，企业倾向于科层式的组织结构与管理实务，高级经理人通常是技术背景出身。

管理制度没有绝对的好坏，当前走红的日本式管理也不例外。特定产业的竞争力，来自能汇集这个国家所具优势的管理实务与组织模式，以及产业的竞争优势资源。在意大利，如照明、家具、皮鞋、毛织品以及包装机械等世界级龙头厂商，其战略重心为锁定市场、产品的客户导向、利基营销、快速变化和具有惊人的弹性。如此种种都是为了适应产业的动态和意大利管理制度的特质。德国式的管理制度正好相反，适用于技术或工程导向的产业，如光学、化学、精密工具机等，主要是因为复杂的产品需要精密的制造、仔细的开发流程、售后服务，因此这是一个高度纪律化的管理架构。德国很少在消费品和服务上成功，因为这些产业在竞争上更强调形象营销——快速推出新的功能，以及更新旧产品。

企业与个人所追求的目标，各国之间也有极大的差异。企业目标会反映出该国资本市场的特质，以及经理人待遇这样的决定因素。以德国和瑞士为例，银行股票投资人大多数是长期持股，而且很少交易；在需要研发和新设备的持续投资，且回报率不高的成熟产业中，企业通常表现得相当好。美国正好是另一个极端，它的创业投资基金规模大、股票上市公司也很多，投资人看重各季和各年的股票价格损益；经理人的待遇高低，取决于与个人表现有关的年度分红；美国表现较佳的企业，大多在软件、生物科技等相对较新的产业，以及如专业电子与服务等。新公司的资金投入会加剧这些产业的国内市场竞争。不过，因为投资不足所带来的压力，又会使成熟型产业受到伤害。

个人进行工作和扩展技能的动机，也攸关竞争优势。在任何国家，拥有杰出技能的人才都是稀有资源。一个国家成功与否，相当程度上依赖于优秀人才选择的教育方式、所从事的行业，以及他们对工作的努力和信念。国家制度与社会准则会影响个人和企业的目标，并使某些产业具有特殊地位，进而引导人才与资金的流动，结果直接影响某些产业的竞争表现。各国一般会在人们有兴趣，或出现英雄人物的活动中竞争。在瑞士，地位最高的是制药和银行业；在以色列，则是农业与国防领域。有时候，我们很难区别其中的因果关系。一旦能在国际竞争中成功，产业地位自然大增，并强化它的优势。

最后，要刺激竞争优势的持续力和创造力，还要看本地的竞争状态。在小国瑞士，制药厂商如罗氏、汽巴嘉基、山德士，都位居全球领导地位。美国则是电脑与软件产业。论竞争之激烈，尤以日本为最：在机床产业有112家厂商竞争；在半导体产业中，有34家争雄；音响器材方面有25家夺霸；照相机领域则有15家角逐。事实上，日本能在全球市场扮演主宰地位的产业，通常都有10家以上的本国厂商相互厮杀（见表6–1）。在钻石体系的各点当中，国内竞争被视为最重要，因为它会强烈刺激其他各点的效果。

传统看法主张，国内的竞争有浪费资源之嫌。因为它会导致重复努力，妨碍厂商达到规模经济。“正确的解决之道”是形成一至两家大厂，凭规模与力量和别国竞争者对抗；另外，政府要保障它们取得必要的资源。事实上，即使有政府大量补贴和保护，大多数国家塑造的大厂都缺乏竞争力。在那些只有一两家厂商竞争的重要产业，如航空航天和电信产业中，政府的角色往往扭曲了竞争的本质。

当国内竞争出现时，静态效率往往不如动态的改善来得重要。国内竞争一如任何竞争，会创造企业创新和改善的压力。本地竞争会促使厂商相互降低成本、改善品质和服务，并创造新的产品和工艺。与国外厂商的竞争，更多是理论分析意义上的，并有距离感。与之相反，本地竞争常常不只是纯粹的经济或商业竞争，更多是一种个人之争。他们的竞争不只是为市场占有率，还包括人力资源、技术优势，以及“炫耀的权利”。当一家厂商在竞争中脱颖而出，证明进步是可能的，同时就会引来更多的竞争者加入。厂商常常把国外竞争者的成功归因于“不公平”的优势，而在国内竞争中，这种借口并不存在。

地理上的集中性会强化国内竞争的力道。此种模式放诸四海而皆准：意大利珠宝商集中在瓦伦扎波与阿雷佐两个城市，餐具厂商聚集在德国西部的索林根与日本的关市，大药厂在瑞士巴塞尔，摩托车与乐器在日本的滨松。竞争越本地化，越激烈；竞争越激烈，优势越大。

国内竞争的另一个好处是，它所创造的压力将会使竞争优势持续升级。国内竞争者出现后，会自动破解原来厂商既有的优势，如生产要素、接近本地市场，或外国竞争者进入市场的成本等。厂商被迫超越这些优势，并导致更能持续的优势。此外，厂商对政府支持也倾向于要求公平待遇，而不会为政府工程所麻痹，或依赖产业保护主义。相反，产业将会寻找更具建设性的政府支持，如帮助打开外国市场，投资重点教育机构或其他专业性因素，并因此受益。

激烈的国内竞争最终将迫使厂商寻求全球市场，并使它们名扬海外。特别是当已达到规模经济时，本国厂商将被迫彼此向外寻求外国市场，以获取更佳的效益与更高的盈利。由于已经通过本国市场激烈竞争的测试，这些强悍的厂商蓄势待发地准备在国外市场攻城略地。如果数字设备公司能对抗IBM、通用数据、第一电脑（Prime）、惠普科技等美国厂商，它与西门子、布尔电脑（Machines Bull）等欧洲厂商的竞争，应该不至于会多么艰苦。

表 6–1 在日本部分产业中，互相竞争的厂商数量

空调	13
音响设备	25
汽车	9
相机	15
汽车音响	12
碳纤维	7
建筑设备 *	15
复印机	14
传真机	10
大型电脑	6
起重机	8
机床	112
微波设备	5
摩托车	4
乐器	4
个人电脑	16
半导体	34
缝纫机	20
造船 **	33
钢铁 ***	5
合成纤维	8
电视机	15
卡车和公共汽车轮胎	5
卡车	11
打字机	14
录像机	10

资料来源：实地访问；《日本工业公报》；《日本工业年鉴》；矢野经济研究所，《市场占有比例事典》(1987 年)；研究者的评估。

* 厂商数量因产品领域而不同。最少的是生产推土机的厂商，只有 10 家。生产铲土机、起重机和铺柏油路设备的有 15 家。日本特别擅长的液压挖掘机厂商则有 20 家。

** 其中 6 家厂商的年生产量超过 1 万吨。

*** 联营公司。

钻石体系

上述 4 种特质分别形成国家优势的钻石体系的一个点，各点的作用要看其他点的表现。像精致型客户要能推动先进产品的研发，前提是该国的人力资源够水准，能够让厂商满足客户需求。某些生产要素方面的不利因素无法刺激创新，除非竞争激烈，而且厂商要能持续投资其所设定的目标。任何一个点出问题，都将限制整个产业进步与升级的潜力。

每个点也会自我强化，共同构筑成一个体系。国内竞争与地理集中性这两项因素，尤其会将整个钻石体系转变成一个系统。因为国内竞争能促进其他关键要素的改善，地理集中性会提高并扩大这四股互不相属的影响力互动。

国内竞争的角色显示了此一钻石体系自我强化的方式。激烈的国内竞争，尤其是当竞争集中在某个城市或地区时，会刺激独特的专业因素的发展。像加州大学戴维斯分校与当地酿酒业紧密合作，使它成为全球酿酒研究的顶级机构。在家具与鞋业方面，上百家意大利厂商激烈的竞争，加快了新产品的发展速度，也使得意大利消费者更在意优质的新产品。国内竞争也促使相关产业与支撑产业的成型。日本的世界级半导体制造商，孕育出了世界级的日本半导体设备制造商。

这种效果在各个方向都能发挥作用：有时候世界级的供应商会转为下游的新进厂商；而高度精致型客户，尤其是在拥有相关技术，并对新产业拥有战略性观点时，更会挥军回攻上游。以日本机器人产业为例，松下与川崎最初设计机器人的目的是供内部使用，后来才逐步向外销售。今天它们已经成为机器人产业的强劲竞争者。在瑞典，山特维克集团（Sandvik）从特殊钢领域发展到凿岩机，SKF 则由特殊钢转战滚珠轴承。

此种钻石体系的另一个效果是，国家很少只有一种具备竞争力的产业，钻石体系会创造一个以有竞争力的产业为主的簇群环境。有竞争力的产业很少单个出现；相反，它们通常彼此以垂直（客户/供应商）或水平（共同客户/技术/渠道）的关系联结。产业簇群也很少独立存在，它们一般会形成地理上的集中现象。一个有竞争力的产业会带动另一个有竞争力的产业，彼此之间又会相互强化。日本在消费电子产业的实力，带动了对记忆芯片、集成电路的需求，进而形成半导体产业的成功。比起在电脑产业其他领域的表现平平，日本在笔记本电脑方面的实力，反映出它在其他可携带、轻薄产品上的优势基础，以及由计算机与手表产业带出的液晶显示器的专业实力。

一旦产业簇群成型，整个产业群便开始相互提携。所带来的好处会朝前、后、水平方向流动。某一个产业的激烈竞争，会通过企业分割、议价实力的竞逐、大企业多元化动作，而对簇群中的其他产业造成影响。由簇群内其他产业带来的力量，会借由刺激研发方法的多元化，并使新的战略和技巧更容易引进，而带动产业升级。与竞争对手多有接触的供应商或消费者，则会促进信息的流动和创新的扩散。产业簇群内令人意想不到的交互关系，会带来一些有关新的竞争方式与新机会的想法。于是产业簇群成为一种工具，使其中成员维持多元化，克服只重视内部、惯性与缺乏弹性的弱点，并包容那些有碍竞争升级与进入新产业的竞争对手。

政府的角色

在国家竞争力的持续辩论中，最富争议性也最模糊的话题，就是政府的角色。许多人将政府看成产业的支持者或实际帮助者，因为政府能够利用政策直接影响战略性产业或目标产业的竞争表现。其他人则接受“自由市场”的概念，认为经济运作应该留给那只“看不见的手”来决定。

这两种观点都不正确。根据它们的逻辑推理，长期而言，两者都将侵蚀国家的竞争能力。一方面，呼吁政府对产业提供帮助的人所提出之政策，就长期而言，反而会对企业造成伤害，让它们更需要帮助。另一方面，呼吁降低政府介入的人却忽略了，政府在打造产业环境和组织架构，以及创造一个能刺激企业获得竞争优势的环境方面，所扮演的合理角色。

政府适当的角色是催化剂与挑战者，它应该鼓励或促使企业提升想象力，迈向更高层次的竞争优势，即使这个过程先天就具有痛苦和困难。政府无法创造有竞争力的产业，只有企业自己才办得到。政府所扮演的角色，在先天上便无法做到公平，唯有按照钻石体系的基本条件运作，才能获得成功。不过，政府在传递并丰富钻石体系力量上的角色，可说是十分重要。政府政策能成功，是因为它能创造一个企业能从其中获得竞争优势的环境，而非政府直接介入整个过程；唯一的例外是，整体经济还在早期发展阶段。所以政府的角色是间接的引导，而非直接的干预。

日本政府很了解自己的角色，因此在竞争发展各阶段，政府角色都能随经济的演进，而适当地转变。通过刺激高端产品的早期需求、实施共同合作计划以满足产业对高新技术的需求、设立奖项以奖励品质提升，及追逐能强化钻石体系力量的政策，日本政府加速了创新的步调。但是正如其他国家的政府官员，日本官僚也会犯同样的错误：企图操控产业结构，长期保护市场，屈从于政治压力保护无效率的零售业、农民及经销商与工业品的公司，使它们免于竞争的威胁。

在追逐国家竞争力时，为什么会有那么多政府犯下相同的错误，其实并不难理解。原因在于：企业竞争的时机与政府执政时间不同。产业要创造竞争优势，通常需要10年以上的时间——整个过程包括人员技能的长期提升，在产品与制造工艺上投资，建构产业簇群，并打入国外市场等。以日本汽车工业为例，厂商进入出口阶段是20世纪50年代，但一直到了70年代，才具有强有力的国际地位。

但在政治上，10年等于永恒。通常，政府最喜欢的政策，是那些很容易就能察觉的短期利益，例如补贴、保护、合并等。问题是，这些政策只会延误创新。大多数重要的政策，不仅速度太慢，而且需要政客付出太多耐心；更严重的，还会带来短期的阵痛。将受保护的产业自由化，短期内看到的是破产，但不久之后便会看到更强大、更有竞争力的企业。

能带来静态、短期成本优势的政策会不知不觉地对创新与动力造成伤害，这也是政府产业政策最常见的错误。在等待援助的期待之下，政府很容易采用一些可避免“浪费”研发资源的联合计划，结果导致活力与竞争受损。即使因达到规模经济而节省10%的成本，也容易被快速的产品更新和工艺改良，以及追逐全球市场的格局所抵消。这便是此种政策之害。

政府在扮演适当支持国家竞争力的角色之时，有一些简单的基本原则，如鼓励变革、促进国内市场竞争与刺激创新等。有些特殊的政策做法，能引导国家获得竞争优势，它们分别是：

把重心放在创造专业性因素

政府在部分基础事务上，如小学与中学教育体系、基本的国家基础建设、医疗保健等广泛领域，具有重要的责任。不过，创造专业性因素的种种一般化努力很少能产生竞争优势。反过来说，能转换成竞争优势的因素，是先进的、专业化的而且能与特定产业或产业群相结合的因素，诸如专业化实习课程，与产业相结合的学术研究，以及最重要的，企业的私人投资等机制将最终创造出能产生竞争优势的要素。

避免干预生产要素与货币市场

政府通过干预生产要素与货币市场，希望创造较低的生产要素成本，或较佳的汇率，以帮助企业在国际市场上更有效率地竞争。有证据显示，如里根政府的美元贬值等政策，通常反而会对生产力造成伤害。它们通常会妨碍产业升级，以及更能持续的竞争优势。

比起德国与瑞士的经验，日本的做法特别具有参考价值。过去20年间，日本人因尼克松政府突如其来的货币贬值而受到震撼，其后接连两次石油危机，还有近年来的日元升值，都迫使日本企业的竞争优势得以升级。此处的重点，并非政府应该采取企图左右生产要素成本或汇率的政策，相反，当市场力量促使生产要素成本提高，或导致更高的汇率时，政府应该避免采取可将它们推回原点的政策。

执行严格的产品、安全和环境标准

通过严苛的政府法规刺激、提高国内需求，也能促进竞争优势。严格的产品性能、产品安全和环境影响等标准，都将迫使厂商改善品质、提升技术，并提供能满足消费者与社会需求的功能。放松这些标准，可能达到反生产力的效果。

当严格的标准扩散到国际时，会使得厂商在发展其他重要的产品或服务时，被视为扮演火车头的角色。瑞典严格的环保标准，提升了许多其他产业的竞争优势，像阿特拉斯 · 科普柯公司生产的低噪音压缩机，适合人口密集地区，因为它对住户的干扰最少。严格的标准必须搭配快速而流畅的立法流程，以免耗费资源导致延误。

严格限制产业竞争对手间的直接合作

目前最普遍的全球战略，是更多的合作研究与产业集团。人们认为，各竞争厂商从事“闭门造车”式的研究，会造成重复与浪费，应该通过合作努力以达成规模经济，而且个别厂商也可能减少研究发展的投资，因为它们不可能通吃所有的好处。政府也很赞成这种直接合作的想法。在美国，《反垄断法》开始修正，以容许更多研发方面的合作；在欧洲，大型计划，如攸关信息技术的ESPRIT，涵盖了好几个国家的企业。这种思考的背后，则是欧洲各国政府的奇想。它们认为日本竞争力的崛起，似乎与日本通产省支持无数的合作研究计划有关。这一点，其实是根本上的误解。

其实，更深入地观察日本的合作计划，就会发现截然不同的结果。日本厂商参加通产省的计划，目的是维持与通产省的良好关系，以保持企业形象，并阻挡竞争者异军突起的风险，这些大多是防御性的理由。企业很少将最佳的研究人员和工程师送进合作研究计划，反而在公司内部研究上投入更多。典型的情况是，政府只是提供有限的经费支持这项计划。

日本合作研究的真正价值在于，显示出新兴科技领域的重要性，并刺激企业的自有研究。合作计划会加速厂商对这些新领域的探索，并增加内部的研发经费，因为厂商知道国内竞争对手也在研究这些项目。

在一定条件下，合作研发确有好处。这些计划应该针对那些基础性产品和工艺研究，而且又与企业专有优势资源相关联的项目。在任何领域中，合作研发的项目应该只占企业整体研究的一小部分。合作研究应该是间接的，参与厂商应该通过独立研究机构的穿针引线，介入合作计划。组织结构方面，如杰出的大学实验室与研究中心，会减少管理问题，并将竞争风险降至最低。最后，最有用的合作计划通常涉及多个产业，并且需要大量的研发投资。

推动能导致持续投资的目标

政府可以通过各种不同领域的政策在塑造投资者、经理人和员工的目标方面扮演重要的角色。比方说，规范资金市场的方式，会影响投资诱因以及企业行为。政府应该鼓励人力资源、创新及有形资产方面的持续投资。或许最有力、最能提升产业持续投资的工具，是运用提高税率的方法限制长期资本利得（5年甚至更长），限制只能投资在企业股票上。企业的长期资本利得诱因，也应该适用于退休基金，以及其公司目前未课税、经常进行短线操作的投资者身上。

为竞争松绑

政府如果维持垄断状态，控制企业进入特定产业，或提出规范竞争的价格政策，将会产生两种负面结果：当企业一味地与立法者打交道并保护现有权力时，会阻碍创新与竞争；此外，这也将使产业缺乏活力，同时会造就出乏善可陈的供应商或客户。不过，自由化和民营化要成功，需要激烈的国内竞争搭配，以及一个强而有力且前后一贯的反垄断法案。

实施有力的国内反垄断政策

一个强有力的反垄断政策，尤其是反对横向购并、联盟和共谋的行为，可以说是创新的基本要素。今日流行的说法是，购并或战略联盟的目的，是为了全球化，或成为国内盟主。这些做法其实会伤害竞争优势的发展。真正的国家竞争力需要政府拒绝收购、合并，以及产业龙头间的结盟；此外，本国厂商与外商，应该适用相同的购并和联盟标准。最后，政府应该鼓励国内与海外的企业进入本国市场，而不是收购。政府应准许企业收购相关产业的小公司，以促进技能转移而创造竞争优势。

对有管制的贸易说“不”

在处理国家竞争力衰退的问题时，对贸易加以管制逐渐成为一种趋势。对各市场数量目标进行限定的营销协议，自愿限制协议或其他工具，其实是危险、无效率而且会大幅增加消费者成本的做法。此种做法为效率欠佳的公司提供了市场保证，对于该国产业的创新却并无助益。

政府的贸易政策应该追求各国市场的开放。要使政策更具实效，贸易政策不应该是消极的工具；它不能只服务于抱怨或寻求政治保护的产业；它不应该延长不利的局面或只为那些陷入困境的产业服务。贸易政策应该帮助厂商寻求有竞争优势的海外开放市场，并且应该积极对待新兴产业并处理早期发生的问题。

当政府发现其他国家设有贸易壁垒时，它应该努力消除这些壁垒，而非管制进出口货品。以日本为例，它实施贸易管制的效果，还不如施压令其加速开放进口商品。以关税惩罚有不公平贸易行为的厂商，也比订出市场配额要好。其他日益重要的工具是，限制不公平贸易国家的企业购并本国企业或投资本国的生产设施，进而阻止不公平贸易国家的企业利用他们的优势建立起不会受到制裁的桥头堡。

任何药方都有后遗症。要找到一种既能处理不公平贸易，又能避免减少国内厂商创新与出口的动机，并且不伤害到本国客户的药方，几乎是不可能的。药方的目标应该不断调整，最终达到不需要药方的境界。

企业的议题

最终，只有企业本身能具备并维系竞争优势。要做到这一点，企业必须按照上述的基本条件行事。更重要的是，企业必须认识到创新的核心角色，以及创新源自压力与挑战等令人不快的事实。这要求领导层必须创造出一个动态的、有挑战的环境，并认识到所有在竞争优势途中看似容易的迂回路线，其实是通往失败的捷径。比方说，企业很容易受到诱惑，依赖合作式的研发计划，借以降低研究的风险与成本，但是它们也会减少企业对自有研究努力的注意力和资源，并使真正的创新遭到扼杀。

竞争优势来自企业的领导层，他们要为钻石体系打理一切，并使其更丰富，以促进创新和升级。以下是一些能支持此种努力的企业政策：

创造创新的压力

企业应该寻求挑战与压力，而非回避。战略的一部分就在于利用本国优势，以形成创新的原动力。要做到这一点，企业应该将产品卖给最精致与挑剔的客户和销售渠道、寻求要求最严苛的客户、建立超越最严格产品标准的能力、与最先进的供应商合作，并将员工视为永久的伙伴，以刺激技能的升级。

寻求最强的竞争者以作为激励对象

要激发组织变革，强而有力的竞争者与普受尊敬的对手，都是不可轻视的对象。最佳的经理人永远会保留一些危机感，因为他们尊敬并研究竞争对手。为了要保持动力，企业必须将面临挑战变成组织常态的一部分。若是企业游说反对严苛的产品标准，其实反映了该公司领导层的热情已然消退。企业重视稳定的顺从的客户、依赖性强的供应商，以及欲振乏力的竞争对手时，便意味着接受惰性，最终会导致失败的结局。

建立早期预警系统

早期预警信号可转换成早期行动优势。企业可以及早采取行动以帮助它们看清变化的信号及反应，并在竞争局势中超越对手。例如，找出客户或销售渠道最期盼的需求，并有针对性地提供服务；对新的客户或销售渠道进行调查；找到可能引发新规则的法规；将外部人士引进管理团队，并维持研究中心和优秀人才来源之间的持续关系。

改善国家钻石体系

企业在改善国内环境，使之成为获得国际成功的舞台方面发挥着至关重要的作用。企业的一部分责任是，在组成产业簇群上扮演主动的角色，并与国内客户、供应商、销售渠道合作，以帮助它们升级从而延伸其竞争优势。为了提升国内的需求，雅马哈、河合与铃木等日本乐器厂商直接开设音乐班。同样，企业可以刺激与支持本地重要特殊元件供应商，鼓励它们从事全球竞争。健康而有实力的产业簇群，只会提高企业创新与升级的速度。

几乎每个有竞争力的产业中，领导厂商都会采取一些意在言外的步骤，以创造专业性生产要素，例如人力资源、科技知识或基础建设。比方说，在毛纺织品、瓷砖、照明设备等产业中，意大利的行业协会在市场信息、工艺技术与共用的基础建设上进行投资。企业可将企业总部和其他关键性的事业单位设立于精致型客户、重要供应商，或大学与实验室等创造专业生产要素的区域周边，以加速创新。

不排斥国内竞争对手

要从事全球竞争，企业需要激烈的国内竞争和强劲的国内竞争对手。尤其是今日的美国与欧洲，经理人习惯于抱怨过度竞争，对有望产生规模经济与关键多数的购并案，也都有不同的看法。这些抱怨是天性，但是这些论点却完全错误。激烈的国内竞争会创造出持续的竞争优势。此外，扬威国际也比在国内称王要好。

假如企业希望购并一个能加速其国际化，并加强其国内竞争优势，或抵消其国内竞争劣势的国外公司，这通常比购并国内主要竞争对手要好。

选择性地寻求海外优势

今天，许多企业在追求“全球化”战略时，往往弃本国钻石体系于不顾。为了创造竞争优势，采取全球化观点的确有其重要性。但依赖海外活动以补充本国实力，绝对是次佳的选择。企业以创新抵消本地不利的生产要素，会比采用外包的方式更好；发展本国供应商与客户，也比全盘依赖外国厂商要好。除非将支撑竞争力的关键要素留在国内，否则企业很难长期维持竞争优势。企业的目标应该是提升国内的能力，海外活动应该只具有选择性与补充性，以达成全面的竞争优势。

正确的全球化做法是，选择性地利用其他国家钻石体系具备的优势。比方说，找出其他国家精明的客户，有助于企业了解不同的需求以克服加速创新的压力。此外，无论本国钻石体系如何有利，还是应该了解外国重要研究的情形。要利用外国研究的优势，企业必须将高素质人力派到海外基地，并提升科技研发水准。要从国外研究中得到好处，企业必须先有开放的胸怀——认识到竞争优势来自持续的改善，而非保护今日的秘密。

选择性结盟

与外国厂商结盟是另一个管理界时髦的万灵丹：这代表企业在不放弃独立性的前提下，希望借由外国厂商的优势来解决自身问题，或是规避风险。然而现实中，结盟固然能带来一些选择性的好处，也会带来很大的成本：这涉及两个单个组织的协调，与一个独立实体调和组织目标，创造一个竞争对手，以及放弃既有的利润。这些成本终将导致大多数联盟变成短期工具，而非长期稳定的关系。

最重要的是，将结盟当成一个建立在广泛基础上的战略，只会使厂商表现平平，而无法成为国际性的领导厂商。没有企业可以依赖外界而取得攸关自身竞争优势的技术与资产。结盟最好当成一种选择性工具，用在暂时性或非核心的活动上。

选择企业总部地点以作为竞争优势的后盾

跨国企业最重要的决策之一，是决定旗下各企业总部的所在地点。涉足不同行业与产业区隔的企业，可设立不同的企业总部。竞争优势必须存在于母国：它是制定战略、创造核心产品与制造工艺技术，以及大批量生产关键要素的所在地。母国的环境必须有助于创新，否则企业别无选择，只能将总部迁往能刺激创新，并能提供全球竞争的最佳环境。这里面没有妥协之道，整个管理团队必须一致行动。

领导层的角色

有太多的企业和高级经理人误解了竞争的本质与任务，因而将工作重心放在改善财务绩效，呼吁政府提供帮助，追求稳定性，以及通过结盟与合并来降低风险上。

今天的竞争则对领导力提出要求。领导人需要认识到环境瞬息万变，要致力于激励组织持续创新，认识到母国是竞争成功的一部分因素，愿为提升母国环境而努力。最重要的是，领导人必须认识到压力与挑战的必要性。因为这些领导人需要支持适当、甚至令人头痛的政府政策和法规，并将因此赢得“政治家”的封号，尽管他们自己倒不这么认为。领导人必须准备牺牲最安逸的生活，只为了迎接困难的挑战。他们的终极目标是保持竞争优势。这也必须是国家和企业的目标：不只是为了生存而已，还要具有国际竞争力。

这一切作为绝非偶一为之，而必须持之以恒。

07 产业簇群与竞争：企业、政府和机构的新议题

企业思考问题，普遍从企业战略和竞争的角度着手。地方和中央政府谈竞争力，则仍习惯视经济为一个整体，并且将经济政策看成主要的影响力。至于地域在竞争和竞争力上的角色，则是一片空白。主流思潮的趋势是越来越不重视地域的重要性。[①]全球化使企业到处搜集资金、货物和技术，在最有成本效益的地方设立营运网点。因此，在全球竞争中，人们普遍不看好政府的影响力。

这个广泛流传的观点并不符合竞争现实。在1990年出版的《国家竞争优势》中，我率先提出全球经济之下有关中央、地方和地区竞争的理论。在这个理论中，产业簇群扮演很重要的角色。产业簇群是指在特定领域中，同时具有竞争与合作关系，且在地理上集中、有交互关联性的企业、专业化供应商、服务供应商、相关产业的厂商，以及相关的机构（如大学、制定标准化的机构、产业协会等）。它将形成产业在特定领域竞争成功的关键多数。产业簇群明显的特质，常

① 就最近的事例，参见凯恩克罗斯（1997）。

见诸每一个国家、地区、州，甚至大都市经济。这一点在经济发达国家中尤其明显。

尽管产业簇群的现象已在多篇文献中探讨过，但若不从竞争理论及全球经济下地域的影响力等方面着手，恐怕无法理解其中的奥妙（见本章的插入内容“产业簇群理论在历史与学术上的探讨”）。在经济体中，普遍可以见到产业簇群，而非零星孤立的企业或产业，此一现象足以揭示竞争本质的重要性，以及竞争优势中地域所扮演的角色。虽然全球化造成昔日形成产业簇群的理由减弱，但是产业簇群在竞争日趋复杂、知识导向和动态的经济中，其角色却越来越重要。

产业簇群的概念代表一种思考国家和城镇经济的新方式，并反映出企业、政府和其他法人机构在提升竞争力方面的新角色。产业簇群的出现，意味着许多竞争优势来自企业外部，甚至产业的外部，而非该事业单位所在的地点。像波士顿要经营出一家世界级的共同基金公司，成功机会便比在其他地方高；同样的道理也适用在南卡罗来纳州、北卡罗来纳州的纺织厂商，德国南部的高性能汽车厂商，或意大利的时尚业与鞋业。

产业簇群的重要性，创造了一些尚未被充分认识的新管理议题。除了税率、电力成本、工资水准等一般因素之外，在企业所处的环境中，还存有一种有形的风险。企业是否健康，其实是与产业簇群的体质有关。企业也许可因本地竞争厂商的出现而从中获益。除了游说和社会性组织之外，产业协会也可以是一项竞争资产。

产业簇群也打造政府的新角色。有助于培养竞争力的、适当的宏观经济政策，越来越为人所了解，但了解的程度尚嫌不足。政府更具决定性的影响，通常是在微观经济层面。政府的首要之务是，除去有碍目前新兴产业簇群成长和升级的障碍。产业簇群是增加出口的推动力，也是吸引外资的磁铁。此外，产业簇群还会建构出一个公共论坛，让企业、政府和法人机构（如学校、大学、公用事业）在其中进行新形式的对话。

自从《国家竞争优势》出版后，人们关于产业簇群理论的认识已有所提升，并且持续地扩散，进而引发更多城市、地方、国家，甚至区域产业簇群的成长（如中美洲）。本章将评估产业簇群理论的知识现况、它们在竞争中的作用，以及它们的影响。本章也将描述产业簇群理论之成长与衰退的过程；民间、政府和其他法人机构，在产业簇群升级上的适当角色，以及一些产业簇群对企业战略的影响。最后，本章将回顾许多我研究过的产业簇群案例和计划，还有其他相关研究文献，以找出组织改良产业簇群的最佳做法，进而加速经济的改善。

何谓产业簇群？

产业簇群是指在某特定领域中，一群在地理上邻近、有交互关联性的企业和相关法人机构，它们以彼此的共通性和互补性相联结。产业簇群的规模，可以是单一城市、整个州成一个国家，甚至可以是一些邻国联系成的网络。①产业簇群具有许多不同的形式，要视其纵深程度和复杂性而定。不过，绝大多数产业簇群包含最终产品或服务厂商，专业元件、零部件、机器设备以及服务供应商，金融机构，及其相关产业的厂商。产业簇群也包含下游产业的成员（如销售渠道、顾客），互补性产品制造商，专业化基础设施的供应商，政府与其他提供专业化训练、教育、信息、研究和技术支持的机构（如大学、思想库、职业训练机构），以及制定标准的机构。对产业簇群有重大影响力的政府机关，也可被视为它的一部分。最后，产业簇群还包括行业协会和其他支持产业簇群成员的民间团体（参见本章的插入内容“产业簇群理论在历史与学术上的探讨”）。

要找出产业簇群的组成要素，应该从大企业或类似厂商的集中情形开始，然后观察企业和法人机构在纵向联结关系上的上下游。下一步是水平观察那些具有共同销售渠道，或生产互补性产品和服务的产业。要界定产业的其他水平联结，必须根据使用类似的专业元件或技术，或以其他供应面相联结。界定出一个产业簇群的产业与厂商后，再下一步是找出给它们提供专业化技能、技术、信息、资金或基础设施的机构，与其他包含产业簇群成员的集合体。最后一步才是寻找会对产业簇群成员产生重大影响的政府或其他制定规范的机构。

图 7–1 和图 7–2 是意大利皮鞋和时尚产业簇群，以及美国加州葡萄酒产业簇群的图示。虽然这些图表并不能囊括每个产业簇群所有的组成个体，但每个图表都描绘出该产业簇群的重要特质。比如，图 7–1 显示，意大利的皮鞋与时尚产业

---

① 恩赖特（1993B）描述了产业簇群的不同地理分布。

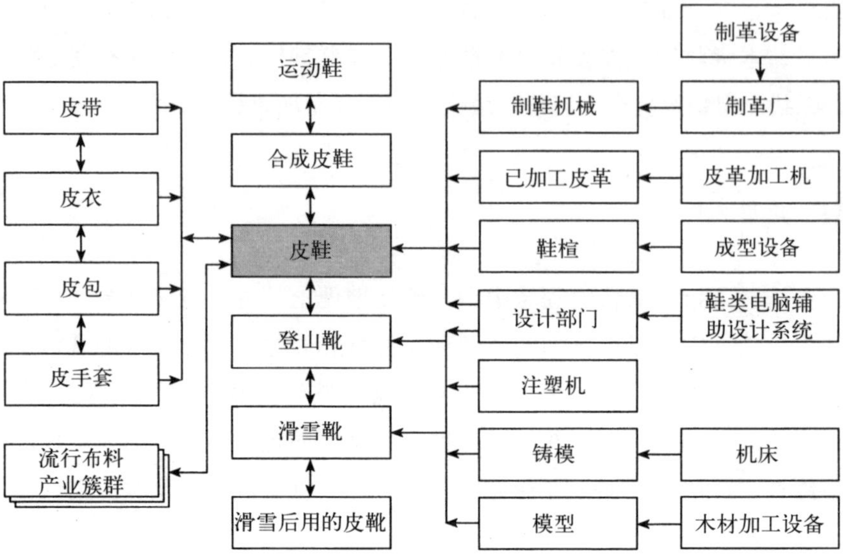

图 7–1　意大利皮鞋和时尚产业簇群

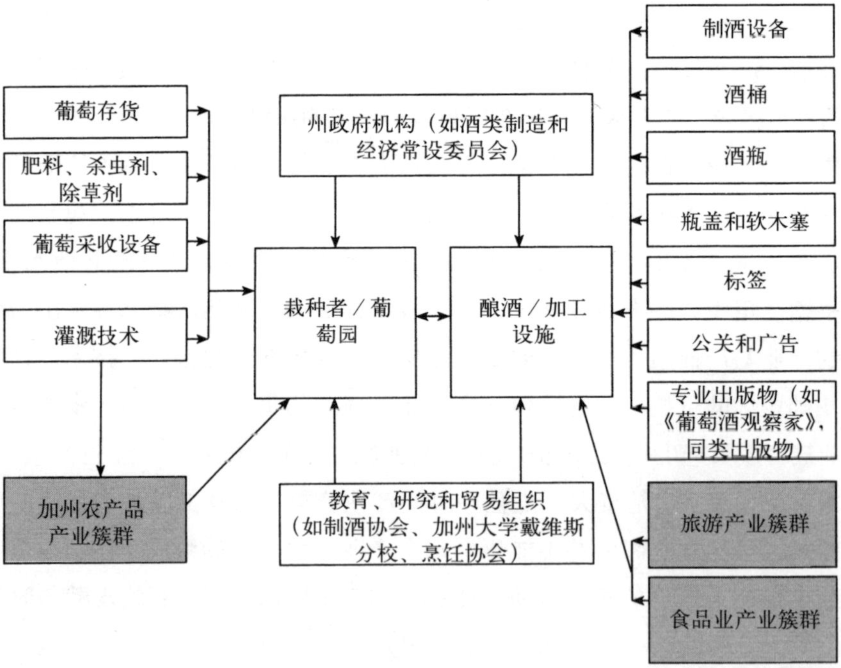

图 7–2　美国加州葡萄酒产业簇群

簇群包含好几个彼此连接的相关产业，如不同形态的皮革制品（互补性产品、有共同性、使用共同元件、类似技术）、不同类型的鞋子（销售渠道上互相重叠、类似元件和技术）以及不同类型的时尚产品（互补性产品）。这些产业也使用共同的营销媒介，并在类似顾客群中，以类似的形象展开竞争。意大利产业簇群的超强实力，至少部分与数种跨厂商的联结以及意大利厂商所享有的协同效应有关。

加州葡萄酒产业簇群则包含葡萄种植、酿酒厂，以及范围广泛的支撑产业。在葡萄种植方面，又与大型加州农业产业簇群有密切的联结；在酿酒方面，则与加州餐厅和食物供应产业（互补性产业）联结，甚至可以延伸到其他酿酒地区，以及位于纳帕市的旅游产业簇群。图 7–2 呈现了当地与酒相关的机构，如全球知名的加州大学戴维斯分校葡萄栽培和酿酒学课程，以及加州参众两院相关的特别委员会。

要描绘出产业簇群的边界，常常会有程度上的差异，但都包括创意的过程，而创新往往要借由了解跨产业与跨机构间最重要的联结与互补性来达成。这些“溢出”的力量强弱，以及对生产力和创新的重要性，会决定该产业簇群的最终边界。密歇根州大急流城的办公家具产业簇群，说明了在描绘产业簇群边界时，可能采取的选择（见图 7–3）。办公家具和隔板产业当然属于这个产业簇群，就如同运动场、教室、运输工具的座椅产业一样。因为在产品特质、功能、零部件和技术上，这些产品具有重要的共通性。临近的金属零件和设备制造厂商、塑胶厂商及印刷公司，都算是这个产业簇群的供应商。这些供应商产业因为要服务其他类型客户，例如汽车制造厂商等，也可能是其他产业簇群的一部分。特别在金属零件方面，为了服务附近的底特律汽车产业而存在的供应商，对于家具业的发展也有重要贡献。产业簇群的范围，应该包含所有紧密连接的厂商、产业和机构，不论它们是水平、垂直还是上下游的关系；那些联结性不大或没有关系的产业或厂商，则可予以省略。①

产业簇群如包含制造、消费性商品或高科技等广泛的群组时，往往因牵扯太广而难以了解。这样的聚集虽然涉及产业之间微弱的关联性，但是有关产业簇群限制与瓶颈的讨论，恐怕会落入泛泛之论。反过来说，将单一产业贴上产业簇群的

---

① 恩赖特（1993C）就如何描绘产业簇群边界提供了一个有趣的说明。

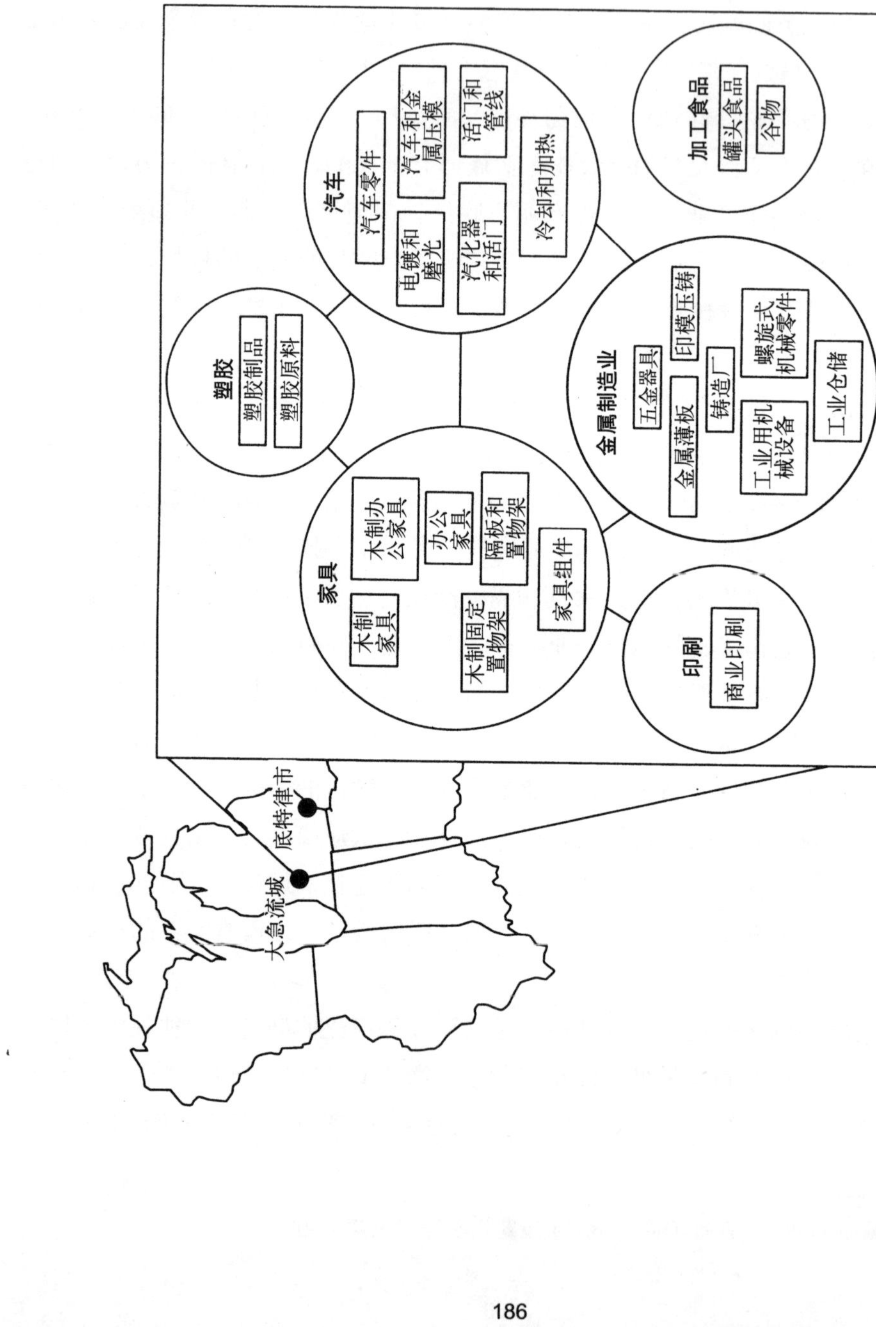

图 7-3　大急流城地区的大型产业簇群

标签，则会忽略跨产业和机构的交互关联性，而这会在很大程度上影响竞争力。[①]

产业簇群见诸许多类型的产业中，规模可大可小，甚至可以出现在餐厅、汽车经销商、古董店等地方性产业。它们所在的经济体也可大可小，可能在乡下，可能在市区，也可能跨好几个地理层级（例如国家、州、大都市地区以及城市）。无论发达国家或发展中国家，都有可能出现产业簇群，不过在发达国家中，产业簇群通常会有比较好的发展。

产业簇群的边界很少吻合标准的产业分类体系。原因是此种分类方式并未考虑到许多攸关竞争的重要角色，以及跨产业的连接点。产业簇群基本上是由被归类到不同类别的最终产品、机械、材料与服务业所组成。它们通常同时涉及（或有可能涉及）传统产业与高科技产业。产业簇群代表了一种组织经济数据和审视经济的不同方法。

由于产业簇群通常涵盖不同的传统产业与服务业类别，重要的产业簇群很可能因此模糊不清，甚至不易察觉。譬如马萨诸塞州的医疗器材领域，涉及超过400家以上的企业，提供至少3.9万份高薪工作。不过长期以来，这个产业簇群完全被归在好几个大型而互相重叠的产业分类中（像电子仪器、塑胶产品等），因此完全被忽略掉。这个产业簇群的经理人尽管遭遇相同的限制、问题和机会，彼此却从未聚在一起讨论。这个产业簇群被发现后，马萨诸塞州医疗协会这个因此而成立的组织，以及其与政府之间进行建设性的对话机制，正蓄势待发。

产业簇群的大小、广度、发展状态各有不同。有些产业簇群主要是由中小企业组成（如意大利鞋业与北卡罗来纳州家具产业簇群），[②]有些产业簇群则同时存在大型和小型企业（如好莱坞或德国化学品产业簇群），有些产业簇群的核心是研究型大学，有些则和大学没有什么重要的关联性。[③]各产业簇群在本质上的差异，反映出其所属产业的结构差异。发展越健全的产业簇群，就拥有越多专业化供应

---

① 产业分析涉及供给方、渠道和消费者，而产业簇群分析大大拓展了分析空间，包括了各个层次的产业链和相关产业，还包括广泛的制度。

② 意大利的例子有助于我们对产业区的研究。在意大利类似的产业簇群是非常常见的，产业区就是一种特殊的例子。

③ 有关于此的文献使用了许多相互之间可以替用的术语，例如技术中心和科学城。参见阿德瓦尼（1997）。

商、越多元化的相关产业，以及越广泛的支撑性法人机构。

产业簇群理论在历史与学术上的探讨

早在数世纪前讨论经济面貌时，学者就注意到贸易的地理集中性和企业在特定产业的地理集中性。不过，对产业簇群角色的讨论则相当有限。随着竞争的演化和现代经济日趋复杂，产业簇群的深度和广度也逐渐增加。全球化加上崛起中的知识密集趋势，已大幅地改变了产业簇群在竞争中的角色。

学术界对产业簇群的讨论，可以追溯到马歇尔。在《经济学原理》中，他以非常有趣的专章，讨论了特定产业地域的外部条件。在20世纪上半叶，有大量文献也把经济地理纳入讨论的范围。不过，在20世纪中叶，热门的新古典经济学派，并未将地域放进经济的主流思潮中。最近，在一些新的经济增长与国际贸易理论中，收益递增成为新焦点，人们对于有关经济地理领域的兴趣，也日益增强。

在管理学的文献中，对地理或地域的关心度向来很低。总体而言，地理已被降低为在不同国家经商时，评估文化与其他差异的考虑因素。企业地域问题在经营管理也不甚重要。近来风行的全球化，更创造出地域的重要性不如以往的趋势。

许多学术文献的内容，都或多或少地注意到或强调产业簇群的现象。诸如增长极、前向关联和后向关联、聚合经济、经济地理、城市与区域经济、国家的创新系统，或区域性科学、工业区、社会网络等，都与产业簇群有关。

城市经济的文献，以及区域性科学的文献，都以一般化的城市聚合经济为重心，反映其中的基础设施、通讯技术、材料可得性、多元化的产业基地以及城市地带的市场。这些经济形态，与现有的产业与产业簇群的形态无关。对发展中国家而言，这些经济形态具有举足轻重的重要性。不过整体而言，一般的城市聚合经济之重要性，正随着贸易开放、通讯和运输成本降低、更容易接近原料和市场，甚至大量地区或国家发展为数不少的基础设施，而逐渐缩减。

其他研究则着重在特定领域。企业集中在某地经营的现象，可视为产业簇群的特殊案例。由主宰当地经济的中小型厂商组成的意大利式工业区，在某些产业中具有举足轻重的地位。在有些领域，则是本国和外国大企业，加上小型企业的配套模式。

有些产业簇群以研究型大学为中心，有些则几乎不靠正式技术研究机构的资源。产业簇群的现象会同时出现在传统产业与高科技产业，以及制造业和服务业之中。事实上，产业簇群通常包含高科技和传统科技、制造业和服务业。有些区域只有一个产业簇群独占鳌头，有些则不止一个。产业簇群既发生在发达国家，也出现在发展中国家。不过，发展中国家的产业簇群大都缺乏深度，这往往成为发展的限制。

早期的研究，主要是帮助我们了解产业簇群对于竞争的影响力。研究聚合经济的文献强调，原料成本最小化、专业化，是靠当地市场或紧临市场的优势所形成。研究经济发展的文献，则强调供给与诱因，也是形成产业簇群的元素之一。不过，这种前后相关联概念的标准含义，强调特定产业必须与其他产业建立联结。相反，产业簇群理论却鼓吹企业能够集中发展，并以最紧密的连接或各产业簇群间的溢出效果，来鼓励这些领域的发展。

总体而言，过去的理论大多强调产业簇群的特定方面，或特定形式的产业簇群。许多传统聚合经济对于产业簇群的观点，已经受到全球化供应来源与市场的威胁。然而，现代化、以知识为基础的经济，其实为产业簇群创造出更具结构性的角色。

产业簇群在竞争中所扮演的多元角色，已越来越为大众所熟知。要了解这些角色，需要将成长中的产业簇群放在更广泛、也更有活力的竞争理论中看待。这里面包含了确认全球市场与生产要素，竞争中的成本与差异性，以及静态的效率和持续的改善与创新。有些重要的聚合经济体就呈现出这些动态状况，而不只是静态的效率、创新与学习速度而已。在现代经济中，产业簇群其实具有比过去所认识到的更为复杂的整合作用。

因此，产业簇群成为一个重要的组织多元化形式，并且有明显的市场经济特质，对竞争成败有重要影响。一国经济的产业簇群状态，深刻反映了该经济的生产潜力、未来可能的发展限制。产业簇群在竞争中的角色，对企业、政府和其他法人机构而言，也变得益发重要。

产业簇群的边界，会随着新厂商与新产业的出现、既有产业萎缩或衰落，或本地法人机构有了新发展与改变，而不断演化。技术与市场的发展，会酝酿出新的产业、创造新的联结点，或改变所服务的市场。规制的改变也会对变迁中的产业簇群边界造成影响，例如电信业和运输业。

我们可以用不同层次的聚合经济体来检视产业簇群，并揭露不同的问题。比方分析加州大型农业综合产业簇群时，便会找到一些有关竞争的重要观点。前面说明的葡萄酒产业簇群，就是这个大型产业簇群的一部分。从这个层面的分析，可以看到一些更特殊而又不同的问题（例如与旅游产业簇群的关联）。

在不同的地方，对产业簇群的适当定义也会有所改变，这要视该产业所处的竞争区间以及所应用的战略而定。例如下曼哈顿地区的多媒体产业簇群，主要包括了内容供应商与其他相关产业的厂商，如出版业、广播媒体、绘图和视觉艺术产业等。旧金山湾区的多媒体产业簇群正好相反，它包含许多可推动科技发展的硬件和软件产业。

我们为什么要从产业簇群的视角，而不从较为传统的群组，如公司、产业、制造业或服务业等产业部门来检视各经济体呢？首先是因为产业簇群更贴近竞争的本质以及竞争优势的来源。产业簇群的范围比产业要大，因此能考虑到跨厂商和产业的重要连接点、互补性、技术的溢出效果、技能、信息、营销和顾客要求。这些联结是竞争、生产力，以及新事业形成和创新的方向和速度之基本要素。大多数产业簇群内的成员并不直接竞争，彼此有自己要服务的产业部门。然而，它们仍有许多共同的需求和机会，并会面对许多生产力方面的限制与障碍。

将一群企业和法人机构看成一个产业簇群，会凸显共同关心的领域中协调和改善合作的机会，同时又不威胁、扭曲竞争，或限制竞争强度。产业簇群在相关企业和供应商、政府及其他重要机构之间，提供了一个建设性而又有效率的对话论坛。为了改善产业簇群状况所作的公共与民间投资，将使许多企业雨露均沾。

反过来说，从产业或汽车产品等狭窄的部门来分析，通常会陷入任由特定企业游说补贴或优惠税率的困境。由此而生的公共投资所产生的溢出效果，很少会惠及其他产业，甚至还因此扭曲市场。因为很大比例的成员都在直接竞争，彼此对对方造成很真实的威胁，并使竞争的强度逐渐减弱。企业迟迟不敢参与，理由是怕惠及直接的竞争对手。因此，单一产业或狭隘的产业部门观点，很容易造成扭曲竞争的结果；而产业簇群的观点，则会强化竞争。当本文讨论产业簇群对政府与企业的含义时，还会有所补充。

地域与竞争

近数十年来，人们思考地域对竞争的影响力时，往往放在企业的竞争方式这种简单思维中。在一些比较封闭的经济体中，竞争经常被视为大致上属于静态，而且以成本极小化为手段。在这种情况下，生产要素（劳力与资金）的比较优势，乃是决定成败的关键；而在近来大部分的分析中，规模经济则取而代之。

不过，这幅图像无法代表真实的竞争。竞争具有动态性，其成败取决于创新与对战略性差异的追求。生产要素和原料的价值在降低，是因为下列 3 个条件：随着越来越多国家对全球经济开放，原料供应也正在扩张；国家与国际间的生产要素市场，运作得越来越有效率；竞争中，生产要素的重要性日渐减轻。相反，与客户、供应商、相关机构的紧密联结，不仅为企业带来效率，也加快了改善和创新的速度。延伸的垂直整合（如内部自行生产零件、提供服务、进行训练），曾一度是标准做法，但是一个越来越有活力的环境，会让垂直整合相对比较缺乏效率与效益，并失去弹性。

用这种更广泛也更动态的观点看竞争，地域会通过对生产力，特别是对生产力增长的影响，扩大竞争优势。生产力是经由每天工作、每单位资本或有形资源应用所创造的价值。一般性的生产要素通常很充沛，而且可随时取得。经济是否繁荣，要视在某特定地域中，所运用和提升的生产力要素而定。

地域的生产力与繁荣，并非取决于厂商在哪一产业竞争，而在于其竞争的方式。无论在制鞋业、农业还是半导体产业，企业都可以靠更精细的方法，使用先进技术，提供独特的产品与服务，从而提升生产力。事实上，所有产业都能运用高科技，所有产业都可以是知识密集产业。但一般印象认为，高科技是指信息技术与生物技术，好像与一般企业并没有关联。更清楚地说，高科技是指“提供能力的技术”（enabling technology），它代表的领域能够提供可在许多产业中强化技术的工具。

反过来说，如果一个产业徒具高科技的表象，企业的生产力却不高，这并不保证它会欣欣向荣。对产业的传统分类，如高科技或传统产业、制造业或服务业，资源导向或知识基础导向等，其实并没有必然关系。合理的目标是改善所有产业的生产力，借由直接和间接方式达到繁荣的景象。某个产业生产力的改善，也可提升其他产业的生产力。

地域的繁荣则取决于企业在当地选择从事产业的生产力。这些抉择会影响企业的薪资水准及所获取的利润。无论是本国还是外国厂商，都是促进地方繁荣的力量，差别只在于厂商的生产力有所不同。先进的外国大厂进驻时，通常会提升本国企业的生产力，反之亦然。

在某个地域上竞争的企业，其生产力和精细程度会受到当地产业环境品质的重大影响。比方说，除非当地拥有高质量的交通设施，否则企业就无法使用先进的后勤技术；除非企业能聘用高级人才，否则无法运用完善服务的战略；如果当地法令多如牛毛，事事需要与政府对话，或司法体系无法快速而公平地解决争议，企业的运作就无法展现效率。

这些情况会消耗资源与经理人的时间，对客户价值却毫无帮助。道路系统、企业税率、司法体系等产业环境的各个方面，都会对所有产业造成影响。这种整个经济方面（或水平切面），可以说是发展中国家竞争力无法发展的障碍。不过，无论是发达国家还是其他地方，产业环境的一个关键方面是特定产业簇群（例如出现特定形态的供应商或大学科系）。产业簇群因此成为企业战略和经济政策中重要的角色。

要掌握某地域产业环境的本质，主要挑战是当地对生产力和生产力增长的大量影响因素。《国家竞争优势》一书以钻石图形的四股交互关联的影响力，来模拟地域对竞争的影响力。这套钻石体系可以简化整套理论（见图 7–4）。[①]此架构中有些要素特别值得予以强调，因为它们有助于我们了解簇群在竞争中所扮演的角色。

如图 7–4 显示，生产要素条件包括有形资产（如有形的基础建设）、信息、法律体系、大学研究机构等企业赖以竞争的要件。要提高生产力，生产要素条件必须改善其效率、品质，最后还必须专业化，以迎合特定产业簇群的需要。专业化生产要素，尤其是那些将创新与升级加以整合者（如专业的大学研究机构），不仅能产生较高的生产力，而且也更无法通过交易在其他地方出现。

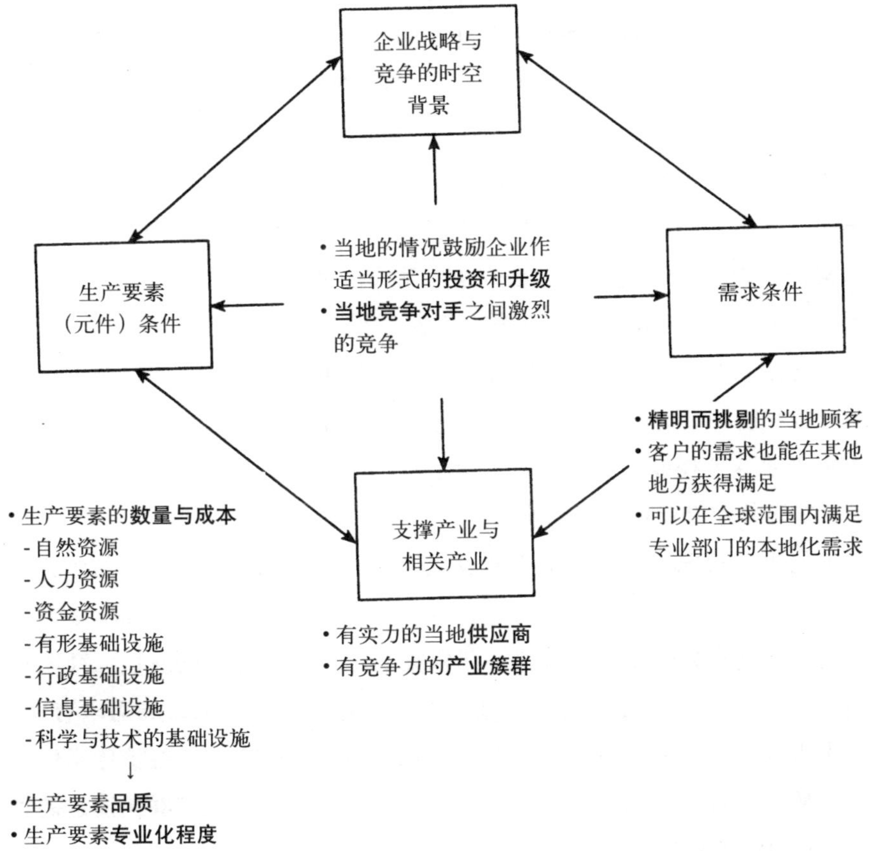

图 7–4　当地竞争优势的来源

① 参见本书第三、第四章。

企业战略与竞争的时空背景，也就是商业规则、诱因，与规范当地竞争形态和激烈程度的标准。如果经济体生产力不高，当地的竞争通常也不激烈。假如有竞争的话，大多数是来自进口品；至于本地厂商的竞争，则仅止于模仿的层次。价格是决定竞争的唯一变量，企业因此力图压低工资以降低成本。这类竞争也只需极小的投资。

迈向发达经济体需要发展激烈的当地竞争。竞争行为必须从低工资改为低廉的总成本，也就是必须提高制造和运送的效率。最后，竞争行为必须超越成本的层面，而逐渐包含差异化的层面。竞争行为必须从模仿转变为创新，从低度投资变成大量投资，不仅在有形资产上如此，同时也要在技能、技术等无形资产上创新、投资。产业簇群在转型过程中的角色，将会越来越明显。

企业战略与竞争行为的背景，可以分成两个基本层面。一个是不同形式的投资大环境。要支持更复杂的竞争，以及更高层次的生产力，提高投资的竞争强度是必要的。总体竞争和政治稳定对这类投资有帮助，但是微观经济政策，如税务制度的架构、企业管理系统、影响劳动力发展诱因的劳动市场政策、知识产权规则与执行方式等，同样也扮演了重要的角色。

另一方面的竞争背景是，影响竞争行为表现的当地政策。当地政府对贸易和外资的开放程度、政府所有制、许可制度、反垄断政策，以及贪污腐败的影响等，都是决定当地竞争程度的关键角色。竞争行为的特质，也受到现有生产要素和当地需求状况等其他产业环境的影响。

本国的需求状况，与企业是否能够或愿意从模仿、低品质产品与服务转变为靠差异化来竞争，具有莫大的关联。在生产力低的经济体中，企业对于市场需求的学习，主要是靠外国市场；但进步仍需要靠本地市场需求的发展。精明和挑剔的本地客户群的形成，会迫使企业进行改良，并对现存及未来的需求有所理解。本地需求也会表明企业可进行差异化的市场细分。在一个全球经济体系中，本地需求的品质，其重要性远远超过它的规模。联结产业的产业簇群在设定需求条件上，扮演了关键性角色。

产业簇群与竞争优势

支撑产业与相关产业，即产业簇群，是钻石体系的一个方面，被视为其他方面互动的证明。产业簇群以 3 种主要形式影响竞争：首先，它会提高内部企业或产业的生产力；其次，它增加创新的能力，并因此导致生产力提升；再次，它刺激新企业的成型，进而反过来支持创新并扩大整个产业簇群。许多产业簇群的优势，视外部经济体系或跨厂商、跨产业的溢出效果而定（许多产业簇群的优点，也可以应用在企业内的研发和生产等次级单位），因此簇群可被界定为企业和法人组织交互牵连而成的系统，整体系统的价值要比个别成员价值的总和还来得大。

如前所述，学者试图以聚合经济解释企业的集中现象。①这种现象一般出现在产业层次或一个多元化的城市经济体中。许多对聚合经济的解释强调，原料和市场的邻近，让企业得以达到成本最小化。但这类解释，多少为日渐普及的市场全球化、技术、供货来源、增加的流动性，以及更低的通讯和运输成本所质疑。今天，聚合经济的本质已经改变，它在产业簇群层面上的重要性日增，而不只限于狭隘定义下的产业。

尽管产业簇群在经济体中极为常见，但是每个产业簇群在竞争优势的表现上并不相同。一般说来，产业簇群的优势越强，可以交易的产品或服务越多，可作为产业簇群地域的数目就越少。产业簇群的重要性会因竞争的复杂化而提高，这意味着经济发展会使产业簇群的数目增加。

产业簇群对竞争的三大影响在某种程度上取决于其成员的人际交往、面对面沟通，以及个人与法人机构在网络中的互动。当一个地方出现产业簇群时，确实较有助于这类关系的发展，并使其运作更有成效，但是它的进展并非自动发生。正式与非正式的组织机制和文化规范，通常会影响产业簇群的发展和运作。后文将对此有更进一步的说明。

---

① 哈里森、凯利和甘特（1996）对此作了很好的总结。足以支持供给方实现规模经济产出的当地消费者（或下游厂商）的集中度、足以保证提供特殊基建（一般经由当地政府实现）的本地厂商数量、足以实现劳动力特殊分工的规模构成了静态聚合经济体。所谓的动态聚合经济体由技术学习与技术改进等优势构成。

产业簇群与生产力

接近专业员工和元件。比起其他如垂直整合、与外界企业建立联盟，或从远地“进口”原料等做法，企业坐落于产业簇群内，更有机会接近优异的、低成本的最佳专业化元件，如零部件、机器、企业服务与人力资源。因此当本地供应商竞争激烈时，产业簇群代表一种先天上更有效且更能高效分配资源的组织形式。当具有实力的本地供应商并不存在时，产业簇群就必须在外界寻求资源，但这并非是最理想的安排。

向产业簇群内部成员寻求资源（当地采购），远比到远地采购的交易成本低。当地采购会使库存需求降至最低，遏制供应商哄抬价格、违约背信的投机行为，并使活动透明化；另一方面，任何供应商糟糕的表现，都会影响产业簇群其他成员的信誉。在产业簇群内部采购，使得沟通更方便，也可以减少修改的成本，并使辅助性和支撑性的合作，如安装、纠错、人员使用培训、检修、即时维修等更方便容易。当其他条件一致时，当地采购通常优于远距离采购，尤其是涉及基础技术、信息、服务内容的先进专业化元件（要注意，此处所指的“当地”，意味着企业即使总部不在当地，但仍在产业簇群内有技术资源等实质性投资）。

与远距离的供应商建立正式的战略联盟，可以减轻远距离采购的某些不利性。然而，正式的联盟会带来复杂的交涉，以及监督上的问题，并使得企业缺乏弹性。企业在当地产业簇群中紧密、非正式的关系，则能提供绝佳的解决方案。

在产业簇群内部采购元件，也比垂直整合更具效益和效率。在生产零部件和培训等领域，借助外部的专业人员通常更能节省成本，也比内部单位的回应更迅速。垂直整合则会消耗管理层的注意力。反过来说，从邻近的专业供应商取得元件，也会带来成本和品质的优势。紧临的卖方让企业获得近似垂直整合的效率，同时仍维持强烈的发展诱因。

从单一地点的专业化供应商扩大元件供应的范围，已经被看成是聚合经济的好处之一。[①]即使市场全球化，仍无损于此一观点。劳动力的划分，已不再受到市场的限制，因为市场已经国际化。

在现代经济中，供应商在产业簇群中的深化和专业化程度越高，就越能察觉

① 参见施蒂格勒（1951）。最近的重述见克鲁格曼（1991 B）。

市场机会，并且会因为多元的当地客户而减少自身的风险。此外，成熟的产业簇群不是单一产业，而是由好几个相关产业所组成。这些产业通常需要共通或非常相似的元件，因此为供应商提供了扩张的机会。基于这样的理由，再加上产业簇群的溢出效果和外部性的影响，从竞争优势的角度来看，一个产业簇群的深度和广度，远比产业簇群内单个企业或产业的规模来得更重要。

产业簇群也会提供比远距离采购更多的优势。产业簇群的出现，降低了远距离元件的输入成本，因为供应商会提供更好的价格，厂商也能使用更有效率的送货方式（供应商降低价格，不仅因为要进入到一个大型、集中、有潜力的市场，同时也反映出服务的效率）。供应商也愿意扩大投资，使它们的产品或服务更容易被取得。例如由于波士顿金融服务产业簇群的纵深程度，企业高级主管在举办公开上市说明会时，都会不约而同地选择波士顿，进而降低波士顿的机构投资者对所投资企业之管理层的直接接触成本。

在寻求优势的厂商眼中，产业簇群也是一个提供专业化和有经验员工的集中地。产业簇群如同这类员工的人才库，它降低了招募时的搜寻与交易成本，也尽可能使工作配对更有效率。除此之外，产业簇群代表了机会，这降低了员工改变工作单位时可能发生的风险，也减少了企业寻求专业人才的成本。①

产业簇群有可能因产业的集中而造成组装元件和劳动力的稀少，进而增加企业成本，反而损及其在这两项资源上的优势（另一个形成产业簇群的可能成本是拥挤。这通常出现在大型、多元化的城市中，而非产业簇群自身的问题）。如此一来，在当地采购大量元件的能力便会低于在外地采购。由此可知，重要的是，产业簇群的出现不仅创造了当地对专业化元件的需求，同时也增加了它们的供应。产业簇群所在之处，便会有专业人才、服务和零部件，以及许多创造它们的组织，其程度远超过其他地点。虽然这里的竞争比较激烈，但仍不失为一个明显的好地。

当地如果缺乏有实力的供应商，也会影响产业簇群在元件上的优势。如果供应商或其他机构流失，就可能采取远距离采购或正式的联盟。然而，产业簇群与生俱来的好处，仍会鼓舞本地供应商升级，当地企业也会鼓励新的供应商加入，

---

① 有诸多文献对这些优势展开了研究，包括帕斯卡尔与麦考尔（1980）、安吉尔（1990）、劳赫（1993）及格莱泽与梅尔（1994）。

或吸引远地供应商到此投资。

接近信息。广阔的市场、技术和其他专业化的信息，在产业簇群内的企业和机构内是不断累积的，这使得信息更容易取得，或以较低的成本取得，因此能让企业提高生产力，更接近生产力边界。这种效应也出现在同一家企业内各单位之间的信息流通。[①]邻近性、供应和技术的联结，以及良好的人际关系、社群内部的紧密结合，巩固了产业簇群内部可靠而便利的信息流通（这些条件都让攸关存亡的信息更容易转换）。在产业簇群的信息优势中，一个很重要的情况是，提供能满足买方需求的信息。精明的买方通常是产业簇群的一部分，其他成员通常会得到并分享有关买方需求的信息。[②]

互补性。要提高产业簇群的生产力，不仅可以借由取得和组装元件，同时也可通过产业簇群成员之间更便利的互补性。最明显的互补形式是在产品之间。譬如在旅游业，游客经验的好坏，不仅取决于主要名胜的吸引力（如名胜或古迹），同时也取决于当地旅馆、餐厅、纪念品商店、机场以及其他运输设施的舒适性与服务。这个例子显示，旅游产业簇群的内部成员通常是互相依赖的。产业簇群中任何一成员的恶劣表现，都可能伤害到其他成员的成功。

这种跨产品创造顾客价值的互补性很普遍，不仅在服务送货上，也出现在产品设计、运筹管理和售后服务上。在产业簇群的成员之间，协调和改善的内部压力，有助于在同一地点改良整体的品质和效率。在同一地点会让技术联系和持续协调变得更容易。关于取得元件方面，在产业簇群内部达成各类互补性的优势远胜过正式的战略联盟。

营销则提供产业簇群内其他形式的互补性。一群相关的企业和产业在同一地点出现，提供了共同营销的机会（例如企业推荐、商展、经贸杂志和其他营销代表团体）。它也能提高该地在特定领域上的声誉，使得买方更愿意考虑当地的供应商和制造商。以意大利为例，它就建立起在时尚业和设计上的声誉，让制鞋、时装、皮件和妇女饰品厂商享受好处。这类声誉成为意大利时尚相关产业的公共物品。

产业簇群出现，也会提高买卖的效率。到当地的买家能一次就接触许多厂商。

---

① 例如亚当斯与贾菲（1996）发现母公司研发对提高工厂生产力的影响随着地理距离的扩大而缩小。

② 萨克瑟尼安（1994）论述了重要信息在硅谷是如何扩散的。

对有些产品或服务而言，单一地点的多种供货来源，可降低采购风险，因为它提供给买方多重可能的管道，或当需求改变时能迅速更换厂商。香港能成功地成为时装的产地，部分就是因为这样的理由。①

产业簇群内的其他互补性，涉及内部成员更好的活动整合。以木工制品产业簇群为例，锯木厂的效率是靠可靠且品质良好的木材供应，以及能让木材发挥最大效用的能力，不论是用在家具（最高品质）上、做成木板及箱子（次高品质），或成为木片（最低品质）。葡萄牙的锯木厂则受制于品质不佳的木料，原因是林场主不愿意在木料管理上投资。②因此大多数木料只能做货板和木箱，属于较低层次的利用，这也使得锯木厂付给林场主的价格受到限制。要解决这个问题，可能途径之一是，在生产力上作实质性的改善，条件是整个产业簇群的几个部分必须同时进行改变。比方说，伐木作业必须修改砍木和分类的程度，而锯木厂必须发展更精细的流程。协调发展标准的木料分类与评估，也是必要的步骤。与产业簇群中各分散的成员相比，这类联结点最易被辨认与掌握。

接近法人机构和公共物品。产业簇群让许多原本价格很高的元件，变成公共物品或准公共物品。比方说，当地拥有人员招募培训计划，会使企业省下或降低内部培训的成本。企业通常能得到的好处包括，以非常低的成本享受专业化基础设施，或当地机构的专家提供咨询。事实上，产业簇群的信息在内部流通时，本身就可视为一种准公共物品。

产业簇群所持有的公共物品，不如称之为准公共物品来得更贴切，因为取得准公共物品仍需要一定的成本，但远远低于其全部生产成本。对经济体中公共物品的分析，基本上限于政府功能中某一狭隘的领域。产业簇群会创造更广阔的环境，在这样的环境中，某些类似于公共物品资产的事物就会出现，其中包括许多由民营机构和投资所创造的事物。

在产业簇群中，有些公共物品或准公共物品，与传统的公共物品很类似，因为它们与政府或公营机构有密切的关系。产业簇群成员的数量与能见度，以及可能从公共投资的溢出效应中受益的厂商数目，通常会鼓励在专业基础设施、教育

① 斯塔尔（1982）的模型捕捉到了一些这样的因素。

② 参见摩力特公司（1994）。

计划、信息、商展和其他方面的公共投资。产业簇群的成员所能取得的其他准公共物品，自然会成为竞争的副产品。这些准公共物品包括充沛的信息和技术，由产业簇群地点所形成的声誉，以及一些前面提到过的营销和资源上的优势。

此外，产业簇群所在地的公共物品或准公共物品，通常来自民间对培训计划、基础设施、质量管理中心等方面的投资。尽管公共物品大多来自公营机构，它们也可能与产业簇群所在地的民营或半民营机构有关（比如，测试实验室或经贸刊物）。这类民间投资很普遍，因为产业簇群成员会察觉到集体利益的潜力。通常，这类投资来自行业协会或其他集体性机制。

诱因与绩效评估。产业簇群会帮助解决或减少地域孤立的问题，或垂直整合程度较高企业的问题。产业簇群改善企业内部生产力的诱因，乃是基于几项理由。首先是竞争压力。本地竞争厂商具有特别强的诱因效果，因为最容易拿来加以比较，也因为这些竞争是发生在类似的大环境中（例如劳工成本和本地市场准入），因此竞争必须移往其他领域。此外，竞争对手压力更扩大了产业簇群内部的竞争压力，即使不参与直接竞争或无竞争关系的厂商也不例外。希望在本地人面前扬眉吐气的动机，会让企业尝试超越其他对手。

产业簇群也使内部活动的绩效更容易评估，因为通常其他本地企业也有类似的功能。由于附近就有可以比较的对象，经理人有非常多的机会比较内部成本和外部的差别，也会降低比较员工业绩的监督成本。例如产业簇群在金融机构知识上的累积，会使借贷决策和其他财务决策享有更多的信息，并改善顾客的监督。如前所述，当其中成员占别人便宜或提供劣等产品、服务时，产业簇群也提供限制投机行为的优势。[①]因为反复的互动、信息流畅地扩散、声誉的传播，以及渴望在当地社群维持地位，产业簇群的成员通常致力于建立互动关系，此种关系可对其长期利益产生良性影响。

如前所述，产业簇群中许多生产力的优势，都与特定地点的公共物品或利益有关，它们受惠于有形的邻近性、面对面的接触、紧密而持续的关系，以及内部信息。因此，除非企业积极主动地成为产业簇群的成员，并在当地有重要地位，否则将很难享受到其中的好处。产业簇群也可以包含当地的外国公司，但仅限于

---

① 参见恩赖特（1990）。

在当地进行长期投资并在当地有重要地位的外商。

产业簇群的许多优势，也惠及单个企业的次级单位。同一地域的研发、零部件制造、装配、营销、顾客服务以及其他活动，会让采购和信息流通的内部效率更高，还具有互补性与其他好处。企业有时候会分散事业单位，目的在于降低劳工、设施及赋税的成本，因此不知不觉地丧失了产业簇群中强有力系统的成本好处，以及它们培养活力和创新的优势。

产业簇群与创新

相对于在孤立的地点，产业簇群在生产力增长与创新方面所带来的好处，可能比目前的生产力更为重要，尽管它们具有一些风险。有些可提高目前生产力的产业簇群特征，对创新而言甚至更为重要。

在产业簇群内，企业通常能够更清楚、更迅速地察觉到新的客户需求。正如它与当前顾客需求的关系，在产业簇群内，企业得益于诸多同业拥有的集中客户知识与关系、相关产业中平行发展的企业、集中而专业化的信息机构，以及精明的客户。产业簇群中的企业，通常比单打独斗的竞争对手更能迅速地认清客户的趋势。比方说，硅谷与得克萨斯州奥斯汀地区的电脑公司，迅速且有效地直接满足客户需求与发展趋势的做法，便令其他地区难以望其项背。

在感受可能的新科技、经营或送货方式等方面，产业簇群也提供了优势。产业簇群的成员会及早而持续地学到有关发展中的技术、零部件、机械设备可获得性、服务与营销的概念等。这是因为，与簇群内其他实体持续的关系、互访的便利性、经常面对面接触，都有助于此种学习过程。产业簇群的成员可直接观察其他企业。相反，孤立的企业在搜集信息上，必须面对较高的成本与更陡峭的障碍，而且必须投入资源以将此种知识予以内化，并满足日益增加的需求。①

产业簇群感受创新的需求与机会上的潜在优势可说是相当大的。不过同样重

① 实证研究强有力地证明了在公司之间以及高校与公司之间，研发和创新领域存在溢出效应。贾菲、特拉坦伯格与亨德森（1993）的研究显示了知识溢出效应的地理局限。奥德雷希与费尔德曼（1996）发现在新知识的重要性与空间簇群之间存在很强的联系。哈里森、凯利与甘特（1996）也尤为重视创新的地理因素。

要的是，它也能形成企业的弹性和对这些洞察力更快反应的能力。在产业簇群内，企业能更快速地掌握到新元件、服务、机器和其他从事创新时所需要的元素，无论是一条新的产品线、一套新的工艺，还是后勤运筹模式。当地供应商和伙伴只有在创新过程中紧密地合作，才能确保所提供的材料能满足企业的需要。如今人们通常也能聘用到新的专业人才，以填补因发展新做法所造成的人力缺口。创新过程中的互补性，在紧邻的成员之间更容易达成。

产业簇群内的企业更能以较低成本作实验，并延缓大规模的计划承诺，直到它们确信一个新产品、新工艺或服务能够横扫千军为止。相反地，依赖远距离采购的企业在订立契约、确保运送时间、获得相关的技术与服务支援，以及协调互补性企业上，都面临着更大的挑战。而依赖垂直整合的公司，不但面对着惯性与困境，(如果创新侵蚀了内部资产的价值）而且也面对着限制（假如必须维持目前的产品或过程，而同时又发展新产品的话）。

强化这些创新的其他优势，完全来自于压力，如竞争压力、同行竞争、持续性比较等，这些压力都会出现在地理上集中的产业簇群。基本环境的相似（如劳动和设备成本）以及多个竞争对手的存在，迫使厂商必须用创意的方式使自己有别于他人。如今创新压力节节升高。产业簇群中，个别企业很难长期保持领先，但是许多企业却比在其他地域的公司进步更快。

然而，在特定环境中，产业簇群的成员也可能延缓创新。当产业簇群具有一致性的竞争方式时，群体思考通常会强化原有的行为模式，抑制新的点子，造成排斥采纳创新的僵化做法。①此时产业簇群也不会支持真正激进的创新，因为此种创新可能会使既有的能力、信息、供应商和基础建设逐渐丧失影响力。原则上，在这些环境中，产业簇群的成员不会比单打独斗的厂商更糟（当两者都是向外采购资源时），但是前者在察觉改变的需求方面会有更高的障碍，而且在割断无助于竞争优势的旧有关系上，也会遭遇惯性的作用。在讨论产业簇群的兴衰过程时，我将会有进一步的说明。

产业簇群之所以依地理集中，原因是彼此邻近有助于生产力和创新的改善，

---

① 例如格拉斯梅尔（1991）对瑞士手表业所作的研究。

让产业簇群获得好处。[①]交易成本下降，信息的创造和流动得到改善，本地机构更能随时满足产业簇群的专业化需求，企业也更容易感受到同行压力和竞争压力。

产业簇群很清楚地代表一种合作与竞争的组合。激烈的竞争发生在争取顾客与保留顾客之时。多重竞争和强烈诱因的出现，常常会加强产业簇群之间的竞争强度。然而合作也必定会发生在我所界定的一些领域内。许多合作的关系属于垂直合作，它们常涉及相关产业与当地机构。竞争和合作能同时并存，原因是它们发生在不同的层面中和不同的成员之间；在某些层面的合作，有助于其他层面成功的竞争。

对许多文献的研究结果表明，产业簇群通过多种机制影响生产力和创新。管理文献显示，大家对于供应商和客户之间紧密联结的重要性，以及外包或伙伴关系的价值，有越来越深刻的了解。这些有关创新的文献凸显出顾客、供应商和大学在创新过程中所扮演的角色。至于研究创新会扩散的文献则强调，示范效果、传播、实验性和是否容易观察等概念明显都会受到产业簇群出现的影响。[②]许多经济学的研究，都强调交易成本的重要性，其他研究则探索有碍效率的组织诱因问题。

不过，这类思想很少与地域发生关联，仿佛联结点、交易成本、信息流通等是发生在时间、空间之外，尽管地域的邻近关系明显影响了联结点和交易成本。诱因不一致时也很难以通过契约解决，且这类契约也使得厂商受地域和产业簇群反复互动的强烈影响。尽管诱因和监督问题更复杂，诉诸正式的伙伴关系和联盟关系，却忽略了以更简单、非正式的方式来达成同样的好处。将这些理论性观点放在一起，加上对地域和产业簇群的了解，我们将能扩展它们的用处，并且加深对产业簇群给竞争所带来之冲击的了解。

更广义地来看，由独立和非正式联系的企业和机构组成的地理上邻近的簇群代表一种在市场和科层结构之间强大的组织形式，但是学界在这方面的探讨还非常有限。地域能有力地改变市场与科层结构之间的不足之处。在交易成本上，产业簇群提供了比其他形式更明显的优势，而且似乎可改善许多诱因问题。在产业

---

① 在迈克尔·波特（1990）的基础上，恩赖特（1990）的论文提供了对地理集中度作用的基本应对措施。另可参见恩赖特（1993A）。

② 例如冯·希普（1988），凯斯（1992）与罗杰斯（1995）。

簇群结构内，良好的互动和非正式的接触，来源于在某个有限的地理区域中的生活与工作、信任培养、开放沟通，以及降低服务和重组市场关系的成本。

产业簇群与发展新事业

在产业簇群内，新事业（如企业总部，而非办事处或辅助单位）的数目，明显多于其他孤立的地点。造成这种现象的理由很多：首先，产业簇群通过更多更佳的商情机会，提供进入诱因。产业簇群本身就代表了机会。在产业簇群内或附近工作的人，更容易察觉到产品、服务或供应商有待加强的地方。拥有这样的洞察力，这些人更容易离开所在的企业，瞄准那些空白地带自行创业。

企业追逐产业簇群当地的商机，是因为当地的进入障碍比其他地方更低。所需的资产、技能、元件和人员等，通常很容易在当地获得，这对发展新事业带来很大的便利。当地的金融机构和投资者，对这个产业簇群相当熟悉，因此所需的资金风险溢价较小。此外，产业簇群通常代表一个重要的本地市场。企业家要从现成关系上寻求好处，通常优先考虑相同的社区。所有这些因素——较低的进入障碍、许多潜在的当地顾客、既有的关系以及其他获得成功的本地厂商，都会减少厂商进入的风险。产业簇群的退出障碍也比较低，因为厂商所需的专业化投资较少、专业化资产的市场较深入，还有一些其他生产因素。①

产业簇群固然吸引当地的企业家，通常也会吸引外地的企业家迁移进入。吸引他们的既有较低的进入障碍，还包括在产业簇群内能发挥他们的点子和技能，创造更多经济价值的潜力，以及更有生产力的经营能力。

不在产业簇群所在地点的企业（包括外商或本国厂商），通常也会在产业簇群内设立分公司，寻求前述的生产力好处以及创新的优势。产业簇群的出现，不仅降低了簇群外厂商的进入障碍，也减少了可能的风险（这种情形特别出现在“国外”企业已经进驻的产业簇群）。许多企业已经将整个事业单位移入产业簇群所在地，或重新定位它们位于产业簇群内的分公司，将它调整为该特定事业的区域或全球性总部。

在发展新事业方面，产业簇群还有一个优势是，它在加速产业簇群创新的过

① 参见波特与卡费斯（1977）。

程中，会扮演主要的角色。在许多创新项目上，大企业通常会面对限制或障碍。但有时候，衍生的企业正是由母公司推动成立的（比方说，大公司通常会支持一个本身不会进入，规模比较小，但是走利基路线的企业）。产业簇群内的大公司会与创新型的小企业发展紧密的关系，帮助它们生存，一旦对方取得成功，就将它们买下来。

随着新事业的建立，时间的演进，产业簇群通常会在深度与广度两个方面发展，进一步提高产业簇群的优势。产业簇群内部激烈的竞争，加上较低的进入、退出障碍，有时候会导致企业在这些地区频繁地进出。两相抵消后，许多在产业簇群内存活下来的企业，便拥有与其他地方竞争对手正面迎战的实力。产业簇群的地域与状态，不仅影响进出障碍，也会影响产业结构的其他很多方面。关于地域与产业组织之间关联的探讨分析，则方兴未艾。

产业簇群的社会经济学

一个地域如果仅有厂商、供应商或相关机构，将只能创造潜在的经济价值，而并不必然确保这种潜能得到充分发挥。产业簇群的社会性会将成员联结在一起，并产生价值创造的流程。产业簇群的许多竞争优势，有赖于信息的自由流通、发现交易或交换中的附加价值、排定议题与跨组织工作的意愿，以及强烈的创新动机。关系、网络和共同利益的意识，由下而上地强化了这个环境。产业簇群的社会结构，因此具有相当大的重要性。

越来越多经济学与组织学方面的文献开始探讨，网络关系在以效率见长的企业和社群中的重要性。①在这些地方，经济活动被视为埋藏在持续的社会关系之中。许多研究也着眼于描绘这些网络，以了解网络节点的数目，并证明良性互动的重要性，以及时间与网络效率的关系等。学界探讨网络结构时发现，人们之间的社会关系或他们的“社会资产”，让他们在接触重要的资源和信息上，有很大的便利。

① 例如，伯特（1997），格兰诺维特（1985），亨顿、梅尔维尔与威尔斯（1997），诺瑞亚（1992），佩罗（1992），帕特南、伦纳德与南斯（1993），福山（1995），哈里森与韦斯（1998）。

产业簇群理论的重心在于，在某特定地域中，经济上具有关联性的厂商和机构如何共同影响竞争力。有些产业簇群的优势拥有足以支持其独立于社会关系的条件（比如当地拥有的人力或资金数量），大多数则多少还和社会存在某种关系。根据产业簇群理论，企业自我认同和社区意识来自于它是产业簇群的成员，以及超越将自己局限为单个经济实体的"公民参与"意识。根据产业簇群理论，这种认同和社区意识将直接创造经济价值。产业簇群理论通过在特定地区，有利于特定企业产生优势的网络关系结构，探索整个活动的机制，并进一步扩大社会资产的概念。在一个地区或城市里，互信与组织渗透能力，会透过反复互动与相互依赖的感觉得以巩固、润滑，并提高生产力、激发创新，结果便能创造新的事业。

产业簇群理论可以将网络理论和竞争联系起来，一个产业簇群是一个地理区域中的一种网络形式。在该地，邻近的企业和机构会确保彼此间特定的共同性，并增加互动的频率与影响力。运作良好的产业簇群会超越科层型网络，形成许多点状的重叠，让其中的个人、企业和法人机构流畅地联结。这些联系经常不断改变，并延伸到相关产业中。这里面既有"强制联结"，也有"自然联结"。产业簇群内关系形态的改变，与生产力和创新方向有重大的因果关系。

要了解产业簇群运作的方式，产业簇群如何变得更有生产力，网络理论居功甚大。我将在以下详细讨论，产业簇群的成功升级取决于成员对建立关系有高度的关心，这是产业簇群主动发展很重要的特质。行业协会可以让这类网络的组成变得更容易。

产业簇群理论也提供了更紧密地联结网络理论、社会资本、民间交流与企业竞争，甚至经济繁荣各个方面的途径，进而让它们延伸到更广泛的范围。产业簇群理论将界定整个网络中谁必须是其中的成员，彼此之间的关系，以及为什么有这样的关系。借由产业簇群内部的网络、社会资本和民间交流，以及对竞争和市场结果的影响，这个理论提供了一个探索这些机制的新方法。这个理论也帮助分离出最有利的网络形式。比如，企业的结盟会导致卡特尔，进而损害经济价值；至于在顾客和供应商之间开放而便利地交换信息，则会提高双方的利益。产业簇群的研究工作也表明，比起企业或企业与机构之间正式或科层的关系，网络结构中可能的效率和弹性，其实来自于地理位置上的邻近和非正式的本地联结。产业结构理论也揭示了网络关系如何组成，社会资本如何获得，从而有助于解读因果关系的问题。比如，是否会因为产业簇群存在，使得企业更容易产生紧密的关系和联盟，或者既有的网络是否会使得产业簇群更容易发展？因此，产业簇群理论能帮助揭示网络结构的成因，网络中的实质活动，以及在网络特点与结果之间的关联。

产业簇群与经济地理

专业化会强化城市、州、省和国家的经济地理特质，特别是在比较繁华的地区，这种效应也会促使经济变得越来越发达。①在一个地理区域中，数量不多的产业簇群，通常占了经济的主要产出，同时成为具有压倒性比重的外销经济活动。比如，以当地为根据地的企业，会自发地开展出口或到外地投资的活动。②外销型导向的产业簇群，会与其他两种形态的事业并存。其中一类是只在本地竞争的产业与产业簇群，例如餐厅、娱乐业、后勤服务业、房地产和建筑业等；另一类是母公司在其他地方，主要服务本地市场而且有竞争力的分公司，例如销售处、顾客支援中心、办事处和装备工厂。

在地理区域中，出口导向型的产业簇群是该地经济长期发展与繁荣的主要来源。这类产业簇群的发展远超过本地市场的规模，也会吸引生产力比较低的企业和产业的劳工。相对地，出口导向型产业簇群的成功，也会直接或间接地限制对本地产业的需求。

图 7–5 是发达经济体部分产业簇群的地理分布图。这张地图显示了美国具有地理集中性的一些产业簇群，从大家熟悉的好莱坞娱乐产业、纽约市的金融产业、北卡罗来纳海波因特（High Point）的房屋家具产业，到比较不出名的产业簇群，如卡尔斯巴德市的高尔夫器材产业、亚利桑那州的光学仪器产业等。图 7–6 显示了葡萄牙等经济体中的区域性产业体系；图 7–7 显示了美国马萨诸塞州最主要的产业簇群；而图 7–8 则显示了美国大匹兹堡地区的产业簇群。这些地图缺少与邻

① 一些实证研究开始揭示簇群效应对城市化所产生的影响。格莱泽等（1992）和亨德森、昆科罗与特纳（1995）的研究找到了它们之间存在积极关系的证据。

② 我用“出口”一词来描述与外部另一个地理区域存在竞争的产业，即便另一区域不是一个国家而仅仅是一个州。需要指出的是尽管多数出口确实是把商品运到了另一地方，但仍有一些出口产业（主要是服务业）是把外部的顾客吸引到了所在地。

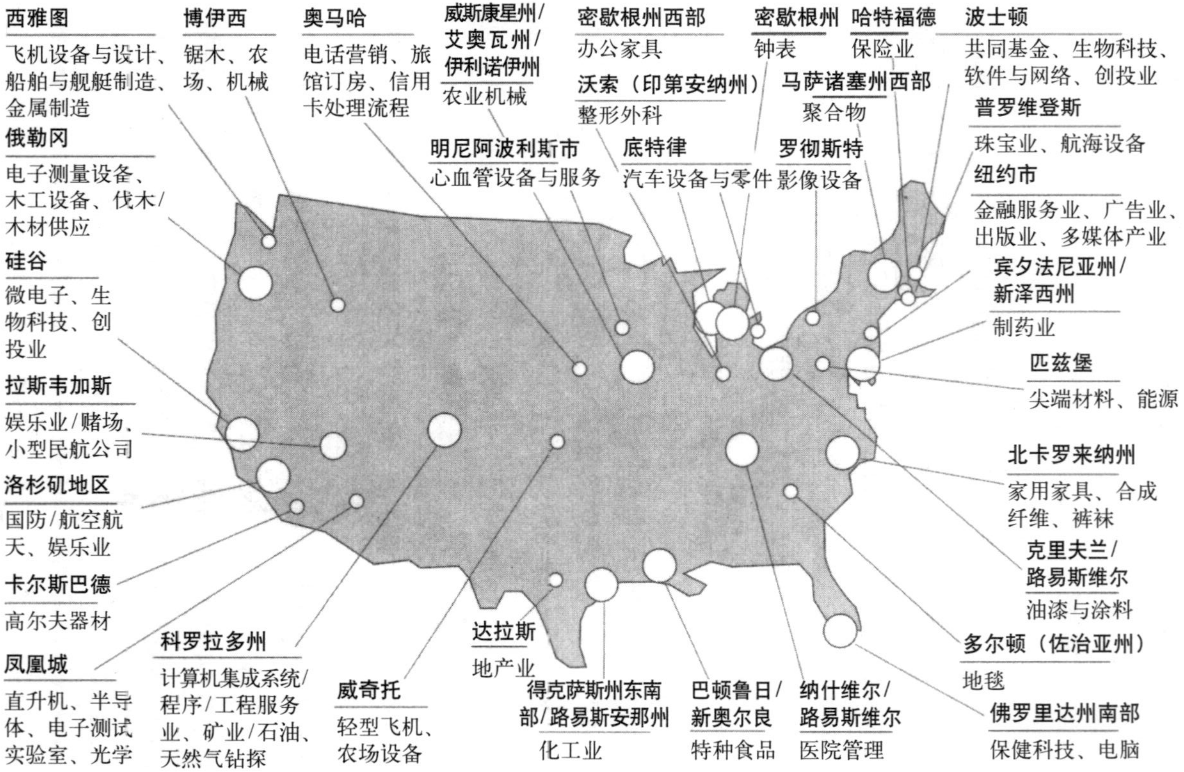

图 7–5　具有竞争力的美国区域性产业簇群

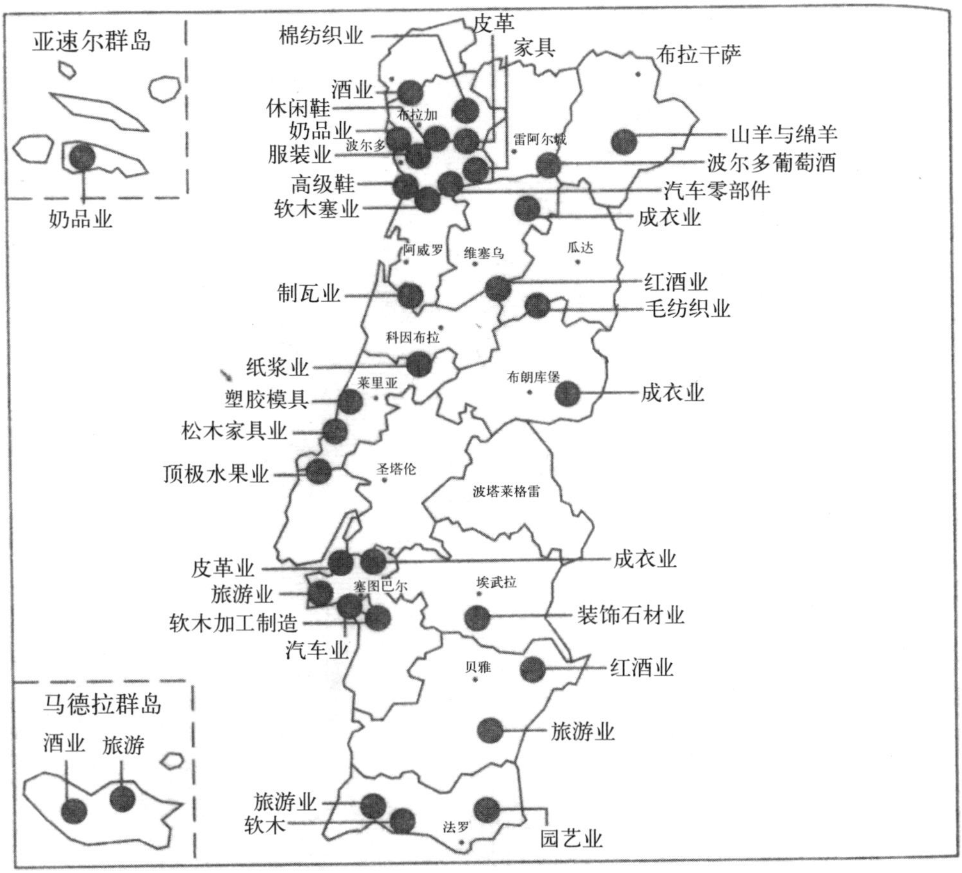

图 7–6　葡萄牙一些地区性产业簇群

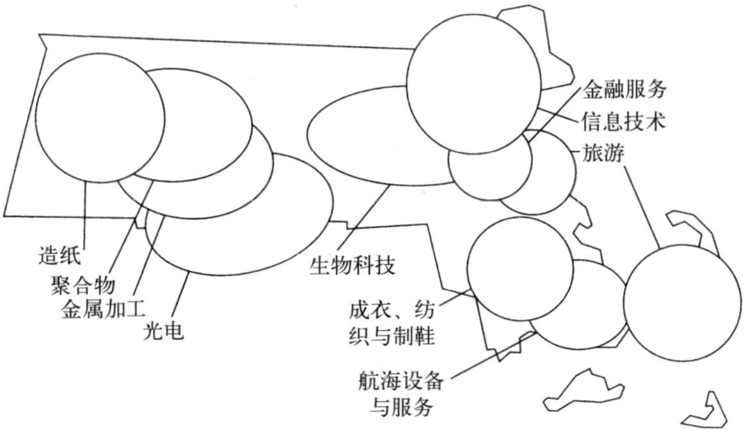

图 7–7　马萨诸塞州的产业簇群

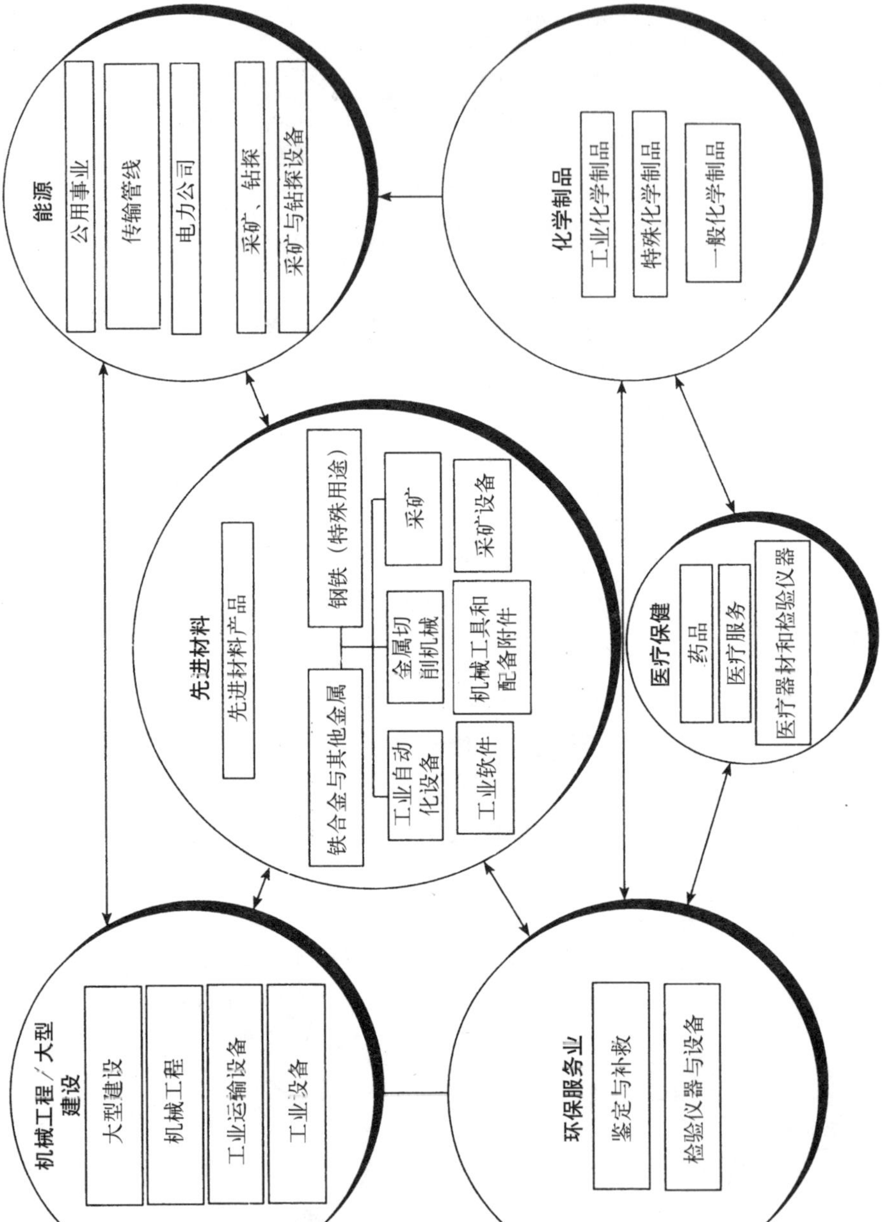

图 7–8　大匹兹堡地区的产业簇群

近的经济区域在产业专业化上的比较：比如，马萨诸塞州的经济就与邻近的康涅狄格州看起来很不一样。

在这些产业簇群中，出口导向型的产业必须与那些主要服务本地市场的产业进行区分。每个经济体包含本地产业簇群，如房地产和建筑业，以及总公司设在其他地域、但在本地经营的出口导向型产业簇群。很重要的一点是，必须认识到在一个产业簇群中，各个部分即使存在，也并不等于该产业簇群内部就能有效率地联络与互动。比如在匹兹堡，产业簇群内部与跨簇群上，创新的潜力就尚未被完全发掘。

产业簇群的边界通常与行政上的疆界吻合，但是它们也有可能跨州或跨国家。在马萨诸塞州，一个欣欣向荣的光电子（或称为电子光学）产业簇群，是以史塔布利基为中心，一路延伸到康涅狄格州，而且在康涅狄格州又有135家公司。整个产业簇群中大约150家公司紧邻马萨诸塞州边界。在另一个例子中，一个欧洲化学工业簇群，包含德国与瑞士德语区的企业。产业簇群比较可能从政治疆界做辐射状扩散，这些地区的特性是具有共同语言、短程的地理距离（如在产业地点方圆200英里内）、相似的法律体系和其他机构，以及最低限度的贸易或投资障碍。

产业簇群和发展中经济体

产业簇群大多出现在发达经济体中，这类产业簇群的深度与广度通常较大。在发展中经济体中，产业往往以本地为根据地，或是外国子公司锁定的本地市场；出口产业通常是劳力密集或资源密集型产业。在发展中经济体的产业簇群，似乎都根基不深，主要依赖外国的零部件、服务和技术。在这些地区的企业通常会进行垂直整合，不仅生产自己需要的零部件、备用的电子产品，有时候它们还得自行建立并经营实体基础建设，甚至由公司来经营学校和其他服务性设施。发展中经济体的其他有相对竞争力的企业，则倾向于独立运作，而不以产业簇群中的成员自居。[①]图7–9比较了发达国家瑞典的林木产业簇群和中等发达国家葡萄牙的产业簇群，从中可以看出它们之间的一些差异。

比起那些在发达经济体中的产业簇群，发展中经济体的产业簇群不仅成员比

---

① 参见英厄姆（1995）。

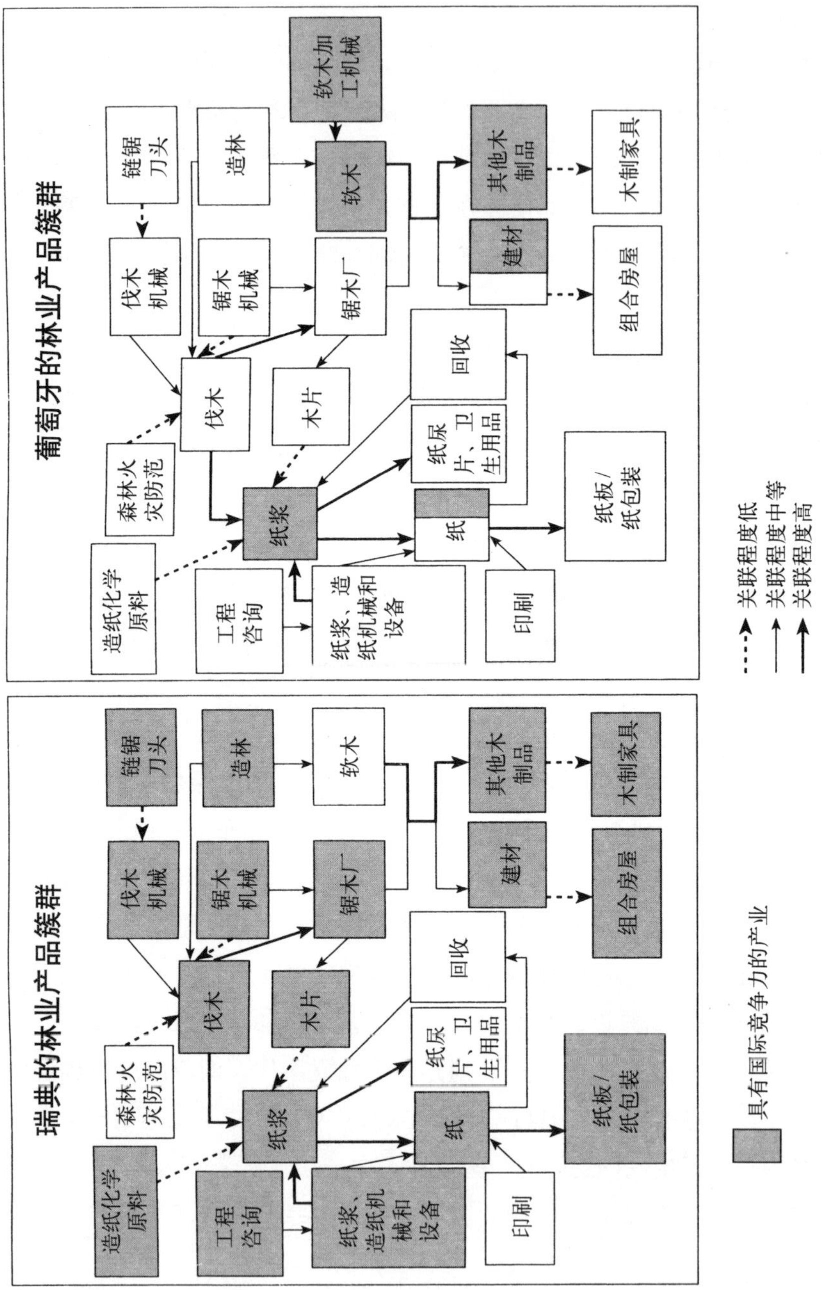

图 7–9　瑞典和葡萄牙的林业产品簇群

较少，而且在社会经济形态上也有差别。许多簇群都呈现出以少数大企业、政府机构和销售商为中心的层级或辐射状结构，簇群内部的沟通很有限，在既有企业和机构之间的联结也不充分。相反，发达经济体中成功的产业簇群有密集的网眼，这些网眼是由持续演进中的关系和联结所组成的。

运作良好的产业簇群，是迈向发达经济体的必经阶段。在发展中经济体中，产业簇群的组成受制于人才受教育程度和技术能力过低、技术不强、缺乏资金，以及发展不充分的相关机构。政府政策也与产业簇群的形成唱反调，不但限制产业地域，并意图以补贴政策、人为干预来扩张企业投资地点。大学和技术学院的课程，偏重填鸭式教学，无法适应产业簇群的需要。最后，政府会让企业受到保护、免于竞争、乐于垄断，这些行为进一步延缓产业簇群的发展。

发展中国家缺乏产业簇群，并不意味着这些国家就无法竞争，但是这终将妨碍升级和生产力的提高。利用低成本的本地劳工或自然资源，采用进口技术等方式，固然能让出口有一时的成长，但这类方法终究有其限度。要改善盈利、薪资和生活标准，假以时日的挑战是提高生产力和增加产品价值。要让一个地域更有生产力，并要发展本地能力、改善产品和工艺，最终达到创新的目标，就必须花时间经营产业簇群。否则时间一久，当本地成本上升，并且缺乏反制之道，而其他能提供更低成本的生产因素或有更大的补贴机会出现时，生产线将会整个移出。

因此，经济发展成功，其实是产业簇群成功深化与广化的整合结果。[①]在由较低的中等收入经济体（平均每人年收入 8 000~15 000 美元）迈向发达经济体的过程中，产业簇群的发展似乎是一个控制因素。即使在发达、高薪资的经济体中，产业簇群升级的需求也没有止境，它始终需要生产力和收入的持续提升。经济体要富裕，就需要在产品、服务、生产方法上真正创新，以支持升高的薪资，并以改善效率来调节工作。

国内贸易与投资

随着国际贸易与投资被广泛认定为促进生产力提高的力量，国内贸易和投资

① 人们更多的努力是把簇群思维带入经济发展的主流中。例如对世界银行私营部门发展部而言，产业簇群发展已经成为一种核心方式。也可参见费尔班克与林赛（1997B），及罗森菲尔德（1997）。

的角色，却未受到应有的重视。一般说来，分散各地的产业簇群和以专业化表现形成的产业簇群，是构成发达国家最大的力量。在类似美国、意大利、瑞士、德国等国家，国内的专业化、贸易和投资，对生产力及其发展贡献极大。由于州政府和地方政府以及地方机构所受到的竞争压力大于联邦政府或垄断性机制，内部竞争经常会激发改善。国内的贸易因为地域上的邻近、民族性相似以及较少的贸易障碍，也是提供企业建构国际化所需技能的基石。

在发展中国家，大部分经济活动集中在类似曼谷、波哥大等首都型大都市。这种集中性，反映出偏远地区缺乏基础建设和相应的机构，以及普遍缺乏必要的供应商。这也反映中央政府会在控制竞争中扮演干预的角色，它的力量导致企业紧临权力中心或政府机构，以加快获得核准的速度。在许多发展中国家，产业拥挤成一团，偏远地区除了农业与原料生产外，几乎没有商业活动。

比起地理分散和专业化的经济，发展中国家的这种经济地理分布，会进一步加大生产力的高成本。拥塞、瓶颈、缺乏弹性，会导致昂贵的行政成本与严重的缺乏效率，更不用说生活品质的日渐低落。话说回来，企业也不能远离政治中心，因为在规模较小的城镇，那里既没有基础设施，又没有基本的产业簇群。要从集中式的经济转换成分散式的经济，并且形成专业化的产业和产业簇群，也是经济发展的另一个基本挑战（在发展中国家，建立旅游产业簇群也是一个改善偏远地区基础设施与分散经济活动的做法）。

然而，即使在发达经济体，经济活动仍可能集中在少数地理区域。日本有50%的制造装运活动在东京和大阪，正是一个鲜活的例子。这是因为其他偏远地区缺少足够的基础设施，以及中央政府在机构和政策上过度偏向中央、过度强势干预产业活动所致。日本的案例说明，即使在发达国家，只要做法不当，照样缺乏效率。

有关经济地理的传统看法，通常强调高度多元化城市经济的好处，凸显可获得的原料、基础建设、通讯和接近大型本地市场等好处。全球化的力量大规模地削弱了城市化的好处，但也增加了产业簇群专业化的优势。在发达国家，即使在大型城市地区，它的出口型产业簇群通常十分专业化。经济地理区域特质受到许多城市区域左右，区域之间相互搭配形成的产业簇群，在专业化组织方面，也明显比在一两个大型多元化城市的产业更有生产力。至于大多数发展中国家，问题就在于缺少多元化城市区，以便彼此相互竞争。

地域的悖论

经济地理在全球竞争的时代里，涉及一个悖论：当一个经济体拥有快速的运输和通讯，很容易接近全球市场时，地域仍是竞争的根本。可是，一般看法认定，技术和竞争的改变，会削弱地域的许多传统角色：像资源、资金和其他原料，都能很有效率地从全球市场取得；原料无法移动，企业也能从合作网络获得，而不再需要坐落在大型市场附近。

当然，也许对全球化的第一个反应就是，把装配厂和其他对生产成本敏感的活动，迁移到成本较低的地点，以追求全球化所带来的好处。不过，在发达国家中，任何能从远方有效率地取得的好处，已经不被视为竞争优势。信息和关系的建立等，能够由外界接近；通过传真或电子邮件获得的优势，你能得到，别人也能得到。当全球性的资源搜寻和通讯减少了地域的不利因素时，地域并没有因此创造优势。此外，从总体生产力和创新来看，与进入一个充满竞争的本地产业簇群相比，远距离寻求资源通常是次佳的解决方案。

因此地域的悖论在于，要在全球经济中保持竞争优势，通常又必须高度本地化，竞争力也是来自一个特定国家或区域中，高度专精于专业化的技能和知识、机构、竞争、相关行业以及精明的顾客。地利之便、文化和组织上的条件，会让企业取得特别渠道、特殊关系、更佳的信息、强有力的诱因，以及其他在提高生产力方面的优势，而这些都不是远地资源所能带来的。标准化的元件、信息和技术很容易通过全球化取得，但是更高层面的竞争仍然有其地域界线。进入 21 世纪后，地域只会更重要。①

然而，全球的经济地理仍处在重大转型之中。相比之下，许多国家并没有全面放宽贸易与投资障碍。运输和通讯成本的下降速度虽然很快，可是完成工厂和设备的投资通常要数十年。如此一来，如何活络许多领土宽阔的国家和地区的经济，仍是重要的课题，因为许多国家或地区内的产业簇群，仍缺乏实际的竞争优势。

---

① 经济地理学家们近期所做的工作就是越来越多地寻求全球化与区域化的联结点。参见考克斯（1997）和斯托帕（1997）。

产业簇群的诞生、发展和衰亡

产业簇群的缘起，通常可以追溯到该地在特定历史情境下，形成钻石体系的部分条件。①早期企业的形成，一个很明显的动机是，像专业化技能、大学的研究专长、有效率的具体地点、特别的或适当的基础设施等生产因素，不但充分且容易取得。比如马萨诸塞州的许多产业簇群，便是受惠于麻省理工学院或哈佛大学的研究成果；而芬兰的产业簇群萌芽于自然资源条件；荷兰的运输产业簇群则与本身坐落于欧洲中央，拥有网状的水道、鹿特丹港口的效率和技能以及源远流长的海运历史有关。

产业簇群也可能从不寻常、精明或严苛的本地需求中产生。以色列灌溉设备和其他先进农业技术的产业簇群，来自该国希望自给自足地供应食物的强烈需要，加上气候炎热干燥又缺水等恶劣条件。芬兰环保产业簇群源于本地产业所制造的污染问题（例如金属、林业、化工、能源等产业），匹兹堡地区的环保产业簇群亦然（请参考图 7–8）。

原有的供应商产业、相关产业或完整的相关产业簇群，也可能是新产业簇群的种子。比如靠近圣迭戈的高尔夫球杆产业簇群，与加州南部航空航天产业簇群有关。后者这个产业簇群创造了丰富而充沛的铸造和先进材料，以及发展这些技术不可缺少的工程师。

新产业簇群也可能因一两家创新能力强的厂商，刺激其他簇群的发展而出现。在明尼阿波利斯的医疗设备产业簇群中，美敦力公司就扮演这样的角色。同样，在华盛顿特区的电信产业簇群中，MCI和美国在线的扩散作用功不可没。

对产业簇群的诞生而言，机遇也是很重要的。一个地方早期出现的企业，通常与当地有利的状况无关，而且反映出创业的行动。换句话说，这些企业也会出现在其他类似的地点。产业簇群先驱者卡拉威高尔夫球公司在卡尔斯巴德，而不是在南加州其他城镇成立，“机遇”便是其中的关键因素。

---

① 拙著《国家竞争优势》包含了对产业簇群生命周期的基本应对措施。许多关于产业簇群的研究也从历史的角度作了透视。波特、瑟尔韦与赞德（1993）对瑞典作了特别详细的历史分析。亦参见范德林德（1992）及赫内斯涅米、拉米与Yla-Anttila（1996）。

不过，机遇的角色不如其首先出现时重要。美敦力公司在明尼阿波利斯率先成为脉波器的生产厂商，如今更成为拥有超过1.2万名员工的大公司，进而成为医疗器材产业簇群的种子。如今明尼阿波利斯包含上百家当地企业，这统统可以追溯到电子医学公司的员工或技术。[①]1949年，贝肯伯爵这位电机工程所的研究生，在明尼阿波利斯市立医院做兼职工作，并且与帕尔默·荷马德斯里合作成立从事医疗器材维护的美敦力公司。到了20世纪50年代早期，这家公司与率先研究心脏外科手术的明尼苏达大学医学院C.W.Lillehei博士合作。明尼苏达大学在手术和电机工程两方面，都享有全国性知名度。美敦力公司的工程师与Lillehei博士合作，改善了能刺激心跳的庞大而危险的器材。到了1957年，突破性的贝肯电池脉搏器率先被推出使用。下一个突破是，1958年推出电极式起搏器。这也是该公司与圣保罗市的圣约瑟医院塞缪尔·亨特博士合作的成果。1960年时，美敦力公司已经是全球知名的起搏器厂商。这些导致该公司最初成功的因素，多少与机遇有关，该公司的成立与成功，又与当地大学和医疗机构的关联性有关。

在企业发生、创造优势生产要素或需求条件的因果关系链中，机遇条件也很重要。比如，内华达州奥马哈市的电话营销产业簇群，多少与战略空军坐落于当地有关。在美国核武器威慑战略中，战略空军居主宰的角色。因此当地也是美国率先装设光纤通讯电缆的地方。此外，当地的贝尔电话公司（“Bell”；目前改名“美国西部电话公司，U.S.West”）因为与这样挑剔的顾客周旋，而练就出一番非比寻常的能力。奥马哈当地特别的电信基础设施，再加上正好属于美国中部时区，本地口音不重等因素，提供了发展电话营销产业簇群的基础。

近来有些产业的发展，过分强调机遇，但是机遇必须结合地域的关联性。看起来像是机遇的情况，很多实与当地既有的情势有关。前面所举例子已经很多。此外，即使机遇是产业发展的一个主要解释，它也不大可能是唯一的解释。地域的影响力不仅提高机遇事件发生的可能，也增加机遇事件提高厂商和产业竞争力的可能性。单独看机遇，不大能解释为什么会产生一个产业簇群，或它的后续发展与成长表现。

有些地方并没有任何重要优势存在，照样能产生产业簇群，这也说明用机遇

① 参见都市理事会（Metropolitan Council，1995B）。

解释的局限性。讨论产业簇群的发展，比较适当的政策应该以已经存在或正在萌芽且已经通过市场测试的新兴领域为基础，这也是后面还要再探讨的课题。

产业簇群的发展

产业簇群的诞生可能有很多原因，但其随后的发展或停滞则比较容易预测。产业簇群的发展虽未必一帆风顺，可是一旦启动，就会出现连锁反应，因果关系也很快变得模糊。整个流程大量仰赖钻石体系中各箭头的效能，或回馈环的功能表现。例如当地的教育法规、其他法人机构对产业簇群需求的回应，或供应商面对产业簇群机会时，回应能力的快慢。这里面，有 3 个领域特别值得关注：本地竞争的激烈程度、本地培养新事业的环境，以及将产业簇群成员聚合起来的正式或非正式机制的效能。良性的竞争是企业家精神和企业改善的根本动力。创业精神的气氛非常重要，因为创造新企业和新机构是产业簇群发展过程中不可或缺的一部分。最后，组织和关系的建构机制也很必要，因为一个产业簇群的优势，密切仰赖个人和群体之间的联结点和关联。

在一个健全的产业簇群中，企业数目达到最初的关键多数时，会触发自我强化的过程。在其中，专业化供应商开始萌芽，信息得到累积，本地机构发展出培训、研发、基础设施和适当的法规。而产业簇群的面貌也越来越清楚，也在同步增长。企业家看到潜在的市场机会，而且进入障碍也在降低，因而成立新公司；从既有企业中扩散的新的供应商也在萌芽。产业簇群的存在获得再一次的确认。当越来越多的机构和企业承认这个产业簇群的重要性时，专业化产品和服务数量就开始增长，本地金融服务供应商、建筑公司等行业，便开始回应这个产业簇群的需要。正式与非正式的组织和沟通模式，以及产业簇群成员也随之发展。①随着产业簇群的成长，其影响力与日俱增，不仅凌驾个别厂商的作为，也将左右公营、私营机构和政府政策。妨碍产业簇群升级的政策，通常也会被修改。

许多案例研究显示，产业簇群的发展要兼顾深度与广度，通常需要 10 年甚至更长的时间，才能获得实质性的竞争优势。这也是为什么政府企图创造产业簇群的作为常常失败的原因。不同地点的产业簇群，通常发展出领域内独一无二的专

---

① 罗森菲尔德（1997）提供了一些有趣的例子。

业化，并在产品环节上独领风骚，拥有配套的供应商和互补性产业，以及通行的竞争模式。

在内部的交会点上，产业簇群的发展通常特别迅猛。因为，来自不同领域的洞察力、技能和技术会汇聚在一起，激发出新的事业。多重交会的产业簇群出现后，会进一步降低进入障碍，因为潜在的加入者和扩散效应来自好几个方向。多元化的学习也会刺激创新。例如，德国厂商就同时拥有家庭餐具和家具两个产业簇群，在这两个产业簇群的交会点上是原有的厨具和五金产业，它们也是德国人在全球出口中享有很高占有率的领域。图 7–10 显示，马萨诸塞州有些产业簇群的交会点的确是新企业出现的沃土。

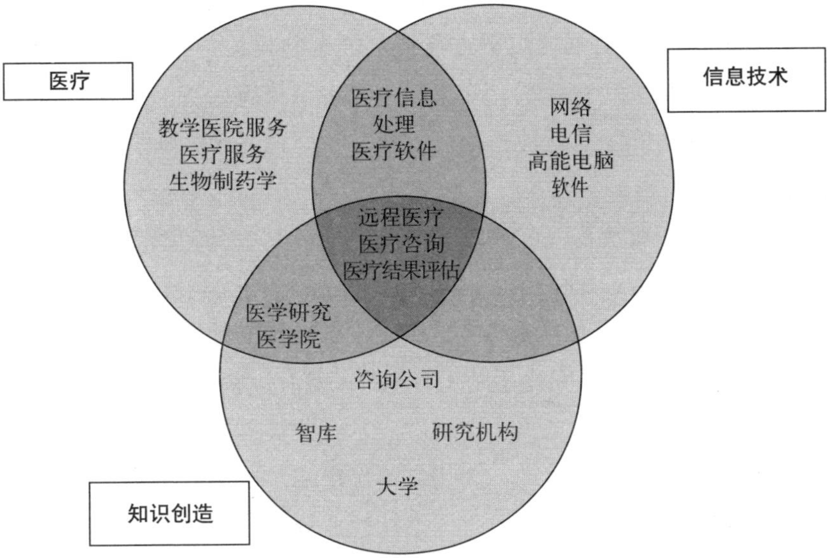

图 7–10 马萨诸塞州的产业簇群交会情形

在一个全国性或全球性的经济中，产业簇群的发展会吸引外地或外国的产业簇群成员加入，进而加快本身的发展。一个成长中的产业簇群，始于吸引外商参与制造和服务业务，以及供应商在设备上的直接投资。企业会从比较没有生产力的地方迁移或投资成立子公司，以接近这个产业簇群在特定区间的专长。比如，这种情形就出现在高尔夫球具的产业。当东岸的制造商纷纷在加州卡尔斯巴德设置研发中心和生产厂，供应商便迁移到这些新兴的地区，目的是更好地与这个产业簇群环境接触，并建立紧密的关系。

发展中的产业簇群也会让成员更努力寻求各式各样能强化这个产业簇群的人员和想法。发展中的产业簇群会提供更佳的机会，来吸引有经验的人才。具有创意的企业家或个人，会从其他地方迁移到产业簇群中，因为产业簇群不断发出机会的信号。产业簇群的成功故事，也会吸引最优秀的人才加入。

如前所述，产业簇群的成员通常在这个过程中扮演重要的角色，它们四处寻求人才、技术甚至供应商。美敦力公司后来的发展故事，就是很好的例子。在1960年，纽约州布法罗市的两名医生和一位电机工程师，合作发表了一篇关于自行消毒、装有芯片、可植入人体的起搏器的论文。美敦力公司当时也正在研发这类产品，因此在几个月内它就买下这项技术的专利权，并独家开发这项新产品。因为布法罗市缺乏相关产业簇群，而发明人员也很快就发现，如果当地有正在成长的产业簇群，其中的企业就能把他们的成果予以商品化，他们的成就就会更有经济价值。

一个发展中的产业簇群，其成员大多倾向逐渐发展全球战略。这些厂商在越来越多的国家销售产品，有时候也会从其他地方寻求比较一般或基本的元件来源。假以时日，比较没有生产力的活动将被移往成本较低的地方，这同时也将有利于进军国外市场。只要这类国际化不是出自内部的僵化，而是主动追寻机会的结果，这个过程就会让产业簇群的竞争力更强。一旦产业簇群的成员加入全球竞争，这个产业簇群便将朝良性方向前进，因为它不仅展示了更多的机会，而且更能丰富本身的知识，刺激新的想法。任何企图维持产业簇群成员只在本地活动，以确保优势的做法都是错误的，最后还会造成反面效果。

如果市场力量和回馈环的力量薄弱或运作不佳，新生的产业簇群将注定无法取得进一步的发展。这种情况往往是因为本地机构可能有其他的议题，企图进入的外资可能受制于政府政策，居主导地位的企业或卡特尔可能排斥新的竞争，也或许是主导的供应商被阻隔在其他地方。发展新事业的人为障碍，可能妨碍到竞争，并延迟创新和专业化。政府政策也可能妨碍产业簇群的形成和升级。

在全球经济体系中，许多国家和地方性市场仍受到某种程度的保护，或处于缓慢的开放过程，也有许多产业簇群实际缺乏任何竞争优势。当越来越多的经济体开放竞争时，这些产业簇群将会萎缩凋零。

产业簇群的衰亡

产业簇群可以让某个地方生机盎然，并持续数世纪之久。大多数成功的产业簇群也都有数十年的繁荣。不过一个产业簇群的蓬勃发展，并不保证它能维持本身的竞争能力。

产业簇群萎缩和衰亡的原因，可以在钻石体系的条件中找到。它们可以归纳成两种类型：内生的，或源自地域本身；外来的，或因为外部环境持续发展，或中断发展所造成的。

造成衰亡的内部因素，起源于内部的僵化，这将减少生产力和创造力。限制性的工会规则或缺乏弹性的法规，会减缓生产力提高的步伐。过度合并、相互合作、卡特尔或其他妨碍竞争的做法，都会伤害本地的竞争。如学校、大学等机构，也会因本身的僵化、惰于升级或因应改变，而伤害产业发展。产业簇群成员的集体思考模式，则是另一种僵化形式。

客户需求的改变，会使本地需求与外界需求出现差异，形成另一个对产业簇群生产力和创新的外部威胁。比如，美国的许多产业簇群，在全球各地都开始将能源效益视为重要课题之际，在本土仍维持较低的能源价格，这造成企业在创新上的延迟，进而使企业、产业簇群受到伤害。然而，正如这个例子显示，外界发展出来的威胁，通常与本地的选择和政策有关。

当产业簇群的竞争力面临内部的威胁时，进取心强的本地厂商，一时之间或难以全球化来弥补外界的断裂问题。它可以从其他地方取得技术或购买专利，可以迁往其他地方，或向外采购零部件和设备。不过随着时间演进，如果本地迟迟无法引入一种重大的新技术，或迎合重大的新需求，它仍然难逃萎缩的命运，也不可能继续作为有创新能力的企业的大本营。

一个产业簇群在竞争力上的衰退，不同于因为升级造成的人事精简或总产值的减少。薪资与利润的提高，其实是经济成功的表现。它意味着技能或生产力的活动相对不会移往其他地方。一个产业簇群健康与否，最终的衡量依据是它创新的速度。产业簇群如果持续投资或创新，它的问题就比通过缩小或向外采购来改善竞争力要小。

政府的角色

在经济上，政府不可避免地要扮演多重的角色。认清自己角色的多元性，有助于政府制定合理的产业簇群政策。

在经济上，政府最大的角色，是保持宏观经济稳定和政治稳定。要做到这一点，靠的是稳健的政府机构，持续一贯的经济基础架构，以及健全的宏观经济政策。这里面包括谨慎的政府财政和低通货膨胀。政府的第二个角色是，改善经济体中微观经济的一般能力。这主要靠改善一般资源的效率和品质，例如高素质的受教育人才，适当的硬件建设，准确而及时的经济信息，以及有相关机构提供这些条件。这些投入应该遍及整个经济，并成为所有其他事物的基础。政府的第三个角色，是建立整体的微观经济规则，监督竞争的诱因，使此种竞争有助于生产力的提升。这些遍布整个钻石体系的规则和诱因，包括促进竞争的政策、鼓励投资的赋税系统和知识产权法律、公平而有效率的立法系统、有利于消费者的法律、能适当考评管理者绩效的企业监管规则，以及能促进创新而不是固守现状的有效率的规范流程。

尽管政府的这些角色是促成经济进步的必要条件，但是有了这些仍未必足够。政府必须履行它更基本的角色，也是第四个角色：使产业簇群的发展与升级更顺畅。这个角色也更加重要。政府的目标应该是促进所有产业簇群的发展与升级，而不是在其中选择。当一般商业环境成为影响竞争力的主要因素时，产业簇群环境的重要性会日渐增加，并让全国经济脱离生产要素与成本层面的竞争。政府的政策不可避免地会影响升级中的产业簇群的机会。与此同时，产业簇群的生产力和创新优势依赖于和政府机构有关的外部性和溢出效应。政府除了修正自身的政策与作为外，也能激励、促进私营部门的集体行动（在产业簇群的发展与升级方面，政府的角色并不是一般所谓的产业政策，请见本章的插入内容“产业簇群VS.产业政策”）。

产业簇群VS.产业政策

一个以产业簇群为基础的经济发展模式，有时候会与产业政策发生混淆。在现实中，产业簇群理论和产业政策有本质上的差异，这主要表现在政府政策的知识基础和执行方式上。

产业政策基于国际（或国内）竞争观点，这种观点认为，其中有些产业的前景比其他产业更好。被看好的产业不论是成长中的产业，还是应用高科技的产业，都应该被“锁定”为受政府支持的对象。产业政策因此把竞争优势视为销售报酬率逐步攀高的结果。当政府将规模的重要性放进来时，就应该列出培育萌芽期产业的优先顺序，其方法包括补贴、消除“破坏性”或“浪费性”的竞争，在进口中提供选择性的保护，以及限制外国投资等，直到这些重点产业接近关键多数为止。补贴与遏制内部竞争应该集中在有规模敏感性的领域，如研发、设备投资等方面。通过这样的干预，政府试图将竞争的结果引导到对该国有利的一面（或国际市场的占有率上）。有时候，产业政策的概念似乎反映一种零和的国际竞争观。在这种竞争中，需求量是固定的，目标就是为特定国家取得较大的占有率。

与之相比，产业簇群理论有很大的区别。产业簇群的概念，来自厂商和所在地域之生产力更有活力的竞争观点。一个产业簇群中的交互关联与溢出效应对生产力发展的影响，通常远远超过单个企业的规模。

因此，所有的产业簇群都有其价值，并提供促进经济繁荣的潜力。影响它们的不是某个国家（或地域）在其中竞争什么，而是如何竞争。因此不同于“战略性”产业，所有目前和萌芽中的产业簇群都值得关注。所有产业簇群能改善自己的生产力，而不需要排除外国厂商的竞争。事实上，产业簇群理论反而欢迎外商加入竞争。因为外国企业会提高产业簇群的外部因素和生产力，外商在该国的活动会直接令当地的就业和投资受惠。

产业簇群不谈封锁进口，而是强调及时并稳定地开放本地市场，以提高当地的效率，提供所需的元件，提升本地的需求条件，以及刺激竞争。

产业政策的目标，在于扭曲竞争以让特定地域受惠；产业簇群理论则专注于取消妨碍生产力和生产力发展的障碍。

产业簇群理论不强调市场占有率，而是强调动态的改善。这是一种积极正面的竞争观，这种竞争观认为，只要产业簇群更有效率，更富创新，那么生产力的提高和贸易必将使市场扩展，并给许多地方带来繁荣。

在经济上，政府最后的角色是发展与执行一个积极、有特色且长期的经济活动方案，或改变流程，使政府、企业、机构和人民既能提升一般的商业环境品质，也有助于形成本地的各种产业簇群。经济进步受阻有可能是因为政府消极无为，也可能是对必要的措施缺乏了解。当反对经济升级的力量过于强大时，这会对产业的升级造成困难，无论是有关竞争力的过时观点，还是与现状难以分割的利害关系。只有长期不断地升级、发展，加上各机构的配合，才能反制这些力量。这个过程必须让所有关键性的成员都参与，并超越各个特定行政组织或政府的政治。这个过程还必须包括会影响所有产业以及产业升级的一般性条件。理想的情况是，这样的过程不仅出现在全国，也会出现在州和城市。

在产业簇群层面的政府政策

所有产业簇群，即使是封闭性的，都会提供改善生产力和提高工资的机会。每个产业簇群不仅直接对国家生产力作出贡献，而且也会影响到其他产业簇群的生产力。这意味着农业等传统产业簇群非但不该放弃，反而应该升级。促使产业升级的努力必须务实，但是还是要把发展目标纳入思考之中。当然，不是所有的产业簇群都会成功，有些产业簇群升级过程中，会在厂商迁往更有生产力的地方时出现就业下降的现象。这些结果都应该由市场的力量来决定，而不是仰赖政府的决策。

产业簇群在萌芽或发展时，政府可以强化或提供帮助，但不应该企图创造一个全新的产业簇群。新的产业与产业簇群最好是从既有的簇群中萌芽。能应用高科技的产业绝不是凭空出现的，而是从原来没有那么精密的领域进步而来。大多数产业簇群的成长，是独立于政府行动之外。产业簇群的成型，出自当地既有优势的基础，要判断一个产业簇群是否会继续发展，得视它的基本元素是否已经通过市场的考验。

发展产业簇群的努力，必须结合竞争优势与特殊性，而不是全面模仿其他地方的做法。这需要以当地的差异性和独特来源为基础，将它们变成优势所在。寻找这些专业性的领域，又比直接与已具规模的地点硬拼更有效果。专业化也能提供满足新需求与扩张市场的潜力。

产业簇群的发展，也可以由外商直接投资而埋下种子，并获得加强。吸引外商直接投资的最有效做法是，以吸引相同产业的多家公司为主，并通过在专业化培训、基础设施和其他攸关商业环境的方面作平行投资，以提供支撑。

产业簇群升级涉及认知既有产业簇群的存在，然后为其去除障碍、松绑限制及取消妨碍生产力和创新的无效率做法。这类限制包括人力资源、基础设施和管制。有些部分靠着民间业者积极努力，就能有程度不等的改善，有些则与政府政策和机构制度息息相关，非得由政府来解决。比方说，政府的管制可能创造不必要的无效率，重要的基础设施可能不足，教育与培训政策可能忽略产业簇群的需求。理论上，所有的政策只会增加企业的成本，如果没有相对的补偿，长久以来企业的竞争优势一定会减弱，甚至消失。因此，让产业簇群升级，不只是要改善一般性的商业环境，必要时还应该改变会影响特定相关企业和产业的政策与制度。

政府通常喜欢利用补贴或技术奖励等发展政策，目的在于提高单个厂商的竞争力。许多政策关心的焦点也是在产业层次，而不是产业簇群上；但其他的政策思考又过于广泛，如机械业、制造业或服务业等。这些做法并不能与现代化的竞争紧密切合，针对个别厂商设计的政策会误导市场，并使政府在资源运用上缺乏效率。锁定产业层级的政策，又犯了先入为主、认定某些产业比另一些产业要好的错误，结果是扭曲或限制竞争。通常，企业与对手较劲时会非常小心，产业部门的情况却正好相反，因为范围太广，无法显现竞争的重要。而且有关制造业、服务业、高科技、传统科技等的分类，根本没有意义。

产业簇群会锁定攸关竞争的外部性、联结点、溢出效应及支撑性机构。通过将厂商、供应商、相关产业、服务供应商和机构结合起来，政府计划和投资可以解决许多企业和产业的共同问题，并且不影响到竞争。因此，在产业簇群升级中，政府的角色是鼓励竞争而非扭曲竞争。产业簇群也会鼓励那些能影响产业联结的公共物品或准公共物品的发展。政府投资的重心，应放在改善产业簇群内的产业环境，其他事项则是平等相待，此举会比把目标放在个别厂商或产业，甚至更大的经济体上，获得更高的回报率。

强调产业簇群，看似鼓励不健康的经济发展，其实选择让所有产业簇群升级，而不是在其中选择其一，恰恰能避免这样的问题。此外，新的产业簇群通常源自既有的产业，因此产业簇群具备促进新产业形成的强大功能。产业簇群出现后，也会增强本地厂商面对经济条件变迁的调整能力，减少本地经济的风险，而不是增加风险。①

更广泛地看，产业簇群代表以一种新的角度且互补的方式对一个经济体予以分割与了解、对经济发展的思考与实务加以组织，以及制定公共政策。产业簇群加上钻石体系模式，可以显示出一个经济体创造财富的过程，让竞争力更具体、运作得更顺畅；非营利性机构尤其能从这种竞争中得到好处。政策分析与建议也将能更有系统地针对产业的需要。例如荷兰，产业簇群的发展代表了政府施政的优先顺序。产业簇群成为厂商、政府和当地机构开展建设性对话，讨论如何升级，提供政商合作机制的重要途径。以比较广泛的产业为对象的对话，可以避免空泛的一般环境课题，如赋税、币值或对政府通盘性的抱怨。如果企业只求将对政府的怨气一吐为快，那么如此一来，政府并未能获得任何建设性的信息，也会很快厌倦反复周旋在相同旧议题的游说活动。将产业与政府的对话限定在范围较小的产业领域，则可以形成参与成员之间建设性的意见交换，并在竞争者面前克制自己的需要，避免泄漏自身的问题。老式的对话通常会引导到补贴、进口保护和限制竞争等领域。相反，把所有受影响的成员聚在一起、重心置于共同的限制和相关厂商间的关联，产业簇群成员之间的对话，可避免这些难题。供应商、销售渠道和一般顾客的参与，会形成启动超越竞争的力量。

政府对产业簇群升级的影响

图 7–11 呈现了政府在产业簇群中的一些特定角色，政府对产业簇群的影响力

---

① 参见罗森菲尔德（1996B）。

可见于整个钻石体系中。在整个光谱的一端，政府可能召集所有企业、机构、相关政府单位形成论坛。在另一端，政府则有更直接的角色，着力于集合并整理与产业簇群相关的专业信息；设定教育政策，以鼓励公立大学和学校回应当地产业簇群的需要；理清与简化攸关产业簇群发展的重要政策；改善本地对产业簇群产品与服务需求的精致程度。假以时日，产业簇群的升级会变成公共和民间共同投资的集合动作。以新西兰的林业为例，这个产业簇群集中在北岛，主要的大学研究机构则是位于南岛的坎特伯雷大学。这个特殊的案例，请参考本章的插入内容“加泰罗尼亚的小型产业簇群”。产业簇群为政府提供了一个新的搜集和组织信息的方法。比如，标准的分类系统，常让产业簇群之间无法合作，无法真正展开竞

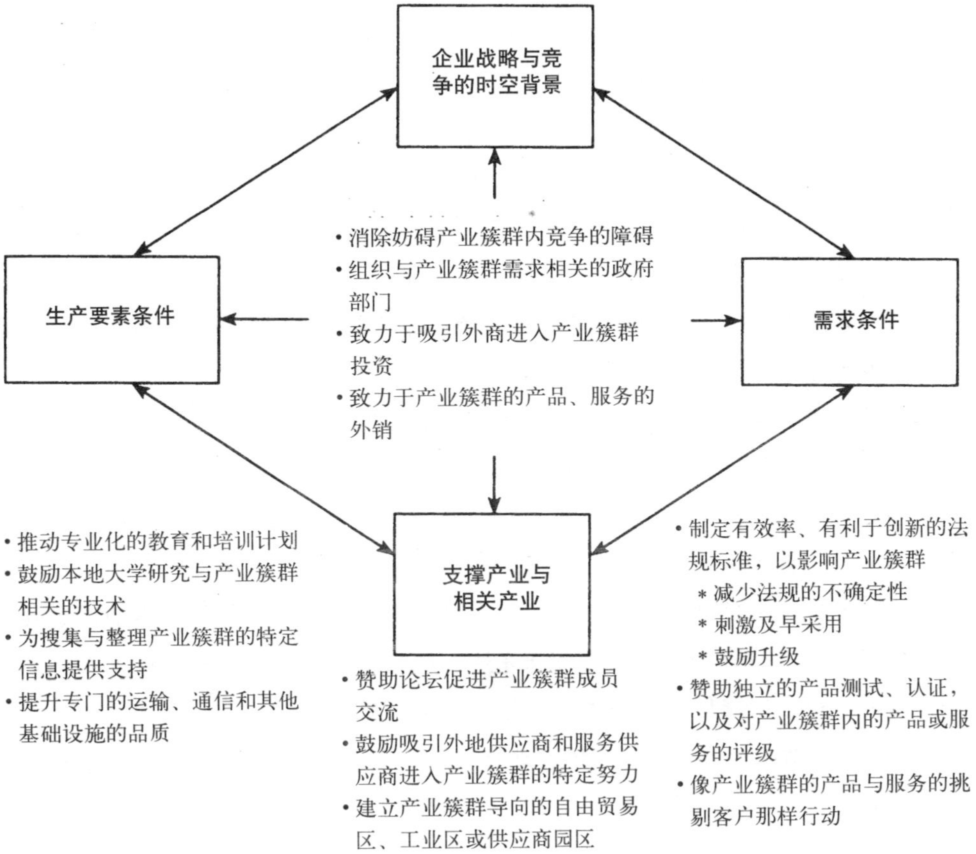

图 7–11　政府对产业簇群升级的影响

争，因为它将产业分成如机械业、制造业和服务业，使人们无法掌握它们之间最重要的关联关系。像马萨诸塞州等地区，尽管才刚刚起步，但已经开始针对产业簇群重新收集整理经济数据。①

随着产业簇群的发展与成熟，它们的竞争优势来源开始转变，政府施政的优先顺序也应随着改变。早期的优先顺序涉及改善基础设施和解决钻石体系中的不利因素；后期则更偏重于取消扼制创新的障碍与限制。

在发展中国家，促进产业簇群成长的重要工具之一，便是吸引外资。在特定领域中，吸引一两家大型跨国企业进入，会引来更多外商，进而带动当地的发展。比如，在哥斯达黎加，英特尔于 1996 年 11 月在当地设厂，微软马上在 1997 年宣布到该国投资，这都有助于该国吸引其他重要的信息技术生产商的注意。然而，单单靠外商投资并不足以建立产业簇群，同时还需要系统性改善当地的钻石体系条件。哥斯达黎加创造信息技术产业簇群的计划，还包含改善人才培训计划、改善数据通讯的基础设施，以及鼓励学校使用电脑等。

不过，即使以外资来扶持产业簇群，仍需要在地点上先具备一定的优势，这样方能成功。哥斯达黎加的教育经费占国民生产总值的 6%，这也是这个区域中最高的比例。该国也建立了研究中心的网络，同时是拉丁美洲电脑平均使用量最高的国家。这些条件加上政治上长期稳定，都是英特尔与微软在该地投资的首要原因。

在发展中国家，海外招商、自由贸易区和工业园区等做法，同样是有利于产业簇群成长的政策工具。如果是着眼于产业簇群的成长而非某一产业的发展，自由贸易区和工业园区更能有助于经济升级。一旦该国商业环境效率不佳，一切原料仍须进口，所有产品都准备出口，整个经济活动与国内其他地区关联不大，自由贸易区与工业园区一开始便可以被规划成境外地区。不过随着时间推演，这类地区仍须与该国经济产生联系。比如，各项计划和法规肯定鼓励向本地供应商采购，调整与本地教育和培训机构的联系等。此外，政府必须更积极地改善基础设施，并减少整个经济体的低效率。绝不能因为“境外”的做法，就降低对整体产业环境的必要改善，因为唯有整体商业环境的改善，才能带来真正的繁荣。

---

① 我所在的研究小组制定了新的分类标准，对 SIC 与 SITC 产业作了新的划分。这一体系作为对统计研究的协调起点，认识到本地化改造往往是必须的。这一分类也是可资借鉴的。

产业簇群与整体经济政策

图 7–12 显示，产业簇群的概念提供了一种整合许多政策领域，超越经济体一般需求的思考方式。以产业簇群为基础的思考，有助于指引科学、技术、教育、培训、促进出口和外商投资等政策。比如，一个最能吸引外商投资和促进出口的地点，主要便是靠它既有或发展中的产业簇群。

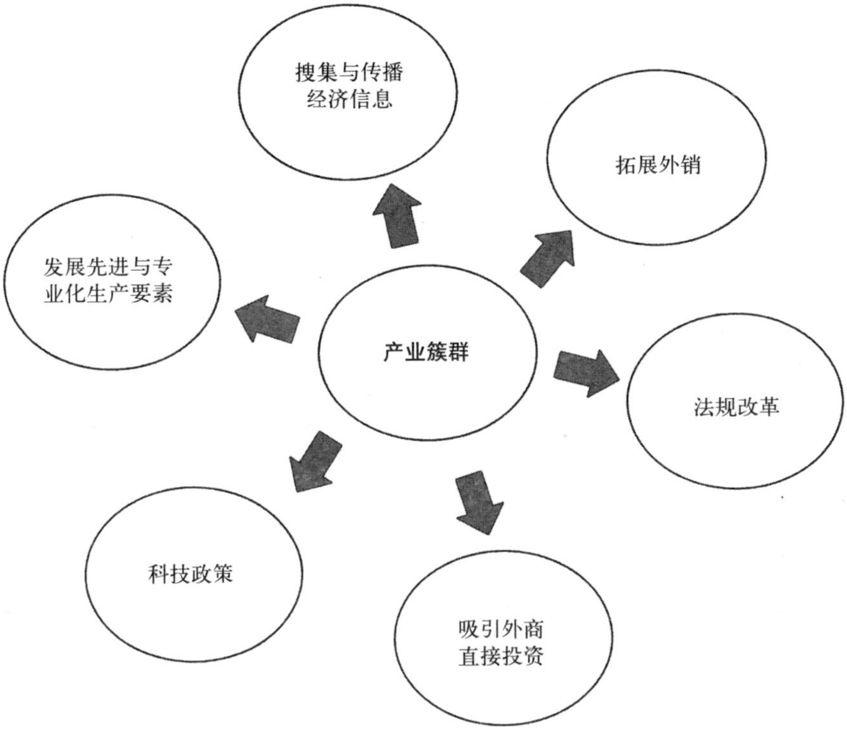

图 7–12　产业簇群与经济政策

产业簇群导向的做法，足以凸显政府许多部门对竞争力拥有的影响力，但是政府本身却未必会注意到。产业簇群理论可以理清政府政策的影响力，同时也让各项做法变得更可行。有效率的解决之道，通常需要政府内各部门之间的充分合作（例证参见本章的插入内容“加泰罗尼亚的小型产业簇群”）。

在某些地点，有些与产业相关的政府机构，已经展开内部组织与当地产业簇群的密切合作。例如在亚利桑那州，商务局官员过去的重点放在如何吸引外资

（如日本或加拿大），如今则努力成为特定产业簇群的专家。政府采取产业簇群导向政策时，可以让官员更清楚特定政策的成本和好处，从而更愿意节约政府成本。政府持续进行产业簇群评估，意味着政府拥有一项明确且有效的产业政策工具，能够帮助政府找出实际的解决方案。当好几个不同的产业簇群都面临相同的问题时，很显然那就是施政的要点。

另外，产业簇群思考也会凸显政府在地理上的重要角色。传统上，经济政策的焦点是整个国家，强调的不外乎是如何提高整体产业环境。近年来，全球化已经将人们的注意力吸引到世界性多边机构。然而，对某个地方的商业环境而言，国家、城市地区和地方政府仍有重要的影响力。在产业簇群层次，这些机构的影响力举足轻重，因此考虑产业簇群，应该是国家或地方经济政策的重要组成部分。

各级政府对产业环境和产业簇群的影响力并不相同。全国性政策应该制定起码的标准，同时让地方政府来选择公共投资，并且避免中央集权和法令僵化，否则将导致政策在国家和地方执行上的障碍。①经济发展计划应该逐渐让各级政府参与。例如在新西兰，产业簇群发展始于国家层面，但是现在已经延伸到省和地方的层面，新西兰大约 3/4 的地方经济发展单位，都是采用界定产业簇群和促使升级的做法，并以此作为它们活动的整合机制。②

最后，尽管比较不常见，政府对生产力，甚至是对跨国界的产业簇群，都能产生各种程度的影响力。特别是政府与其他相邻国家进行运输系统、能源网络及其他领域的协调工作时，便能超越海关和自由贸易区的藩篱，使生产力获得改善。邻近国家组合起来，也能形成建构经济政策的共同角色。图 7–13 显示，在现代的竞争中，跨越地理的政策分析很重要。

企业在产业簇群中的角色

产业簇群的存在，表示企业不仅要通过经营效率和独特的战略形成竞争优势，还要看公司的外部情况，甚至整个产业的外部状态。发展表现良好的产业簇群，

---

① 参见马库森（1995B）及波特（1995A）。

② 参见福茨 · 威廉斯（1996）及米切尔（1997）。

能对企业的生产力和创新能力带来重大的好处，这些都是不在当地的企业难以匹敌的。通常在一个特定领域中，全球仅有极少数地方，能够达到那样的环境。

即使产业簇群能提供明显的竞争好处，经理人最初的反应通常仍是回避。他们的顾虑不外乎是，产业簇群扩张会带来不必要的竞争，导致员工和元件的成本提高。重要员工向对手投诚或自行创业，都是管理者挥之不去的梦魇。不过，一旦他们理解产业簇群的概念，就会知道许多产业簇群中的成员，并非直接的竞争对手。虽然各企业仍然在员工和元件上有所竞争，但是产业簇群出现后，也将扩大生产要素的供应来源。企业身处产业簇群中后，专业技能、专业服务、专业技术和专业信息，通常会因此增加，也更容易接触。产业簇群内的竞争会加剧，但是这也将带来生产力、弹性和创新能力提高的好处。

产业簇群理论意味着企业会具有新角色和新任务。产业簇群分析必须成为企业分析和产业分析之外，另一个竞争力评估的重要部分。图 7–14 显示，产业簇

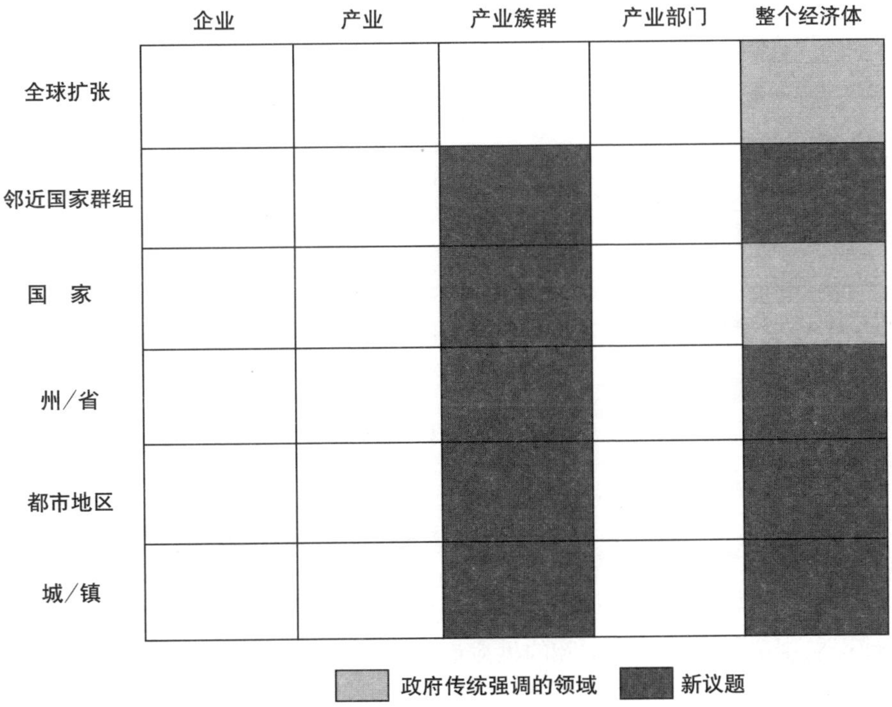

图 7–13　政府对竞争力的影响

群升级时，私营部门的角色可见诸于钻石体系的各个方面。最明显的例子是生产要素条件的改善，包含提供更适当的人力培训、影响当地大学研究更适当与更高品质的课题、创造更专业的实体基础设施，以及提供与产业簇群有关的特定信息。产业簇群与政府、当地机构，如公用设施、学校和研究团体的持续性关系，都是实现这些好处的必要条件。在建立共同的专业化基础设施，如港口、装卸运载设备、卫星通信联系、测试实验室等，民间投资也会扮演一定的角色。通常可以通过大学或行业协会等第三者，来达成或管理这类投资。

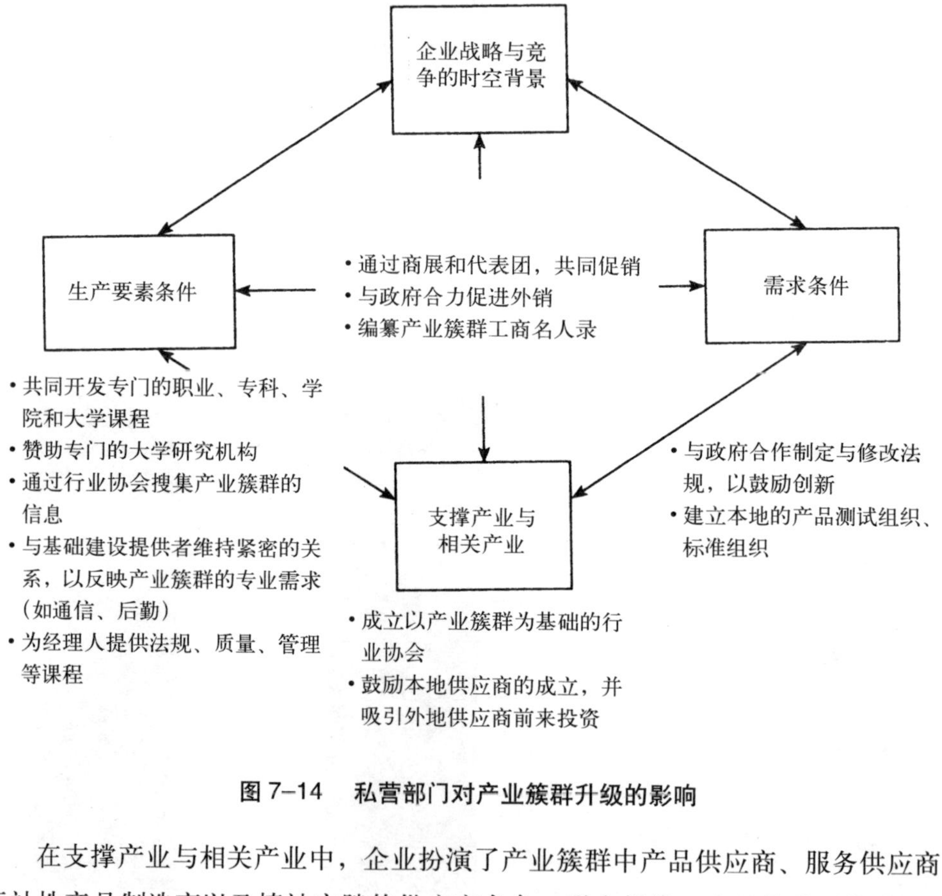

图 7–14　私营部门对产业簇群升级的影响

在支撑产业与相关产业中，企业扮演了产业簇群中产品供应商、服务供应商、互补性产品制造商以及填补空隙的供应商角色。联合投资，有时是为了构建当地支撑性产业的能力。

产业簇群的成员，有告知并且刺激政府注意管辖范围内的限制或弱点之义务，因为这些限制或弱点，会横贯整个钻石体系的各个部分。会影响到产业簇群的政府个别部门或单位，在法律和政策效果上，都是沟通与教育的对象，并且必须注意到服务的品质。开放的、建设性的对话，必须取代只顾自己的游说或党同伐异的关系。

加泰罗尼亚的小型产业簇群

历史

在西班牙，加泰罗尼亚是17个自治行政区中的1个，拥有全国13%的人口，却提供了20%的国民生产总值，而且在工业品出口方面，更占全国的40%。在1989年12月，安东尼·苏维拉担任该地区工商经贸部长，没多久，他就开始研读《国家竞争优势》这本书，并将部分章节在部里流传讨论。1992年，当西班牙面临加入欧洲共同市场的决定时，苏维拉开始思索该地区可以有什么新颖的产业政策。他把产业簇群作为核心要素。

从那时开始，他大约针对20个加泰罗尼亚人的产业簇群作了详细研究。直到1997年，产业簇群仍是评估地区竞争力，政府确认需要改善环境的重点地区的主要工具。

角色

起初，苏维拉要求就职于巴塞罗那一所知名商学院的两位教授，应用产业簇群的方法来研究加泰罗尼亚的产业。他们的前期工作是展开阶段性研究，并与摩力特公司合作。这份报告对该地区作了全面的诊断，指出当地的优缺点，也界定了产业簇群的群组（如大众市场消费性商品），并提供了一般性的指导，点出哪些需要提升，以提高这些产业簇群的竞争优势。

苏维拉认为，行动必须更进一步，要更详细地研究各产业簇群之细节。以工商经贸部既有的能力，再加上当地一家“产业簇群竞争力”管理顾问公司，他提出了一系列产业簇群发展计划。每个研究课题的成员都包含厂商、供应商、商学院、行业协会、大学和许多政府部门。

产业簇群的定义

加泰罗尼亚人的产业簇群包含木制玩具、农业机械、珠宝、针织、肉类加工、出版、消费性电子产品和家具等。每个产业都以较小的范围来作界定。以家具业为例，当地共有3个互不关联、坐落在3处的产业簇群，各自在不同的产业部门中竞争，并面对不同的挑战。评估指出，加泰罗尼亚拥有超过100个这种规模的小型产业簇群。

对每个小型产业簇群的研究，都包含厂商、供应商、大学和大量的机关成员。研究结果呈现出产业簇群的界限和参与的成员。整个运行过程的规则是自我选择，所有有兴趣参与的厂商，都被列为这个产业簇群的一部分。

所有的产业簇群都受平等看待，寄予相同的期望。不过从实务上来考虑，产业簇群的研究仍有轻重之别。有些产业簇群的发展确实是比其他更有组织性。这个过程的目标就是，建立有效的贸易组织来服务于每个产业簇群。

变革的过程

加泰罗尼亚的产业簇群研究可分成3个阶段。第一阶段是界定产业簇群的基本问题和机会，像如何提升日标，而不是哪些做法可以打压竞争。时间一久，这项研究揭露出与传统观点截然不同的产业簇群发展问题。以制革产业簇群的成员为例，他们原本将竞争力下滑归咎于地方环境法规。研究却发现，他们最主要的竞争对手意大利厂商所面对的环境法规，其实比加泰罗尼亚还要严苛。如此一来，加泰罗尼亚的制革业者，便一改过去要求政府放宽环境法规的态度，转而决定集资只建一座制革清理场以及公共研发中心。这个产业簇群的研究过程说服了业者，多关心环境事实上会改善他们的竞争力。

整个研究过程的第二阶段，涉及尝试取得大家对产业簇群未来远景的共识，以使成员团结一致，让变革更容易。在第三阶段，产业簇群成员为完成愿景，拟定战略与行动步骤，并选出特定人士以领导拟定的行动。

结果

产业簇群的发展过程，让加泰罗尼亚政府具备了更容易影响西班牙政府政策所需的知识。更重要的是，在加泰罗尼亚，它创造了一个政府与产业之间崭新、更有生产力的对话机制。原本以广泛的产业部门为主的组织，做法不外乎补贴、减税等一般性的思考。产业簇群发展过程，则容许产业以更专业、可以操作的论点，评估本身的竞争地位。厂商需要政府支持建立研究实验室，或推广外贸等更专业、更有竞争力的协助。成员们也一致认为，这个地区的产业竞争力，明显地是由产业簇群形成竞争优势。

产业簇群的做法，能帮助许多厂商（其中很多是中小企业）以更具战略性的观点，思考自身的问题。一个例子就是帮助巴塞罗那大学的皮革研究中心，在伊瓜拉达附近成立分支机构；一系列研讨会则帮助纺织厂商，将经营焦点从生产转为零售；还有一个帮助成立当地本田、山叶和德比等机车厂的共同装配中心的项目。有些产业簇群缺乏有效率的协会来推动计划，如蒙西亚的家具产业簇群；有些产业簇群的问题是，这类组织所代表的价值太过空泛，如木工机具产业；更有些产业簇群的协会根本缺乏效率，如伊瓜拉达的制革产业簇群。不过在产业簇群的努力下，会创造出全新而更具专业导向的协会，而旧的协会也将获得新生。

加泰罗尼亚政府的政策，也朝促进产业簇群升级的方向转变，如改善产业簇群接近市场的情形，便利外商直接投资，引进产品认证计划，建构提升技术的政策。比如，根据产业簇群研究，政府在帕拉福格设立一个木料研究与应用中心，目前正在研究制定木料品质的国际标准。不过有些厂商也指出，政府最佳的服务是刺激产业簇群成员间的对话。

在整个产业簇群的发展过程中，一个最主要的收获是，让政府官员转变成知识丰富并愿意聆听厂商意见的听众；政府内部不同机构、部门之间的对话，同样也在增加，协调也有所改善。

加泰罗尼亚的经验，为应用产业簇群方法提供了很多宝贵的经验。第一，产业簇群发展带来的一个最大好处是，大家会寻求共同的机会，而不只是讨论共同的问题。第二，领导人在强调产业簇群的价值时，应该保持低姿态；开始时的推广宣传，应该有所节制，避免创造不成熟、不实际的期待，并减少政治的与其他的反对力量。第三，在产业簇群中崛起的领导人，往往攸关改善这个产业簇群发展的成败。第四，产业簇群计划受惠于苏维拉部长积极密切的支持与推动。苏维拉部长根据他的商业经验和判断，将这项流程从政治中脱离出来。

行业协会与共同体的角色

可单独影响产业簇群发展的个别厂商，往往是产业簇群的先驱者或领导厂商，因为它们从中获利最丰。不过，涉及产业簇群的重要外部因素和公共物品的问题，就需要靠非正式的网络、正式的行业协会、企业集团和其他共同体等组织，因为它们在运作上会更合适。

比起产业中的个别成员，行业协会代表全体或部分重要的产业簇群成员，因此能引发更大的注意力，或取得更大的影响力，如联合研究中心或测试实验室等协会或共同体组织，而且也可分摊部分成本。

许多行业协会除了游说政府、编制一些统计数字，或主持行业社交场合外，似乎没有什么作用。其实，在提升产业簇群竞争力上，协会有很多机会，因为协会或共同体组织能建构产业簇群的联结点。除了作为界定共同需求、共同限制、共同机会的中立论坛外，它也可以成为强调这些事务的焦点。协会通常组织和领导全国性或国际性的展览与代表团，同时也可以是业界与本地机构发展培训计划的联结点，制定以大学为主的研究计划和测试设施，汇总产业簇群的相关信息，提供共同管理课题的论坛，调查环境课题的解决方案，以及寻求其他许多共同利益。这些活动使它们成为在传统上地方、州与中央政府之间的联结点外，还有更多的表现空间，并使它们在指导立法改革上，代表产业簇群与其他商业团体互动。

对于以中小企业为主的产业簇群，行业协会的功能更为重要。例如旅游业、餐具业、农业等产业簇群，尤其需要一个集体组织以执行攸关规模的功能。以荷兰为例，花农合作建立了专业的拍卖会与相关设施，这是荷兰花卉产业最大的竞争优势。荷兰花卉委员会与花农研究团体，凝聚了绝大多数的相关业者，并执行如营销和应用研究等其他功能。

有时候，由产业簇群所组成的行业协会并不存在。或者我们可以说，目前的产业行业协会似乎太过狭隘，只包括产业成员，而未包含供应商、相关产业厂商或当地机构。在规模上，既有的行业协会可能是全国性而非地方性的组织。大多数全国性协会的业务内容，乃是以游说政府为主，并把中央政府列为主要目标，而在培训、基础设施及其他与产业簇群相关的重要事务上，就很少有突出的表现。地方性商业组织中，另一个重要的形态是商会、圆桌会议或跨整个经济体的委员会。这些组织仍不可避免地把重心放在游说政府与一般性商业事务上，因此以产业簇群为主的协会便有其必要。在许多案例中，有些协会如果调整功能，进行组合或协调，将有更大的效果。考虑到个人与企业奉献给协会的时间和金钱都是有限的，团体的整合努力愈多，效果就愈佳。

很难想象，产业簇群的成员通常很少会面，政府或社会也很少肯定产业簇群对当地经济的重要性。在马萨诸塞州医疗器材产业簇群中，这两种情况都存在。尽管有形的组织付诸阙如，它仍应该是当地经济发展的一个议题。在马萨诸塞州，由州长直辖的经济发展与技术委员会，正对此采取某些措施。这个非官方的顾问性组织，包含了企业、大学、其他机构的领导人，提出了一系列工作任务，包括检视马萨诸塞州的产业簇群，进而在通讯和医疗器材领域中成立崭新而长久性的正式协会。

企业的地域

全球化、运输与通信的便利，导致企业往低薪资、低赋税与较低的公共设施费率等地点迁移。有些活动借助外力，是为了能降低元件成本，减少本地实质上的劣势。不过产业簇群理论提供了一个更复杂的有关企业选择地域的观点——企业选择地域，绝不能仅限于对办公室和工厂的单纯考量。

首先，产业簇群理论建议，选择地域应该衡量整体生产力的潜能，而不只是元件成本或赋税问题。在价值活动的地域选择上，目标是降低总体成本。具有低工资和低赋税的地域，通常缺乏有效率的基础设施、供应商、即时维修，以及其他产业簇群所能提供的条件。后勤成本和引进新机型的成本其实都很可观。许多公司就发现，这类生产力上的劣势，往往很难抵消。低薪资、低赋税、低公用设施成本的效果，比较容易评估，至于生产力的成本则很难理清。

因此，落脚于一个已具规模，或正在发展中的产业簇群，通常会带来系统运作的低成本，对创新也有很大的改善能力。许多一度以高度分散活动来节约成本的公司，目前逐渐迁回产业簇群。这个趋势在选择国际化地域上尤其明显，它们通常迁回美国本土或某个地点（如加利福尼亚州新兴产业区或其他地点的产业簇群）。

其次，企来必须获得跨地域分散活动的成本优势，同时仍享有产业簇群的优势（第八章会提供更完整的全球化战略方案，或广泛而跨地域的竞争）。对许多活动而言，地域方面要考虑的关键要素并不相同，如装配工厂、制造业同行、劳动密集型元件，或软件转换的活动，地域的选择通常受生产要素条件和市场准入因素的左右。不过，就我所说的"母国基地"性质的活动，选择的基础又不一样。在母国基地进行的活动，是那些涉及创造和更新企业产品、工艺及服务的活动。这些活动包含制造那些须经常重新设计，且涉及实质性及持续改变的零部件。

母国基地的地域应该考虑系统成本和创新潜力，而产业簇群通常提供有利于创新的条件。如果某些国家拥有活力四射的产业簇群，母国基地的活动便不应考虑企业主要持有人的国籍，大可直接就在那些国家进行。这项规则适用于整个事业单位，特别是生产线方面。区域总部的地域也应该考虑产业簇群，而不仅仅是税率或行政的便利。

产业簇群的思考也强调，不是将许多活动分散到更多的州与国家，而是将许多活动群组移到同一个地方。群组的方式会降低系统的总成本，让内部分享活动信息、设备，扩散创新，创造足够的支撑性企业基础设施与设备，扩张并深化在当地产业簇群的根，以增加掌握外部效应和溢出效应的能力。

最后，当企业与同业竞争，但是活动却在与其他企业隔离的地方时，就需要开始建构一个产业簇群。整个过程要求争取供应商，鼓励当地机构进行支撑性投资，发掘建立本地专业元件的资源。企业地域因此不仅是一个业务单位的事情，更是整体战略的一部分。

建构产业簇群发展计划

如表 7–1 显示，在很多国家、州、城市，有许多与产业簇群相关的计划，其

表 7–1　关于产业簇群计划的例子

多国区域	国家	地区/州/省	城市/都会地区
中南美洲	安道尔	亚利桑那州	波哥大
中东地区	百慕大	滨大西洋诸省（加拿大）	夏洛特
	玻利维亚		克赖斯特彻奇
	保加利亚	巴斯克地区（西班牙）	长岛
	加拿大		明尼阿波利斯
	哥伦比亚	加利福尼亚州	鹿特丹
	哥斯达黎加	加泰罗尼亚	硅谷
	丹麦	康涅狄格州	索罗马(加利福尼亚州)
	埃及	奇瓦瓦	坦帕
	萨尔瓦多	马萨诸塞州	威灵顿
	芬兰	明尼苏达州	伍斯特（马萨诸塞州）
		北卡罗来纳州	
	印度	俄亥俄州	
	以色列	俄勒冈州	
	约旦	苏格兰	
	马来西亚	魁北克	
	摩洛哥	中国香港	
	挪威	北爱尔兰	
	荷兰		
	新西兰		
	巴拿马		
	葡萄牙		
	秘鲁		
	爱尔兰共和国		
	南非		
	瑞典		
	塔吉克斯坦		
	委内瑞拉		

目的是为了组织成员、评估优劣点，并催化公共与民间的运作。中南美洲与中东地区，近期已经围绕产业簇群展开计划，甚至跨越国家的疆界。这样的运作当然会让周边区域受益。

比起传统降低成本做生意和提高整体产业环境的做法，产业簇群计划提供了一个组织经济发展的新途径。比起广泛、整体经济面的努力，偏重如赋税政策、扩大出口等一般性课题，着眼于产业簇群的努力，更能吸引企业的兴趣和参与热情。企业、政府和大学间的对话，也会在比较具体的层面提高行动可行性。产业簇群计划不仅能锁定政府政策的讨论，也能发现并有助于解决私营部门的问题。①

前文“加泰罗尼亚的小型产业簇群”提供了一个产业簇群计划的侧面。同样的努力也出现在亚利桑那州、荷兰奇瓦瓦市以及新西兰等地。②

这些成功的产业簇群计划有下列共同特质：

对竞争力和产业簇群在竞争优势中的角色，有共同的理解。对竞争力的定义，并非低工资、低赋税或货币贬值，而是生产力和创新。产业簇群的成员，了解生产力对竞争的影响力，以及产业簇群如何提升本身的生产力。产业与政府的角色很清楚，不会因市场扭曲与市场赢家而混淆。及早的持续沟通和讨论，可让产业簇群成员了解关于竞争力的定义，并有助于转换心态。政府、企业和其他组成部分，都分享同样的竞争力概念。工会与非政府组织，传统上害怕裁员、低薪资，以及放松对安全、工作条件、环境的管制；如今它们也能理解，竞争力是来自生产力，并有助于提高薪资、持续改善生活品质。

着重取消产业簇群升级的障碍与限制。在产业簇群发展计划之初，即直接明白地讨论目标，并且定期强化这些目标，有助于克服寻求补贴或限制竞争的要求。在产业簇群发展过程中，供应商和客户的出现，将是制衡这些恶性化趋势的自然机制。有些产业簇群成员可能倾向于维持现状，其参与产业簇群发展计划的目的仅在于影响它的发展方向。成功的产业簇群发展计划，则会对这些不利趋势持续预警。

---

① 韦斯（1996）就亚利桑那所采取的产业簇群措施作了评述。雅各布斯与德曼（1996）研究了以产业簇群为导向的经济政策或经济战略所引发的实际考虑。

② 如需详细资料，请与作者联系。

一个能在国内、州内包含所有产业簇群的结构。设计产业簇群发展的优先顺序，既是不当的经济行为，也会造成民间资源的大量错置。成功的产业簇群发展计划，既包含农业、旅游等传统产业簇群，甚至夕阳产业簇群，也包含萌芽中或新兴产业簇群。在创造一个缺乏资产可资依赖的产业簇群时，为了避免受到误导，这些新兴的产业簇群至少应该具备本地的基础，以及已通过市场测试的厂商根基。实际运作上，也许必须筛选产业簇群的方案。但是，早期的产业簇群发展工作，仍应该兼容并蓄，将各种类型、有代表性的产业簇群都包含在内，形成一个完整的光谱。比如，传统产业簇群、萌芽中产业簇群，以及衰退中的产业簇群等，据此展现出产业簇群做法的价值。及早而又谨慎的选择，有助于传播产业簇群的概念和发展流程，并让后续运作变得更顺利。

适当的产业簇群边界。从定义上看，产业簇群应该包含有重要联系，并且能产生溢出效应的产业与机构，而不是定义松散的产业部门，如制造业或高科技产业；或是定义太狭隘的个别产业，如塑胶机械业或意大利餐馆业等。产业簇群的边界，应该反映经济现实，因此未必就是行政区域的界限。比如，在加拿大邻近大西洋的几个省份，有好几个产业簇群已跨越省界，而且该国的产业簇群发展计划，也是根据这个观点来加以建构。

产业簇群成员和相关机构的广泛参与。产业簇群发展计划，应该包括各种规模的企业，以及具有代表性的重要组成分子。将它们当中任何一个排除在外，即使是将比较难缠的对象加以排除，都会遭来不必要的反对。固然，任何个别的努力都会掺杂怀疑、偏执、各行其是、机会主义等成分，但是最成功的产业簇群发展计划，会产生教育其成员激励自我努力的效果。而且，任何自主选择不参与的个体，也很少有批评或反对的立场。最后，产业簇群发展计划，会使得成员愿意努力改善条件。

私营部门的领导。政府积极参与私营部门主导的产业簇群的发展，绝对比政府全盘掌控更有机会让产业簇群发展成功。企业通常比政府更能找出它们发展途径上的障碍、限制与机会。由私营部门领军，也会降低产业簇群发展计划的政治问题，并具备民间执行能力方面的优势。产业簇群发展计划应该是超党派，独立于各个政党、行政部门之外的议题。立法部门、行政部门、反对党，以及所有拥有政治权力的人，都应该参与产业簇群的发展计划。理想的情况是，产业簇群发展计划由一个立场超然的政府推动，否则一旦政权易手，原本看好的努力随即落空。[①]

密切注意个人关系。一个新兴或萌芽中的产业簇群，并不保证内部的联结功能一定良好。许多产业簇群的好处是，个人关系更容易联结，大家支持开放沟通，容易建立起信任感。当产业簇群计划结束时，信息应该是生产力的一部分，而成员之间的关系，更能改善内部状态，使得这个产业簇群能持续并继续强化。鼓励沟通是成功产业簇群发展计划的关键。在内部缺乏信任的基础，彼此关系又未发展之时，中性的沟通机制通常有助于形成沟通。一开始，主要的努力就应该放在确保具有效率和定期的内外部沟通上。任何成功的事迹，都应该广为宣传。

对行动的执著。产业簇群发展计划的动机，应是期待渴望达成结果，它不应由学术机构、智库、政府机构等传统上为研究而研究的单位来发动。对未来前景的分析与展望，必须与具体的行动步骤紧密相连。无论政府或私营部门，都需要强有力、资深的才干来推动此事。创业型领导和舆论领袖的参与，正是所有成功计划的特色。

机制化。产业簇群的升级是个长期性的过程，需要数十年的光阴，非短促的努力便能成功。它需要整个概念、关系、各组成部分之间联系的制度化。对于私营部门，新生或重生的行业协会通常在产业簇群升级上，扮演了领导的角色，对于政府部门，产业簇群升级的制度化可能由适当组成的政府机构、组织，通过搜集与广为传播经济统计数据，控制产业结构及产业咨询集团的成员等方式来实现。

总　结

产业簇群是一个厂商与机构交互关联的体系，它的总和远大于个体的集合。产业簇群在竞争中扮演着很重要的角色，它的出现对企业、政府、大学和经济体中的其他机构，都具有很重要的启示。

---

① 参见安道尔、戈文（1993）。

在了解一个经济体、组织经济发展与设定公共政策等方面，产业簇群代表着一种补充性的新途径。了解一个地方的产业簇群状态，会对该经济体的生产力潜能以及未来发展的限制，提供非常重要的启示。然而，与之相矛盾的是，在全球化经济趋势中，区域型经济通常是最具竞争优势的体系。

08 跨地域竞争：通过全球战略增强竞争优势

自第二次世界大战后，影响企业最大的力量之一是全球化竞争。我们看到运输和通讯成本降低、信息与技术跨国界的情形大增；国家基础建设越来越类似，贸易与投资的障碍越来越低，结果造成国际投资和贸易大幅成长。产业的类型越来越广泛，企业既要本土化，又要有全球化的战略。

因此，随着全球化竞争愈来愈明显，在全球战略方面的研究和企业实务也越来越重要，毕竟全球战略已经让许多国际企业全球化并获得竞争优势。全球战略不仅涉及跨越好几个国家的营运，也是获取规模经济，吸收与回应国际市场需求，更有效率地组合资金、劳动力、原料、技术等世界各地资源的有力手段。许多学者如大前研一、瑞赫、巴特雷和戈沙尔等，都将全球化企业视为国家疆域的延伸。根据这个观点，企业的国籍，已被无国界的战略范式所取代。

然而，考虑全球化竞争时，我们必须面对一个明显的两难境地。尽管企业是在全球竞争，原料、资金和科技知识等要素如今也自由地在世界各地流通，但是种种证据又显示，地域在竞争优势上继续扮演重要的角色。首先，各国的经济表现仍有明显的差别，甚至在一国之内的州和城市之间亦然。其次，在许多产业中，全球领先的竞争厂商大多奠基于一两个国家；当产业竞争与战略关系密切，并且把政府政策过度干预竞争的产业表现排除在外时，这种趋势又更加明显。这种地理集中性的竞争优势很明显，不仅出现在汽车、机床等成熟产业，同时也出现在软件、生物科技和先进材料等新产业。再次，尽管全球化企业事实上将本身活动分散在许多国家，但是它们继续将产品线中攸关竞争的活动放在特定地域。有趣的是，这些“大本营”未必一定是在母国，或相同的国家。

本文旨在将这些看似矛盾的观点调和在一个架构下，以了解国际竞争的本质，以及在特定产业内，如何将本国战略转换成全球战略。在创造竞争优势方面，全球战略必须整合地域和全球化活动网络。为了让这套架构更形象化，我将从3个重要的全球化竞争厂商开始谈起。这3家厂商分别是，总公司在丹麦的诺和诺德工业、总公司在美国的惠普科技，以及总公司在日本的本田公司（参见本章的插入内容“三家全球化竞争厂商的个案”）。这篇文章包含如何应用这套架构，以在特定产业内发展具体的全球战略。

尽管这里的讨论课题是全球化竞争，但是所引用的原则具有更大的普遍性。这套应用在“跨地域竞争”的架构，可以用在城市、州、地区，或一群邻近国家等各个层面。同样的思考流程，也可用在打算从事全国性竞争的当地厂商，或一个试图从事区域竞争的全国性厂商。

三家全球性竞争厂商的个案

为了让全球战略的讨论更形象化，我选择3家典型的全球化企业的国际活动作说明。这些成功的国际化领导厂商，总部分别在欧洲、日本和美国，对它们国际化营运的面面观，可以让外界看到国际化的运作和活动之间的协调。

· **诺和诺德工业** 这家公司的总部在丹麦，是全球领先的胰岛素和工业酵素出口厂商。诺和诺德工业的收入当中，有90%来自丹麦以外，产品在欧洲、美国和日本有很强的竞争力。1991年的数据显示，它的员工当中，

27%不在丹麦本土；公司19%的总资产是在欧洲以外地区，在丹麦以外，诺和诺德工业有7个研究机构和9间工厂。该公司的产品畅销100多个国家，并在43个国家设有经销子公司。该公司产品的关键性原料是动物的胰腺，采购来源超过20个国家。它也从全球汲取资金，在短期债务的资金中，有83%来自国外，长期债务中亦有54%并非丹麦克朗。该公司也在伦敦和纽约两地的证券交易所上市。

• **本田公司** 总部设在日本的本田公司是全球汽车和摩托车产业的领导厂商。在1991年本田的收入中，有61%来自国外，产品在亚洲、北美洲的竞争力特别强。它的员工有22%不在日本本土，总资产中有39%不在日本国内，并在39个国家设有生产和装配厂。它的摩托车和汽车行销150个国家。原料和资金也是来自全球各地，而且在东京、纽约的证券交易所上市。

• **惠普科技** 总部设在美国的惠普科技是全球最大、最多元化的电子测量设备和测试仪器制造商，同时也是打印机、医疗器材和电脑等产品的领导厂商。在1991年惠普科技的收入中，54%来自美国以外的地区。在它93 000名员工中，38%不在美国本土。总资产中有50%散布于世界各地，并在全球设有600个销售和办事处，在110个国家设有经销商。它在伦敦、巴黎、东京、法兰克福、斯图加特、瑞士和太平洋地区的证券交易所上市。

全球化让这些企业的活动遍及世界各地。惠普科技选择地域的哲学是，技术层次不高的制造活动和需要较多直接人工的项目，放在低成本的地区。这让它省下40%~75%的成本。比如，有些个人电脑的零部件组装和制造业务，就在新加坡进行，而电子零部件制造则在马来西亚。惠普科技也把一些需要中等技能的活动，放在成本较低的国家。比如，有些产品和工艺设计活动（如降低制造成本计划），就放在新加坡的个人电脑工厂内进行；一些新的电子产品的工艺技术，则转移到马来西亚的制造工厂；还有些软件和维修业务则发包给印度、中国、东欧和苏联等国家，因为这些国家受过大学教育的程序设计师的薪资，比美国本地低40%~60%。

全球战略的一般性架构

无论是对本土化企业，还是全球化的企业，竞争战略中绝大多数的议题都是相同的。像企业所处产业的吸引力，以及企业在这些产业的相对定位，都会影响企业是否成功。①企业在产业内的表现，又要取决于它面对竞争对手时的竞争优势（或劣势）的程度。竞争优势又视它的成本是否低于竞争对手，或是否有能力使产品差异化，并获得超过差异化成本的价格溢价。有些竞争优势来自于经营效率的变化，但是最能持续的优势，则来自独特的竞争定位。无论是本土化企业，还是全球化企业，都必须了解它所在产业的结构，找出竞争优势的来源，并且分析竞争对手。

因此，全球战略意味着，在企业跨国竞争时所产生的特别议题。企业是否需要全球战略，要看那个产业的国际竞争本质。产业不同，国际竞争的类型也不同，因此并非所有产业都需要全球战略。产业的国际竞争本质，可以画成一条光谱，一端是所谓的“跨国本土化”产业，它出现在许多国家（甚至所有国家），但是在竞争上，每个国家彼此间的关联性不高，甚至没有关联。这类例子像大多数的零售业、金属制造业、建筑业和许多服务行业。事实上，许多产业是属于国内的区域型产业，或甚至是本土化产业。在光谱的另一端，则是真正的全球化产业。在这里，不同国家之间的竞争会相互联结，因为企业在某个国家的竞争定位，会对其他地方的竞争产生重大影响。像民用飞机、消费性电子与各类工业机械，都是明显的例子。

在跨国本土化产业领域，企业并不需要全球战略。在这里，全球战略应该是一系列不同的国内竞争战略。各国的事业单位应该被赋予广泛的空间和自治权。在全球化产业内，企业则必须创造能在许多国家同时进行的整合性战略。因此，企业走向国际，并不意味它绝对需要全球战略。全球战略问题的本质在于：国际化的协同效应会在什么时间出现？又如何能超越在各国分头经营的总和？

企业要了解竞争优势的基础，以及全球战略的贡献，就需要知道价值链的内

---

① 参见波特（1980）。

容（见图8–1）。[①]企业在一个特定行业竞争，会表现出许多彼此有区别，但是又相互关联的经济活动。比如，它必须组装产品，需要业务员拜访客户，需要有订货流程，需要招聘和培训员工，也需要采购原料等。所有活动通常涉及一些程序和例行公事、人力资源、有形资产、可用技术以及创造和应用信息。企业的"实力"、"竞争力"、"生产能力"和"资源"，这些我们通常用来讨论战略的用语，如果放在这些特定活动上观察，最容易加以了解。

价值链将企业的活动分成好几类，根据或是直接涉及生产、营销、运输和支持产品与服务的活动，或是创造、寻求货源，改善原料和技术方面的活动，以及执行所有的功能，如筹集资金或全局性决策等活动，加以区分。每一类都有很明显的活动或经济性／组织性流程。至于像现场维修、接收进料和储存、账单，以及评估和奖励员工等特定活动，又部分与这个行业有关。

价值活动所形成的竞争优势基础，不外乎在成本或差异性两方面，即如前所述，让企业有能力以比竞争对手整体成本更低的方式，来执行所需的活动，或是以独特的方式执行活动，而创造出与价格无关的顾客价值，并得以收取较高的价格。换句话说，是否能创造客户价值，则视企业如何影响本身的销售渠道活动和最终使用者而定。

活动上的竞争优势，可能来自经营效率和战略。经营效率是指以最佳做法，来执行特定或相同的活动。这包括使用最符合成本效益的原料采购、管理实务等。全球战略就是通过如海外采购和知识转移等方法，提高营运效益。

企业的战略会界定它的活动的特定功能，以及活动之间如何整合。战略性定位，涉及特别设计活动以生产特定产品或服务，满足特定顾客群的特殊需求，或以最有效率的方式来接触特定形态的顾客。目标广泛的竞争厂商，会以跨产业部门的活动共享来寻求优势。目标较为狭窄的竞争厂商（可称为"目标集中者"），则借由量身打造活动来满足某个特定部门的需求，以形成优势。全球战略就是以量身打造活动的能力，来形成战略性地位。

价值链本身，有利用独特的战略活动凸显全球战略的功能。无论本土化或跨国企业都有价值链。本土化或跨国本土化企业的所有活动，都在本国内进行（或

① 参见波特（1985）。

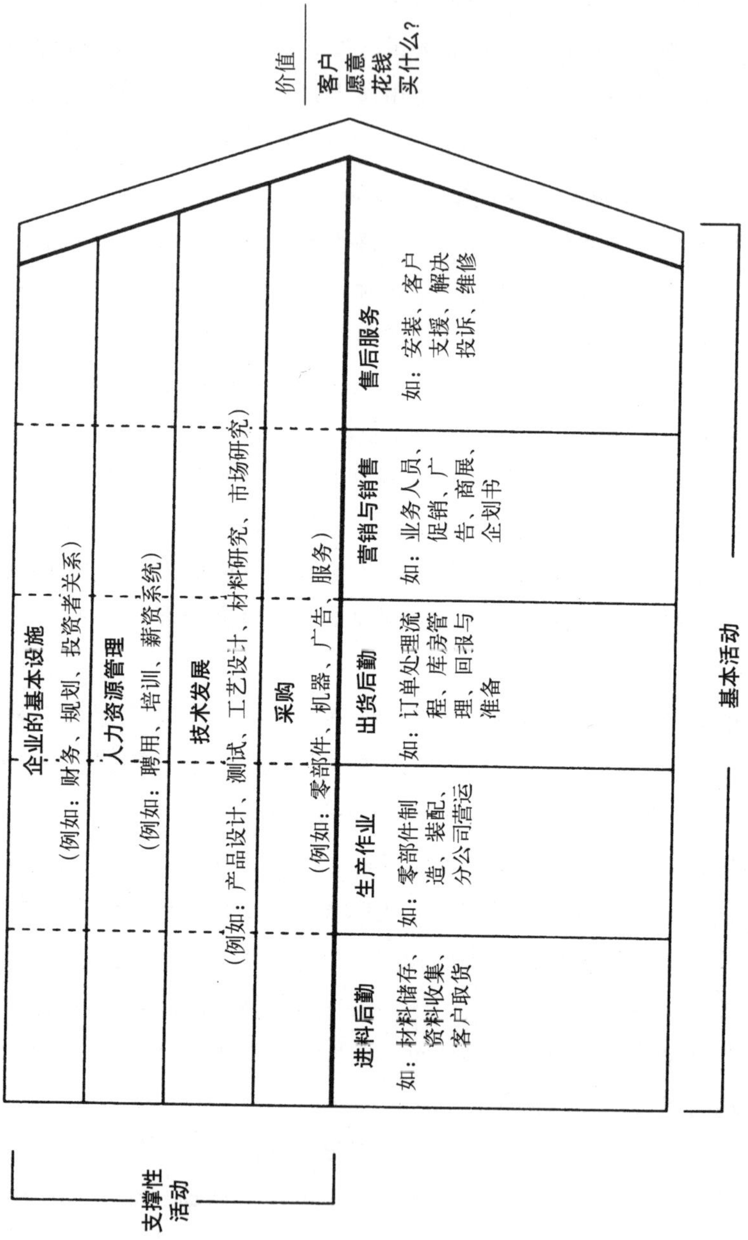
价值
客户愿意花钱买什么？
企业的基本设施
（例如：财务、规划、投资者关系）
人力资源管理
（例如：聘用、培训、薪资系统）
技术发展
（例如：产品设计、测试、工艺设计、材料研究、市场研究）
采购
（例如：零部件、机器、广告、服务）
进料后勤
如：材料储存、资料收集、客户取货
生产作业
如：零部件制造、装配、分公司营运
出货后勤
如：订单处理流程、库房管理、回报与准备
营销与销售
如：业务人员、促销、广告、商展、企划书
售后服务
如：安装、客户支援、解决投诉、维修
支撑性活动
基本活动

图 8-1 价值链

各国的国内)。不过区别全球战略的，正是价值链在各国分布的广度。基本的选择可以归类成两个领域：

1. 布局　布局的重心在于企业价值链的每项活动在哪里发生。比如，装配在一个国家，产品研发则是在另一个国家。此外，特定的活动可以发生在一个地点，或分散到许多地点进行。

2. 协调　协调的重心在于被协调的各活动的本质，或维持自主性的程度，也就是为本地的情况量身打造合适的做法。任何企业进行国际化竞争，必须在许多国家内部竞争。有些活动如涉及销售渠道和业务的活动，就与客户所在地点有密不可分的关系。企业要在一个国家销售，必须在当地建立自己的营销和业务，开展实体的销售渠道活动，或依靠其他外力（例如经销商或合资伙伴)。不过，价值链中某些与客户无关的活动，就给这个国际企业决定活动地点和数量的空间。在跨国本土化战略中，企业将完整的价值链放在每个国家中，而每个国家的子公司接近完全自主，并将活动设计得适合当地国家。在全球战略中，企业选择性地在不同国家安排活动，并在各国之间进行协调，以驾驭、延伸整个网络的竞争优势。

活动的布局

企业活动的国际化布局，是靠选择在什么地域进行哪一种活动，以及该有多少据点，从而创造出竞争优势。选择活动的适合地域来自比较优势，如某地拥有成本效益最高的原料和人力。有些跨国本土化软件公司，选择印度作为软件调试和程序维修活动的地域，目的在于取得低成本而高品质的程序设计师。因为地域的差异对活动具有比较优势，全球化企业可能以跨地域来获取最大的比较优势。

第二个地域选择的动机，是竞争或生产力上的优势。这方面通常很少被注意到，后文会有进一步讨论。这种选择是，将某项活动或一系列活动放在最能创新或提高生产力，或最有吸引力的环境之中。

活动地域的选择不仅包括“在哪里”，还必须决定据点的数目。一项活动可以在单一国家进行，由它供应全球，也可以同时在好几个国家或地域进行。企业能通过活动的进行，获得规模经济或快速进步、缩短学习曲线的好处。集中一系列有关联的活动于同一个地域，则可使企业在这些活动中达成最好的协调。反过来说，活动分散在好几个地域，可能有助于节省运输与储存的成本，避免将活动放在单一国家的可能风险，特别是涉及那些易受当地市场差异影响的活动，以及有助于学习到各个国家和市场的状况，并将信息传回总公司，以回应当地政府的压力。

全球化企业应该分散为了获得这些好处所必须执行的活动。但如果企业能尽可能把许多活动的地域置于一处的话，这会提高它的效率和创新的容易度，使转运和协调成本降至最低。有时候，企业必须通过把活动迁往一个国家，获得可在其他地方致力发展其他活动的能力（或得到当地政府许可）。比如，企业在许多国家建立当地的装配厂，有助于它进口需求规模敏感型的零部件，同时在其他地方集中生产其他规模敏感型的零部件。企业必须分散的特定活动，应该是那些尽量不会牺牲规模经济或学习曲线，以及最不须与其他活动紧密协调的活动。

活动的协调

全球战略也能借由协调跨地域的活动，而有助于提升竞争优势。协调各地活动的方法、技术和产出决策，会激发一些潜在的竞争优势。这里面包括，回应比较优势变动的能力（像原料价格或汇率）；分享不同国家的经验；针对在不同国家购物的流动性客户，强化企业品牌声誉（如麦当劳或可口可乐）；服务跨国型客户时，可以增加本身的差异化或更有效率；借着扩张或紧缩当地业务的“胡萝卜加大棒”战略，增加与政府谈判的筹码；或是借由选择竞争的地点，以最具成本效益的方式，来回应竞争上的威胁。有些好处是与经营效率有关，有些则能强化公司的独特性定位。将协调活动的潜在优势，与企业让每项活动单位自主运作的好处相较，然后再依当地状况来量身打造活动。当本地需求和条件不同于其他地方，且所有的顾客都是当地人，又没有规模经济顾虑时，全球战略容许分散式活动享有高度自主性，便可以带来好处。实务上，协调和自主性之间的平衡，要视活动性质而定。

跨地域的协调确实有一些固定的形式，包括设定共同标准、交换信息以及分配彼此之间的责任。涉及跨国分配责任的协调，例如以生产特定机型给不同地域指定全球性责任，将形成规模经济；涉及信息交换的协调，则能获取全球性学习的好处。如此一来，协调便能让企业认识到分散活动的优势。反过来说，协调活动失败将会减少这些优势。协调的核心事务是，如何将分散各地的活动信息、技术和其他知识，放在特定地域进行整合，并反映在产品、工艺和其他活动上面。

母国大本营常执行这些基本的功能。

跨地理区域、分散地域的协调，对组织的挑战非常高。挑战来自如何将语言和文化的差异，个别经理人和子公司的诱因，与全球化企业联结为一体。有些形式的协调，例如在不同地域进行零部件生产的责任分配，就不需要持续地交互进行。

全球战略的类型

全球战略的部分竞争优势，来自于地域；而另一些则来自整体的全球网络及其运作方式。全球战略通常始于地域上的优势，以反映企业的竞争定位。这项优势让企业渗透到国际市场，并克服在其他国家竞争上的先天性劣势。若企业在不同国家的竞争不会出现不对称的情形，竞争将会维持跨国本土化的形式。

最初选择的地域优势，可以通过全球化网络予以延伸和补充。其他地域的优势，也能借由分散式活动获得。全球化竞争绝非只有单一形式，主要是看特定活动是集中或分散进行，各种活动所在的地点以及活动之间如何协调等。在跨国本土化产业中，产业结构有利于高度分散式的配置，每个国家事实上会包含整个价值链。在这类产业中，各国事业单位几乎具有完全的自主性，因此会带来丰厚的盈利。当全球化网络的竞争优势，足以克服本国或以国家为中心的竞争厂商的本土化重心和握有的当地知识时，产业的竞争便会全球化。

全球战略因此千变万化。在快餐产业中，麦当劳使用特定的全球战略，迥然不同于英特尔在微处理器产业，或波音公司在民用飞机产业的做法。图 8–2 描绘了花旗银行的全球战略：如同在许多服务性产业中一样，花旗银行将分行业务、营销，甚至许多形式的流程活动分散，并主动协调各分行的形象、设计和服务标准；至于各地自主性，则相对着墨比较少。

通过以全球战略对抗本土化战略，企业可在成本和利益上获得大幅改善。企业可以通过战略性创新，增加全球战略的优势，或减少不利的因素，以重新定义竞争。比如，贝迪公司创造了对一次性皮下注射器的全球需求，比起可重复使用的玻璃针筒更好用。这部分是因为贝迪公司首先采取行动，因而崛起成为世界性龙头厂商。其他厂商则以推出竞逐规模经济的新方法，或推出新产品设计或工艺以降低满足不同国家需求的产品成本，来推动本身的全球化。许多全球化产业的

集　中	扩　散
•共同的品牌名称 •产品开发 •软件开发 •全球化信息基础设施 •信用卡结算系统 •人力资源培训计划	•分支机构与自动提款机网络 •电子银行中心 •广告和促销 •地区处理中心
协　调	**分　权**
•一致的企业形象 •分支机构一致性的设计 •一致的服务表现	•适应当地语言与企业文化 •遵守法规

图 8–2　花旗银行的全球布局与协调

盟主能够崛起，原因是他们很早就能有所察觉，并且切中目标。1983 年，西奥多 · 莱维特在对全球化市场的研究中，将企业兴起归因于世界性产品所带来的好处。[①]然而，一般人常忽略的是，这篇文章更强调，企业并非只是被动地回应既有需求，而是也可以借着率先采用新的细分和营销方式，来创造对世界性产品的需求。

地域与全球化竞争

全球化竞争使企业借着跨国协调活动，而获得与地域无关的竞争优势。不过，全球化并未抹杀地域在竞争中的重要性。经过对数百个产业的研究，其中包含服务业、软件、先进材料和生物科技等新崛起的领域，发现产业龙头一般将总部设在少数几个国家，有时候就是某一个国家。[②]前文中的三家企业案例都符合这个规则。本田公司是日本在汽车和摩托车产业成功的例子：汽车业中有 9 家大厂，摩

---

① 参见西奥多 · 李维特《市场的全球化》，《哈佛商业评论》1983 年第 3 期，第 92~102 页。

② 例如波特（1990），克罗科姆、恩赖特与波特（1991），及索维尔、赞德与波特（1991）。

托车业中有 4 家大厂，它们都是日本企业。同样，惠普科技并非美国在这个产业中唯一成功的企业。领导电脑工作站、个人电脑、医疗设备和测试测量仪器等领域的厂商，正是美国企业。主导胰岛素出口的诺和诺德工业，是 1989 年由两家丹麦企业合并而来。诺和诺德工业虽然是全球工业酶制剂的龙头大厂，其他丹麦企业在这个领域也很活跃。

领导厂商集中于少数几个国家这个特点，清楚地显示了地域对竞争的重要性。美国就是一个特别有趣的例子。尽管美国境内贸易自由，语言和法律相同，各州也有很大的类似性，然而特定产业中，成功的竞争厂商并非平均分配在各州。出版业者大量集中在纽约市；电影和电视产业在好莱坞；办公家具业在密歇根州西部；针织品与家庭装饰产业在北卡罗来纳州；制药业在费城和新泽西州；人工体骨和关节在印第安纳州，此外还有其他许许多多的例子。[①]在每个发达国家，或多或少可以发现类似形态的地理集中性。[②]

进一步检视诺和诺德工业、惠普科技和本田公司等全球化企业在活动上的布局和协调，也可以发现地域的强烈影响。单单看跨国企业在各国分散活动的做法，很可能形成误导。企业的多元化通常意味在外国的活动频繁，但是这些活动可能扩张到全然不同的产品领域。事实上，在某些行业中，很少有分散性的活动。

在评估地理的分散性时，更重要的分野是，不同国家的活动形态之间的差异。国际企业倾向于集中在单一国家进行它们最复杂的活动。这些地点通常，应该说大多数时候，也就是企业的母国。诺和诺德工业的胰岛素产品市场遍布全球，有些资源的取材也是全球性的，但是价值链中最具战略重要性的活动，例如所有生产和核心产品、工艺研发等，都设在丹麦。本田公司的制造和营销遍及全球，但是日本仍是它拟定战略、设计，以及生产最精密零部件，例如所有发动机核心研发的所在地。惠普科技，有超过 16 000 种行销全球的产品，然而它把每项产品的全球责任集中于某一特定地域，包含核心制造、研发和决策。

另外一个证据来自 ABB，通常我们认为 ABB 公司是企业无国界的典范。[③]ABB 在全球有多个营运点，并将建立企业战略，选择产品开发的优先顺序，与分配各

① 参见第七章图 7–5。

② 参见恩赖特（1993 与 1994）。

③ 参见克里斯特纳（1993）。

国某一地区的产品生产之全球化责任，予以厘清。像德国在变压器上居于领先全球的地位，电子驱动器在芬兰，流程自动化在美国等。此外，跨国企业重新安排特定产业的总部，从一国迁往另一国的频率，似乎也正在增加。

比较优势VS.竞争优势

强势的全球化竞争与本地领导角色，明显存在着竞争优势的矛盾，我们也可以借此认清各地域之间的竞争，从比较优势模式转变成更广义的竞争优势模式。在地域之间，基于成本较低的生产要素（如劳动力、原料、资金或基础建设等）或规模形成的比较优势仍然存在，但它已不再是大多数产业的竞争优势，更无法带来较高的薪资。今天，全球化让企业到海外寻求如原料、资金和一般性的科学知识等资源，甚至有选择地分散活动，以获得低成本劳动力或资金的优势，而形成比较优势。全球化企业必须这么做以获得经营效率，否则难以获得比较优势，并会落入竞争上的劣势。不过即使这么做，也未必就给企业带来直接明显的优势。

同样，本国市场的规模，远不及企业进入海外市场的能力重要。先进的科技让企业有能力降低、抵消或克服许多比较优势上的弱点。就好比日本厂商尽管有国内土地和能源的高成本难题，却借由率先进行精益生产，进行节约空间和能源的创新，而在许多产业称雄。新科技会降低规模经济的影响力，①同时，向外寻求专业化供应商的做法，让垂直整合的重要性大不如从前。

地域的竞争优势，并非来自是否可取得低成本原料或是规模等传统条件，而是来自运用原料所形成的卓越生产力：基本原料只会造成竞争上的劣势，而非优势。一个地域能维持它的优势，在于它能提供一个环境，使企业开展更有生产力的经营、持续创新、自我升级。创新不只是指狭义的技术，还包括营销、产品定位和提供服务的方法。在这样的地域，最有活力和创新能力的企业，会比其他地方的竞争对手脚步超前，甚至侵入原本靠传统方式经营，凭借较低成本的生产要素或规模经济的竞争对手的领域。在生产力的竞争中，企业在全球进行活动，寻求海外的资源，并接近市场，但是竞争优势实际上来自创新的过程与生产力的成长，这些都与该公司特定产品的本土化有关。例如战略发展的地点，核心产品和

---

① 例如贾古玛与厄普顿（1993）。

工艺研发，企业在精细生产（或供应服务）上的关键多数，以及流程创新与生产力的成长。[①]本国大本营通常保留最重要的技能和技术；它也是整合海外各地原料和信息的场所，以及最有生产力的工作所在地。

企业主或企业总部所在地域的重要性，还不及各战略性行业的活动大本营所在地域来得重要。

地域的竞争优势

地域的竞争优势，系于它所提供的环境品质，此一环境可让某一特定领域具有高度且不断成长的生产力。一般认为竞争优势主要来自企业内部，然而企业潜在的优势与许多必要的原料，主要是存在于邻近的环境之中。如此才能解释，为什么在某个领域成功的企业，大多出自同一个国家，甚至是该国的相同地区。

我的研究凸显了国家环境的 4 个方面（州和地方的情况相同），通过这 4 个方面，可以看到成长、创新和生产力之间的关联性。这 4 个方面分别是：生产要素（原料）条件、企业战略和竞争的时空背景、需求条件以及支撑产业与相关产业。我称之为“钻石体系”，它有助于解释为什么设立于某些特定地域的企业能持续创新，并能在特定领域升级（见图 8–3）。钻石理论在第六、第七章已有相当详细的说明，这里只大略叙述，以作为讨论全球战略的基础。[②]

生产要素（原料）条件。对竞争而言，生产要素是基本的元素，包括土地、劳动力、资金、有形的基础设施、商业和行政的基础设施、自然资源，以及科学知识等。比较优势概念一般是指，这些资源的可得性与成本。例如良好的道路、港湾，或以大专学历为骨干的员工，这些一般性资源都是避免竞争劣势所需，但并非获得地域优势的充分条件。

地域在生产力竞争上的优势，来自高品质的原料，尤其是专业化的元素，例如充沛的技能、应用技术、实际的基础设施、法规政体、立法程序、信息，以及适合特定产业需求的资金来源等。以美国为例，它能在电脑软件产业称雄，是靠高度集中且训练有素的程序设计师、电脑科学家、电脑相关理论的研究计划、很

① 这一组活动因行业不同，其组成会有所不同，可以称之为以母国为基础的活动或核心活动。

② 参见波特（1990）。

有效率地规范软件的授权和使用，以及成熟、专业、针对软件公司的创业投资基金（许多美国创业投资公司的专长就在软件业）。惠普科技在电脑相关行业的表现，就得力于这些优势。对于没有这类生产要素与精细化竞争的国家和地区，它们就必须创造这些条件。这又要看当地表现，以及专业法人机构在教育、培训、研究和数据搜集等领域的品质。这些机构是形成地方性优势的一个重要来源。

矛盾的是，当地域的优势却是某些生产要素的劣势时，反而可能会导致竞争优势，因为它们会引发创新，并刺激专业性机构的发展。例如在荷兰，恶劣的气候和土地的匮乏，让厂商在温室种植、栽培、切花处理等技术上创新，并有每年60%的花卉产品是出口的佳绩。相反，有些地域因为拥有充沛的劳工、廉价的土

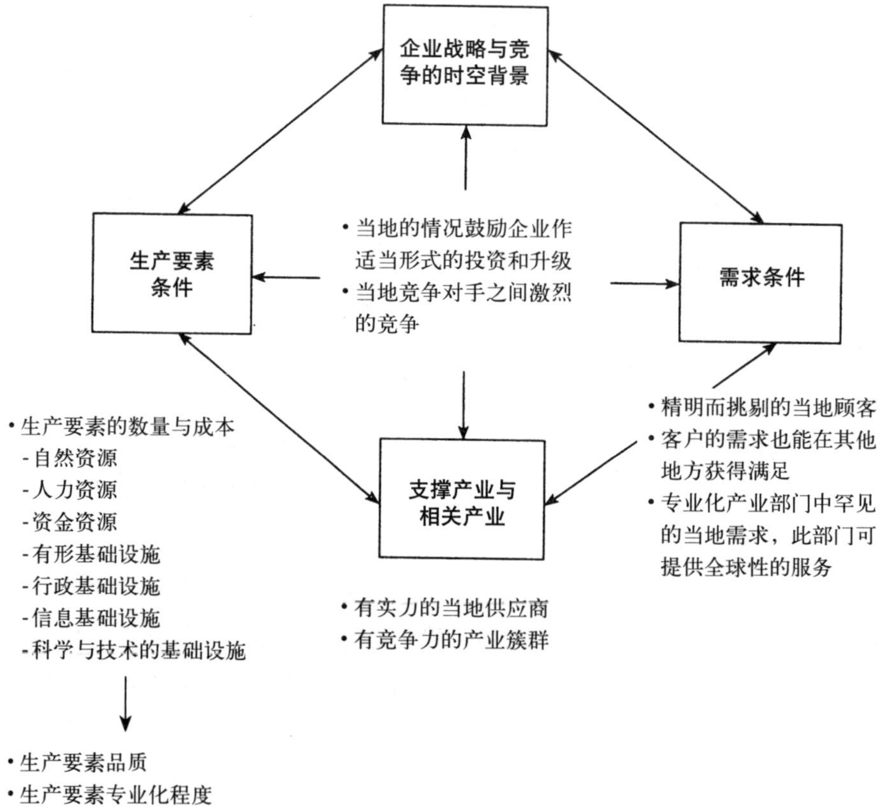

图 8–3　地域竞争优势的来源

地和丰富的天然资源，企业为此倾向于滥用这些资源而不考虑生产力，形成它们面对不同地方、生产力高的竞争对手时的弱点。

当专业化资源充沛，当地机构能创造并更新这些资源时，就形成地域的外部优势和集体资产。这项公共物品需要花时间建设，并需要通过许多企业、机构和政府部门的累积投资。这些外部优势一旦出现，便会减轻个别企业的内部成本。企业虽然能以全球化、运用外地资产解决问题，但是很多地域并非那么容易接近。

企业战略与竞争的时空背景。当法规、社会规范和诱因所处的时空背景，在生产力竞争上具有地域优势时，它们会以适当的形式，巩固企业对特定产业持续投资。投资形式不仅包括固定资产，也包含研发、培训和市场发展等。

税务系统、知识产权规则、宏观经济的稳定，以及政治环境，会明显影响地方的投资气候。企业主和管理法则也会产生重大影响。美国的创业投资体系和公共建设，对许多产业而言都有重要的优势。至于机构投资者和散户交易频繁，则不利于企业在成长较缓、生命周期较长的产业领域竞争。有时候，文化性因素会提高或降低某些行业或领域的权威性，因此会造成投资的流动。

当地的竞争程度也会形成地域竞争力的另一个主要层面。在吸引投资的各项因素上，当地竞争也许是最强大的竞争优势。例如，企业除非在本国市场遭遇强大的竞争对手，否则很少在海外成功。例如本田公司就在国内面对 8 家日本厂商的竞争，他们全都走上国际竞争。一群以本地为基地的竞争者，会强化企业创新和升级的压力。在本地竞争者中，相对表现的比较，也会刺激快速的改善。另外，由于本地竞争对手面对相同的材料成本和接近本地市场的因素，它们被迫寻求其他竞争方式。地方的投资气候不佳时，竞争对手便可能流于价格竞争。

当地域条件支持投资时，竞争又成为巩固升级的力量。当无人能轻松地主导本国市场时，竞争对手将迫使企业走上国际化。[①]例如，相比较于其他胰岛素市场处于国有垄断的局面，因为本国有强劲的竞争对手，诺和诺德工业很早就从事出口的业务。激烈的本地竞争，让个别企业保持领先地位的难度增加，可是整个本

① 托马斯（1993）在制药业证实了这一结果。在制药业中，如果在当地存在竞争对手（和严格产品准入规则），那么这样的企业往往是最具革新精神的。

地产业的进步速度，会超越其他地方的竞争对手。①

需求条件。本地优势的第三种形态，来自本地市场的特质。当本地市场拥有精明而挑剔的客户，或客户有特殊的专业化需求，并且能与其他地方联结时，优势就会产生。精明、挑剔型客户会迫使厂商采取高标准、针对满足客户需求的进步努力，甚至受刺激而积极创新，朝更进步的产业区间迈进。当本国客户的需求预示了并改变了其他国家的需求，进而提供了早期预警指示的时候，本地客户就有非常高的价值。当本地市场凸显其他地区所忽略的产业区间时，本地需求也会创造优势。在生产力的竞争上，本地需求特点的重要性，远超过它的规模大小。

本地需求条件反映了本地的需要、精细化程度、采购实力，以及对特定产品的文化品位。政府政策会以好几种方式，直接或间接影响需求条件，如产品、安全和环境法规等。如果标准的弹性足以容纳新的方式，严苛的环境或能源节约标准会刺激创新和生产力的改善。②

本地需求的优势根植于信息和诱因，因此很难从其他地域取得。本地客户是清晰可辨的，容易取得沟通，而且有机会合作。本章提到的 3 家全球化领导厂商，都受惠于本地精细的需求。比如，诺和诺德工业的本地客户，可能是全球糖尿病领域最精明的医疗专业客户群，而且是在补贴新疗法方面最大方的医疗体系内运作。

支撑产业与相关产业。在生产力竞争上，地域优势的最后一种形态是，专业化供应商和相关产业的出现。当专业零部件供应商与提供机器、服务的相关厂商紧邻时，会带来效率、知识，并有利于创新。

强有力的本地供应商，会降低可观的交易成本，使企业不需要进口，或与远地经销商打交道，而且也使得维修与解决问题更加便利。企业在垂直整合的空间上，也会有更多选择。当相关领域强有力的本地厂商出现时，也对厂商的效率有所帮助，因为它在研发、经销和营销方面的互补上会提供更多便利。

本地供应商和相关产业不仅带来效率，它们还为产业带来更重要的创新和动

---

① 一些观察家常常借日本与意大利工业区的例子来阐述协同比竞争更适合作为竞争的基础。正如钻石理论所强调的，上述观点混淆了买方、卖方与当地机构之间的垂直协同与竞争者之间的水平协同。在日本与意大利成功的产业中是很少具有水平协同的。

② 例如波特和克拉斯 · 范德林德（1995）。

力。紧邻的供应商和相关行业的厂商，会让信息加速流通、带来科技合作与联合开发。厂商因为部分生产过程可以外包，会增加推出新产品的速度和弹性。更广泛地说，厂商也更容易影响其供应商在技术上的努力，并且将当地当成新产品的实验据点，加速创新的步伐。本田公司无论在汽车或摩托车产业，都得力于强劲的本地供应商网络；惠普科技在所有主要行业的情况也不例外；诺和诺德工业则从丹麦在相关领域，如酿造和乳制品应用的相关技术、技能和机械设备，获得特殊的优势。

与需求优势的情况一样，本地供应商与相关产业所带来的好处，将使得发展出来的创新很难让他人从远地复制。高度契合的技术和专业化技能是很难学习、累积和转移的。原料、标准零部件以及一般用途的机器设备，不太需要相关信息与技术交换的话，全球性采购将发挥最大的效用。从海外寻求物料来源，虽然会降低弹性，但是涉及较低的交易成本，并且对创新过程的影响较小。

本地供应商和相关领域厂商的重要性，加上本地需求条件，构筑了交互关联产业的产业簇群基础。关于产业簇群，在第七章中有详细的讨论。产业簇群包括专业化供应商、提供服务厂商、下游（如销售渠道或顾客）产业、提供信息厂商、提供基础设施厂商以及相关领域的企业等。关联性机构如行业协会、标准制定机构以及大学相关科系，也是建构产业簇群的一部分。产业簇群代表一种集体资产，它会创造一个企业可以很容易并有效率地组合信息、技能和原料的环境。这会提高生产力和创新速度。

本地的钻石体系

这 4 类地域优势结合起来所形成的钻石体系，远比其中任一部分都重要。在钻石体系中，单一部分对生产力的影响，要视其他部分的状态而定。本地激烈的竞争会刺激生产力成长，牵动本地相关支撑性投资（如战略和竞争对手），以及本地客户寻求高品质的产品（需求条件）。否则，竞争将会因为价格竞争而衰退。同样，除非企业在研发和改善工艺上投资，并且有足够的供应商支持创新导向的战略，否则仅仅是改善高素质工程师的供应（生产要素条件），并不能提高生产力。钻石体系的任何部分如果有严重的弱点，都将限制产业生产力的成长潜力。

给予适当机制和联结，地域优势的 4 种形态更会互相强化。比如，激烈的本土竞争，会导致独一无二且充沛的专业化技能和技术的发展。竞争厂商云集会鼓励大学院校等本地机构及提供培训服务的供应商，适应并支持产业有特色的需求。主动的本地竞争，也会促进本地供应商产业的成形与升级，因为当地市场已经存在。

产业簇群的形成与升级的过程，不是绝对的。回馈环（feedback loop）的健康程度，要视本地关系的力量、信息开放程度，以及各种企业和研究机构的相互回应性而定。激烈的本地竞争和投资气候尤其重要，因为它们会左右企业的行动。有些地域比其他地域的组织在改善、升级等方面表现更佳，是因为钻石体系累积和自我强化的本质，以及建构专业化机构、知识和关键多数的厂商所需的时间，使得通常只有几处地域真正有利于特定产业的竞争。新进厂商也会从较弱的地域转移阵地。比如在制药产业，费城／新泽西州的钻石体系，吸引了来自德国、瑞士、英国和日本等地的制药厂商，因为当地拥有卓越的钻石条件和最佳途径，可以接近专业化生产要素。最后，有好点子和专业化技能的人才，也会被吸引到这些地域，因为当地能提供更多的机会和更好的薪资待遇。只有当主要技术变化超越本地技能、供应商和其他优势，或因为本地竞争厂商消失、精明型买主不复以往，造成升级力量分散时，此种循环才会被打破。

虽然竞争越来越全国化和全球化，但是竞争优势的关键资源通常还是在地域上。竞争优势仍取决于特定地域是否出现足够的高度专业化和交互关联的技能、应用科技、企业、供应商和机构。①当地域在材料成本上的竞争优势可以通过全球化网络被轻易取代时，地域在生产力的竞争上，便需要邻近性的优势。任何可以通过远程获取或全球化网络的活动，对手也都能取得，因此不能再被看成是竞争优势的强力来源。地域最重要的优势逐渐转移到当地性的事物，如与知识的关系、动机等，这也是远距离的竞争对手所无法复制的。

跨地域竞争：从本土化战略到全球战略

现在，我们要将全球网络的竞争优势以及地方性的竞争优势，整合为全球战

① 亦参见科格特（1991）。这些本地化优势与赖克（1991）认为资源、信息和技术是自由流动的这一观点是不相符的。赖克把研究焦点放在熟练工人上，他企图以此来跳过与前述的不一致。

略的概念。跨地域竞争，涉及一系列的选择，这些选择都能在惠普科技、诺和诺德工业和本田公司中看到。

全球化应该建立在独一无二的竞争定位之基础上。全球（或跨地域）战略必须从独特的竞争定位开始，这可带来明确的竞争优势。企业除非能从成本或差异化上形成重大优势，否则很难克服进军陌生市场的障碍。比如，诺和诺德工业在胰岛素产业，就有很清楚的差异性，率先探索高纯度的胰岛素，并在产品纯度和运送技术上领先。它的研究室常有重大的科学成就，并与糖尿病医院保持良好的关系，还主办国际性医学会议。诺和诺德工业的差异化让它在进入新的外国市场时，都能把产品顺利销往当地医院和医疗机构。

应用这项原则的必然结果是，企业应该从本身最有独特优势的行业和产品线开始全球化。这些产品领域代表国际化竞争成功的最大机会。

以一致的定位渗透国际市场。全球化会打开庞大而不断成长的国际市场。一套全球战略需要以耐心、长期计划，进入每一个重要的海外市场，同时还能发挥该公司独特的战略性定位。诺和诺德工业、本田公司和惠普科技都遵循这套做法。海外市场现成可及的部分，会带给企业一套特定的战略，但是每个国家的情况，则视当地的购买力与需求的种类而定（此一状况可作为进入各国市场顺序的参考指南）。然而，在各国都维持一致的战略，将强化公司的竞争优势。公司战略所设定的目标市场会逐渐成长，它的基础在于该国经济的发展，以及市场认识到有关该公司独特性的好处。

视各国的机会来修正公司的竞争定位，以求达成全球化的目标，此种做法成功的机会不大。不要收购一连串定位不同的公司，除非这些公司在本质上有所不同；除非能将它们予以重新定位，整合于母公司的战略之下。少了一致的定位，企业将缺少实质性竞争优势，而且无法累积声誉；此外，跨国的整合活动努力也会因此事倍功半，以受挫告终。

适当的地理扩展，仍是使企业能够成长，但不危及特定战略的最好方式之一。在一致性定位下的全球化扩张，会强化企业本身的优势。反过来说，一味收割既有市场的战略，将会危及企业本身的独特性。在较小国家中的企业，它们最大的成功障碍是，想要通吃所有产业部门。正确的做法应该是，留在锁定的产业部门，并在国际市场追求更大的机会。

针对每一类产业，建立一个明确的母国基地。要在每一个战略上有所不同的行业内竞争，企业必须要有不同的母国基地（公司总部坐落的地域并不重要，只不过反映出历史因素或便利性而已）。

行业的母国基地，是战略制定、核心产品与工艺技术的创造和维持，以及关键多数的精密制造和服务性活动所在地。仅仅只是一个协调中心是不够的。这类活动的关键多数，如果都坐落在一处，将有助于形成更容易的沟通、更好的跨功能协调、更快的决策，从而达到巩固快速进步的效果。企业选择的地域，也最好位居地方性的产业簇群附近，以便获得生产力和创新的好处，因为这种地域本身就提供很多的活动。母国基地应该对所进行的产业承担全球性责任，应该扮演协调和整合元件、生产活动、信息和其他地方技术来源的角色。

母国基地应该坐落在特定行业的钻石体系表现最佳的国家或区域，因为这是提供创新和生产力成长的最佳环境。最有利的母国基地不一定是企业主所在的国家。诺和诺德工业、惠普科技和本田公司在他们主要的行业，都有很清楚的母国基地。诺和诺德工业在胰岛素产业的母国基地是丹麦（无论购并前的诺和或诺德都一样）。即使这家公司95%的产品是销往海外的，所有提炼胰岛素的工厂设施，即整个生产过程中最关键的活动，仍然是在丹麦本地，因为丹麦大型养猪场产业最初提供所有最重要的原料（猪的胰腺）。胰岛素的提取不仅需要大型投资，也需要专业设备、高技能技工以及质量管理系统。丹麦是关键机器、其他专业化生产原料的供应商来源，一部分原因是丹麦在啤酒和乳酪业的强大地位，因为后两者都需要相关的技术和技能。所有诺和诺德工业的核心产品和工艺研发也是放在丹麦，当地也是一系列世界级的糖尿病研究机构和两家最好的糖尿病医院所在地。在丹麦，胰岛素的需求条件也领先于其他国家。这个国家在医疗保健系统上很大方地提供新型糖尿病测试和治疗的基金。丹麦医生不仅检查病患，也会追踪了解病人的饮食习惯。诺和诺德工业经常直接与医生保持联系，以快速获得新产品是否成功以及糖尿病新问题的反馈。

本田公司生产摩托车和汽车的母国基地都在日本，那里也是本田公司最精密活动的所在地。日本市场占了本田公司摩托车生产能力的76%，以及汽车生产能力的68%。海外生产工厂主要是装配场，采用来自日本的精密零件。比如，本田的日本摩托车厂平均生产396 000个单位的零件，而海外厂平均生产75 000个单位。本田的研发活动更集中：所有发动机的核心研究，以及95%的研发人员都在日本。驻在海外的研发人员，必须在东京本田研究中心培训两年，才能到海外工作。

惠普科技比本田公司及诺和诺德工业多元化，但是每一种行业仍有很明确的母国基地。每项产品线的全球性责任，包括核心研究、最精密的制造活动、决策等，都集中在特定地域。美国占惠普科技营销活动的34%，但是在制造、研发和管理方面，却占77%。在母国基地，有专业技能的工程师与全球各地的专家联络，所用的方式包括电子邮件，或定期到子公司出差。区域性子公司则担负起部分制造导向的研发、产品本土化，以及本土营销的工作。

在不同的地域，调整产品线的母国基地。如果企业的产品种类广泛，有些产品线的母国基地设在不同的国家，那么企业应该以当地在特定产业上拥有的最佳本地钻石体系，分配产品线责任并进行国际化的专业活动。这种做法远比在好几个国家同时进行产品生产和研发活动高明，因为后者是一种缺乏效率，而且会削弱创新的做法。可取的做法是，每个主要子公司应该专长于最有利钻石体系的模块，服务于这个产业区间的全球市场。企业既然将活动个别分散，它应该将包含产品线活动群的母国基地迁于有本地优势的国家。在这些概念上，惠普科技就提供了很有趣的范例。惠普科技将许多产品线放在美国以外的地方，例如它将喷墨式打印机的生产活动集中在温哥华，而区域型市场和装配的地点则在巴塞罗那；将生产有些激光打印机新型产品线的全球性责任放在新加坡，这条产品线包含由温哥华转移过来的打印机技术，加上亚洲的专家。在美国，惠普科技同样集中产品线的责任，将生产个人电脑和电脑工作站放在加州（几乎是全球所有个人电脑和电脑工作站领导品牌所在地），医疗器材放在马萨诸塞州（当然是全球知名的研究医院和无数医疗器材领导厂商特别关注的地点）。

本田公司则将汽车完全放在日本，同时根据产品线观念，将旅行车的基地放在美国。因为美国被视为全球最发达的旅行车市场，拥有最完善的轿车零部件供应商网络。本田加州研发设计小组，负责研发车型和规格大小，再由俄亥俄州的研发厂制造原型车；而主要生产机具包括压模，是由美国本田工程公司负责。本田公司宣称，美国将成为它的旅行车全球总部，美国设计师和工程师将持续开发和进行产品升级。美国本田公司也负责全球市场中双门思域小轿车的开发工作。[①]在20世纪90年代结束时，美国本田公司计划从美国出口7万辆汽车销往20多个国家。

分散活动以延伸母国基地的优势。当母国基地是核心活动所在地时，其他活动应该予以分散，以扩张企业的竞争定位。企业应该有系统地检查价值链中的每一项活动，看看有没有这样的机会，这类行动大致可归纳为3种形式。

- 寻求比较优势　并未整合到创新过程的元件，例如技能程度很低的装配工、原料、一般用途的零部件或资金等，也应该从最有成本效益的地方寻求。按照这个方式，全球化的竞争者从好几处地域来发挥原料成本优势。全球化竞争者因此能使用许多地域的比较优势，并抵消母国基地的成本劣势。
- 确保或改善海外市场通道　选择一些活动在市场所在地附近进行，这象征了企业对海外顾客的承诺，也会让它的产品更能迎合当地需求与偏好的形式。为了达成这个目标，许多企业将部分研发活动打散，以支持产品的修正工作，迎合当地的法规。不过，现代的弹性制造系统、力量日增的信息和通信技术，使得分散活动以支援当地需求的情况减轻。技术标准化带来的更大和谐，以及贸易障碍的减少，也都有相同的效果。以顾客为导向服务于当地需求，通常可以通过单一工厂就能轻松地达成。

有些活动必须进行分散，并非基于提升竞争力，而是为了回应当地政府实际的要求，或因受制于政府压力而被迫如此。

比如，日本许多汽车和消费性电子产品的装配厂设在美国，就反映出这样的考虑。一旦企业必须回应政府压力，它应该分散那些与规模无关，比较不需要协调和整合的活动。企业的目标是，通过与政府谈判，尽量不牺牲效率，尤其不影响到创新的速度。

- 有选择地利用其他地域的竞争优势　母国基地的地域无论有多优越，很少能提供所有重要的专业和前景看好的技术。要获得其他地域的好处，全球化竞争者可以将活动设在其他有利于创新的地域。不过，一旦掌握利用当地钻石体系的能力，母国基地必须扮演互补的角色，而非只是一味复制或取代。企业的最终目标，应该是改善母国基地的重要技能或技术，以利于更快速的

---

① 本田公司进一步本地化的举措与其在母国建立新产品流水线有关。

创新。过度依赖其他地方的资源优势，会威胁到本身的创新能力。

整体而言，企业应该在前述 3 种形态的好处下，将相关活动进行分散化。

诺和诺德工业在它的价值链中，展示了这 3 种机能。在采购方面，诺和诺德工业对传统原料——猪胰腺的采购，分散到 20 个国家。全球性的采购不仅使它能接近大型供应商，而且能以有利的价格和汇率，在原料国家进行采购。为了获得低成本的资金，诺和诺德工业 83%的长期债务，并非丹麦克朗，而是在外国债券市场中取得，美国就是其中之一。为了更容易进入市场，取得较低的运输成本，冲破当地政府设置的障碍，诺和诺德工业将胰岛素制造工厂分别设在法国、南非、日本与美国。诺和诺德工业这 4 座丹麦以外的工厂，并非生产能力满负荷运行的生产据点，它们进口丹麦的胰岛素结晶，然后包装上市销售。分散这些比较不具规模敏感性的制造工厂，可以节省运输成本。更重要的是，这让诺和诺德工业的生产继续集中在丹麦更需要规模或技能的领域上。

在营销和销售方面，诺和诺德工业与许多国家的企业合作，以进入当地医疗社群和政府医疗保健体系。最后在研发方面，诺和诺德工业在国外设立了为数有限的高度专业化研究中心，以利用本国尚无的特定技能与技术。像设在西雅图的奇摩科技，就着眼于当地基因工程技术，这也是美国的长处所在；设在日本的研究机构用意也相同。由于丹麦数度延误相关法规的制定，诺和诺德工业干脆在法规通过比较迅速的日本，建立一座基因工程胰岛素制造工厂。不过，诺和诺德工业并未将本身的核心技术转移到海外，本身的基因工程生产能力仍在丹麦扩充。诺和诺德工业也将自美国和日本取得的技术知识转回丹麦，建立本身的胰岛素基因生产能力。

本田公司在分散活动上，也是基于上述 3 种理由。它的汽车装配分散在 11 个国家，摩托车装配则分散在 13 个国家，以减少运输和关税成本，并寻求成本较低的劳动力。由于各国对日本车进口的关税持续升高，本田公司为了进入市场，已在美国设厂投资超过 20 亿美元。其中包括 2 座装配厂，1 座生产发动机传动系统和悬吊零件的工厂，1 个工程中心和 1 座研发工厂。本田公司在美国的活动享有较低的经营成本，并把重心放在修改产品和工艺上，以回应美国市场的需要，至于创新工作仍然留在日本。最后，本田公司在加州发展风格设计方面的专业，又在德国搜集高性能设计能力，主要是通过当地的小型设计中心，这些设计中心又将知识移转回日本的基地，并再转用于新车型的开发上。

协调与整合各分散的活动。将竞争优势由分散的活动中释放出来，需要协调全球性的活动。协调可以确保并强化跨国活动之间战略的一致性，提高差异化。要在分散的活动中获得知识与技术，并且与母国基地进行整合，协调也有其必要。

协调的形式有很多，前文已讨论过它们所形成的特定优势。本章所列举的3家企业都表现出这些好处，不过诺和诺德工业的案例特别有趣。在原料采购方面，诺和诺德工业的原料来自多达20个国家，而协调工作主要想获取价格和汇率上的优势。在营销方面，诺和诺德工业的所有子公司、中介和经销商使用相同的促销材料，并培训相关人员使用一致的销售手法。诺和诺德工业很努力地确保在国际上有共同的形象，并且定期在海外赞助糖尿病医生的会议。

不过，跨国地域之间的协调，将面对巨大的组织挑战，而语言、文化和远距离的障碍也使得彼此间的沟通和思考方式大不相同。外国子公司很自然会希望自主运作，并使它们的活动能适应当地环境。成功的全球化竞争厂商会以下面几种方式克服这种挑战。首先，它们会建立一个清晰的定位，以及概念上浅显易懂的全球战略。其次，子公司经理人承认，整体的全球定位拥有自己国家很难追上的优势来源。因此他们会很小心，在不伤害企业全球战略的前提下，修正当地的活动。再次，维持全球各单位在信息和会计制度上的一致性。记录的格式与代码都规格化，以便于业务的协调、跨地域信息的比较和交换。还次，企业主动努力鼓励子公司经理之间的交流和学习经验，以便于巩固双方的了解，并给予人性化的界面。

最后，任何企业寻求全球战略时，必须设计一套激励系统，既能衡量海外子公司的表现，还能评估它们对企业的整体贡献。①

在事业单位中保留国家特色。企业在特定产业中的国家特色，并不像部分观察家所建议的应该去除，而是正好相反，应该予以保留。在一个行业中，企业的竞争优势通常是由所在母国环境的特殊条件形成的，诸如所在地域对企业的影响和对竞争方式的改变。海外客户很看重国家特色与文化，以及这两者所意味的公

---

① 对跨国公司组织问题的有益论述参见巴特利特与戈沙尔（1989）。

司特征。比如，大多数美国人喜欢德国车，是因为德国产品意味高标准的设计、性能和工艺水准，而非德国汽车厂商开始“美国化”或“全球化”。

一旦企业进入海外市场，就必须修改产品以满足当地需求，并显示出对当地产业事务具有敏感性。然而，企业并不能因此丧失它独特的定位和自我识别，还应该在当地分公司灌输并培养这些认识与观念。比方说，本田公司派驻海外子公司的经理人，必须在日本总公司培训两年后，才能赴海外承担新的职务。

结盟是全球化的重要工具，而非全球战略。一旦企业了解了如何设计它在行业中的全球化网络，与其他地区的企业进行结盟将是一个更有效率或更快达成预期设计的方法。结盟是一个建构分散式活动网络的方法，而非目标，它能让母国基地以外的活动更有效率地运作。例如，企业通常可以经由当地合作伙伴强化进入市场的运作。在一个新的地域寻求资源，或获取先进技能和技术，也需要有一个已站稳脚跟的合作伙伴。话说回来，结盟也可能模糊企业的定位，并使它丧失在每个市场中定位的一致性。结盟可能会使协调变得很复杂，并且减缓创新速度。

最佳的结盟是有高度选择性的：它们把重心放在特定活动，以及获得特定的竞争优势之上。好比诺和诺德工业与许多公司合作投资，目的在于进入特定国家的市场。结盟范围太广，要兼顾许多活动和市场时，往往会影响到企业本身的发展，进而会泯灭或减缓公司建构品牌或发展自有产品的急迫感。最佳的结盟通常是一项过渡型的工具，它帮助企业学习并建立实力。长期而言，结盟伙伴会找出不同的方式或提升结盟至购并的程度。企业绝不能在攸关自身竞争优势的关键资产上依赖结盟伙伴。①

在享有地域优势的产业和产业部门进行事业扩张。地域的竞争优势提供鉴别产业的方法，企业并由此形成面对其他地区的竞争对手时独一无二的竞争优势。新事业的发展也应该集中在这些地域。

有关生产力竞争的新范式，提醒大家处理扩张性的垂直整合的有关问题。垂直整合会消耗资源并导致缺乏弹性，因此应该限制在与总体活动密切联系的活动上。其他方面，企业最好能培养与当地特殊机床和原料供应商密切的关系。

多元化也应该循产业簇群的路径进行。借由多元化，企业不仅能整合本身的

---

① 进一步的探讨，参见波特与富勒（1986），及波特与格玛沃特（1986）。

内部资产，也能应用进入特定地域的独一无二资产，例如供应商、研发中心和技术人力等。惠普科技从测量仪到信息系统和医疗设备的多元化，正是依循这些原则，而这些领域也恰好是美国独具实力的领域；诺和诺德工业从胰岛素到工业酶制剂的发展，也是依循产业簇群的路径；本田公司由摩托车到汽车的多元化亦不例外。相关的技术和技能开始结合时，创新通常已在产业与产业簇群之间的夹缝中萌芽。比如，本田公司开展它的汽车工业，是靠本身在制造摩托车的小型发动机的技术。它结合了这项条件和日本汽车产业簇群的资产，包括数目众多的供应商、鼓励轻薄短小设计的省油的需求条件。

升级母国基地。企业在一个行业中的竞争优势，不仅要看企业内部，还与行业所在的当地环境有关。如果缺乏一个基础稳健的母国基地，产业在生产力成长和快速创新方面的能力都将会式微，也无法整合资源、技能、技术和攸关竞争优势的信息。尽管分散精密生产或向外寻求关键零部件与机床的行动，通常能弥补母国基地的弱点，并收到短期成效，但是企业的长期创新能力将受到威胁。

外部竞争优势的出现，会增加企业战略的陌生领域。企业应该支持专业化培训计划，促进大学在相关产业领域的研究，并培养当地供应商升级（大量依靠远地供应商会抵消潜在的竞争优势）。企业应该指引并迫使当地基础设施提供者满足它们的需求，并确保政府法规能提升生产力。行业协会应该在赞助培训计划、研究标准、强化技术和搜集市场信息等方面扮演重要角色，这些在第七章中已有更周延的讨论。不幸的是，很少有企业将当地环境视为重要的竞争资源。例如在美国，许多公司将它们的供应商视为理所当然，并认为教育和培训是政府的责任。

诺和诺德工业的例子说明，全球化龙头厂商在提升母国环境上扮演了主动的角色。在诺德与诺和两家企业合并之前，诺德设立了诺德胰岛素基金会（Nordic Insulin Fund；成立于 1926 年），以支持斯堪的那维亚和史丹诺纪念医院（Steno Memorial Hospital；成立于 1932 年）的胰岛素项目研究工作，并作为研究和治疗糖尿病的中心。诺和则成立韦铎糖尿病医院（Hvidore Diabetes Hospital），并在 1957 年设立海巨铎研究所（Hagedorn Research Institute），专门从事糖尿病的基础研究。1964 年时，该公司又成立诺和研究所（Novo Research Institute），致力于研究导致糖尿病的起因。今天，史丹诺糖尿病中心和韦铎糖尿病医院每年治疗 6 000 名糖尿病患，并开展 25 000 项糖尿病咨询工作。诺和诺德工业也在丹麦本地赞助国际性的糖尿病研讨会，将本地和来自全球的专家和医生聚集起来。[①]

丹麦胰岛素产业的历史显示，积极的本地竞争将引发持续创新的力量。这两家企业很清楚，它们之间合并后可能提高一些效率，但也潜伏一些危机，例如伤害到原本各自的活力。母公司希望，借由维持两家子公司独立经营来处理这些风险。无论如何，它秉持的原则依然是：在本地竞争创造优势。大多数时候，寻求消弭本地竞争的做法，恐怕是方向错误了。

必要时可重新选择母国基地。假如因为消费者的要求不够多、需要新形态的供应厂商、本地机构缺乏效率或其他因素，导致企业在特定行业的母国基地活力不再，企业的第一个反应应该是提升母国水准。不过如果已耗费心力却仍徒劳无功，企业可能需要转移母国基地到更有利的地域。这也许是全球化竞争的终极证据。

有越来越多的跨国企业在不同国家之间转移母国基地。当全球竞争使企业面对世界最佳的竞争对手，并让取得资金、原料和劳动力等传统比较优势不再有用时，本国钻石体系不佳的伤害也随之增加。然而，企业应该尽可能避免作出迁移母国基地的决定，因为接踵而来的是必须融入一个新的地域，成为当地人并接受全新的文化。

企业很少完全迁移整个公司的母国基地。事实上，它们大多是迁移特定产品线或产业部门的母国基地。这种迁移的一个很普通的催化剂（或活力源）是在一个欣欣向荣的地域买下一家已具规模的企业。假以时日，这种购并让新的母国基地，增加对特定行业和产业部门提供关键多数产量的全球化责任。比如雀巢公司买下Rowntree MacIntosh企业后，将它的糖果糕饼制造事业全球总部迁移到英国。原因是英国有讲究甜食的消费者、分工最细密的零售商、强势的广告公司，以及高度竞争的媒体。在大宗糖果市场上，这些条件建构起一个比瑞士更有活力的环境。同样的，雀巢公司也将它的瓶装水事业总部迁到法国，因为该地也是相关产业竞争最激烈的地点。

虽然我们的范例，如诺和诺德工业、惠普科技和本田公司持续在它们的本业中享有强有力的本土钻石体系，但并非所有企业的运气都这么好。[②]例如北方电

---

① 恩赖特（1989）。

② 韦森（1993）讨论了北方电讯案。

讯公司把数字程控交换机设备的母国基地，从加拿大迁往美国。1977 年时，北方电讯在美国制造和安装了第一套当地的数据交换机DMS–10。随后美国电话电报公司分拆，美国颁布了电信服务与设备业市场平等准入的规则，这导致北方电讯开始迅速扩张它在美国的业务。1991 年时，这家企业将它数字程控交换机的全球总部迁往美国。如今，它在美国进行这类产品线所有的研发活动，员工人数超过 1 000 人，所有交换机制造也都是在北卡罗来纳州进行。

北方电讯将总部迁往美国的根本原因在于，美国在电信设备方面的钻石体系的实力。与加拿大相比，美国表现出独一无二的专业配套因素，包括精密的软件工程，电脑科学和通讯领域世界级的大学研究计划等；美国的客户和最终用户绝对是世界最挑剔的客户群，而 20~25 家大型独立交换机用户的狭小市场，导致激烈的竞争，并且让北方电讯的顾客持续将他们的交换机升级；美国企业则在集成电路的制造和系统软件设计上，提供相关产业强劲的支援能力；美国市场对外国竞争对手的开放性，甚至远超过美国本地厂商之间的竞争（在电信设备方面，外国政府一般倾向于保护本地市场，支持垄断的供应商）。

另一个很有趣的例子是，韦森在 1993 年研究中描述，当韩国的现代集团发现无法跟上世界潮流时，就将个人电脑母国基地从韩国迁往硅谷。在个人电脑产业，当所有竞争厂商都在国际间寻求低成本的零件时，脱颖而出的关键就在于快速推出新机种，满足不断变化的顾客需求和成功地取得变化中的经销商渠道。在这些领域，美国的条件远超过其他地方。传统上，对外直接投资（FDI）已经被视为一种母国基地的优势。韦森使用数字证据证实，母国基地广泛地寻求对外直接投资，也就是说，对外直接投资的方向，在于取得其他地域的优势，甚至将企业的母国基地迁往他处也未尝不可。

由发展中国家进行全球化竞争

在国际经济中，发展中国家已经组成一块快速成长的版图，许多发展中国家的企业都是出口厂商。问题是，在发展中国家的舞台，企业在实施全球战略的过程中面临某些特定问题。

最基本的挑战是，如何从比较优势转变成竞争优势。大多数发展中国家的企业国际化，是通过向跨国公司接单，出口资源、劳动力密集型商品，或产品代工，这主要是靠资源和劳动成本。这类出口主要对象是发达经济体。要扩张到其他发展中市场，包括邻近国家，就要受到生产要素条件和政府保护政策等类似的限制。

要超越这些传统的国际化模式，发展中国家的企业需要创造出与众不同的战略。这些企业发现，如果没有自己的产品或服务、生产方式或商誉，它们很难打入海外市场。企业也必须将本身的价值链扩张到包含国际销售渠道、营销、寻求原料来源和最终产品的体系。发展中国家全球战略的最佳机会，常系于区域内部或其他类似的经济体中。企业虽然可以继续以比较优势向发达国家出口产品，它同时也应该利用邻近国家的开放市场，建构本身的区域性网络。它的挑战就在于建构与众不同的产品和生产方式，同时又获得国际营销和渠道上的知识与控制力。假以时日，企业必须形成足够强大的创新能力，根据竞争优势而非比较优势，进入更多的发达市场。

整合地域和全球化竞争

从 20 世纪 50 年代开始，全球化对竞争战略发挥越来越强大的影响力。累积的数字证实，已经有越来越多的企业在销售和经营上采取全球战略。传统比较优势的角色已经被取代，并引导出一个似是而非的论点：许多企业如今已超越国家的界限。

然而，经过深入研究后可发现，地域在竞争优势上仍有绝对力量。这个明显的矛盾可以解释为，生产力的创新造就了国际竞争的新范式。企业必须发挥许多地域的比较优势，并且避免其中的不利之处。某些企业之所以优于其他同业，通常是靠可提升生产力的地域竞争优势。这个范式将会引发新的全球战略思考，以全新的方法，将本土化和全球化整合起来。

本土化曾一度被视为达成全球战略的首要之恶。与此相反，母国基地所在地域，应该被看成竞争优势的根源。全球战略应该通过分散活动，如寻求比较优势、进入市场，或获取特定技能或技术将这种优势延伸、扩大。话说回来，要实现这个目标，必须协调分散活动之间的落差。地域在竞争优势中复杂的角色，将主导未来 10 年的竞争。

ON COMPETITION

第三篇 以竞争力的方式来解决社会问题

09 绿色时代的新竞争力：打破僵局

迈克尔 · 波特

克拉斯 · 范德林德

环境保护法规的需求正逐渐扩展开来，但是这过程中也出现了一些杂音。此种需求逐渐受到重视的原因是，每个人都希望有个适于居住的地球，而杂音则来自摆脱不掉的信念，认为环境法规将会侵蚀竞争力。一般的看法是，在生态与经济的对立状态下，目前正处于根深蒂固的两难处境。一方面，严格的环保标准可以提高社会利益；另一方面，产业预防和处理的成本，会导致更高的价格和竞争力的降低。也就是说，环境品质的改善变成一种“掰手腕”比赛，一方施压追求更严格的标准，另一方则尝试拉回原点。主流的政治风向，则决定这两股力量拉扯的平衡点。

从静态的环境法规来看，除了法规本身，所有事物都是不变的。这个观点其实并不正确。如果科技、产品、工艺和客户需求都是固定的，那么“提高成本在所难免”的结论很合理。但是，企业是在真实而充满竞争的世界运作，绝非处于静态的经济理论中。面对来自竞争对手、客户、法规等各样的压力，它们经常以创新的解决方法来因应。

妥善设计的环保标准有助于引发创新，降低产品的总成本或提高产品的价值。这类创新容许企业使用一系列更有生产力的原料、能源及劳动力等，从而抵消了改善环境影响的成本，终结此种僵持的局面，进而提高资源生产力（resource productivity），使得企业更有竞争力。

试想荷兰的花卉产业如何回应它的环境问题。在一个狭小的区域密集种植花卉，会导致杀虫剂、除草剂和肥料污染土地和地表水。面对使用化学药剂日渐严苛的法规，荷兰人知道，唯一有效的方式是发展封闭性循环系统。在先进的荷兰温室中，花卉如今培育在水中和石棉中，而非土壤中。这套做法降低了寄生虫感染的风险、施肥与杀虫剂的需求，而且能让水分循环再利用。

这套紧密监视的封闭式循环系统，也降低了花卉成长条件的变数，改善了花卉产品的品质。因为花卉是在专业设计的环境下生产，因而也降低了处理成本。着眼于环境问题，荷兰人在栽培方法上进行创新，提高了所需资源的生产力。这项结果不仅大幅降低了对环境的冲击，也降低了成本，获得了更佳的产品品质，进而提升了荷兰花卉在全球的竞争力（参见本章的插入内容“创新带来竞争力：荷兰花卉产业的例子”）。

创新带来竞争力：荷兰花卉产业的例子

荷兰出口的花卉占全球市场数量的65%。如果考虑土地和气候这两项花卉生产事业最重要的资源，荷兰似乎创下了令人难以置信的数字。去过荷兰的人都知道，这个国家的土地和气候条件很恶劣，荷兰更是长期以来与海争地。

从传统观点来看，在极度缺乏比较优势的情况下，荷兰如何成为全球花卉产业的盟主？理由虽然有很多，最主要的还是，荷兰人在整个花卉产业价值链的每个步骤，都有创新的表现，创造了技术和高度专业化的原料，使得资源的生产力得以提高，抵消了国家在自然条件上的劣势。

以销售和渠道为例，荷兰有5个拍卖行，专门进行花卉买卖。一辆辆花卉推车在电脑指引的路径下自动进入拍卖场，叫价流程几分钟内就完成。客户坐在阶梯式座位区，每车花卉的价格显示在拍卖电子板上，一旦有人按键买下就达成交易。该花卉推车会自动记录下买家的号码，并且接着移动到这家公司的运货和处理区。几分钟内，这些花卉被送进某个区域性市场的卡车上；或比较特殊的情况下，送进冷冻柜，准备送往邻近的基辅机场。世界各地处处可见崭新的机场和高速公路系统，但是荷兰在基础设施上的专业化创新，让它拥有竞争优势，并形成非常高的生产力。这套体系运作得非常成功，以至其他国家将花卉预先送到荷兰进行处理、销售和再出口的情形越来越多。

某个产业如果条件不佳，或根本缺乏原料，有时候反而会转变成一种优势，这是一种悖论。如果荷兰的土地充沛，气候宜人，该国在花卉产业上发展与竞争的做法，可能便与其他国家无异。正是因为条件恶劣，荷兰不得不采取创新的做法，因而发展出全年温室种植的高科技系统。荷兰持续改善这套独一无二、专业化的技术，创造更高的资源生产力，以维系其竞争力长久不衰。

反观其他国家，拥有丰富的土壤和自然资源或缺乏环保压力，可能导致企业更无效率地消耗自然资源。利用更便宜的自然资源竞争，可以不考虑材料本身的生产力，这种情况可以在封闭的情况下存在，但不可能在日渐全球化的今天生存。当前，在全球经济体系中，越来越多以低廉的劳动力和原料参与竞争的国家，面临原来的战略很难持续下去的困难。

荷兰花卉产业的例子证明，为什么关于竞争力与环境之间对立的说法有误。政策制定者、商界领袖以及环境学家只注意环保法规静态的成本影响，却忽略掉更重要的，从创新而来的利益。如此一来，他们经常在提高成本或降低环境品质进步的事物上打转。这种静态的思考模式因此创造了自我满足的论述，导致更高成本的环保法规。立法都倾向于制定不利于创新的规范，企业则竭力反对与抗拒

立法，而不是以创新来因应。整个过程只让律师和顾问业从中兴起，耗尽了真正解决问题所需的资源。

污染等于无效率

荷兰花卉产业的表现究竟是个例外，还是常态？同时降低污染与提高竞争力，此一想法是不是太过天真？我们并不如此认为。理由是，污染通常是资源浪费的一种形式。当废料、有害物质或能源的使用不安全、缺乏效率或没有效能时，就会转变成对环境的一种污染。此外，企业这时还要提供增加成本、对客户毫无价值的额外活动：譬如废弃物的处理、储存或弃置。

资源生产力的概念，是探索任何产品中成本与价值关联的新方法。在企业里，资源利用的无效率，通常表现在物料使用不安全，或是制成品管制太差，并导致没有必要的浪费、缺失和储存材料。但是这里面也有许多其他隐性成本，埋藏在产品的生命周期里。比如，经销商或客户任意抛弃包装材料。当产品包含的可用材料被丢弃，当客户直接或间接为废弃产品付费时，都形同资源的丧失。

传统上，改善环境的努力常忽略掉这些系统性成本。企业的注意力常放在生产过程、排放废物的污染，这也是比较浪费资源的做法。近年来，越来越多先进企业和立法者接受预防污染的概念；它有时被称为节约资源。这个概念使用替代材料、封闭式循环系统等方法，在污染发生前便予以限制。

但是，尽管预防污染是正确方向上很重要的一步，企业终究必须学习建构以资源生产力为主的环境改善。今天，经理人和立法者把重心放在减少或处理污染的实际成本，他们还应该将注意力延伸到污染的机会成本，如浪费的资源、浪费的努力和产品价值逐渐降低等。在这个层次的资源生产力上，环境改善和竞争力是合二为一的。

这种将资源无效率看成污染的新观点，引发了20世纪80年代的质量革命(quality revolution)。在今天，我们深信创新可以改善质量，降低成本。但是在15年前，经理人还认为这两者之间必然有取舍效应存在。改善质量所费不赀，因为达到它必须经过检查，以及对“不可避免”的缺失重新经营，产品本身也必须脱离生产线。这套旧观点背后的假设是，产品设计和生产流程是固定的。当经理人把旧式心态放一边，重新思考质量课题时，他们会将缺点视为产品和工艺设计缺乏效率的一个象征，而不是制造上不可避免的部分，光是这一点就是一个重大突破。企业如今努力提高整个流程的质量。新的心态释放出创新的力量，并动摇或淘汰了企业先前必然会有取舍效应的想法。

污染正如产品缺点，通常在产品设计或生产流程中显现。降低污染的做法与广泛运用于质量管理计划上的基本原理相同：更有效率地使用原料，以及淘汰不必要的活动。一项对 10 家印刷电路板生产大厂所作主要流程变化的研究显示，33 项重大改革中，其中有 13 项是由污染控制人员所提出。这 13 项改革中，有 12 项能降低成本，8 项能改善质量，5 项能提高生产能力。不出意料，全面质量管理开始成为降低污染的一个思考来源，而且能创造出因低污染所带来的好处。比如，通过程序统计，陶氏化学找出质量改善与环境表现之间的关联性，进而减少了制造过程中的变数与浪费的情形。

创新与资源生产力

1992 年时，我们与企业和环境管理研究所（Management Institute for Environment and Business，MEB）合作，对受到环境法规严重冲击的产业与产业部门进行了一系列跨国性调查，研究创新在其中扮演的角色，以及它在改善环境与资源生产力之间的联系。这些接受调查的产业包括：纸浆与造纸产业、油漆与涂料产业、电子制造业、电冰箱业、干电池与印刷油墨业等（见表 9–1）。这项研究的数据清楚地显示，如果经由创新产生其他方面的竞争优势，环境法规的成本将降至最低程度。

以化工部门为例，很多人认为生态与经济的冲突，乃是高度两难的问题。研究发现，29 家工厂为了避免浪费而进行的创新活动，成功地借由提高资源生产力而抵消了环境保护的冲击。在 181 项预防浪费的活动中，只有 1 项活动的结果导致成本增加。在 70 项产量有所变化的活动中，有 68 项活动报道说产量上升了；其中特别有数据记载的 20 项活动的平均产量上升了 7%。而这些创新的投资成本奇低，回收期短。在 48 项改善计划中，有 1/4 几乎不需要真正投入资金；在 38 项有回收阶段数据的提案中，近 2/3 是在 6 个月内回收投资。关于每年节省下来的资源，在 27 件附有计算数据的提案中，平均每 1 美元创造出 3.49 美元的价值。这项研究也发现，节约资源活动的两个主要动力来自废弃物处理成本和环保法规。

表 9–1　环境法规具有竞争的含义

部门 / 产业	环保议题	创新的解决方案	创新的代价
纸浆与造纸	用氯漂白释放二恶英	改善加热和清洗过程；漂白时使用氧、臭氧或过氧化物，将氯清除；封闭式循环流程（目前仍有问题）	因更高的能源使用率，作业成本变得很低
油漆和涂料	溶剂中含有易挥发的有机化合物	新的涂刷材料（溶剂含量较低的油漆），改良应用技术，粉状或气体形式的涂料	对无溶剂的油漆给额外补贴，改善某些领域的涂料质量，工人更安全，更高的涂料转换效率，通过节省材料降低涂料成本
电子制造	清洗物中含有易挥发的有机化合物	水溶性，含烯化合物的清洗剂；封闭式循环系统；尽量减少清洗	提高清洗质量进而提高产品质量，降低 30%~80% 的清洗成本，通常一年内可以回收，淘汰不必要的流程步骤
电冰箱	以氟利昂为制冷剂，浪费能源，排放废弃物	其他制冷剂（丙烷异丁烷化合物），较厚的绝缘体，更好的衬垫，改良压缩机	相同成本，提高 10% 的能源效率；"绿色"电冰箱起价高出传统冰箱 5%~10%
干电池	填埋时释放出镉、钴、铅、锌、汞、锂、镍、等有毒物质（或焚烧后污染空气）	氢化物充电电池（可用在某些产品上），充电锂电池	相同成本，效率提高 2 倍；更高的能源效率；未来的价格会更有竞争力
印刷油墨	油墨中含有挥发性有机化合物	水性或豆质类的油墨	较高的效率，更鲜艳的色彩与更好的印刷效果（根据用途而定）

回应环保法规的创新主要落在两大领域：第一项是污染发生后，能将成本降至最低的新技术与新做法。这些做法的关键通常系于处理造成污染的物质，并将它们转换成有价值的东西。在处理有毒物质和放射性物质、回收废料、改善再处理程序上，企业越来越聪明。比如，在法国夏兰省的罗纳普朗克公司，尼龙的副产品二价酸化合物通常被焚化处理。后来该公司投资 7 600 万法郎，安装新的设备作再处理，并将二价酸化合物当成染料和制革的添加剂与凝结剂进行销售。这项

新的回收流程，让公司每年增加2 100余万法郎的收入。位于马萨诸塞州的热电集团在诸多竞争者之间，发展出新的脱墨技术，使它能更广泛地使用再生纸。马萨诸塞州另一家熔化金属科技（Molten Metal Technology）企业，则发展出能节省成本的催化提炼法，并应用在许多危险废料的处理上。

第二项，也是更有趣且更重要的创新形态，着眼于造成污染的根源，并将改善资源生产力放在首位。创新的形式有很多，包括更有效率地使用特定原料、更高的产品合格率、更好的产品等（参见本章的插入内容“改善环境有利于提高资源生产力”），让我们看看以下的例子。

改善环境有利于提高资源生产力

生产过程上的好处

- 通过更完善的生产过程、替代、再使用，或生产原料的回收，达到节省材料的目的
- 提高产量
- 通过更小心的监控和维修，减少停工期
- 更佳的副产品使用率
- 将废弃物转变成有价值的资源
- 在生产过程中降低能源消耗率
- 降低材料储存和处理成本
- 从更安全的工作现场条件中节省成本
- 消除或降低涉及排放活动、废弃物处理、运输和弃置的成本
- 产品改良是工艺改变的副产品（如更佳的生产过程控制）

产品方面的好处

- 更高的品质，更一致的产品形式
- 较低的产品成本（如通过替代性材料）
- 较低的包装材料成本
- 更有效的资源利用

- 更安全的产品
- 较低的产品废弃成本
- 较高的产品再销售和废料价值

当更便宜的材料成为替代品，或出现更佳的材料时，资源生产力就会有所改善。陶氏化学的加州厂以氢氧化钠去除氯化氢气体，生产种类繁多的化学产品。这家公司过去一直以蒸发池储存废水，但是当地法规则要求该公司于1988年关闭蒸发池。因此，在新法规的压力下，该公司在前一年就重新设计了产品制造过程。结果反而每年减少6 000吨氢氧化钠苏打的浪费，并每年减少6吨氯化氢的浪费。该公司也发现，它能将部分废水送到工厂的其他部门，从而提炼成可再利用的新材料。执行这套战略，耗资不过25万美元，但是让陶氏化学每年省下240万美元的支出。

3M公司也是一个改善资源生产力的例子。3M被迫因应新的法律规定，降低90%的溶剂挥发物，却因而发现一种不使用溶剂且更安全的水性涂料。这家公司因此在竞争者之间于产品发展上取得提早行动的优势，因为许多竞争者后来也转向这种做法。该公司也因此缩短了产品上市时间，因为水性涂料的溶剂并不需要政府核准这一程序。

3M发现，创新能同时改善制程、降低停工期以及实际成本。这家公司过去生产大批的黏合剂，并将它转入储存柜中，劣质的黏合剂则会毁掉整柜的存货，结果是损失产品及增加停工时间，还会产生昂贵的危险废料处理费。3M针对新批量的产品发展出一套新的品质鉴定技术。这使得该公司每年在几乎不增加成本的情况下，减少了110吨的浪费，每年因此省下20万美元。

许多化工生产过程在产品进入化学反应时，会保留一个启动阶段，以稳定产出并形成特殊效果，但这期间会生产大量的废料。在法规提高处理废料的成本后，杜邦公司被迫设置高品质的监控系统设备，以降低生产处理的干扰让聚合更顺利。如此一来，杜邦公司不仅减少了它的废料，也将与生产无关的聚合时间大幅缩短。

降低挥发和提高资源利用生产力的工艺创新，通常会带来更高的产出。新的环境标准问世时，汽巴嘉基公司重新检查了它在新泽西州染料厂的废水系统。工程师在生产流程上作了两项改进。首先，他们更换废水处理系统的淤泥，以更无害的化学媒介取代铁质媒介。其次，原来的废水处理系统不再接受可能含有毒物质的排放。这么一来，不但降低了污染，同时也增加了4%的产量，每年节省成本达74万美元。尽管该厂的部分生产线最后还是被关闭，但是这个例子显示了法规在工艺改善上的正面角色。

因应环境法规的制程创新，甚至能改善产品的稳定性与质量。1990年时，《蒙特利尔公约》和《清洁空气法案》规定，电子公司要逐步杜绝使用会破坏臭氧层的氟利昂。过去，许多企业用这种化学产品清洗印刷电路板制作过程中的残余材料，雷神公司的科学家因此也面对着新法规的挑战。最初，他们认为完全不用氟利昂是不可能的。经过研究他们发现，一个另类的清洁剂，可以在封闭式循环系统内反复使用。这项新方法最终改善了产品质量，比传统氟利昂的清洁剂效果更佳，同时也降低了经营成本。为了因应相同的法规，其他研究人员甚至找出可以完全不用清洗剂的方法，发展出所谓的“无须清洁流程的技术”，这在产品质量不受影响前提下，降低了经营成本。若没有环境法规，这些创新可能无缘问世。

针对环保法规的创新，也会减少不必要的包装或简化设计，降低产品成本，并提高生产力。1991年，日本的一项法规规定产品要便于回收。于是在电器产品竞争者中，日立电器重新设计产品以降低分解时间。新的工艺将洗衣机的零件减少16%，吸尘器的零件减少30%。更少的零部件让产品更容易分解，也更容易组装。要求产品便于重新回收的法规最终降低了使用者的废弃成本，并导致企业更容易回收有价值物质。无论消费者还是制造商，都因产品回收政策而获得更大的利益。

尽管这类产品创新，是因为法规而非消费者的缘故加速进行，全球对高资源效率的产品需求也在增加。许多企业利用创新，制造“绿色”产品来打开新的市场区间，并争取取得溢价效应。因为德国较其他国家更早采取回收标准，德国企业在发展包装程度较低的产品上具有提早行动的优势，这对降低成本、寻求市场定位都有好处。在美国，为了因应环保法规的刺激，康明斯发动机公司开发出应用在卡车和公共汽车的低耗柴油发动机，这让它在相同需求不断成长的国际市场稳占一席之地。

这样的例子还有其他类似个案，但这些企业却无法以很低的创新成本来回应环境冲击。然而它们却也显示，通过重新设计产品、工艺和经营方式的创新，降低污染的机会其实很多。尽管许多企业抵制环保法规，尽管环境标准通常看似不利于创新、解决生产资源问题，这些例子却平实有力。事实上，这些平凡的例子背后包含了重要的信息：现今，一个思考环境改善的新参考架构呼之欲出。

我们真的需要法规吗？

如果回应环保法规的创新能为企业赚钱，如果企业真能从改善资源生产力中抵消守法的成本，为什么还需要法规呢？如果这类机会真的存在，企业理当主动追求它，而不需要法律的规范才对。这就好比说，你很难在地上找到 10 块钱，因为别人已经将它拿走。

即使没有这些环保法规，有些企业也会抢先追逐机会。在德国和瑞典，企业和消费者对环境的看法非常一致，因此频频有创新之举。在美国，随着企业和客户采取资源生产力的心态，以及随着科技创新的知识逐渐增加，也有可能较不需要环保法规的规范。

问题是，认定企业无需法律规范就会自动抓住盈利机会，根本是一种错误的竞争假设。这就好比说，能盈利的创新机会大多会被自动发掘，所有的经理人也都具备充分的信息，因此整个组织与创新紧密联结。事实上，在真实的世界里，经理人通常是处于信息高度不完整的状态，他们可能有心无力，甚至没有兴趣。创新的障碍也非常多。美国环保署的“绿色照明”工程（Green Lights Program），主要是帮助企业节约照明用电，但是项目执行结果显示，仍有许多企业用电浪费。根据一项稽查报告，近 8 成执行这个项目的企业，在两年内回收经费，不过还是有企业迟迟未采取行动。只有在企业加入这个项目，并从环保署的资料中理解其中的好处时，才会被连哄带骗地采取行动。

我们目前正处于产业发展的转换阶段，企业在处理环保课题上仍相当欠缺创新的经验。客户也不理解资源的无效率就意味着他们要为污染的成本付出代价。比如，他们一般认为包装材料可以随便抛弃，因为这部分并没有额外的价值，也没有更低的成本选择。他们认为，抛弃废物是一种不必付出成本的行为。

即使未必与现行模式相同，我们仍需要环保法规，主要是基于以下六大理由：

- 创造出激发企业的新压力。我们对竞争力广泛的研究，凸显出外在压力是克服组织内部惰性和培养创新思考的重要角色。
- 依个案需要，改善环境质量，并使创新和资源生产力的改善不至于与遵循法规的成本相互抵消；为了降低创新解决问题的总成本，需要时间来学习。
- 警告并教育企业资源运用无效率的问题，以及技术改善的潜在领域（尽管政府未必比企业更了解如何进行）。
- 提高产品创新与工艺创新的可能性，使之对环境更为有利。
- 创造改善环境的需求，直到企业和客户能察觉并找出更好的处理污染、提高资源利用的方法。
- 在处理环境问题的创新过渡阶段，扮演调节的功能，以确保企业不会因为省下了环保投资，而取得有利的竞争地位。环保法规为肯创新的企业提供了一个缓冲机制，并一直到新的技术成熟、学习效果能降低技术成本为止。

相信仅仅靠市场力量就能刺激创新的人士会说，即使没有立法干预，产业界仍会自动出现全面质量管理的风潮。不过，欧美产业界出现全面质量管理，其实有不同的压力。日本在很早以前就已经实施全面质量管理的做法，这是政府努力使产品质量达到国家目标，也就是自创戴明奖的结果。而日本企业开始在市场横扫欧美产品时，欧美企业才心甘情愿地接受全面质量管理。

“一动不如一静”心态的成本

因此，立法者和企业应该借由鼓励创新和提高资源生产力，把重心放在能缓和环境保护和竞争力之间的紧张关系之上。然而，当前的对立气氛，导致满足环保标准必须提高成本，这限制了创新的好处，使其效果远不及它应有的表现。

问题的源头是，涉及形成与推动环保法规的权力较为强劲，消耗了相当巨大的资源。兰德民事司法研究所在 1992 年的一项研究中发现，在 1986~1989 年间，保险业者理赔的支出有 88% 是用在诉讼与行政成本，只有 12% 是真正用在环境清理方面。《超级基金法案》（*Superfund Law*）可能是美国最没有效率的环保法案，但是它还不是造成没有效率的唯一原因。我们相信真正造成环保开支的观点分歧，乃至于环保产品与服务的回收问题，关键都在于立法斗争本身，而与改善环境无关。

形成对立的一个原因是，它将企业锁在静态思考之中，使得产业为因应法规而成本持续升高。一个典型的例子是，在1970年美国辩论《清洁空气法案》之际，当时的福特汽车执行副总李·艾柯卡预言，因应新法将使美国汽车的价格大幅增加，迫使美国汽车公司在1975年时停产，并重创美国经济。该法随即通过实施，而艾柯卡可怕的预言则被证实是错误的。类似的故事屡见不鲜。

“一动不如一静”的思考模式，导致企业抵制其实能提高它们竞争力的环境标准。例如美国大多数柏油蒸馏商反对1991年的法规，该法要求减少挥发性苯物质。当时，唯一的解决之道，是以昂贵的瓦斯槽储存焦油。但是这项法规刺激位于匹兹堡的艾瑞斯科技化学公司，开创出在第一阶段就将苯从焦油中分离的方法，因此免除了增设瓦斯槽的需要。艾瑞斯科技化学公司非但没有增加成本，反而节省了330万美元。

此外，企业常常误认为因应环境法规的成本高于实际开支。尽管因应法规的成本会随时间而逐渐下降，许多企业却忽略掉学习曲线的价值。一项最近对纸浆与造纸产业的调查发现，业者因应法规的真实成本是每吨增加4美元~5.5美元，而不是当初产业界估计的16.4美元。同样，从今天来看，业者因应1990年控制二氧化硫挥发的成本，只有当初分析师预测的一半，而且目前还在下降中。若把重心放在创新和资源生产力之上，今天的法规因应成本只是它的最大上限，而不会持续增加。

环保标准是否会给社会带来好处，尚有争议。比如，评估清洁空气对健康和安全效果的方法，就是一个科学界争议不断的话题。有些专家认为污染的风险被夸大了。但是无论社会利益的价值有多高，对企业而言，内部成本可能都高于实际经营成本。

良法和恶法

除了成本太高，美国当前的环保法规执行体系经常妨碍创新的解决方案，或使创新变得不可能。法规的问题不在于它的严格性，而在于建立标准的过程，以及执法本身毫无效率。严格的标准会提高资源生产力，而美国的立法程序则因集中于消除污染而非预防、把重心放在特定技术、制定明确但不可能做到的时限，反而扼杀了改善的潜力。

当前的体系并不鼓励企业冒险或尝试实验。企业连带责任与政府缺乏弹性，加上其他因素，让这个问题更加恶化。比如，某家企业进行创新，并且达成降低95%的空气挥发物之目标，但它仍要为其余5%的污染负责。另一方面，立法者会奖励那些采取安全却比较昂贵的事后处理做法的企业（参见本章的插入内容“有益于创新的法规”）。

正如恶法会伤害竞争力，良法则会提高竞争力。比较美国与瑞典在纸浆与造纸产业的差别。美国在20世纪70年代就制定了严苛的环保法规，但缺乏逐步导入的阶段，结果迫使企业快速采用当时最佳的技术，这意味着企业要安装非常昂贵的终端系统。瑞典则是另一种做法，它的法规容许更多的弹性，让企业能锁定制造程序本身，而非终端的废水处理问题。瑞典企业因此发展出能够降低成本的制浆和漂白技术，以满足当时的法规需要。美国虽然率先推出规范，企业却并未获得先行者的优势，原因是美国忽略了一个良好环保法规的重要原则：让企业发掘如何解决自身的问题，发现最大的创新机会。

有益于创新的法规

妥善规划设计的法规，未必会提高企业的成本。以下的立法原则将能促进企业创新、提高资源生产力方面的竞争力。

把目标放在结果，而非技术上 在过去，法规经常涉及某类特定的补救技术，如清除空气污染的催化剂或洗涤设备等。此一阶段关于“可获取的最佳技术”与“可获取的最佳控制技术”的看法，深植于美国实际的经营之中，并且认为某种技术是最好的。此举不利于创新。

立法从严，不宜从宽 法律如果能以累进的方式发展，逐步走向严苛的标准，企业通常较能适应，例如废水排放管道或终端处理等。因此，立法需要严格到足以促进创新。

鼓励产业上游提出解决方法，但要尽量对实务和最终使用者施压。这类法律通常容许最终产品、整个制造过程和配销阶段，以比较有弹性的方式从事创新。避免全面污染，或在整个价值链的前期就作减轻污染的处理，必然要比后段的清除或再处理的成本要低。

应用循序渐进的方法 拉长时间但阶段明确的执行与产业的资金、投资周期相联结的做法，将容许企业发展更有新意的节约资源技术，而不是迫使它们为了暂时因应，仓促间采用比较昂贵的解决方式。如加州对木质家具产业严苛立法，产业因应时间又太短，这使得许多企业选择关厂离开，而不是增添昂贵的控制设备。

运用市场诱因 类似污染费用和回收退费方案等市场诱因，会引起对资源使用无效率的注意。此外，以许可执照作为持续创新的诱因，以及鼓励技术创意，都有助于产业界超越现有标准。

尽量整合相关领域的环保法律，不要自相矛盾 在美国，连带责任导致企业固守“可获取的最佳技术”这一安全做法，再加上法律本身因应另类技术的不一致，妨碍了有益的创新。比如，要处理冰箱制冷剂可能造成破坏臭氧层的问题，一种做法是改用小量的丙烷和丁烷。但是当欧洲企业已经对新产品展开营销动作时，观念狭隘的美国法律，相对成为业界在这类新科技发展的障碍。

与其他国家同步发展相关法规，或甚至提前行动 要将与外国企业竞争的可能竞争劣势降至最低，重要的是锁定相同的环保标准。努力比其他国家提早发展相关环保法规，因为这会提高创新的诱因，将会扩大污染控制部门的出口潜力。当美国的环保标准领先世界时，国内企业便有机会获得难得的先行者优势。不过，当标准提得太高，或关注焦点与国际差异太大，无法影响外国竞争对手时，产业可能走上错误的创新方向。

让立法程序更稳定、更易于预测 立法程序与环保标准同样重要。如果标准和循序渐进的过程很妥当，而且能及早被接受，如果立法者能尊重法律，让它至少实行5年以上，产业就能把重心放在解决根本性问题之上，否则面对政府理念或政策急转弯，企业可能举棋不定。

从一开始，就要求产业参与制定标准 在立法方面，美国的做法与欧洲国家截然不同。产业界应该帮助设计时间表、法条内容、最有效率的执法程序等。决定前的信息咨询以及与产业界代表的互动，应该是立法过程中必要的一部分。产业界和立法者都应该营造互信的气氛，因为产业需要真实有用的信息，而立法者需要严肃考虑产业的问题。

为立法者提供强有力的技术能力 立法者必须了解一个产业的经济状况，以及竞争力的因素。充分的信息交换能避免立法的成本太高。因为立法过程中，缺乏信息的企业往往摆出大规模的律师和顾问群，以试图拖延由一窍不通的立法者所设计出的不当法条。

将立法过程所消耗的时间和资源降至最低 对企业而言，许可证迟迟下不来，将使成本代价极高。自律加上定期检查会比要求正式核准许可更有效率。潜在和实际的诉讼会创造不确定性，并且消耗资源。在诉讼前采取强制性的仲裁程序或严格的仲裁步骤，都有助于降低成本并鼓励创新。

不幸的是，对美国的纸浆和造纸产业而言，好法律的第二项原则也被忽略掉了。这个原则是，培养持续改善的做法，而不是维持现状或锁定某种特定的技术。瑞典的立法部门则采取比较有效率的做法。在美国强制执行严格的挥发物标准、设立非常短的适用期时，瑞典采用了一个比较宽松的标准，不过清楚地表明以后会越来越严格。结果十分清楚：美国企业安装设计了终端处理系统，却没有后续改善动作；瑞典制造商因为预期会有更严格的标准，努力持续创新环保技术，并提高创新能力。

有益于创新的做法，还会提高本地设备产业的竞争力。受斯堪的那维亚半岛对精细程序的改善需求的推动力，当地纸浆和造纸设备的供应商，例如Sunds Defibrator和Kamyr等厂商，成为销售新式打浆与漂白设备的大赢家。

最后，在法规的直接压力之下，斯堪的那维亚半岛的纸浆和造纸产业获取了创新的果实。在20世纪90年代前期，制造商意识到大众普遍关注纸浆和碾磨后排放水的环保问题，因此创造了一个利基市场。过去一段时间，瑞典企业供应的脱氯纸就在市场上价格可观，满足了快速成长、关心环保的客户市场的需求。

企业应有的做法

当然，误导性的法律对企业非常不利，不过，经理人的力气如果都用在对抗迎面而来的恶法，则过于短视。众所周知，德国和日本汽车厂商开发出更轻、更省油的汽车，主要是为因应新的能源消耗标准；美国的汽车产业缺乏竞争力，则是因为企业纷纷投入立法对抗中，这由希望免此一劫的心态所致。美国汽车产业最后终于意识到，如果它不在创新中展开竞争，结局将是灭亡一途。但是紧握不放“一动不如一静”的心态，已让美国浪费了数十亿美元与数千个工作机会。

要避免犯相同的错误，经理人必须认识到，改善环境经济划算，也是竞争的机会，而非令人厌恶的成本或一种不可避免的威胁。而且，企业应该抱持奉行法律的态度，企业需要自问“我们有哪些地方太浪费”或“我们如何提高客户的价值”等问题。提早行动的企业会先看到这些机会，并接受以创新为基础的解决方案，它们将会获得最主要的竞争利益，正如德国和日本汽车厂商的情形（参见本章的插入内容“新环保主义者”）。

新环保主义者

环境主义者可以通过适当的立法标准教育公众，让他们呼唤新的环保方案，进而促进创新和资源生产力的改善。比如，德国的绿色和平组织在1992年时注意到在冰箱制冷剂方面，使用丙烷和丁烷的混合物，会比先前普遍采用的氟利昂更安全。因此，绿色和平组织破天荒地为一件商品公开背书，为福隆公司所生产的电冰箱打广告。当时福隆公司是一家濒于破产边缘的小型电冰箱制造商。这项行动因为大量的媒体报道，产生极大的作用，大大刺激了福隆所生产的丙烷、丁烷混合物电冰箱的需求，甚至导致当时德国的电冰箱大厂纷纷转向采用相同的技术。环境保护组织以最佳做法的信息提供者，支持产业中少数不起眼但是勇于探索新方法的企业。当德国杂志出版商和读者尚未意识到无氯纸张的品质改善时，德国绿色和平组织帮助一家杂志改为采用不含氯的纸张印刷。它选定的对象是德国发行量很大的《明镜》周刊，绿色和平组织也鼓励读者要求出版商改用不含氯的纸张。当《明镜》和其他几家大杂志确实转换纸张后，其他环保组织因此将部分资源从诉讼领域转移出来，而把重心放在环保基金和宣传创新研究成果方面。

在美国的环保团体中，环境保护基金会正是一个愿意促进市场经济法规体系完善的创新者，并且努力与产业直接接触。它支持二氧化硫转换系统，容许企业分阶段减少排放物，或是让排放物超过法定配额的企业付费。1990年成立的“环境保护基金会——麦当劳减少废弃物任务小组”，让麦当劳重新设计包装，这其中包含淘汰聚苯乙烯包装盒。环境保护基金会如今正与通用汽车合作，计划淘汰道路上污染严重的汽车。它也与强生、麦当劳、国民银行、美国宝德信保险公司、时代华纳公司、杜克大学合作，促进使用再生纸。

在这个阶段，对大多数企业而言，环保课题仍是外界和专家的问题。这种看法并不令人意外。任何新的管理课题都有自己的生命周期。当它首度出现时，企业会雇用外面的专家帮助因应。一旦课题逐渐发展，内部的专家便应运而生，并接手这些问题。只有当这个领域开始成熟，企业才会将它整合到日常的管理经营领域中。

在环保问题的分析以及发展解决之道上面，许多企业都外聘律师、环保专家代表参与。这类专家经常站在抵制立法过程的一方，他们对企业的技术和业务并不熟悉，不可避免地采取因应而非创新的态度，一成不变地倾向于采取终端处理方式。许多咨询顾问事实上还与设备供应商有关系。有些企业进入第二阶段，内部已经具备专业人员。但是这些专家，如法务、政府事务或环境部门，缺乏应有的盈利责任感，也被排除在现场组织之处。如此一来，他们提出来的解决方案，千篇一律尽是狭隘、渐进的做法。

如果创新所需的真正工艺和产品重新设计已被合理考虑，但是未被充分执行，那么环保战略便必须成为管理决策的一部分。必须把环境冲击放进整个改善生产力和竞争力的流程中。资源生产力模式而非污染控制模式，才是环保决策的主导角色。

经理人如何才能提升企业的环保竞争力呢？首先，他们可以评估直接和间接的环境冲击。这么做的主要理由之一是，企业由于忽略环保，常常不在环境问题上有创新表现。比如，一家大型有机化学品制造商雇用环境顾问，彻底了解它40条主要废水排放管道降低污染的机会。经过仔细的检查后发现，该公司排放废水的种类多达497种，是原先评估的10倍之多。我们的研究也指出，评估本身就带有改善生产力的重大机会。

企业采用资源生产力架构，并且超越现有的规范标准后，最可能获得最大的利益。企业应该盘点未使用、挥发、抛弃的资源或包装材料，这些资源常被堆放在厂房内，最后不是被排放掉，就是被送进垃圾车。这种情形发生在各种层面的供应商、销售渠道和客户。就客户这一层面而言，资源利用的无效率，表现在产品的使用、抛弃包装材料，以及产品用完后所留下的资源上。

其次，经理人可以学着体察认识未充分使用的资源的机会成本。很少有企业分析有毒物质、废弃物质和排放物质的真实成本。它们更少注意到这些废弃物可能还有其他用途。很少有企业在处理污染时，能注意到废弃资源的机会成本或是浪费掉的生产力。更没有企业从客户的角度思考，废弃物对客户的价值与机会成本。

许多企业甚至不会仔细追溯它的环保开支，而传统会计制度也不能对未充分使用资源作合理的分析。企业评估环境的计划常常是个案进行，每个个案被视为独立的投资。明确减少废弃物或降低排放的计划，则会遭受刁难，并且被视为有高风险的投资，因此企业也任由浪费存在。更好的信息和评估方法有助于经理人减少环境冲击，同时改善资源生产力。

再次，企业应该刻意创造有利于创新、提高生产力的解决方案的环境。他们应该追溯本身和客户的废弃物、废料、排放物和处理活动，一直到企业的上游活动，从而发现有助于改进产品设计、包装、原料或修改工艺的重大机会。我们需要清楚认识到某些系统性解决方法的力量：各种活动可能须重组安排，或者寻找替代性原料及包装也可能强化使用效益与回收的潜力。分离废弃物质的处理方法，也应该由组织本身重新思考。

当前立法政策其实并不鼓励创新。就工厂的层面而言，生产表现好，却忽略环保成本和废弃物资源的企业，反而得到肯定。

最后，在定义立法者与环保团体之间的新关系时，企业必须更有前瞻性。企业需要一种新的心态。如果企业一味高喊法律伤害竞争力，他们如何期待立法者和环保主义者能以较高弹性和更信任的态度，为企业提供追求创新性的解决方案的时间？

过渡期的全球经济

如今，现代竞争正促使我们思考竞争力与环境的关系。传统上，国家的竞争力在于企业能取得的低成本的生产要素，例如资金、劳动力、能源和原料。在依赖天然资源的产业中，有竞争力的国家和企业是那些本地能供应丰富资源者。这是因为技术的改变很缓慢，原料的比较优势就是成功的关键。

今天，全球化使比较优势的概念显得落伍。企业能在任何地方取得低成本的原料，新而快速发展的技术也会抵消原料成本上的不利之处。比如，本国工资成本太高时，企业会自动将只需要低技能劳工的部分迁往国外。面对原料短缺时，企业能找出替代材料，或干脆创造一种人工合成的新材料。为克服空间成本过高，日本企业率先发展出零库存的生产，并避免在工厂储存备料。

如今，光有资源是不够的，发挥资源生产力才能形成竞争力。企业以更有效率的方式生产产品，或提高产品对客户的价值，让客户愿意以更高的价格购买产品，这些都是提高资源生产力的做法。愈来愈多的国家和企业的竞争力，来自于它们能应用最先进的科技和使用原料的方法，而非它们拥有成本最低的原料。因为技术正持续变迁中，新的全球竞争力范式的先决条件是能快速创新的能力。

对于现有环保政策的争论，新的范式对如何进行环保，如何规范环保，以及法律应该严格到什么程度等，将产生重大的影响。这个新的范式将使改善环境与竞争力合二为一。无论资源是自然的材质，或是人才及资产，重要的是利用资源的生产力。环境的改善需要企业从事创新以提高资源生产力，这也正是全球竞争的新挑战所在。抵制创新，不仅使环境受到伤害，正如美国汽车工业在 20 世纪 70 年代的情形，还会导致企业在全球经济中丧失竞争力。很多发展中国家死守着浪费资源的方法，置环境标准于不顾，原因是这些高标准“太昂贵”了。但是如此一来，它们仍然缺乏竞争力，一直停留在贫穷的境遇中。

事实上，产业因应环境问题的方式，将是它整体竞争力的主要指标。环保法规不可能为所有企业带来创新和竞争力，或更高的生产力；只有那些能成功创新的企业才是赢家。真正具有竞争力的产业，会愿意接受新的标准，将它视为挑战，并以创新来回应。反过来说，缺乏竞争力的产业决不会面对创新，因此也抗拒不了抵制法律的诱惑。

环保与竞争力的辩论会演变成这种局面，其实并不令人惊讶。事实上，在重新分配上具有经济破坏性的结果，一直是许多公共政策领域的常态。但是，如今是范式转移，走向下一个世纪的时机。在过去数十年间，国际竞争已经有大幅变化。将环保法规与司法诉讼视为同义词的资深经理人，将会逐渐看到，在改善环境的过程当中，也蕴涵了大好商机。成功的环保主义者、立法机构和企业，将可以鱼与熊掌兼得，并以经济上的逻辑为基础，把环境、资源生产力、创新和竞争力联结在一起。

10 市中心区的竞争优势

美国当前最大的压力是都市中心区的经济衰败。市中心区由于缺乏商业和就业机会，不仅造成贫穷的恶性循环，也让毒品、犯罪等社会问题日趋严重。随着市中心区状况持续恶化，如何帮助它们发展的主张，也日趋两极化。

悲惨的事实是，过去数十年来为市中心区再生的努力宣告失败。尽管投下大量的资源，但通过制造就业机会、创造财富、改善当地基础设施等各种做法，建立一个能持久的经济基础体制似乎仍遥不可及。

过去的努力是根据一套从满足个人需求出发的社会模式。因此，对市中心区的帮助，大量采取收入救助、房屋补贴、粮票等纾困计划，这些都是众所瞩目也是实际的社会需求。而直接针对经济发展的计划，则显得支离破碎且缺乏效果。这些片面的做法通常是采取补贴、实施重点产业计划，或在可见的领域例如房屋、地价或社区发展等，以昂贵的代价刺激经济活动。由于缺乏整体性战略，这些针对市中心区的计划，只是让市中心区成为周围经济体外的孤岛，而且自成一套竞争法则。针对当地社区需要的，小型、规模不大的商业受到鼓励与支持，但是这不能吸引社区的消费，而且无法对外出售。简而言之，这些用心良苦的社区计划，反而减少了创造真正企业的可能性。一旦缺乏真实运作的企业和所创造的就业机会，社会问题便会恶化。

现在是时候该正视如何复兴市中心区，并采取更激进且不同的做法了。社区计划仍可在满足个人需求、改善教育等重要课题上，扮演重要角色，但是它们须成为经济战略的后盾，或至少不要帮倒忙。我们的问题是，在市中心区发展的商业和附近的就业机会，如何能欣欣向荣。市中心区不是不能创造持续的经济基础，先决条件是：通过私人的盈利动机和自利心导向的投资以及真正的经济优势，而非通过人为操作、接受补助或政府使命。

我们必须不再以增加社会福利投资，期待因此可以产生经济活动的做法，来解决市中心区的问题。经济模型的必要前提，是市中心区的商业必须能盈利，并在区域、国家甚至国际间占据重要位置。这些商业不仅能服务当地社区，还能对邻近经济体输出商品和服务。这种经济模型的基础，便是找出市中心区能转换成真正盈利商业的竞争优势。

我们的政策和社会福利计划一直落入重新分配财富的陷阱。我们真正需要的，也是真正的机会是：创造财富。

朝向新模式：地域与商业发展

市中心区的经济活动，只有具备竞争优势，并拥有其他地域缺乏的利基，才能茁壮成长。如果企业希望壮大，它们必须要得到能竞争的理由，才会在市中心区落脚。一套与发展一致的战略，其实离不开经济学的原理，并且与下列的例子格格不入。

阿尔发电子（假名）是一家只有 28 名员工的公司。公司产品主力是设计和制造多媒体电脑外围设备，最早的成立地点在下曼哈顿区。1987 年时，纽约市政府经济发展办公室，设计了一套南布朗克斯区的经济“振兴”方案，介绍企业到该地区落脚。阿尔发电子身为一家规模小，但是处于成长中的企业，很认真地考虑了要回馈社区，并期待该区能够资助它的运作。当地政府也很欢迎高科技公司迁入生根，为一个原本已经破落地区提供新的就业机会。在阿尔发电子迁址的交易条件中，该市提供给它一系列能降低成本、提高利润的条件。看起来，这实在是个很理想的战略。

不过到1994年时，不管从哪个角度来看，迁址的努力都失败了。尽管所从事的事业正在快速成长，阿尔发电子创业员工只剩下8人。由于无法吸引高素质的人才到南布朗克斯区工作，又无法培训当地居民，该公司被迫将制造和部分设计工作移到其他地区，由同行代工。有潜力的供应商和客户也拒绝拜访阿尔发电子的办公室。而且由于缺乏市警局的安全维护，该公司连连遭窃。

是哪里出了毛病呢？问题出在整个立意虽然很好，但是做法上却不符商业逻辑。阿尔发电子和南布朗克斯区如果聪明，就应该先问，为什么这个地区的各种产业中就是没有电子业呢？南布朗克斯区对阿尔发电子并没有地域上的特别优势，反而有好几个被认为是致命的问题。下曼哈顿区是电脑设计和软件公司的营运中心，南布朗克斯区却被隔离在外，这使得阿尔发电子与客户、供应商、电子设计工程师无法充分联系。

另一个案例是矩阵展览公司，这是一家有30名员工、年营业额220万美元的公司，它是亚特兰大市中心区欣欣向荣的商展用品供应商。1985年，成立于田纳西州的矩阵展览公司决定进军亚特兰大市场，它有好几个地点可以选择。所有其他经营租赁商展用品的公司，都在亚特兰大郊区活动。但是亚特兰大世界国会大厦，为全市最主要的展览场地，距离市中心区只有6分钟的车程。最终矩阵展览公司选择该处，因为它提供一个真正的竞争优势。直到今天，矩阵展览公司回应客户的时间最短，运送商展展览用品也比在郊区的同行要快。矩阵展览公司也从较低的库房租金，大约只有竞争者同面积租金的一半，获益匪浅，而且半数的员工乃是来自当地。当地警方对治安也很重视，帮助该公司避免了严重的治安问题。今天，矩阵展览公司已经是佐治亚州五大展览公司之一。

阿尔发和矩阵的例子说明了地域对企业成败的重要性。每个地点，无论它是一个国家、地区或城市，都有不同于其他地点的条件，使位于该处的企业能在特定领域从事竞争。地域的竞争优势，通常不会来自于个别的企业，而是通过产业簇群呈现。也就是经由在相同产业内的企业、客户、供应商，或类似关系联结起来的企业。产业簇群代表一个特定领域中，技能、信息、关系和基础设施的关键多数。特有或精细的本地需求，会带给企业洞察整体客户需求的能力。以马萨诸塞州具有高度竞争力的信息技术产业簇群为例，它囊括了半导体、电脑工作站、超级电脑、软件、网络设备、数据库、市场研究和电脑杂志等专业化产业。

产业簇群在特定地域崛起，有其历史或地理背景因素，但由于产业簇群本身而变得日益壮大和具有竞争力，此种因素也可能随着时间消逝而消弭于无形。类似好莱坞、硅谷、华尔街或底特律等成功的产业簇群中，群雄并起通常迫使对手改善产品和制程。一群有竞争力的企业会吸引新的供应商，并促进相关领域企业的成长、特殊专业培训计划的成型，以及大学和学院内优秀科技中心的出现。产业簇群也提供给新进厂商接触专业知识、相关网络和基础设施的机会，使它们能学习并开发自己的经济优势。

如果地域（以及历史事件）导致产业簇群的崛起，产业簇群就会推动经济发展。它们会创造出新的能力、新的企业与新的产业。我最初提出地域影响竞争力的理论，是在《国家竞争优势》一书当中，主要是将这个理论应用在国家，或一州内部比较大的地理区域。这个理论同样可以用在较小，甚至如市中心区般的地点。要把地域理论放在市中心区讨论，我们首先要界定市中心区的竞争优势，以及该区商业与周边郊区、区域经济联系的方式。

市中心区的真正优势

要发展一个经济模型，第一步是界定市中心区真正的竞争优势。一般常误认市中心区有两项优势：较低成本的地产和劳动力。这些所谓的优势，其实是种假象，市中心区的地价和劳动力成本通常比郊区或乡村高。即使市中心区能提供较低成本的劳动力和地产，也无法阻止企业向能提供竞争优势的繁荣国家出走。市中心区与墨西哥、中国当地更便宜的地产和工资相比，几无竞争力可言。

要让有形的商业在市中心区发展，必须求诸它独一无二的特点才行。我对美国都会地区的研究，标示出 4 个市中心区的主要优势：战略性地域、本地市场需求、与区域性产业簇群契合，以及人力资源。许多企业或开发计划，已找出并运用这些优势。不过直到今天，还没有一套系统的运作方法。

战略性地域

市中心区坐落于原本应该具有经济价值的地方。它们紧邻高地租的地点、主要商业中心，以及运输和通讯的枢纽。如此一来，市中心区能提供企业的竞争优势包括享受到邻近商业区、物流基础设施、娱乐或旅游中心，甚至企业集中等方面的好处。

比如，波士顿的食品加工和经销产业，就有坐落于市中心区新市场广场（Newmarket Square）的竞争优势（见图 10–1）。这个产业包括了海鲜进口商、肉

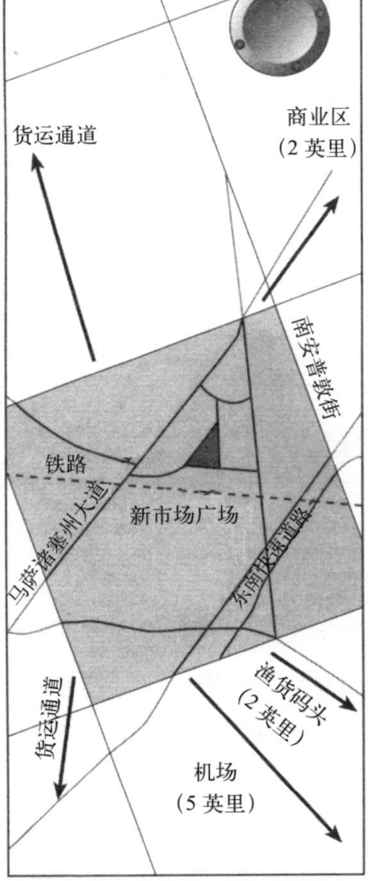

图 10–1　新市场广场的竞争优势

品处理商、糕饼店和食品经销商。因为它们紧临波士顿市中心区，交易能快速进行，也方便了该地区的客户购买东西。土地虽然比郊区贵，但还是比市商业区便宜，而且有完善的食品处理作业法规。新市场广场无论陆运、海运或空运都相当便利，这为它出口海鲜提供了特别的竞争优势。这些因素结合起来，让市中心区内产生了高度集中的加工处理业、承办酒席业、卡车运输业、批发商、经销商和其他供应商。

虽然波士顿食品加工产业簇群有其历史渊源，其情况与现代化都市的市中心区不尽相同，当地的新企业却能说明地缘邻近性的重要性。就以1984年成立，承办酒席的宾至如归公司（Be Our Guest）为例，该公司的业务包括提供酒会设备、桌布和其他与承办酒席有关的设备。它坐落于波士顿市中心区附近的罗克斯伯里，能迅速方便地进入商业区。如此一来，这家公司比竞争对手更能提供给客户高级服务。它也强化本身的服务战略，维持足够的备料以应付高峰时期的需求。今天，这家企业有36名全职员工，每年营业额达120万美元。

令人诧异的是，在波士顿和洛杉矶，尽管市中心区有一大堆问题，仍有数不清的企业留在当地没有迁出。比如，这两个都会都有集中的物流和仓储行业。不断发展的运输和通信手段也减少了地域对某些产业的重要性。不过，区域性产业簇群和零库存概念、卓越的客户服务、客户与供应商间的紧密关系等因素，又使地域的重要性不减反增。

因此，通过利用战略性地域的优势，扩张市中心区商业基地是有很大的潜力的。这个地区的最初繁荣，主要就是由对地域特别敏感的产业所带来的，有些企业可能如今已经移出，但是邻近企业和产业仍有空间限制的问题。像波士顿朗伍德地区的医疗区集中了全世界一流的医疗设施。朗伍德就紧临罗克斯伯里和牙买加平原的市中心区所在。今天，像洗衣服务、维修建筑、零库存的供应，大多是企业内部自行解决，或要依赖郊区的供应商。由于朗伍德区邻近市中心区，一旦道路等基础设施改善，这类活动可以改由市中心区的商店负责。

本地市场需求

对以市中心区为据点的企业家和公司而言，当地市场代表即时的商机。当大多数市场已经饱和时，市中心区的市场服务仍有待开发，尤其是零售、财务服务、个人服务等领域。例如在洛杉矶，渗透到市中心区的超级市场，只有其他区域的35%，百货公司只有40%，玩具、宠物和游乐场只有50%。

市中心区市场第一个重要性是它的规模。即使当地平均收入较低，高密度的人口仍可以转换成强大的购买力。像波士顿的市中心区，估计全部家庭收入高达34亿美元。尽管当地家庭收入只有整个都会其他地区平均的21%，但是每公亩的开销能力却相去不远，也比周边郊区要高。此外，这个市场很年轻而且成长很快，成员大多是移民或生育率较高的族群。

具有前瞻性且能洞察这个广大、未开发市场成长和利润机会的企业家并不多，但是它们已经开始行动。芝加哥老店金巴兄弟公司破产后，因为在市中心区卷土重来而获得新生。1981年时，这家公司除了6家在市中心区赚钱的门市外，其他分店都结束营业。把重点放在现金付款的商品，并以清仓价格销售，让金巴兄弟重新成为一个有竞争力的零售商。今天，这家公司已有14家分店，且大多数坐落在芝加哥的市中心区里。无独有偶，即购超市（Stop & Shop）、超纯超市（Purity Supreme）等企业，纷纷在波士顿的市中心区开设新店。

另一个市中心区市场的重要条件是它的特质。在美国，大多数产品和服务是被设计供应给白人消费者和企业的。如此一来，产品造型、零售概念、娱乐、个人和企业的服务都不足以满足市中心区的消费者。尽管细化的市场在中心破败地区形成的速度向来缓慢，但是它仍是某些小型企业的希望所在。

事实上，市中心区的消费者代表着一个有望大幅成长的重要市场，企业坐落在市中心区里，将拥有了解与满足该地区消费者的能力。比如，总公司设在迈阿密、由拉丁后裔所经营的关心佛罗里达公司，通过把行销方针对准拉丁裔的消费者，而快速扩展了它的保健业务。底特律环球葬仪社因为锁定非洲裔美国人的墓园，业绩增长到300万美元。许多由少数族裔所经营的成功（虽然未必在市中心区）大企业，往往因服务市中心区的居民文化、种族需求而获得优势，例如食品类中的朴家香肠（Parks Sausage）和布洛克香肠（Brooks Sausages），美容业的轻松洗（Soft Sheen）、波林（Proline）、大来（Dudley）、鲁斯特商品（Luster Products）、强生（Johnson Products），媒体中的本质公司（Essence）、葛夫伯爵（Earl Graves）、约翰逊出版（Johnson Publishing）、黑人娱乐电视台（Black Entertainment Television）等。尽管市中心区的商业不一定限于当地需求，但是要从宝洁、喜互惠连锁超市（Safeway）、李维牛仔裤（Levi Strauss）的竞争当中形成自己的竞争优势，这种市场细分也是很有效的做法。

更重要的是，配合本地需求而生的商业服务业，有潜力从市中心区扩张出去，并成长出大企业。企业的目标可以不仅限于当地社区，还可延伸到国内甚至国外类似的社区。想想美国食物篮公司（Americas' Food Basket），这是一家为古巴人所拥有、位于波士顿市中心区的超级市场。在开始营运的第二年，这家公司就达到800万美元的营业额，而且盈利颇丰。它发展出一种比主流超市更能满足当地需求的食品组合，而且它的经营团队与社区密切的关系，降低了安全问题以及员工离职率。与其他竞争者不同的是，美国食物篮公司与国内批发商发展出伙伴关系，使它在提供产品和财务上有竞争力，如此一来，它的货色、价格和服务都要比其他小型竞争者更强。更重要的是，美国食物篮公司表明，一旦找出方法可以出口产品到邻近的地区，公司便可以成为一家大型的区域性企业。目前，这家公司已经扩张到批发业，并创立一家瑟马克公司（Selmac Corporation）。瑟马克负责给美国食物篮公司以及规模更小的西班牙式酒馆供应拉丁美洲风味产品，营运范围遍及整个市中心区和周边地区。这家公司还准备把批发的触角延伸到马萨诸塞州的学校、监狱和其他机构。

量身定制的零售概念如果用到食品、衣物、药品、玩具、书籍和餐馆等更广泛领域中，同样可以产生一组连锁反应：企业为新产品创造需求，进而为制造商带来发展专业商品的新机会，例如专门性的超市逐渐增加特定族群之食品制造和经销商的需求。像哥雅食品（Goya Foods），它是一家拉丁美洲风味食品的供应商，每年营业额大约5亿美元。由于哥雅食品主要是卖罐头食品给拉丁美洲裔的美国消费者，因此又延伸出许多商店，作为重要的销售渠道。

市中心区市场最大的潜力是，让企业有机会掌握到重要的全国性趋势。有些市中心区的社区品位和敏感性常常是一种优势，并可能成为主流。流行音乐就是一个例子。位于马里兰州巴尔的摩市的朴氏香肠公司，因为发展非裔美籍消费者口味的食品，结果被全美国的接受。今天，它已经与这个产业的龙头吉米丁香肠（Jimmy Dean Sausage）直接交锋。

最后，最吸引市中心区消费者的是规模中等，成本不高，管理导向专业，应用最新技术、营销和管理技巧的新兴企业。这类公司绝不只是一种空想，它会带动市中心区的消费和资金周转。

与区域性产业簇群契合

市中心区经济发展远景中最吸引人的地方在于，它与邻近地区产业簇群的契合：这会使它的竞争力扩张到国内，甚至全球市场。譬如波士顿市中心区紧临全球一流的金融服务、医疗保健的产业簇群。洛杉矶中南部则靠近庞大的娱乐产业、大型物流服务以及批发商。

对企业而言，接近有竞争力之产业簇群的能力，比靠近大都会商业区域汇集的活动优势更重要。有竞争力的产业簇群会创造出两个潜在的优势：第一是商业的形成。从事原料供应、零部件、支持性服务的企业，可以在市中心区获得紧临产业簇群、多元化客户的优势。譬如，在底特律的墨西哥实业公司生产头部靠垫、手扶把、安全气囊及其他汽车零配件。它也是通用汽车、福特汽车、克莱斯勒、美国大众等大汽车厂汽车零件的重要供应商之一。1994 年，这家公司拥有 1 000 名员工，绝大多数住在市中心区内，公司营业额超过 1 亿美元。宝氏钢铁是一家只有 54 名员工、但业绩达 5 700 万美元的企业，也有类似的联结现象，它主要供应的是汽车产业的线圈、平卷钢板等材料。

产业簇群的第二项优势是，它能为市中心区的产业提供下游产品和服务的竞争力。例如，一家在波士顿市中心区的企业可以利用金融服务的长处，针对市中心区需求提供服务，像安全可靠的信用卡、经纪业务、共同基金等，这些都是市中心区、整个大波士顿区域，甚至全国其他地区需要的业务。波士顿的波士顿商业银行就是一个当地市中心区的信托机构，并与社区紧密衔接。它拥有非常多小型的非营利性组织的客户，如罗斯贝瑞区的迪莫克社区健康中心，就委托它管理 100 万美元。当地还有非常多类似的机构，因为不熟悉投资活动，或本身规模不足以吸引资深财务经理人代劳，只能将基金放在低利储蓄存款账户中生利息。无论如何，将这些机构的资金结合起来，还是一笔相当可观的数字。波士顿商业银行注意到这种机会，并从紧临全球一流的金融服务产业簇群，以及在社区中开展信托服务获得竞争优势。这家企业正在开发一种能为非营利性机构管理资产的金融产品；它希望将客户的资金汇集起来，并委托附近产业簇群中的企业来加以管理。

直到目前，这些机会还未被好好利用。今天大多数市中心区的商业，不是尚未采取出口导向的措施，只将产品卖给当地社区，就是只将机会建立在政府的计划上。如此一来，周边企业的网络和关系因而迟迟无法展开。新的私立部门必须将市中心区企业与周边联系起来，增加当地企业家对本身价值的认识。从长远来看，与区域性产业簇群的契合，可能是市中心区最有利也最能持久的竞争优势。此举还能为发展活动带来相当大的杠杆效应：把重心放在提升现有及正在蒸蒸日上的产业簇群，而非支持孤立的企业或产业，并在培训、基础设施、技术方面投资公共与私营机构，能同时为更多企业带来好处。

人力资源

人们对市中心区的居民素质存有3种根深蒂固的偏见。第一种偏见是市中心区居民不想工作，宁可依赖社会福利也不愿意就业。尽管市中心区确实有就业不足的压力，但是绝大多数当地居民是勤劳而愿意工作的。他们要求的是薪资不高（每小时6~10美元）、教育程度需求也不高（如仓库工人、生产线作业、卡车司机等）的工作。而雇主的报告也显示，市中心区居民工作很认真努力。比如，有一家位于波士顿市中心区附近的达彻斯特、向该地区销售烘焙蛋糕的公司，每小时工资只有7~8美元（附加退休金和健康保险），但是吸引了当地近100名员工。这些员工的忠诚度很高，也让公司生机勃勃。

当然，许多目前市中心区的工作缺乏成长的机会。但是它们仍然是份工作，而且市中心区和它的居民也需要这类离家近的工作。有关劳工可驱车至偏远地区工作，甚至迁就工作地点搬家的说法，低估了交通时间和市中心区人力素质比较低所造成的障碍。此外，要决定哪种工作比较适合放在市中心区，要很实际地面对潜在员工的数量是否足够。吸引高科技公司来市中心区设厂，只会引来媒体的报道，但是对市中心区居民并没有好处。回想阿尔发电子和矩阵展览公司的故事，在阿尔发电子案例中，这家公司本身对高素质人力需求和当地所能提供的情况，真的是天差地远。在成立亚特兰大分公司以前，矩阵展览公司曾仔细考虑过该地的劳动力，而不像在田纳西州的总部，主要负责配合客户需要的设计和展览业。亚特兰大分公司专长于组合事先做好的部件，所需要的技术条件比较低，因此可以搬到市中心区进行。将事实上当地劳动力技能较低的经济现实考虑进来，意味着市中心区居民需要层次比较单纯的工作机会，否则当地人就会失业。假以时日，成功的工作自然会触发自我强化的机能，提高技能和薪资水准。

第二种偏见是，市中心区仅存的企业家是毒贩。事实上，市中心区居民中不乏正派经营的雇主，他们当中不少与社会福利机构有互动，比如波士顿市中心区有非常多由基金会、兄弟会和宗教组织提供的社会福利方案。推动创立这些组织背后的动力，正是一群能回应当地社会需求的企业家，他们对于由政府、基金会与私人机构所提供的活动，会提供财务上的支援。他们的挑战在于重新引导当地人才和活动，以建立一个营利的事业，并创造财富。

第三种偏见是，在有技能的少数族裔中，有许多人成长于市中心区，但是他们对家园不屑一顾。今天，有越来越多才华横溢、属于少数族裔的经理人，他们代表了新一代有潜力的市中心区企业家。他们许多是在顶尖的商学院求学，并有大公司的工作经验。与20年前寥寥可数的人数相较，如今每年大约有2 800名非裔美国人、1 400名亚裔美国人，取得工商管理硕士学位。数以千计、受过高级技术训练的少数族裔，在如摩根史丹利、花旗银行、惠普科技、福特汽车和麦肯锡管理顾问公司等顶尖企业内工作。对于要在市中心区开展事业，这些经理人已经发展出技能、网络、资金基础和自信心。例如，由两位哈佛商学院毕业生成立的德瑞农场公司，就着眼于市中心区小型超市农产品与生鲜食物的全国连锁业务。在民间雄厚资金的大力支持下，德瑞农场的第一家门市开在芝加哥，并准备在一年内续开6家新店。

市中心区的实际弱点

要创造一个一致性的经济政策，第二步是提出在市中心区经商的不利之处。不可避免的问题是，在市中心区经商的障碍远多于其他地方。许多障碍其实是政府不必要的干扰造成的。除非这些不利之处被直接地指出来，而非以补贴或命令等方式迂回处理，否则市中心区的竞争优势会继续被销蚀下去。

土地

尽管市中心区的闲置土地很多，但多数并无经济上的使用价值。要把很多小块零星地集结成有意义的地域，可能成本太高，而且还会触动一连串市政府、州政府、联邦政府所有地的复杂地盘问题。例如，芝加哥南端的杰斐逊商场购物中心，需要政府长达8年以上的努力，才能征收到21块毗邻的空地。同样，1992年暴动后，企图重建洛杉矶中南区的计划根本推行不了，原因是200块空闲或使用不足的空地中，只有9块大于1英亩。相较之下，每一家华尔商场约占地4~6公亩。土地一旦征收完毕，市中心区的建筑通常需要昂贵的拆除费、环境清理费以及进一步的法律诉讼。由于法令影响，私营土地开发商和银行会避开有环保争议的土地。

建筑成本

由于涉及物流、与社会团体交涉，以及严格的都市计划（如禁建区、建筑法规、建筑许可、检查、政府要求提出工会契约和少数族裔的安置计划等）因素，市中心区的建筑成本明显高于郊区。有讽刺意味的是，尽管这些地方迫切需要新的计划，在市中心区内做营建工程，但存在的限制明显高于郊区，原因是大都会的政治和官僚体制。

对潜在投资人而言，比法规成本伤害更大的是法规流程背后的不确定性太高。波士顿、洛杉矶、芝加哥等地的经理人指出，要得到开发、扩张或更新设施的政府许可，经常需要3~5年的等待时间。不可否认，这种等待的代价很高昂，而且不确定是否会通过，或被打回，这更使财务战略几乎无法运作。

其他成本

与郊区比较，市中心区在水源、其他设施、工资、医疗、保险、其他赋税和雇佣当地人力成本上，通常比较高。比方说，位于波士顿市中心区的卢瑟食品公司就将它的另一个工厂设在纽约州北边。因为其在波士顿的工厂，工资高出纽约厂55%，员工家庭医疗保险高出50%，失业保险高出166%，水费高出340%，电费则高出67%。这类高成本会赶跑企业，又使薪资下降；有些成本如员工薪资，还要参考州政府或地区政府的标准。其他如不动产税一体适用；此外，像市中心区还有专门的土地保险。这一切都在加重市中心区支离破碎的企业的负担，更遑论吸引新商机。

在许多都市，这是很不幸的事实，因为当地有很高比例的居民仰赖社会福利、医疗补助和其他计划，需要较高的政府开支。如此一来，便会促使政府征收更高的企业税，沉重的赋税压力又导致恶性循环，让更多的企业出走，结果又需要留在当地的企业付出更高的赋税来填补。坚守官僚政治或工会立场，或过时而没有效率的政府部门，只会增加都市发展的成本。

最后，过多的法规不仅带来建设和其他成本，也妨碍市中心区企业活动，从在商店窗户上装设一个遮阳篷，到改善据点内的手推车作业。法规让市中心区的企业变得了无生趣，成为小企业或新企业难以突破的鸿沟。原本在理论上应该可为市中心区创造出工作机会与财富的行业，由于严苛的执照和许可制度、昂贵的费用、陈腐的安全和健康法规，而面对进入障碍。

治安

无论真的是有犯罪事实，或是给人一种惯犯的印象，都是妨碍市区经济发展的重大障碍。首先，侵入屋内的犯罪会提高企业经营的成本。例如俄亥俄州克里夫兰市教堂广场的带状商场，是当地市中心区的主要购物中心，与面积相仿的郊区购物中心相比，它雇用全职警卫的成本，每平方英尺多出 2 美元；照明和清洁工作的不断增加，又使得它的总成本增加 20%。其次，犯罪使员工和顾客失去到市中心区工作和光顾的意愿，也限制了企业的营业时间。许多企业不考虑到市中心区而到外地设立新工厂，甚至主动从市中心区迁移出去，理由就是害怕当地的犯罪。因为近来，警方把大部分的资源用于维护住宅区的治安，却严重忽略了商业和工业区。

基础设施

运输方面的基础设施规划，除了应考虑居民购物与交通的便利性，还要顾及产品的移动性以及商品交易的方便性。新的经济模式里最关键的层面，如市中心区地域的重要性、市中心区商业与地区产业簇群间的关系以及出口导向行业的发展，都需要市中心区商业据点和周边经济之间有很强的物流关系。不幸的是，市中心区里的商业基础设施逐渐地凋敝，道路的运输能力、区域与市商业区的联结以及通往火车站、机场、区域物流网络等处的道路，都严重不足。

员工技能

因为平均受教育程度偏低，许多市中心区的居民缺乏工作技能，只能做粗工。更糟的是，低教育程度的工人就业机会正明显下降。比如，从 1970~1990 年，波士顿高中学历以下的人口就业率从 29% 降至 7%；至于有大学文凭的人，则从 18% 增为 44%。1990 年时，16~66 岁、高中以下学历的非裔美国人，在美国东北部地区的都市失业率高达 57%；但在 1970 年时，只有 19%。

管理技能

大多数市中心区的企业经理人缺少正式的商业训练。这其实不只是市中心区特有的问题，而是所有小型企业的共同特质。许多人虽然具有颇丰富的工作经验，但是很少或根本没有经过正式的管理训练，就开始创业。市中心区企业缺乏专业经理人，造成了一连串可预见的问题，使它们在战略发展、市场细分、评估客户需求、引进信息技术、流程设计、成本控制、财务上的安全性与重组、与放款业者和政府法规机构互动、设计营运计划、员工培训等方面很弱。尽管当地社区大学通常会开设管理课程，但是品质不一，企业家也抽不出时间参加这些课程。

资金

对市中心区的企业和企业家而言，举债或寻求资金是个可怕的障碍。

首先，大多数市中心区无法顺利进行商业筹款，因为该地传统上并未受到主流银行的青睐。即使银行愿意贷款，由于市中心区企业借款的金额有限，银行所能获得的利润也少得可怜，因此交易成本相形偏高。许多银行受理小企业的借贷，目的只是为了吸引资金，进而推销更有赚头的金融商品。

联邦政府曾试图改善市中心区的资金问题，但一直到消除贷款歧视的《社区振兴法案》通过，银行才开始注意市中心区。以波士顿为例，大银行对市中心区贷款竞争得相当激烈，有些甚至宣称这么做是有利可图的。不过，由政府直接融资已证明缺乏效率。政府丰沛的贷款资金与半官方金融机构，为市中心区带来市场支离破碎、市场被误导、固定成本过高等问题。由私营部门提供的商业借贷，自然不敌这些公立机关的做法，但公立机构的贷款大多成本过高、具有官僚作风，而且不敢冒险，因此也让市中心区商业金融发展具有高品质、专业性的私营金融企业的想法遭到破坏。

其次，股票资本几乎不存在。市中心区的企业家通常缺乏个人或家族的储蓄，也没有吸引资金的人际网络。法人的股票资本很少投向由少数族裔所拥有的企业，更是完全忽略市中心区的商机。

态度

市中心区企业的最后一项障碍是人们的反商态度。有些工人认为商业是种剥削，此种观点注定劳资处于紧张关系中。同样的错误观点，也出现在社区领导人和社会运动人士身上。这些态度是由不合理的员工待遇、企业迁厂和环境破坏等一连串令人遗憾的历史造成的。但是如今，这种态度会对生产力造成负面影响。通常，社区领导人误将商业看成直接满足社会需求的方法。如此一来，企业一旦踏入社区，地方领袖心中便会充满不切实际的期待。譬如，有些企业有意在波士顿市中心区落脚，但却踯躅不前，原因是当地开出设立儿童游乐场、奖学金，并由社区组织控制聘用和培训活动等条件。这些要求，很少真正有助于社区本身，却会吓走商业和就业机会，让企业转移阵地。

要求按贡献回馈地方，加上煽风点火的反商情结，都是政治性工具。以往的企业主没有太多经营地点可供选择，这类政治性工具能产生的效果就已经很令人怀疑。今天，面对逐渐增加的竞争环境，这类战术只会使经济成长更加趋缓。

改变市中心区发展的角色和责任

要克服在市中心区发展商业的不利之处，并将它的优势发展出来，需要企业、政府和非营利性部门的共同投入和责任感。这三者都必须将原本的想法和过去的做法抛开。这三者必须愿意接受一个崭新、以经济而非社会观点出发的市中心区发展模式。私营企业尤其是这个新模式的重心（见表 10–1）。

表 10–1　市中心区的经济发展

新模式	旧模式
经济性：创造财富	**社会性：财富重分配**
私营企业	政府和社会服务组织
能盈利的企业	接受补助的企业
与地区经济契合	孤立于较大的经济体之外
出口导向的企业	服务于当地社区的企业导向
有技能与经验的少数族裔参与公司的成立	有技能与经验的少数族裔投入社会服务部门
走主流路线的私营企业加入	成立特殊的法人组织
直接针对市中心区缺失进行改善	以补贴弥补市中心区的弱点
政府的重心在于商业环境的改善	政府直接介入提供服务或融资

私营部门的新角色

这个经济模型将私营部门看成是领导角色，不过首先必须以新的态度看待市中心区。今天，大多数企业是源于上级偏好的计划或慈善心态的产物，这类活动绝不可能靠本身的条件而在市场上站稳脚跟。不可避免，企业的活动会受到各方的批评。企业如果将重心放在它最擅长之处，将会发挥最大的效益：创造并支持具有经济效益的企业，从而建立真正的竞争优势。企业要胜任它的新角色，必须抓住 4 个新的机会。

创造和扩张市中心区的商业　企业对于市中心区所能作的最重要贡献，不过就是在当地开业而已。对许多行业而言，市中心区具有许多尚未开发的盈利潜力。企业和企业家必须找出并掌握到这样的机会，以建立市中心区的真正优势。尤其是零售商、连锁业者和金融服务机构有唾手可得的机会。对市中心区的企业家来说，连锁业代表了一种极具吸引力的商业模式，因为它不仅提供一个事业概念，还包含培训和后续的支援。

要学习如何做生意，可从许多由外地迁入市中心区的企业所犯的错误中学到教训。常见的错误是，零售与服务业未能修正产品与服务以满足当地市场的需要。市中心区市场的需求和偏好，可能与外界差距很大，如金巴兄弟这类企业就注意到了。这家芝加哥的零售商了解，市中心区客户购买行为是为了满足立即需求，因此它针对客户购物习性来规划商品和采购计划。比如，不像大多数商店秋季时就将冬衣上架，金巴兄弟到了冬天才将大衣上架。

另一个常见的错误是，未能与当地社区建立关系，以及没有雇用本地员工。雇用本地居民会在邻里客户间建立忠诚的关系；零售商和服务业的本地员工，也会为企业将其产品顾客化。证据显示，与社区互动密切的企业，无论业主是否住在社区里，都很少有安全上的问题。比如，美国食物篮企业雇用当地员工，因此被视为社区的好公民。如此一来，它的经营报告甚至指出公司不需要雇用警卫，因为邻居看到任何异常事件，便会主动打电话通知。

面对安全问题，企业也发现一些其他有效的战术，例如将企业集中在一起，可以平均分摊聘请保安人员的成本并强化安全感。大都会科技公司是一家为华尔街附近的公司提供补给品的企业，坐落在贫穷、犯罪率高的布鲁克林区。土地开发商为其打造了占地 18 英亩，足足有 400 万~800 万平方英尺的办公空间。这座综合大楼虽然占地甚广，但每平方英尺全天候警卫的费用只需要 0.33 美元。因为交通便利的基础设施，有助于增加往返公司间的安全感，大都会科技督促当地政府翻修地铁站，并在当地设立警察局。如此一来，犯罪率大为降低，而大都会科技也引来一流的金融机构进驻。

在其他案例中，企业以行业协会来创造安全和分摊成本。协会会与警察局以及社区成员紧密合作，找出并强调安全问题。在纽约市许多商业改善区，正在尝试提供基金给替代性的安全保护和其他服务机构。

与市中心区的企业建立商业关系　通过合资或客户/供应商的关系，外地企业可以帮助市中心区的企业，鼓励它们出口和加入竞争。长期下来，双方都将获益。比如，坐落于达彻斯特的AB&W工程公司，是一家金属制造商，并与通用汽车建立起很密切的工作关系。通用汽车给AB&W工程公司管理上的帮助，帮助它建立一套电脑订货系统，并将一些新的生意推荐给这家公司。AB&W工程公司因此成为一家绩效卓著而可靠的供应商，此种不靠施舍而是靠互惠的关系，更能持久。所有大企业都应该朝这方面发展。

将企业的慈善精神，从针对社会服务转到对企业间的活动　每年，无以计数的企业捐献数百万美元给市中心区的社会服务机构。如果它们把重心放在建立起企业间的关系，此种慈善活动的成效会更大；就长期而言，此方式更能降低人们对社会服务的需求。

首先，在培训方面，企业有非常大的努力空间。美国现有的职业培训体系相当缺乏效率。这套体系支离破碎，人事成本过高，而且与产业需求脱节。许多培训计划锁定的产业其实并不缺人，因为那个产业已经停滞不前。改革培训计划需要政府的帮助，但是私营部门必须决定资源应该投入哪个领域，如何投入，以确保能满足当地和区域性企业的需求。最后，应该是雇主而非政府来核定，培训计划是否是以相关条件和可能的工作机会为基础。

由私营部门主导的培训计划，可以设立在市中心区（如波士顿的餐厅、饮食服务和食品加工等）和邻近的地区性经济活动（如波士顿的金融服务和医疗保健）的产业簇群。在政府提供诱因支持下，行业协会和贸易团体可以与当地培训机构合作，赞助培训计划。

能帮助市中心区居民衔接学校与就业的计划，也能从地区性的产业簇群中得到必要的支援。波士顿的专业技术方案，就让高中生在医疗产业簇群中实习。这项方案从高中一年级时就开始实施，混合了课堂活动和实习培训，目前更进一步延伸到公用事业和金融服务等其他产业簇群中。

其次，企业可以对市中心区居民提供非常实际的管理帮助。就职业培训计划而言，当前由政府赞助或操作的管理培训计划成效不彰。市中心区外的企业则可以对市中心区企业提供更多的帮助，如人才、专业知识、机会等。一种提升管理技能的做法是，强调区域经济内企业之间的网络关系——无论这些企业是同一产业簇群的一分子（客户、供应商和相关行业），或在其不可或缺领域具有专门知识。位于市中心区的企业可以与地区内提供管理帮助的企业组成团队；具有信息技术等专业技能的公司，也可共同帮助市中心区企业满足需求，顺利升级。

专业组织也能对市中心区的经理人提供咨询计划。商学院可以为经理人量身打造一些短期实用课程，或通过实地调查计划，以帮助市中心区的企业。像哈佛商学院就针对市中心区的企业提供学分制的工商管理硕士类课程。我们很鼓励这类课程能扩散到更多地方。

采取正确的股票资金投资模式　投资行业，尤其是创投业者，必须认清对市中心区投资的乐观前景。目前美国对少数族裔提供资金者数量不多，但正在增长中（并非只针对市中心区）。对市中心区投资的成功模式，可能并不像是我们所熟悉的创投模式，只投资科技公司；而比较像是投资在俄罗斯或匈牙利等新兴经济体的普通股基金、洗衣店或超级市场等。最后，奉行竞争优势原则的市中心区企业，会为投资人带来合理的利润，特别是在获得适当的补助时——例如符合条件的市中心区企业，其资本利得和股利可免课征税收。

政府的新角色

直到目前，政府一直被认为肩负着市中心区经济振兴的主要责任。问题是，联邦政府、州政府和地方政府，针对开创就业机会、吸引商业的计划，却是杯水车薪或支离破碎。更糟的是，这些计划是以补贴和命令为基础，完全罔顾市场现实。除非我们找出新的做法，否则市中心区将继续迅速消耗我们快速缩水的国库。

不可否认，市中心区长期未受到应有的重视。不过，政府的做法不该回顾过去，而是该往前看。政府可通过支持私营部门参与新经济为开端，而扮演一个更有效的角色。它必须调整其重心，从直接参与和干预，转变为创造出一个有利于商业的环境。这并非说政府资金不必要，而是补贴必须用在不至于扭曲企业动机的方向上，并把重心放在给真正能盈利的事业提供公共设施上面。在新角色上，各级政府应该锁定以下 4 个目标。

将资源导入经济需求最大的领域 市中心区的危机迫切需要政府帮助，这一点看似毫无疑问。但是事实情况是，许多这方面的计划，如基础设施、犯罪防治、环境清洁、土地开发和优先采购，都会因政治原因而使得资金分散于不同地区。例如，大多数运输建设是朝创造出更有吸引力的郊区发展。此外，大多数针对企业的帮助计划，并未落实到处于低收入区域的企业上。政府施政上，必须将能提振市中心区经济潜力的投资放在首位。例如特别基金应该优先分配给高失业率的市中心区，接下来才考虑低失业率的郊区。基础设施的改善，可使得市中心区成为更具吸引力的商业地点。预防犯罪的资源也应该用在犯罪率高的市中心区。联邦政府、州政府和地方政府的公帑如果用在这些方面，将可产生重要社会问题得以舒缓的附加利益，因此可以降低社会服务开支。

不幸的是，当前政府帮助计划的审核标准，无法把资源配置在最需要的地方。支持企业的优惠计划，往往是根据企业主的种族、族群或性别，而非依经济性需求作分配。资源不但没有被导入市中心区，此种以种族或性别为主的差别待遇，还强化了不当的刻板印象和态度，制造种族仇恨，并增加相关计划为服务某些特定人士的风险。政府的帮助计划与优惠措施，应帮助企业把据点设立于经济衰败的地区，并雇用相当比例的当地居民。以此种方式将重心扭转至经济衰败地区，将有助于私营部门参与解决市中心区的问题。

提高市中心区作为一个商业据点的经济价值 要刺激经济发展，政府必须承认它本身就是问题的一部分。目前政府的施政优先顺序经常与企业需求相违背，人为或过时的政府主导必须中止，以使市中心区成为具有营利性的商业地点。要这么做，需要重新思考各地区的政策和计划。自相矛盾的法规成本是可以克服的，像印第安纳州的印第安纳波利斯市法规审议委员会，在短短两年内，就终止了它的出租车垄断措施，加快了建筑执照的核发流程，淘汰了一大堆不必要的法规。

事实上，改革的可能性几乎无处不在。想想看，政府可以制定一些政策，以减少闲置土地与企业在市中心区所面对的建筑成本违约金。持续的租金补贴风险在于会吸引一些无法为市中心区提供经济价值的企业。反过来说，政府的目标应该是按照市场价格，提供一些已经具有完工建筑的地域。政府应该做的事情，应该是征收管理零星地，并补贴拆除、环境清洁和其他成本。同样的政策也适用在建筑物各方面上，包括地点规划、许可的审核、检查和其他许可文件上。

这类政策需要在环保课题上更向前迈进一步。有越来越多的城市，如底特律、芝加哥、印第安纳波利、明尼亚波利斯、堪萨斯州威奇塔市等，通过制定在土地使用上更具弹性的环保清洁标准，使用累进税率的措施，以补助清理和重新开发的成本，开发出所谓的“棕色都会区”。

政府也能发展出更具战略性的方法，来开发交通和通讯基础设施，以使市中心区的产品、员工、客户和供应商能够更便利地流通。波士顿有两个专案就是很重要的例子：第一个项目是建设一个连接市中心区与邻近的马萨诸塞州收费公路的交流道出口，而这又能把周边的区域与更外围的地区联结起来；第二个就是建设一条可直接通往港口隧道的道路，这又能衔接罗根国际机场。虽然这两个项目的成本都不高，但最后都陷于停滞状态，因为该城市对于其经济上的重要性，并没有很清醒的认识。

通过主流的私营企业传达经济发展计划和服务 政府喜欢依靠小型社区性的非营利性半官方组织和特别成立的机构，例如社区发展银行和专业化的中小企业投资公司，以提供资金和企业相关服务。社会性服务机构的角色其实并不在此。一般说来，非营利性组织和政府机构无法提供不逊于企业、私营组织的培训、咨询和支援。如果与商业银行、创投公司相比，特别成立的机构和非营利性机构的人事成本是其致命伤；这类机构很难吸引和留住高素质的人才，因为前者能提供相当不错的薪资，或可提供广泛与各种规模的企业接触的经验。

就以取得资金为例，政府必须创造私营、主流财务机构在市中心区能盈利的借贷、投资条件。大公无私虽然必要，但是还不够。为市中心区提供资金支持必须要能盈利，否则私营部门不可能热心积极参与开发工作。部分传统的放款业者宣称，贷款给市中心区业务无利可图的原因，并非呆账比率太高，而是寻找和实际贷款的交易成本太高。政府可以通过提供更丰富的信息，减少书面作业规定和法规，降低这些成本。此外，政府应提供直接动力，如提供银行一笔交易费用，而非借贷保证金，以鼓励银行贷款给符合资格的市中心区企业。此种方式可鼓励银行从事与维系良好的借贷业务，而非不问放款对象良莠，只求将资金贷放出去，以满足依种族、族群和性别为准的贷款额度。

对市中心区进行投资的最重要方式，便是通过私营部门。假如私营投资业者能力足够的话，目前流向政府或半官方机构的资源，最好转到私营金融机构管道，或让资源转向那些由少数族裔所经营、把重心放在市中心区的银行。少数族裔拥有的银行对市中心区市场拥有更多的信息，并能通过在市中心区发展企业贷款的专业知识，而获得竞争优势。

在贷款方面，增加市中心区资金供应的最好方式是，提供私营部门建立持久事业的动力。其中一项做法是，联邦政府和州政府对企业投资市中心区的资本所得以及长期股票的股利均予以免税；或在最小范围内，对雇用市中心区居民的企业进行补贴。这类税负减免的动力，乃是以盈利为前提，它在加快私营部门投资上，扮演了重要的角色。唯有真正能盈利的企业受到鼓舞，才能吸引私营企业至市中心区投资。

将政策刺激和真实的经济表现相结合　将商业原则和政策刺激相结合，应该是每项政府计划的目标。今天，大多数计划都无法通过这项测验。比如，优惠项目事实上会保证企业能有市场。就像保护主义的其他形式一样，这类做法会钝化创新，并使成本与质量的改善停滞不前。1988 年，美国审计总署的一份报告发现，在6个月内，参与中小企业协会的采购优惠项目的企业中，有30%会退出市场；另外，在留下来的企业中，有58%宣称取消该优惠项目会对中小企业造成极大的伤害。因此，为了将政策刺激与经济表现予以整合，必须重新设计优惠计划。

对企业直接补贴是行不通的。政府基金应该用在土地征收、加强治安、环境清理和其他针对改善企业环境的投资之上。企业因而能根据真实的盈利状况作出决策。

社区型组织的角色

近来，部分社区型组织的活动，已经直接涉及商业发展领域。社区型组织可以，也必须在这个过程中扮演一个重要的支撑性角色。不过，选择适当的战略很重要，许多社区型组织必须从根本改变它们的运作模式。由于社区型组织团体形形色色，要提出一个一般性的做法也许有困难，但是社区型组织在发展它们的新角色时，必须遵循以下4个原则。

界定并建立优势　如同其他部门，社区型组织必须界定本身独特的竞争优势，并评估实际的能力、资源和限制，以参与经济的发展。在发展低收入住宅、社会性计划和市政基础建设等方面，社区型组织一直是重要的角色。其中虽然不乏成功的案例，但是绝大多数由社区型组织主导或管理的事业，都以失败收场。在指导、经济援助或管理事业上，大多数社区型组织缺乏技能、态度和动力。它们能主导低收入家庭住宅发展计划，主要是因为政府补贴，而且无关组织能力。不过一旦遇到资助或帮助营利性事业发展时，社区型组织根本无法与私营部门竞争。

此外，社区型组织很自然地倾向于把重心放在社区内的创业，也就是由社区居民直接经营小型零售和服务性事业。社区型组织的资源有限，加上它们关注小区域的邻里，因此不大可能发展出有经济活力的真正企业。

最后，企业活动逐利的竞争排他性，不可避免地会与社区型组织冲突，因为后者的使命是以社区为主。企业的难题包括：拒绝本地居民，选择素质更佳的外地企业家；支持必要的裁员或辞退表现不力的员工；指定黄金地点作为商业用途，而非社会公益性用途；提供给成功的企业家和经理人丰厚的薪资等。而那些基于满足邻里间社会性需求而设的组织，很难把盈利放在传统使命之上。

致力改变劳动力和社区态度　社区型组织独特的优势，在于它们对市中心区的丰富了解和影响力，并能运用这些优势帮助商业发展。社区型组织能协助创造一个有利于商业运作，改变社区和劳动力态度的环境，并居中平息居民对新事业的抗拒心态。例如，当海湾银行想在达彻斯特市开设新分行时，就靠当地的社区发展机构作为润滑媒介，让当地人抗拒这项计划的阻力减到最低。

打造工作培训和就业推荐体系 对于本地企业，社区型组织可以在预备、搜集和推荐等工作上，扮演主动的角色。对许多市中心区的居民而言，一个迫在眉睫的需求是就业前的培训，这里面包含如沟通、自我发展与现场实务等。社区型组织可依它对社区的熟稔，与产业界开展这种密切的合作。例如马萨诸塞东部城市联盟就成立一个就业资源中心，迎接这项挑战。该中心为工人提供客户服务、面试技巧等方面的基本培训，以及书写和表达沟通等特定领域的指导。

社区型组织也可以主动地开发出过滤和推荐系统，以帮助市中心区的居民。有些市中心区的事业并没有大量雇用当地居民，其中涉及的理由很复杂，但大多与雇主过去遭遇到不愉快的经验有关，例如这些员工的工作态度散漫、无故旷工、伤害求偿不当或吸毒等。一项对布鲁克林红湾区的研究指出了社会网络的重要性——市中心区通常缺乏非正式的就业推荐系统。这项研究发现，南布鲁克林公司这家当地的发展组织，以与邻近商业发展关系的方式，帮助当地居民寻找工作，并搜集和推荐员工给企业界。

促进商业性的据点的改善和发展 社区型组织（尤其是社区发展公司）可以在房地产上发挥它们的专业知识，并在协调环境清理、发展工商业用地上，扮演催化剂的角色。譬如，波士顿的考得满广场社区发展公司就是一个项目团队的重要成员，这个专家团队还包括波士顿市建设局、当地商人和卫生机构。它们共同促成 36 家企业迁入一个已经荒废的地区。这个团队运用社区组织的能力，帮助商人组成协会，找出地方上的需求，以及企业所面对的障碍。这个团队与警察局沟通，增加了当地巡逻警力，促使市长清除当地废弃建筑物、报废车辆和垃圾。在许多其他支持者的合力之下，这个团队完成了一个鼓励企业走入当地的项目。

克服进步的障碍

为了让美国荒芜的市中心区起死回生，新的经济模型提供了一个新而完整的方式。然而，认同并行动之余，挑战依然存在。私营部门、政府、市中心区居民和一般大众，对市中心区仍存有偏见。这会导致改变的速度很慢。对许多投入社会工作多年、对企业盈利持质疑态度的人而言，放弃原有观点、重新以经济观点来思考市中心区，是件令人不快的事情。原本习惯游说政府争取更多经费补助的社会活动家，也很难转变为以战略创造财富的思考模式。习惯以社会福利观点争取地方选票的民选官员，更会抗拒修改法律、重新分配资源以及政府再造工作。政府本身则很难放弃过去所累积的力量与控制权。一手建立社会福利组织的地方领导人，以及经营杂货店的商人，对于新的权力中心都会有芒刺在背的感觉。而从旧式社区组织和抗争出身的地方政客，也必须涉足企业和居民之间的合作议题，而这是他们所不熟悉的领域。

无论是对于个人还是组织，这些挑战都是艰巨的。尽管如此，在振兴市中心区经济上，私营部门、政府和社区型组织，都应扮演重要的新角色。商人、企业家和投资人必须扮演领导角色，社会活动家、社会服务机构和政府官僚体系必须支持他们。以理性经济战略来淘汰过时、代价高昂的做法的时代已经来临。

11 重新定义医疗保健竞争

迈克尔·波特
伊丽莎白·泰斯伯格

多年以来，美国的医疗保健制度已经表现出其在成本和质量方面不尽如人意的地方。在政府控制的领域，出现这两方面的不尽如人意并不足为奇。但是在美国，医疗保健市场几乎为私营者所控制，并且竞争激烈程度要高于世界上任何其他国家，因此这便令人难以理解。

健康的竞争会迫使人们采取改进步骤和方法以降低成本。产品与服务质量会稳步提高。创新会催生出更新更好的做法，并且会迅速广泛地推广开来。竞争力差的服务供应商必须作出变革，否则便只有退出产业。经价值调整后的价格会降低，市场容量会扩大。对于所有运作良好的产业（如计算机、移动通讯、银行及其他产业）来讲，这是一条普遍的发展道路。

医疗保健产业与此也没有什么大的区别。尽管人们在努力降低成本，但成本却仍在增加，并且成本的增加并不是源自于质量的提高。由于医疗服务有限或者定量配给，许多病人所接受的医疗服务都落后于当前的医疗规范或标准，许多可以避免的医疗失误仍然存在。在不同的医疗服务供应商之间，以及不同地域之间仍存在许多巨大的、难以解释的成本和质量方面的差异。医疗保健质量的差别之所以会长期存在，其原因就在于良好的做法传播速度极为缓慢。平均起来，临床试验结果转化成为标准的临床做法需要长达 17 年的时间。接受医疗保健服务的人们认为，改革本身就出了问题，而并不是成功的关键推动因素。总体来看，在一个功能健全的市场，这些都是令人难以置信的。这些情况出现于医疗保健业是难以令人接受的，因为这是人命关天的大事。

我们认为，美国医疗保健体系的问题根源在于竞争。但我们并不是在鼓励采纳政府控制或者单一支付体系，这些做法只能使事情变得更糟。实际上，医疗保健产业中出现的问题也要靠竞争来解决，只不过其中的竞争方式必须发生变化。我们的研究表明，医疗保健体系内的竞争是在错误的时间出现在了错误的地域市场，它以一种错误的方式作用于了错误的对象。实际上，在真正需要竞争的地方，竞争几乎都没有出现。

出现这种情况是多种因素共同作用的结果。缺乏公共政策选择是一个原因，健康保健计划、医院和购买医疗保健服务的企业所作出的不适当选择也是原因之一。就这样，几十年的改革以失败而告终。如果我们不能找到适当的竞争方式，那么无论何种方式的改革都会难逃失败的命运（请见“改革为什么会失败”）。

改革为什么会失败

美国医疗保健体系改革失败，是因为这些改革都是基于对问题的错误分析之上。

对于某些疾病和病症，这些改革没有催生出有意义的竞争。在这种情况下，价值主要通过药品来实现。在不适当的竞争层面，所有医疗保健体系的参与者——消费者、服务供应商、企业和保险公司都在其中起了负面作用。表 11–1“改革模式的历程”用历史的观点对此进行了诠释。

改革者的注意力主要都放在了成本上，他们仿佛将医疗保健看做是一种商品。为了减少开支，服务购买者将成本转移，并且会主动进行讨价还价。服务供应商也是如此，他们会对医疗服务进行定量分配。医疗保健工作效率也没有得到真正提高。颇具讽刺意味的是，即便是这样，医疗成本还在提高。

关于管理型医疗保健，改革者都尽量赋予病人更多的法律权利。这些努力最终会给医疗保健服务供应商带来额外的成本。医院和医生需要尊重病人的权利，这的确会淘汰一些服务供应商高成本的定量配给做法，但这也没有触及到服务供应商的基本事业，即迫使参与者将注意力放在成本上。就这样，成本增加得更高了。

当改革者想通过法律和规定的方式改革医疗保健体系的计划落空之后，他们便开始将注意力放在消费者选择上。这是一个不错的想法，但是事实上消费者对医疗保健方案的选择并不重要。目前，消费者对于服务供应商和治疗方案并没有太多的选择。而且，受消息来源所限，消费者也很难作出有根据的决定。

最近，关于医疗保健改革的观点已经逐渐转向了提高质量和降低医疗失误上面。目前，企业正计划改进医院的做法，比如，它们要求医院将治疗指令输入计算机系统，保留加护病房和急救室适当的覆盖范围，以及为一些转诊设定数量上的门槛限制。这些措施都能够起到作用，然而它们并没有改变零和博弈的基本激励机制。同样，企业所提出的“按效果付费”的做法会在短时间内使得更多的服务供应商遵守现在所普遍认可的医疗标准。然而，这对于改革整个医疗保健体系是远远不够的，原因是这些激励机制是用于满足某一特定环节的，并不能从整体上获得良好的效果。有效的激励机制需要绑定的是目标，而不是手段。

最近提出的几项改革甚至会增加零和博弈程度。比如，在一些企业所标榜的“体系到体系”竞争中，它们要求把医生们限制在某一个网络中工作。这实际上限制了疾病与治疗层面上的竞争。同时，其他的改革建议措施（比如将一些消费者从医疗保险转移到私人保险以及从加拿大购买处方药）根本谈不上是改革。将医疗保险范围内的病人转移给私人保险不会解决任何问题，从加拿大购买药品也只是医疗保健体系最近所作的转移成本的尝试，并不会创造出什么价值。

关于医疗保健改革的讨论，我们忽略了对竞争所起作用的理解（竞争能够促进质量、安全和效率的提高），也忽略了对能在最大程度上起到这些作用的竞争类型。如果说我们的目标是为了创造价值，那么我们必须有在特定医疗条件下能够改进结果并提高效率的竞争。合理的竞争能够降低失误，并且促进传递新的良好做法。改革必须专注于规则、激励制度、信息和战略，从而能够产生在个人疾病和治疗层面有价值的正和博弈。

医疗保健体系的质量和效率能够获得极大改进。而作为医疗保健服务主要购买人的企业能够领导这一转变。

表 11–1　改革模式的历程

过去 目标：降低和避免成本		现在 目标：促进选择，降低失误		将来 目标：增加价值
焦点是成本、议价能力和定量配给	焦点是法律追索权和规则	焦点是健康计划的选择	焦点是服务供应商和医院的做法	焦点是竞争的本质
医疗保健体系的特点是：	医疗保健体系的特点是：	医疗保健体系的特点是：	医疗保健体系的特点是：	医疗保健体系的特点是：
• 患者、服务供应商、医生、服务购买者、企业和政府之间的成本转移	• 病人的权利	• 医疗保健计划之间的竞争	• 在线预约	• 特殊疾病与病症治疗层面的竞争
• 获得服务的限制	• 医疗保健体系参与者的详细规则	• 有关医疗保健计划的信息	• 六西格玛管理	• 服务购买者和服务供应商的特别策略
• 药品与服务的讨价还价	• 对法律体系越来越强的依赖性	• 患者的金钱激励机制	• 急救室科学的人员安排	• 鼓励增加价值的激励制度，而不是转移成本
• 与医疗保健交付经济学无关的价格			• 对复杂的转诊治疗的数量限制	• 关于服务供应商的经验、效果和价格的信息
			• 强制政策	• 消费者的选择
			• 使用医疗保健标准时采纳“按效果付费”的做法	

零和博弈

在任何产业中，随着时间的推移，竞争都应当通过质量的提高和成本的降低而为消费者创造出更高的价值。但经常会有人认为，医疗保健产业过于复杂，消费者信息有限，服务高度用户化，因此这一产业会有所不同。毫无疑问，医疗保健产业的确具有这些特点，但有些存在良好竞争的其他行业也具有这些特点。比如，向公司企业提供用户化的软件和技术服务是一项十分复杂的产业。然而，随着质量的调整，企业计算机成本在过去 10 年里却有了很大的下降。

相反，医疗保健竞争已成为零和博弈：医疗保健体系的参与者不是在增加价值而是在瓜分价值。在某些情况下，他们甚至会通过制造出不必要的成本而侵蚀价值。医疗保健中的零和博弈通过几种方式体现了出来。

第一，它采取的是成本转移的方式，而不是降低基本成本的方式。成本从服务购买者转移给了患者，从医疗保健计划转移给了医院，从医院转移给了医生，从参与保险者转移给了未参与保险者，等等。将成本像皮球一样踢来踢去并不会创造出任何价值。相反，一个参与者获得的价值来自于其他人付出的代价，并且经常会产生附加的管理费用。

第二，零和博弈会使人们追求更高的议价能力，而不是努力提供更好的医疗保健服务。医疗保健计划、医院集团和医生整合在了一起，其主要目的是为了获得更大的影响力以及在与服务供应商或客户打交道的过程中更占有优势。然而，从这一整合的过程中提高的质量与效率微乎其微。

第三，零和博弈限制了对服务的选择与获取，而不能改善医疗保健状况和提高医疗保健的效率。按照目前医疗保健体系的结构，医疗保健计划赚取利润的方式是拒绝为服务付款，并且限制用户和医生的选择。医疗保健计划和服务供应商限制了病人享受医疗改革成果的途径或者服务的范围。许多医疗保健计划都是针对特定的疾病按照入院治疗情况向医院支付固定的费用，而不是针对某个治疗周期。这便会使得医院倾向于使用便宜的治疗方案，而不使用更为有效和创新的方案。如果最后患者需要再次入院治疗，那么医院会再次得到一笔收入。

第四，零和博弈依赖于法院系统对纠纷的解决。然而，诉讼会增加问题的复杂性。实际上，诉讼会以直接（通过诉讼费用和管理费用）或间接（通过使用不必要的防御性治疗）的方式提高成本，所有这些都不会为患者创造出价值。而且，在医生和医院每年所支付的数十亿美元的医疗事故保险费中，只有30%最终会造福于受到伤害的患者或者其家庭。

原因何在？

医疗保健领域内的零和博弈是一系列错误的战略选择所造成的。这些错误的战略选择几乎都是由这一体系内的参与者所作出的，而他们又都是受到了政府规定所带来的负面激励制度的影响。这些错误的战略选择包括：

错误的竞争层面

美国目前医疗保健体系中存在的最根本也是最难以发现的问题是竞争发生在一个错误的层面上。这一竞争出现在了医疗保健计划、医疗网络以及医院集团的层面上。而实际上，竞争理应出现疾病以及并发症的预防、诊断和治疗中。只有在这一层面上才会或创造或破坏真正的价值，因为这里才是疾病和病人出现的地方。只有在这里才会出现成本与质量的巨大差异，也只有在这里竞争才能够提高效率、降低失误和推进改革。然而实际上，个人疾病状况层面的竞争几乎不存在。

医疗保健的基本经济效益出自对疾病或者病症的治疗。许多研究都表明，医生或者医疗团队在大量治疗同一种疾病或者病症时，他们的治疗结果会更好，并且治疗成本会降低（关于这一点的详细情况，请见图11–1）。比如，对于著名的美国得克萨斯心脏研究所，有一点是他们特别引以为荣的，那便是，不管他们面对什么样的疑难病症和使用多么先进的技术，他们的外科手术费用比其他医疗机构要低1/3~1/2。由于得克萨斯心脏病研究所的高度专业化，它吸引了许多疑难病患者，而这些患者的到来也促进了研究所的学术工作。与许多产业一样，在医疗保健产业中，随着服务供应商降低失误率、提高效率以及专有知识的形成，其成本和质量便会得到同步改善。我们在许多产业中都看到，“第一次便把事情做对”不但会使结果更好，还会大大降低成本。因此，适当层面的竞争会大大改善医疗保健中成本与质量之间的平衡关系。

医疗研究发现，诊断与治疗应当越来越专业化，因此在单种疾病和单种病症上的竞争便越发重要。比如，目前人们发现前列腺癌有 6 种不同的症状，每种不同的症状都需要不同的治疗方法。服务供应商应当通过竞争而成为某几种病症的最佳治疗者，从而使得患者也能够根据服务供应商各具特色的优势而作出最佳选择。在目前情况下，患者的治疗方案取决于他们所在的社区，而社区医疗服务则很难保证能够治愈患者的疾病。

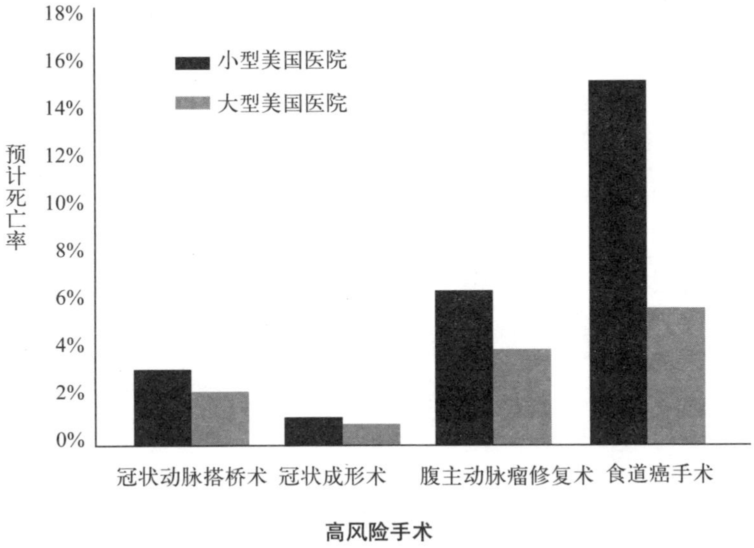

图 11–1　经验问题

医生与医疗团队在治疗患有某种特殊疾病和症状的病人方面越有经验，他们的治疗效果便会越好，从而最终降低成本。通过反复实施特殊治疗方案，治疗团队能够增加他们的学习机会，从而降低死亡率。

错误的目标

错误的目标——降低成本——加剧了错误层面的竞争。更为糟糕的是，这一目标通常情况下并不能够降低医疗保健的总成本，而只是会降低系统中间过程——医疗保健计划或企业——的成本。正确的目标应当是提高价值（每花费 1 美元所带来的健康产出质量），而价值只能在疾病治疗层面上进行考量。只在成本上进行竞争只适用于商品产业，因为商品产业中的卖方几乎都相差无几。这种竞争当然不适用于医疗保健产业。服务购买者、企业甚至是服务提供商都没有更多地去关注获得更好的治疗效果从而形成的长期价值改善，而这一点又非常重要。

错误的竞争形式

医疗保健参与者们不是通过在治疗个人疾病或病症层面的竞争而提高价值，而是形成了4种不健康竞争的形式，这些竞争形式都会产生不良结果。第一，医疗保健计划每年都会在签约新用户时形成竞争。由于强大的网络限制，签约健康保健计划会妨碍疾病和治疗层面的大部分竞争。同时，由于用户和医疗保健计划之间的承诺只有1年，无论是服务购买者还是企业，他们都着眼于当前利益，而不会去投身于能够在长期内提升价值的做法与疗法。

第二种无益的竞争，是服务供应商会通过向拥有大量病人的服务购买者和企业提供可观的折扣，以便使自己能够被纳入到医疗保健计划。这些折扣在经济意义上是丝毫没有依据的。对于治疗大公司的员工患者与治疗自谋职业患者，其治疗成本并没有什么差异。大幅增加治疗各类不同的疾病的数量，并不能使医疗保健服务的效率变得更高，病人仍旧是根据自己的病情单独接受治疗。作为对患者数量增加的回报所采取的巨大折扣只是将收入从服务供应商那里转移给了医疗保健计划或者大型公司。这便会为大型集团创造利益，而将成本转移给了小型组织、无附属关系的个人、寻求医疗网络之外治疗的患者以及未投保人员，并且对此作出的补偿极小。这一成本转移最终会抬高整体成本——即便是对那些大型集团来说，因为这会增加未投保而又不得不接受昂贵治疗（比如急救）的患者的数量，从而也增加了那些必须进行补贴的免费治疗的情况。

第三，服务供应商还通过竞争发现谁能够形成最大最有力的集团，从而能够提供一套全部的服务。这样做的效率也很低，除了有一些能够分摊管理费用的优势。医院之间的兼并重组，其结果经常是形成一个专科两个部门（设施也相差无几）的结果，而不是一个专科对应一个部门。服务供应商集团的形成不是为了创造价值，而是为了提高对医疗保健计划和其他参与者的议价能力。比如，在整个佛罗里达州，大医院网络的医疗价格增长幅度大大超过通货膨胀的速度，而且这一价格增长并没有伴随着质量的提高。同时，大型服务供应商集团的转诊会过分依赖于医生集团和研究所，因此他们会进一步限制疾病与治疗层面的竞争。

第四，关于谁付款的问题也颇具争议。这一争议会以多种形式出现。服务供应商和服务购买者千方百计要互相转移成本。服务购买者会提高向病人收取的费用。服务供应商会设法提高价格，因此医疗保险价格不会降低太多。企业会允许医疗保健计划拒绝向自己的员工支付。所有这些都会导致成本提高，都不会对患者创造出任何价值。

错误的地域市场

竞争应当迫使服务供应商创造的价值达到或者超过他们所在地区甚至是国家范围内的最好水平。然而，在多数情况下，医疗保健竞争都是局域性的。这种竞争使医疗保健服务供应商感受不到来自于市场的压力，从而阻碍了良好做法和创新的传播。在整个美国，医疗保健体系登记在册者每年的开支随地区不同也有很大不同，有些地区仅为每名患者每年开支 3 000 美元，而有些地区则高达每年 8 500 美元，后者几乎是前者的 3 倍。按照达特茅斯医学院的约翰 · 温伯格和学院的临床科学研究中心的观点，更高的成本并没有带来更好的医疗效果，而且也没有体现出不同年龄、性别、人种、疾病程度（这会影响到对医疗保健服务的需要）或生活成本（这会影响到医疗保健服务的成本）之间的差异。这些研究及其他一些研究发现，不同区域的医疗保健效果的确不同。即便没有竞争，这些区别也会一直保持下去。

医疗保健计划政策使得区域竞争制度化，这些政策要求消费者支付医疗保健服务网之外的大部分费用，从而使他们不愿意寻求当地区域之外的服务供应商；同时，这些政策还会惩罚那些在服务网络之外提供转诊医疗服务的医生。医疗保健体系按照县级水平依人头进行收费，因此这便使得其他县的医院没有参与竞争的动力，即便它们之间隔得很近。区域化竞争还是习惯、惰性和信息的结果。实际上，即便患者没有地域限制，医生们也倾向于为患者选择就近治疗。

尽管许多医疗保健服务都应当由当地提供，但医疗保健竞争应当在区域甚至是全国范围内发生，特别是对于一些较为复杂的疾病来讲。通过这种方式，所有服务供应商才能够有竞争压力，从而才能提高自身的服务水平。如果服务供应商能够在更大范围内治疗不常见疾病，那么他们便能够通过不断地经验积累和学习提高自身的治疗水平和效果。

理想的医疗保健体系能够促进区域服务供应商（主要负责常见和紧急服务以

及后续医疗保健）和领头的服务供应商（主要负责确诊、治疗方案以及某些领域中的复杂步骤）之间松散的工作关系。这种关系能够促进先进临床医疗保健做法的普及，并且能够提高整个医疗保健体系的质量和效率。然而，目前这种关系却经常会遭到抵制。

错误的战略和结构

尽管价值的创造是通过在某些服务供应商所擅长的领域内专有技术的积累，但多数医院和医疗机构却选择了扩大服务面的做法。医院和医生团体通过兼并其他单位的做法增加了自己的服务范围，1996~2000 年间先后发生了大约 700 件医院并购案例，由此造成了目前医疗产业区域高度集中的状况。比如，在 2000 年的北卡罗来纳州，仅有 18%的县拥有多个医院系统，因此竞争程度十分有限。

这一竞争程度的降低并没有带来多少好处。正如我们所提到的，兼并所产生的效益并不好。同时，我们也不能明确地说，服务范围扩大以后，服务质量便会提高。尽管一些患者同时患有多种疾病，但专科医院完全可以应对。比如，位于休斯敦的M · D · 安德森癌症中心也有心脏病专家，只不过他们不能提供心脏病治疗的一条龙服务。一旦出现棘手的情况，或者需要进行心脏手术，安德森癌症中心的医生们便会向外部医生咨询，或者将癌症病人转移至心脏病治疗中心。

错误的信息

在任何一个运行良好的市场，竞争都离不开信息。信息能够使买家货比三家，也迫使卖家与竞争对手展开竞争。然而，在医疗保健产业中，有关的支撑信息却很少见或者受到了限制，从而使得竞争难以创造出价值。实际上，能够对价值造成影响的信息有很多，比如医疗保健计划覆盖范围和用户满意度等等。然而，更多相关的信息是服务供应商在治疗特殊病症方面的经验和疗效。但即便是这样的基础信息也很少见。比如，多数医院和医生甚至不会提供有关他们所治疗过的具有某种病症的患者数量的信息。实际上，人们获取医疗经验和效果的渠道主要靠的是口碑，而不是确凿的事实信息。

也曾经有一些机构试图收集此类信息，这些机构包括克里夫兰医疗质量选择中心、宾夕法尼亚州医疗保健成本控制委员会和纽约州心脏手术报告系统。然而，这些都只是小规模的实验。服务供应商们认为，对治疗效果数据进行有价值地衡量是一件极为复杂和困难的事情，因为这些数据需要进行适当的风险调整，以便能够反映出病人初始状况的复杂性和严重性。的确，对治疗效果信息的收集受到了一些医疗保健体系参与者的反对，理由有正面的（比如风险调整的难度很大），也有负面的（比如担心责任问题和与别人形成对比）。

一些观察家也极力反对这一收集相关信息的做法。然而，这种做法却显示出，拥有准确信息并利用它是多么有价值。在克里夫兰，这些收集到的信息并没有传递给患者或顾问医师。企业即使面对短期成本压力，也不会利用这些信息挑选高质量的服务供应商。患者与医生都一无所知。然而，在纽约州，人们对本州范围内进行的心脏搭桥手术后死亡率的信息进行了收集，并且使得这一信息广为人知。在这些信息公开之后，有关的心脏手术实施机构便对自己的手术进行了改进，有些医院甚至取消了一些手术量小、术后死亡率高的心脏外科医生的手术资格。结果，在这些信息公布 4 年以后，纽约州成为了全美国心脏搭桥手术后死亡率最低的州。

在治疗特殊疾病或者病症层面上促进竞争能够加快信息的传播。比如，保险公司PGH帮助其消费者在众多世界级医疗服务供应商和针对 15 种重要疾病的治疗方案中作出选择。为了找到最好的服务供应商，PGH会找出那些经验最丰富、治疗方法最先进的服务供应商，列出他们的治疗疗效，并要求他们作出进一步的质量改进。PGH的做法说明，在医疗保健领域消费者的确能够获得有价值的信息。目前，美国正急切等待着完美信息体系的出现。要加快信息的传递，最好的做法莫过于使现有的信息广为人们所接受。

服务购买者的错误动机

对于医疗保险公司来讲，如果他们能够帮助客户了解和获得最高价值的医疗服务，能够简化办事程序，并且能够使参与者更简洁地操作，那么我们应当鼓励他们继续这样做下去。然而，服务购买者受益于将健康人登记在册以及提高患者的保险费或者减少服务范围。服务购买者有意将出账过程搞得烦琐，他们可以通过出具艰涩难懂或者不准确的服务费用清单以及推迟或者拒绝付款的方式来转移成本。同时，他们还会通过在患者和医疗服务供应商之间设置障碍的做法转移成本或者减少服务范围，从而阻碍患者获得昂贵的治疗和网络体系外治疗（尽管体系外医疗保健的价格本来并不是很高，但医院向体系外患者收取的费用却可能是体系内患者的两倍。服务购买者需要偿付的金额与人为制造的高价格之间的差异会使得许多患者面对高价的体系外医疗保健望而却步）。最终，不能够在节约成本方面立竿见影的改革越缓慢，服务购买者便会越受益。所有这些动机都会促进零和博弈的形成，阻碍医疗保健产业的价值创造。

有人建议采纳单一支付体系，以期避免将高风险用户排除在外。然而，这会使得医疗保健层面的竞争消失，并使得服务购买者具有更强的将成本转移给服务供应商、患者和企业的议价能力。单一服务购买者将会有更大的动力限制或者定量配给服务以及放缓创新普及的速度，以降低成本。能够解决问题的唯一做法是改变这些动机，并且展开竞争，而不是将医疗保险交由政府垄断。

服务供应商的错误动机

我们应当鼓励服务提供商通过区域或者全国范围的竞争为特别疾病或病症提供最大的价值。实际上，服务供应商的动机与服务购买者的动机相同，会加剧医疗保健领域的零和博弈。医院和医生不会将患者介绍给更有经验的服务供应商，或者，他们只会在体系内部作出推荐。偿付的做法会促使医生们减少在患者身上所花的时间，迅速让他们出院，并且一旦有问题再重新让他们住院。尽管许多医生会拒绝亏待患者的做法，但正当行医与经济私利之间的冲突会使医生的道德败坏，从而不利于传播良好的做法。

渎职的威胁对医生们来讲是一种负面刺激作用，他们对患者的治疗会因此而过度。不幸的是，这些过度治疗的动机并不能抵消治疗不足的动机。相反，结果却是效率低下的临床治疗以及耗费掉医生大量时间的繁杂的书面程序。更为糟糕的是，渎职的威胁会给那些通过分析负面结果而从中获得教训的服务供应商们带来风险。具有讽刺意味的是，尽管科学技术使得知识比以往更快速更便捷地传播，但医疗保健领域的社会和经济结构却并不符合这一大势。

正和博弈

在一个健康的医疗保健体系中，在疾病或者治疗层面的竞争已成为改革和进步的发动机。实际上，未来的进步要以过去的进步为基础。然而，要获得进步，竞争的核心便必须要从“谁支付”转移到“谁能提供最大价值”。要实现这一转变，服务供应商和服务购买者就需要对其战略作出调整，企业购买医疗保健方案的方式也要作出改变。同时，一些重要的体系结构也需要到位，包括转变激励机制和创建适当信息类型的规则和政策（见图 11–2）。让我们来逐条看一下所需要的改革。

医疗保健领域的零和博弈的特性
错误的竞争层面 竞争在医疗保健计划、医院和医疗体系层面发生。
错误的目标 降低成本。参与者通过将成本转移给他人而降低自身成本，但并没有降低总成本。
错误的竞争形式 竞争会吸引健康人群。方法包括向较大的服务购买者和集团提供价格折扣，提高议价能力和转移成本。
错误的地域市场 竞争表现为当地竞争。
错误的战略和结构 参与者提供一条龙服务，形成封闭的网络；与他人合并（从而减少竞争对手），并且增强竞争能力。
错误的信息 关于医疗保健计划和用户的满意度调查。
服务购买者的错误动机 服务购买者会竭力吸引健康人群的参与，并且提高健康状况不良用户的费用。他们会限制治疗方案和体系外服务，将成本向服务供应商和患者转移，并放慢革新的步伐。
服务供应商的错误动机 服务供应商会提供所有的服务，但服务水平却低于通行的医学标准。他们会推荐患者在体系内就医，并减少诊疗时间，尽快结束诊疗。他们会采取防御性医疗的做法。

图 11–2　隐患和潜在的可能：美国医疗保健体系弊端一瞥

图 11–2（续）

医疗保健领域中正和博弈的特点

竞争的适当层面
竞争是为了预防、诊断和治疗特殊疾病或综合病症。

正确的目标
提高价值——长时间内花费每单位金钱的效果。

竞争的正确形式
竞争是通过开发专有技术、降低失误、提高效率和改善效果的方式在治疗疾病或者病症的层面上创造价值。

合适的地域市场
竞争发生在区域或者全国范围。

正确的战略和结构
参与者通过提供可创造独特价值的服务和产品的方式，确立他们的独特之处。医疗保健体系有许多目标明确的竞争者。

正确的信息
关于服务供应商、治疗以及特殊病症的疗法。

服务购买者的正确动机
服务购买者帮助用户找到应对特殊病症的最佳方案。他们会简化出账和管理过程，并及时付款。

服务供应商的正确动机
服务供应商通过开发新的技术而获得成功。他们会衡量并提高质量和效率，根除错误，把事情做好。他们还会达到、超过并且改进标准。

实现这种转变所需的因素

对竞争和选择没有限制
- 对转诊或治疗无须预先批准。
- 没有医疗网络限制。
- 严格的反串通、过度集中和不公平做法的措施。
- 起到重要作用的共同付款制度和高免赔额的医疗储蓄账户，这些都会使得消费者具有寻求更高价值的动机。

可获得的信息
- 关于治疗和备选方案的信息被正式收集并且广泛传播。
- 关于服务供应商在治疗特殊疾病和病症方面的经验的信息立即便能获得。
- 提供并不断增加医疗效果数据。
- 为了便于比较，对有些数据在全国范围内进行标准化。

定价透明
- 服务供应商对于一种既有的治疗方法或者步骤设定一个价格。
- 不同的服务供应商设定不同的价格。
- 在进行比较之前，人们能够知道关于估价的信息。

简化出账的步骤
- 每次住院或者每一阶段治疗开一次费用清单。
- 服务购买者对已结清费用用户的医疗费用单负有法律责任。

一视同仁的保险
- 无须再承保。
- 所需的健康计划覆盖范围，将会在医疗保健体系中创造出效益和价值。

治疗范围
- 所需的最小覆盖范围。
- 增加的范围来自于竞争，而不是诉讼。

法律诉讼减少
- 更多的信息意味着更多的风险披露以及更好的选择通知。
- 诉讼主要处理使用过时治疗方法和渎职的案例。

图 11–2　隐患和潜在的可能：美国医疗保健体系弊端一瞥

服务供应商的战略：与众不同性

在正和博弈中，服务供应商不会在每件事情上都跟随竞争对手的步伐。相反，他们会开拓基于自身专有技术和特定优势的独有的清晰战略。虽然大多数医院会开展范围较广的服务，但他们不会试图成为各方面都擅长的全能型医院。在大多数情况下，开拓那些能够创造独一无二价值的产品和服务是人们所能接受的普遍做法。对许多医院来讲，追求独特性已成为一种重要的心态变化，而有所为有所不为则显得尤为重要。

无选择限制

在正和博弈中，所有在疾病或者治疗层面的选择限制都将会消失，包括医疗网络限制和转诊审批。合理的共同支付制度和较高免赔额的医疗储蓄账户的做法，会使得患者能够为他们的选择负有一定的财务责任。但是，共同支付制度在体系内和体系外将会是相同的。反对垄断的政府机关会对医疗保健体系参与者进行督查，以避免重要的市场被一个医院系统或者医疗保健计划所垄断。

定价透明

我们应当实施明码标价的透明做法。服务供应商对所有患者针对同一种医学病症应当收取同样的价格，不管患者的群体属性如何。服务供应商可以为区别于他们的竞争者而设定不同的价格，但这种定价方式不能仅仅因为患者投保的机构不同便产生价格的不同。服务购买者有权进行讨价还价，但价格变化必须使全体患者受益，而不仅仅是服务购买者的自身利益。不管患者受雇于哪家公司，在哪家保险公司投保，治疗某种疾病的费用都应当相同。

今天，与成本无关的价格区别对待是医疗保健体系的一个沉重包袱。价格多样化也提高了管理成本。公共部门的患者实际上受到了私人部门患者的补贴。私人部门中，大量患者受到了那些没有医疗保险的以及需支付医疗保健体系之外费用清单的患者的补贴。价目单上的高价使得更多的患者难以承受，从而提高了未得到偿付的费用，最终进一步提高了价目单价格和增加了对大群体的折扣。这一针对医疗保健体系外的价格上的障碍会妨碍竞争，从而反过来影响质量和效率的改进，也就无法最终使所有患者受益。如果没有具体到每一项服务的竞争，成本会一再上升，而质量却不断下降。不良竞争的成本要大大超过医疗保健体系参与者从价格区别对待中所获得的短期实惠，即便对于那些能够得到最大程度折扣的公司也是如此。

令人不解的是，为受益群体消除价格差异的最实际的方式可能会临时使它们制度化。联邦政府能够限制服务供应商对于任何服务的最大折扣价与最高价格之间的差异，并在5年内每年都减少这一差异。停止这一不正常的定价做法会在短期内对现有医疗保健体系的最大受益者（比如医疗保险体系等巨大的成本转移者）造成负担。然而，从长远来看，全体参与者都会受益于这一巨大的价值与效率的进步。

简化出账步骤

定价的一个基本功能是向消费者和竞争者传递信息。目前的出账做法却使人们看不到准确的信息。不必要的烦琐出账程序造成了成本转移，提高了管理成本，并且使人们难以对价格与价值作出对比。在正和博弈中，服务供应商对于每一项服务或者治疗慢性疾病的每一阶段都必须单一记账，而不是对每一项零散的服务单独记账。许多其他产业已经解决了对专一化服务统一出账的问题，这些产业包括航空业、建筑业、汽车修理业和咨询业。医疗保健产业要具备竞争力，也必须做到这一点。参与竞争的服务供应商应当在服务之前便提出估价方案。估价将不仅能够帮助消费者作出选择，还能够使服务供应商学到估价的真正的价值。

出账的另外一个主要问题是，目前都是由病人承担账单的法律责任，即便病人已经完全付清保险费。在正和博弈中，服务购买者应当对已付清保费用户的医疗账单承担全部的法律责任。如果服务供应商单一记账，而且服务购买者无法将成本转移给患者或者服务供应商，那么出账过程中便可以避免出现混乱。

可获取的信息

在正和博弈中，医疗保健体系的服务供应商和消费者能够得到他们作决定所需要的信息。政府或者大规模的公司财团能够在信息标准方面达成一致并促进信息的搜集与传播，这些信息能够通过一套常规模式在全国范围内进行搜集。的确，医疗信息无异于证券交易委员会所要检查的公司披露信息。在全国范围内进行比较能够带来效益，这是一件非常值得做的事情，它会为质量和效率带来一场巨大的进步浪潮。

一个显而易见而又无可争议的出发点是基于服务供应商对特定疾病、治疗方法和步骤方面的经验来收集信息。这些数据信息将在一段过渡时间之后向公众公开，而在这段过渡期内，服务供应商可以纠正其中的错误。从长远来看，关于服务供应商的经风险调整后医疗效果的信息也需要搜集和传播，从而使消费者能够对服务供应商的专长领域进行评估。这一信息针对的是特定的疾病或病症，而并不涵盖医疗事业的各个方面。一个高效率的医疗保健体系也应当收集或者传播定价信息，从而使人们能够对特定疾病治疗进行对比。

一视同仁的再保险

有两点会妨碍医疗保健方案的定价。首先，那些身处大型风险分摊池的人们（比如就职于大公司的员工们）可以得到定价合理的医疗保健方案，即便是他们的家人有医疗风险。但是，那些就职于非大型单位的人们（比如小公司职员或者私营者）一旦其家人有医疗风险，他们便必须为此支付很高的费用。实际的改革需要的一个前提假设是医疗保健范围仍应当主要来自于企业；然而，对于那些私营人员、小公司雇员、兼职人员或者无业人员来讲，有必要实施风险分摊方案。比如，小公司可以加入合作团体以购买医疗保险。对于那些不能购买医疗保险的高风险人群来讲，需要实施风险分摊联保方案（比如汽车保险便采用这一方案）。

同时，对于小群体中的人们或者个人投保的人们来讲，如果他们的家庭成员患上了治疗费用昂贵的疾病，他们的保险费便可能会大大提高，即便他们的家庭已经缴纳了数年的保费并且从未发生过索赔。这种被称做为“再承保”的做法与医疗保险的目的背道而驰，必须要取消。

减少诉讼

医疗渎职诉讼以及相关的防御性医疗的做法会大幅提高所有人的成本，并且几乎无助于任何医疗保健质量的提高。的确，医疗渎职的威胁会使医生和医院倾向于掩盖自身的错误，而不是勇于面对错误并且加以改正。医疗渎职诉讼的标准需要作出更改。只有在出现严重医疗过错时才适用诉讼，比如过失或采用过时疗法等；如果医生采取了正确和先进的治疗方法而病人病情仍不见好转则不属于此列。只要信息畅通，并且没有选择限制，许多诉讼都是可以避免的。在促进信息传播和帮助人们作出选择上面的投资，实际上为医疗保健体系省下了数十亿美元的管理费用和法律成本。

国家最低医疗保险范围名录

目前，医疗保险中个人磋商与诉讼成本很高。好的医疗保健体系应当确定最低保障范围，制定一个国家名录（比如联邦雇员福利计划中所列的名录）。出于竞争方面的原因，医疗保健计划能够选择覆盖更多的服务和治疗，但他们不能因顾忌诉讼而被迫这样做。这一变化会将医疗保健的焦点重新回归到为更多的人提供服务上面。

服务购买者的战略：选择和效率

正和博弈会诱使服务购买者通过竞争来创造价值，而并不仅仅是降低成本。他们会简化出账和管理过程。他们会通过确定治疗备选方案和服务供应商来服务用户，从而产生良好的效果。他们会帮助用户了解在他们当地区域之外如何获得高质量的医疗保健服务（一些服务购买者已经开始在他们的网站上公开有关治疗方法和服务供应商的信息，但是这些信息通常只涉及与用户同一邮政区域内的小范围内的治疗方法和服务供应商）。最好的服务购买者能够向患有慢性疾病的用户推荐有效的疾病控制选择方案。因此，竞争将会转向提供信息和优质服务方面。那些限制患者选择或者控制医生行为的做法将会终止。

加快转型

还有两种方式能够加快医疗保健的转型，一种是过渡变化，另外一种则会引起人们的争议。过渡方式具有重要的象征性意义，它旨在通过创建一种短期机制，促进有前景的医疗保健新做法的传播，尽管这些做法在初期成本可能会比较高。一种方式是使美国最大的医疗保险提供商，Medicare（它一直以来便在采取新治疗方案方面动作迟缓），建立一个采取创新方案基金，以帮助美国食品及药物管理局批准的疗法能够切实给患者带来好处。服务供应商应当与技术供应者、制药公司和服务购买者合作，通过竞争赢得资助，而且在这一过程中应遵守已确立的标准并征得患者的同意。最终，当正和博弈局面形成时，这一基金便没有存在的必要了。然而，作为一种过渡手段，这一基金却能够加快治疗方案向较低成本和更广应用的方向发展。

牵涉面更广、更容易引起争议的一种做法是要求政府出台全民医疗保健计划，并且对低收入人群实施补贴。在这种医疗保健覆盖范围内，每个人都将成为与医疗保健价值有关的需要支付的客户。尽管对低收入人群实施补贴会增加医疗保健开支，但我们将会看到节省下来的成本。免费医疗保健的巨额成本将会被取缔，并且服务供应商将不必通过提高价格来弥补这一点。在适当时机提供更多的医疗保健服务将会节约成本，并且会避免并发症的出现。同时，这一做法提高了效率，减少了急救情况的出现。如果有人能够付得起医疗保险但却选择不购买，那么如果一旦生病或者受伤，他们便不会得到偿付。

企业应起到带头作用

美国的医疗保健体系运作情况如何，直接关系到企业。在过去的 17 年时间里，有 13 年时间企业的医疗成本增长率超过了通胀率。在 2003 年每名员工平均医疗开支更是高达 6 200 美元。在最近的 3 年时间里，医疗成本出现了两位数增长，并将在 2004 年持续增长。这一点已经引起了企业高管们的注意。翰威特咨询公司对美国 622 家公司的一项研究发现，有 96%的企业首席执行官和财务总监对 2004 年的医疗保健开支极为关注，91%的人认为医疗保健成本将会对他们的员工造成影响。

作为医疗保健服务的主要购买人，企业对实施变革有足够的影响力（请见插入内容“更深入的分析”）。不幸的是，它们自身也成为问题的来源。在购买医疗保健服务的过程中，公司忽视了一些关于竞争作用原理以及医疗保健服务购买技巧方面的基本知识。公司没有看到质量的差异，它们只是基于价格便做出了购买的举动。公司的目标是将价值最大化，最大程度地造福员工，但它们却将对医疗保健计划的管理委派给那些目标与公司并不一致的机构。因此，在这个混乱的体系中，企业不知不觉地扮演了同谋者的角色。

它们本应当看到这一点。很少有产品或者服务能够真正称得上是商品，更不用说是能够提供优质医疗保健项目的服务。相关的标准应当基于价值，而不是成本。企业都知道，经验和专有技术都能够提高质量并降低成本。它们知道，创新事关发展，不应当对其压制。它们还知道，好的决策需要相关的信息作支持。

有些企业已开始以不同的方式购买医疗保健服务了。比如，飞跃集团(Leapfrog Group，一家由150个支持医疗保健改革的公共及私营组织组成的联盟)等一些团体已经开始为提高医疗保健质量而工作。飞跃集团的焦点是减少美国医疗保健体系中频频出现的失误。这些努力是十分重要的，但是如果它们将焦点放在竞争力上，则会更加有效。企业不是要告诉医院如何操作，而是要坚持在特殊疾病和治疗层面提供信息和作出选择，从而使得患者和顾问医生能够选择那些使用高效、先进的医疗保健方法的服务供应商。飞跃集团目前正沿着这一方向努力，旨在促进高风险手术的区域转诊，转向那些有经验的服务供应商。霍尼威尔也在沿着这一方向努力，他启动“消费者医疗资源”这项决策支持服务，这一服务能够为雇员们提供独立的诊断和治疗信息。

最新的被称做“按效果付费”的企业计划，为那些符合规定的医疗保健标准的服务供应商提供了更高的补偿率。这些措施旨在通过鼓励使用那些遭到忽视的良好标准，阻止低标准医疗保健服务的蔓延。“按效果付费”在所有人都获得普遍经验和有关数据之前不失为一项重要的过渡措施。然而，从长远来讲，这一措施还是不够的，因为它会鼓励那些遵循强制命令的做法，而并不鼓励那些能够取得良好（风险调整后）效果的做法。如果服务供应商面对竞争压力能够为每一名患者和每一次疾病都带来福音，那么这一体系便会加快改进的步伐。

通过为医疗保健计划和服务供应商设定新的目标以及在购买医疗保健服务时区别对待的做法，企业便可以实现医疗保健竞争中的正和博弈（图11–3列出了企业应当向医疗保健计划要求的内容）。多数企业都不同意停止数量折扣的做法，但是这种折扣会造成医疗保健体系中成本增加和成本转移的恶性循环。如果企业在医疗保健竞争中起带头作用，而且它们坚持竞争应当出现在合适的层面，那么公司及它们的雇员将会受益于服务价值的增加和信息数量的增加。长此以往，这些变化将会彻底改变医疗保健体系，从而促进转型。

更深入的分析

企业管理层应当把改善医疗保健的交付质量作为工作的一项重点。然而，多数公司在这方面目前仍依赖于政府和行业“专家”。实际上，政府和行业专家在过去10年中推行的改革并没有在医疗保健体系中创造出有效的竞争。在诊断美国医疗保健体系竞争中，迈克尔·波特和伊丽莎白·泰斯伯格两位教授从商业角度解读了这一体系中存在的弊端以及为改善价值平衡所需要作出的变革。这一报告分析深入，列举了作者通过不懈调查研究所收集到的全面的事实和数据。更多的信息，请登录http://hcreport.hbr.org。

- ☐ 采用那些不限制雇员选择治疗方法或者体系外服务供应商的方案。
- ☐ 寻找那些关于服务供应商的经验、现行标准使用情况以及治疗效果方面的信息。
- ☐ 确保雇员能够了解信息、诊断以及备选治疗方案，在区域和全国范围内共享收集到的信息。
- ☐ 坚持要求员工应当由有经验的医疗机构治疗。
- ☐ 对每项服务要求单一的明码标价。
- ☐ 对每一次住院治疗或者治疗周期要求一次性结账。
- ☐ 避免医疗保健计划或者服务供应商向雇员出账。

图 11–3　企业现在可以做些什么

ON COMPETITION

第四篇 战略、慈善事业与企业社会责任

12 慈善事业的新课题：创造价值

迈克尔·波特
马克·克雷默

在过去的20年时间里，美国慈善基金会的数量增加了1倍，而它们资产价值的增长幅度却超过了1 100%。目前，基金会的总资产价值超过3 300亿美元，每年向各类教育、人道和文化组织投入超过200亿美元。除了美国，没有哪一个国家能够向慈善事业和志愿者主义作出如此大的投入和承诺。然而，我们的社会是否全部实现了这一承诺呢？

对外捐款的慈善组织是个人和各类社会机构的媒介，个人向慈善组织捐款，慈善组织又资助各类社会机构。但是，如果慈善组织只是作为被动的中间人和资助渠道的话，那么它们便远远不能发挥自己的作用，也便辜负了社会对它们的重托。

基金会能够并且应当引领社会进步。它们有能力比个人或者政府更有效地利用稀缺资源。基金会由于没有政治压力，便能够以政府所永远不具备的独立性探索社会问题的出路。与个人资助者相比，基金会有一定的规模、时间和专业化管理方式，从而能够更为有效地造福于社会。

然而，基金会是否能够完成自己的使命却是一个问题。很少有基金会对如何利用其现有掌握的资源为社会创造最大价值而进行战略性的思考。对于行为结果，它们也很少去关注。相反，基金会经常关注的却是与它们的慈善使命并不相关的行为过程。

新世纪，如果基金会要生存并繁荣下去，它们必须改变上述态度和做法。诚然，基金会是基于个人的慷慨解囊成型的，但与直接资助相比，基金会享受到了极大的税费方面的优惠。当个人向基金会捐款时，个人便跨越了一道重要的界线。从某种程度上讲，基金会捐出的部分钱财是属于我们大家的。因此，我们应去监督基金会的做法，以便敦促它们能够获得较之其支出更大的社会效益，并敦促它们为社会创造出真正的价值。

基金会必须尽早面对这一挑战，而不是一再拖延。尽管基金会的数量和财富额正迅猛增长，但目前能够真正解决社会问题的渠道却比以往任何时候都少。最高效率地利用这些有限的资源能够创造出极大的社会价值，基金会正是完成这项使命的不二人选。然而，只要基金会创始人、托管人和员工们不愿意重新考虑他们该做什么以及如何去做，基金会便不能完成这一使命。陶醉于过去行善的历史记录，很少有基金会愿意通过实施某种战略去做得更好。目前是该采取一种新做法的时候了，这一新做法的焦点课题就是要承诺创造出价值。

创造价值的责任

当捐款人捐款给社会组织时，所有的钱都用于创造社会效益。但当捐款人捐款给基金会时，大部分的钱却没有用在刀刃上。平均起来，基金会每年捐给慈善事业的财产仅占其全部财产的5.5%，仅比法律规定的5%的下限稍微高一些。剩余的钱都投入到金融（而不是社会）事业了（其中，仅有0.01%的基金投资与慈善活动有关）。因此，对于目前基金会所拥有的全部3 300亿美元资产，只有在基金会最终将其支付出去时才能实现其未来的社会价值。

我们一直在思考直接向慈善机构资助与通过基金会资助之间的区别，因为这一区别实在是太大了。如果个人向慈善机构捐款100美元，国家会损失40美元的税收，而慈善机构会拿这100美元向社会提供服务。因此，直接创造的社会效益是损失掉的40美元税收的2.5倍。然而，基金会每年仅会拿出5.5%的资助用于行善，也就是说仅占损失掉的40美元税收的14%。

当然，基金会仍会持续每年拿出5.5%的本金。即便如此，自留如此大比例的本金也会造成极大的成本。比如，以10%的贴现率计算，5年之后基金会的累积资助现值仅为21美元，100年之后也只有55美元。由此，与每年直接资助给社会服务机构的100美元相比，其差距可想而知。

即便不考虑贴现率的问题，事实情况仍是，我们整个国家都在为延迟的社会效益事先埋单。对基金会来讲，不仅捐出去的部分不缴纳税费，而且收到的全部资助都不缴纳税费。由于基金会还几乎无须为其所有的财产升值而交税，因此实际上国家对其免征的税费还要更高。在过去10年的股市高涨时间里，基金会每向社会机构拨1美元，美国政府便免去75美分的税收。

同时，当基金会从事慈善行为时，会产生两方面的费用。第一，基金会有其自身的管理成本，每年估计为20亿~30亿美元。第二，有时，基金会烦琐的审批和报告程序会形成沉重的行政负担。这两类成本都是真实发生的。

因此，基金会是一种将金钱向社会组织转移的高成本方式。这并不是说基金会不能较之其附加税和管理成本贡献更大的价值，也不是说政府会与基金会一道为同一个目的花费税收收入。我们要说明的是，作为一个国家在基金慈善事业上投入了很多，如果基金会能够履行它们的职责，那么这些投入都是非常值得的。

那么，基金会能够提高它们的工作对社会的影响力，从而补偿自己的成本吗？基金会如果运作良好，它们完全能够在金钱和良好愿望热情之外提供更好的解决社会问题的方法。基金会财产基础的存在意味着它们能够在较长时期内解决社会问题，并积累自己的专业技能。因此，相对于个人资助者和政府，基金会的钱能够取得更好的社会效益。这就是我们为什么要敦促基金会创造价值的原因。

通过其他渠道创造价值

绝大多数的基金会都通过资助其他机构进行工作，仅有少数的基金会自身能够向社会提供服务。资助型基金会会从它们支持的机构中获得社会效益。然而，任何人，不管是个人资助者还是政府，都能用同样的钱取得同样的效益。当基金会的行为能够产生出超越其资助本身的社会效益时，我们才能说基金会创造了价值。基金会可以通过以下 4 种方式。前面两种方式人们相对比较熟悉，但很少被系统地实施过；后两种方式更有力，但并不常用。这 4 种方式都能够创造出价值，但是它们都会逐次产生不断升级的影响。随着活动的焦点从个人接受者转向社会层面，每一种方式都比前一种方式更能影响到基金会的特别资产——资源、专业技术、独立性和期限性(见图 12–1)。

1. 选择最好的接受资助者

这里的价值创造过程是非常直接的。像商业领域中的投资顾问一样，基金会能够利用自己的专业知识使资源在社会中发挥最大效率，其做法便是为那些颇具成本优势或者正忙于应对棘手问题的组织提供资金支持。比如，在寻求旨在降低学生辍学率项目资金支持的许多机构中，基金会会选择效率最高的那一家。这样，基金会的投入便可以较之个人资助获得更好的社会回报。通过这种方式，可以选择接受资助者和分配基金变成产生价值的源头。

尽管多数基金会都认识到，评价和选择是它们首要的任务，但很少有基金会能够通过系统的工作对自己的表现进行评估，从而提高将来投入的回报率。一个很明显的特例是科罗拉多信托，一家专注于平价保健与提升家庭生活品质的基金会。

科罗拉多信托通过对结果进行分析并将这些知识运用于其未来决策，大大改善了选择过程。这一点使其颇有些与众不同。对于其每一个新启动的项目，这一基金会都不仅会对接受资助者的表现进行评估，而且还会评估其自身的效率。基金会对于新项目的战略是否基于可靠的假设？选择受资助者的标准是否足够好？通过系统地回答这些问题，科罗拉多信托在每一次投资之后，其效率都会得到提高。

2. 向其他资助者传递信号

第二种创造价值的方式是第一种方式的逻辑延续。如果一家基金会善于评估和选择慈善事业，那么它会通过进一步教化和吸引其他资助者（特别是那些缺乏基金会专有知识的资助者）的方法将其创造的价值放大。通过这一做法，基金会

1. **选择最好的接受资助者。**
   每一美元都会比较低知识层次的资助者所资助的美元获得更高的社会回报。

2. **向其他资助者发出信号。**
   通过吸引其他资助者，基金会有效地提高了慈善资源的回报率。

3. **改善接受资助者的表现。**
   保证接受资助者的自身能力提高了其作为一个机构的总体有效性，从而提高所支付资本的回报率。

4. **改进知识与实践能力。**
   这项奠定基础的工作使得慈善组织、政府以及其他组织在领域内所花费的每一美元都更加有效。

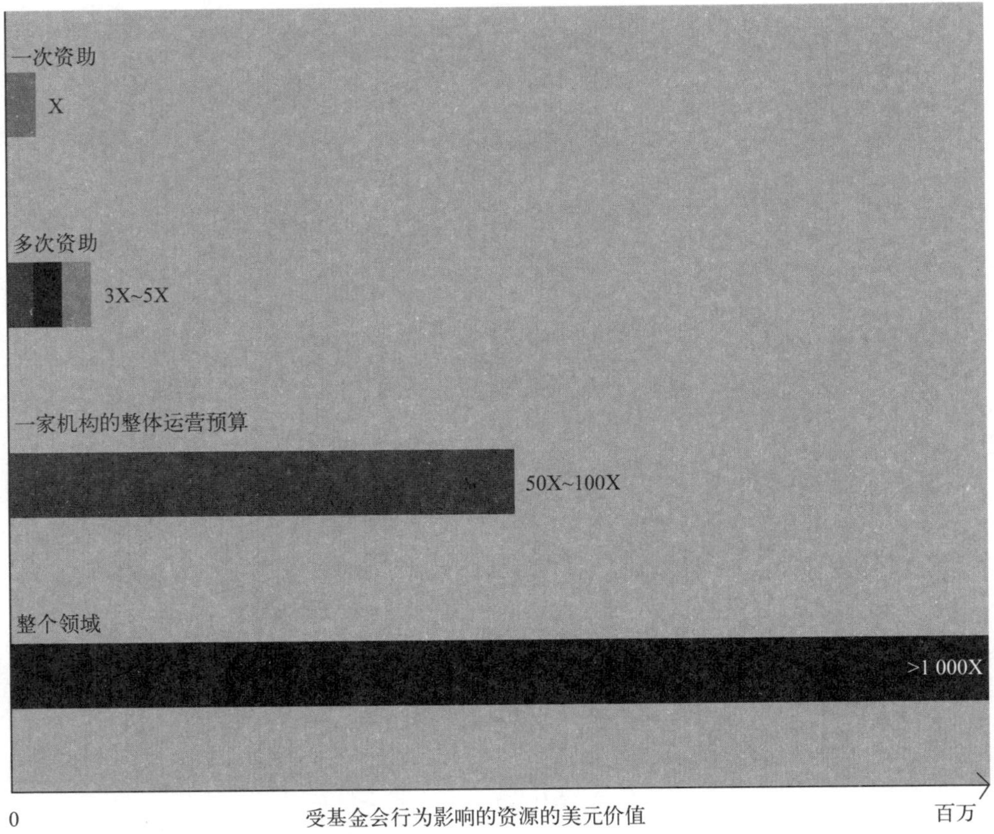

图 12–1　基金会创造价值的 4 种方式

便会有效提高慈善事业的回报率。

通过提供按比例补助而吸引其他资助者是一种发送信号的模式——尽管这种方式很少被人使用——仅占到所有资助的4%。在按比例补助之外，基金会还可以主动帮助接受资助者增加渠道，并教育其他资助者改进其自身的选择过程。然而，基金会互相之间独立运作的传统却一直成为阻碍这一学习和改进的障碍。

3. 改进接受资助者的表现

如果基金会从资金提供者的角色转变为完全加入其中的合作伙伴，那么基金会便可以创造出更大的价值，因为这可以提高受资助者作为一个机构的效率。通过这一方式创造的价值超越了单一资助的影响，因为这提高了受资助者各方面的社会影响力，并使得受资助者乐于互相之间吸取经验，进而也提高了其他机构的效率。

对受资助者综合表现的影响是非常重要的，原因是基金会的资助仅约占到非盈利业务总收入的3%。通过帮助受资助者改进其自身能力，基金会可以影响到更多方面的社会生产力。因此，较之选择受资助者或向其他资助者传递信号，与受资助者直接合作以改善表现便成为一种更强有力的利用稀缺资源的方式。

在提供服务的过程中，非营利性机构的行为没有自制的底线，尽管它们的确是为资助而竞争。结果，非营利性机构便缺乏改进其实力的强烈动机。基金会不但能够激励它们这样做，而且能够忍受它们的反对以及帮助受资助者发现并解决自身的弱点。

让我们来看一下戴维与露西 · 派克德基金会的例子。这家基金会每年花费1 200万美元帮助非营利性机构改进其管理、计划、重组和员工培训。比如，有一项资助便用于培训一家环保机构如何提高营销和融资效率。沙漠与海洋跨文化研究中心（CEDO）是一家墨西哥与美国的联合机构，致力于促进可持续发展加利福尼亚州沙漠和海湾区域的事业。CEDO成功地吸引了人们对这一区域的注意力，但是，随着旅游业的不断发展，CEDO却由于缺乏市场知识无法从中受益。后来，戴维与露西 · 派克德基金会赞助其从市场上找来了咨询师，咨询师教会了CEDO如何将旅游者转变为中心会员，从而使CEDO现在的收入情况大大高过基金会给予的5万美元的赞助。

由风险资本家艾德·科恩创建的Echoing Green基金会每年向非营利性机构提供140万美元的资金，以提高其实力。同时，这一基金会还投资于社会上的企业家与个人，以推动社会进步。它的目标是打造一个公共服务领导者联合体，在这一联合体中各成员之间共享经验、知识和能力。现在，Echoing Green基金会已为超过300名会员提供了资金，这些会员不仅有自己的项目，还经常互相间进行交流，共享知识与经验。然后，积累的知识经验被记录下来，向全体受资助者传授，从而最终成为公共资源。

基金会能够帮助非营利性机构的做法远远超越仅为管理发展事业而作出的资助。由此，基金会能够成为全心全意的合作伙伴，并且向机构提供建议、管理帮助、与专业服务公司联系的渠道及其他非现金形式的帮助。改善受资助者的能力经常需要基金会与受资助者的紧密合作，同时，双方应当有长期合作的打算。基金会都能满足这两个条件。

比如，1998年秋天，加利福尼亚州圣马特奥市的查尔斯和海伦·施瓦布基金会与半岛社区基金会及索布拉托基金会联合启动了一项200万美元的面向16家当地家庭服务机构的管理与发展项目。在项目期内，基金会成员每8周都会与16家服务机构的负责人会面。有关专家会被邀请就相关话题进行解读。经过群体讨论，其中的3家受资助者认为，如果它们采取兼并措施，会大大提高自身效率。后来，基金会的工作人员便与它们紧密合作，完成了兼并。由于技术管理已上升为一个主要问题，基金会为几家服务机构作了调研并满足了它们的技术需求。

4.提高知识与实践能力

通过资助研究工作和能够产生出高效解决社会问题的方法的系统性项目，基金会便可以创造出最大的价值。最终，一种新的体系便会产生，从而推动下一步的进展。如此，慈善机构、政府及其他机构所花的每一分钱都会物有所值。

在深入研究某一领域方面，基金会有着先天优势，它们可以采取新做法，并影响到公众情感和政府政策。比如，绿色能源革命源自于20世纪50年代晚期与60年代早期福特基金会与洛克菲勒基金会所资助的一项研究。出于对世界人口与饥饿问题的关注，这两家基金会创建了几家研究机构，这些研究机构后来开发出了将粮食产量提高一倍甚至两倍的技术。

在6年的时间里，印度的大米产量翻番，过去曾经是小麦进口国的墨西哥也成为了小麦出口国。尼日利亚和哥伦比亚也仿照福特基金会和洛克菲勒基金会创立了自己的基金会。后来，洛克菲勒基金会向28个发展中国家的机构传授了自己的研究成果。最终，这两家基金会所创造的知识使全世界数百万最贫穷人民受益。

在过去的95年时间里，卡内基基金会的研究工作对美国的教育业也产生了类似的强大影响力。1904年，卡内基资助了亚伯拉罕·弗莱克斯纳的一项医学教育研究。这项研究一开始缺乏有关的标准，后来，他却为美国医学教育带来了一场革命。在接下来的20年时间里，有接近半数的医学教育学校被关闭，弗莱克斯纳所倡导的标准课程至今仍是美国医学培训的基础。

后来，卡内基基金会又接连资助了数百项教育研究，包括职业教育的其他一些领域，比如法学、工程学和商务学等。在每一个领域，研究工作都影响并促使形成了新的标准教育模式。

1967年，卡内基高等教育委员会设定了大学文科教育模式，这一模式至今为大多数大学所采用。同时，卡内基基金会还致力于研究考试标准化，并负责创建了位于新泽西州普林斯顿市的美国教育考试服务中心。

只有这样的工作——不仅追求知识突破与创建实验项目，而且促进这些突破与项目开花结果，才是我们创办基金会的初衷。今天，也有许多基金会在从事类似的具有影响力的事业。比如，皮尤慈善信托基金会最近便创立了皮尤全球气候变化中心，致力于研究全球变暖、教育大众以及协调国际谈判等工作。

尽管政府削减了其对社会项目的资助，但是，通过提高社会的知识和实践水平，基金会仍可以创造出巨大的价值。令人遗憾的是，目前仅有数量很少的基金会能够做到这一点。

基金会需要战略

实际上，创造价值的4种方式——选择受资助者、向其他资助者发送信号、提高非营利性机构的能力以及创立和传播新观点，是能够互促互进的，并且所取得的效果是可以累积的。基金会越能够改善社会企业的能力、创造新知识、影响更多的公众与更好地激励私人热情，便越会取得更大的影响力。

但是，这4种创造价值方式中的任何一种都需要实际有效的战略。然而，令人遗憾的是，“战略”一词已被基金行业过分滥用，因此它实际上已变得没什么实际意义了。现在，“战略性资助”指的是有目的实施的几乎所有资助。基金会的战略很少能够像其定义的独一无二地发挥作用，其工作方式也很难从各个方面决定机构的运作。

在商业运作里，企业的战略确立了其如何为客户创造价值的方式，其服务方式应当比竞争者更能满足客户的特殊需求。企业必须能够以低于竞争对手的成本生产，或者以合理的成本产出更高的价值。企业只有通过独特的定位或者独一无二的竞争方式，并且这一定位和竞争方式能够符合其所交付价值的特殊要求，才能实现这一目的。

慈善活动的目的可能会有所不同，但其基本战略逻辑是完全相同的。基金会不是通过市场进行竞争，而是通过使用有限的慈善渠道最大限度地服务于社会。当基金会以更少的投入取得相同的社会效益，或者以合理成本取得更高社会效益时，我们才能说它真正创造出了价值。

无论是商业活动，还是慈善活动，战略都需要遵循下列原则。

1. 目标是获得既定领域内的优势

基金会要获得优势，其行为、投资和资助联合起来的单位投入应当较之其他机构在处理同一问题时产生更大的社会效益。将目标定位于获取优势并不是一种自我抬高，也不是要制造基金会之间的竞争，而是基金会提高服务社会总体能力的一种最佳方式。

当然，实际上，资质相差无几的基金会之间很难说恰好会采取同样的策略方法而取得优势地位。但这不等于说，基金会应当放弃取得优势地位的目标。至少，基金会应当通过自我挑战，随着时间推移改进自身能力。比如，尤因 · 马里恩 · 考夫曼基金会将降低中学生辍学率作为其青年发展分部的首要目标。在超过10年的不断实践和认真评估过程中，考夫曼基金会已从根本上改变了其做事方法。因为基金会发现，社区合作关系和关注成年人较之教育改革更为行之有效。结果，考夫曼基金会能够以同样的投入取得更好的效果，并彰显自身更强大的能力。

同时，基金会衡量自身成功与否也应当参照其资助机构的表现。目前，这一观点尚没有得到广泛认可。但是，投入资金的基金会只有通过其他人才能创造价值，却是不争的事实，它们必须对受资助者的成功负责。基金会要取得成功，其所有受资助者的整体表现应当好于平均水平。当然，并不是每一家受资助者都会获得成功，其中还存在一个风险评估的问题。但是，基金会应当将单位投入取得最大效益作为最终目标。

作为出发点，基金会应当接受获取优势这一合理的目标，这一点非常重要。然后，它们必须学会基于自己的经验做事及对结果进行评估。

2. 战略依靠独特定位的选择

无论是谁，如果想多点同时开花，那他很可能会一事无成。因此，战略考虑的首要一点便是要降低基金会所要面对社会挑战的数量。基金会必须确定其影响的切入点以及如何施加影响。

让我们来看1993年由瑞士慈善家史蒂芬 · 斯密德亨尼所创立的阿维那基金会的例子。阿维那基金会致力于环保事业，因此它将影响力限制在这一领域。然而，将投入限定在一两个领域并不等同于战略。在广泛的环保事业范围内，阿维那追寻的是更为具体的目标：拉丁美洲的可持续发展。在所有促进可持续发展的方法中，阿维那的选择是促进环境友好型事业。因此，对于两大定位因素——产生影响力的源头以及如何产生影响力，阿维那都了然于胸。

由于最有效的慈善事业都是由那些对某些领域特别关注的、有知识有热情的个人所推动的，因此，正确定位便需要对基金会文化有深刻的理解，包括其价值、历史、投入重点以及现有受资助者等。最终，定位的过程便是一个提问的过程：在现有已知的基金会文化、热情、专有知识和资源的情况下，我们的基金会如何能够创造出最大价值？其他资助者都做了或者正在做些什么事情？关于我们所要面对的问题，其他资助者是如何做的？

让我们再来看一看查尔斯和海伦 · 施瓦布基金会的例子。这一基金会定位于加强开展人文服务与家庭服务机构的组织能力和管理能力。这一施加影响力的选择受到了受资助者看重可靠管理的左右，但是更加受到基金会职员的有关调查。调查显示，很少有资助者能够提供这类支持。因此，定位既能反映出人文价值，也能够对机遇、优势和弱势进行切合实际的评估。

3. 战略基础是独特的方法

基金会的每一种主要行为——包括选择过程，受资助者的规模、构成和历史，基金会领导层与职员的组成和职责，基金会向受资助者提供的非资金支持的类型，以及基金会的评估和报告程序——都必须要服务于其战略定位。

比如，在教育领域，加利福尼亚州奥克兰市的慈善创投基金会将重点放在了大众投入上。1995 年，这一基金会创立了教师资源资助项目。在广泛的教育领域发展事业中，基金会趟出了一条定位于自身小规模的路子。慈善创投基金会选择向当地教师提供价格适中但亟须的教学用品。这些用品如果在教师需要时不能及时到货，便失去了其意义。

慈善创投基金会通知 6 000 多名教师，它将投入每笔最高 1 500 美元（1 年之后，基金会将最高额降低到了 500 美元）的资助，用于教学、实习以及师资培训的投入。教师们将这一项目称之为“传真资助项目”，原因是基金会通过传真方式接收人们的申请，并在收到申请 1 小时内作出回应，24 小时之内审核完毕。

由于这一定位是针对那些咨询不畅的教师，并且将资助细分到数量众多的小额项目，慈善创投基金会采取了一种无纸化申请的做法，从而大大降低了教师资助申请的时间。基金会发现，在其所选的领域中，并不需要进行复杂的有关调查、审核等工作。

慈善创投基金会很好地说明了基金会应当如何利用实际条件去创造价值。只有做与众不同的事情，严格按照自己制定的专攻方向，基金会才能够以与别人同样的投入取得更大的成功，同时也能够帮助其受资助者取得成功。使做事方法迎合战略需求才是基金会利用和加强其独特优势的必经之路。

4. 每种定位都需要取舍

为了获得最佳效果，基金会必须放弃其他方法和其他领域的机会。不管基金会（或者其他任何机构）是否拥有自己的战略，作出放弃的决定都是一个不小的考验。

对于慈善创投基金会来讲，这便意味着向教育领域中的许多好机会说不。也就是说，对那些大额的可能会创造出模范效应、按不同要求培训教师甚至能够影响到公共政策的集中培训项目或者常年项目说不。这类资助不仅需要各种资金渠道，而且需要为研究配备各类人员和各种运作模式。问题不在于某项目标比另外一项更值得去做，而在于定位需要作出取舍。

对基金会来讲，这一方面的战略制定特别困难。许多机构强烈要求得到基金会的帮助，每一项资助似乎都值得去做，而结果会怎样又很难说清楚。即便是那些已在某一领域起步的基金会也会深陷到其他的许多事务中去。但如果最终目的是为了提高表现水平，那么作出取舍便是必须的。

现在的做法

截至目前，还没有一项综合性的研究对基金会惯例或基金会资助的效率作出解析。然而，现有的数据却表明，现状与我们的期望还相差很远。战略需要有重点，而基金会通常会将其资源（资金或者人）分散开来。形式分散的资助和面对个人资助要求的持续压力使得基金会很少有时间开拓自己的专业领域、帮助受资助者或者深入研究社会问题。基金会职员经常会陷入资助的循环圈，几乎没有时间在董事会上对未决的资助要求提出质疑。

比如，一般来讲，基金会每年都会涉及大约 10 种不相关领域的资助，这些领域与教育及保健业一样定义十分宽泛。不到 9%的基金会其 75%的资助都属于同一个领域，仅有 5%的基金会其 90%的资助都属于同一个领域。如此分散的资助不符合基金会的清晰战略定位。

也没有数据显示有许多基金会在利用它们独特的方式创造价值。在资产超过 10 亿美元的大型基金会中，每 1 名职业雇员每年都要平均处理大约 7 件资助案例。平均起来，在基金会资助的每一个领域中仅有 3 名专职负责人员。大型基金会中的职员可能会有足够的时间和能力对资助作出评估，但是，即便是对于最敬业的职员，也难以看到其抽出大量时间帮助受资助者。基金会越小，其职员时间越紧张。资产介于 5 000 万~2.5 亿美元之间的基金会，其每名专职人员所处理的资助案例的数量是大型基金会每名专职人员的 5 倍。平均起来，每两名职员要处理 11 个不相关领域的资助案例。最小规模的基金会经常要依赖于受托者的志愿服务，从而使得许多决策几乎都无法进行正式的评估。

同时，这意味着，除了选择之外，基金会并没有利用价值创造的更为强有力的方式。除了资金支持，基金会极少给予其他形式的支持。仅有 2.2%的基金会资助案例的目的是为了提高受资助者的能力。95%的基金会资助案例期限为一年。尽管一年之后资助期结束，基金会经常会将资助延长至数年，但是几乎没有迹象表明，基金会能够利用这一延长期与受资助者紧密协作，以提高他们的能力。基金会应当从长远处着眼，将重点放在提高受资助者能力上。

最后，尽管基金会对革新与利用关于社会问题的知识表现出很大的兴趣，但是极少有基金会资助那些探索面对既定问题采取不同解决方式的相关有效性的研究。仅有8.8%的基金资助进入了研究领域，且绝大部分为基础医学和科学。基本会很少资助研究或者数据收集项目，因为较之社会服务，基金会并不看重这些。

许多基金会不直接资助研究，而是致力于通过建立和支持特别新项目的创始资本的方式促进革新。然而，如果项目没有成型或者没有进展，那么启动新项目便不会带来任何益处。基金会经常会忽视致力于促进新观念发展和传播的项目，或者，它们无法在长时间内对受资助者提供支持。它们几乎从不作前沿研究和预评估工作，以判断它们的项目是否获得了成功，以及是否在创始资本资助的初期阶段后继续持续下去。

然而，在某种程度上，完全不能对基金会资助的结果进行评估是一个最危险的信号。目前，几乎没有基金会将钱花在项目评估上。对于是否应当花大力气评估，对过去资助的表现进行评估是否能够改善未来的资助项目，许多基金会都有些犹豫不决。而用于评判基金会职员的能力标准更加重了基金会的这种犹豫态度。这些都使得之前资助分析与推荐资料的作用更为重要，并且使人们不再看重能够在资助第一时间带来的实质性成果。因此，项目评估仅有一个不利方面：败则大过，成却无功。

对于那些已经实施的评估，也经常存在三个方面的问题。第一，评估仅限于对投资是否按照初衷实施（产出评估），而从不对社会影响作出衡量（结果评估）。第二，许多评估都是通过受资助者完成的，而受资助者都会想尽一切办法寻求来自于基金会的进一步帮助。那么，这些报告如何能够保持客观性及可靠性呢？第三，即便是偶尔由外部咨询部门对社会影响进行评估，评估也通常仅停留在单一受资助者的水平，而不会去考虑基金会的其他受资助者。因此，这并不能说明基金会在实现其总体目标方面获得了成功。

当然，评估工作有时候会成本很高，且工作量很大。但是，只要一开始便设定一个明确的目标，评估便一定能够进行下去。职业培训项目的评估标准一定不同于年轻艺术家资助项目的评估标准。然而，对于这两种情况，都可以建立起有意义的标准。

让我们来看一个圣弗朗西斯科的罗伯茨企业发展基金会的例子。这一基金会专注于为无家可归者和穷困者创造就业机会。通过与其受资助者卢比肯计划的紧密合作，罗伯茨企业发展基金会出台了25项标准。这25项标准不仅能够评判职业培训项目成功与否，还能够帮助卢比肯更为有效地管理这一项目。除了最为明显的标准（比如就业稳定性、工资和工作技能）之外，罗伯茨企业发展基金会和卢比肯还发现，诸如滥用药品等因素，甚至是受培训者对是否能够实现个人目标的评估等因素，都是项目所要尽力考虑到的有意义的方面。

如果没有评估，基金会便永远不会知道自己是否获得了成功。如果不作评估，战略最为基本的前提条件——争取更佳表现——便无法得到满足。

面对新课题

基金会如何才能沿着我们设计的道路走下去呢？许多基金会（包括那些在风险慈善机构体系下运作的基金会）已经走上了这一道路。然而，仍有许多基金会并没有步入正轨。要将所有这些因素整合到一起，需要出台新战略、按照这一战略实施并且改变基金会的管理，从而能够更为有效地对战略实施过程进行监督。这一变化的责任最终在于受托者，受托者是负责基金会（和社会）资金使用的受信托人。

第一，为出台一项战略，出发点在于合理定位。这便需要进行系统性地思考，并对尚未得到足够关注的重要的社会变化进行深入研究。出台战略的目的并不一定是要确定最重要的问题，因为重要的问题有很多。最为关键的是基金会是否能够高效地实施自己的战略。

第二，基金会能够从其选定的资助领域中吸取过去的经验教训。现有的社会经济趋势是否向良好发展？其他机构在同一领域的表现如何？基金会的工作是否能够起到加强或者补充作用？我们是否能够揭示出问题的根源？

第三，是何种独特的力量使得基金会在这一领域最高效地创造出价值？关于这一问题的部分答案来自于客观地对基金会过去造成影响的方面进行回顾。同时，对缺点的实事求是的评估也能在一定程度上回答这一问题。

规模在战略选择中扮演着重要的角色。基金会需要足够的资源来实施其独特的创造价值的方式。规模较大的基金会可以很好地从事一个以上领域的工作。如果它们选择这样做，它们必须为每一个领域设定单独的战略和特定的运作方式。但是，所有的基金会都可以通过更大比例的调动其资源的方式来创造更多的价值。为此，它们已选定的领域要逐步扩增，为支持自身的慈善事业，它们还要采取更多的投资方案。

基金会一旦选定了一项战略，它便可以重新调整其运作方式。基金会就像一个企业，是各类活动的组合体。每一种活动（比如如何征求意见和支持受资助者）都必须迎合选定的战略。运作中尤为重要的一点是要出台一系列的措施，以帮助基金会了解自己是否获得了成功。

战略性运作需要大多数基金会重新审视自己的管理体系。在一个从职员到基金会决策层都面临获取资金、对外如何实施资助的压力的环境下，变革便会非常困难。除了特大规模的基金会之外，所有基金会都在其决策层会议上讨论和批准特别资助计划。如果没有目标或战略，它们永远无法将资助项目的选择过程授权给基金会职员，也永远不会有评估自身经验的框架体系。为了避免这一情况，位于芝加哥的皇冠基金会在其每年的 4 次季度会议中仅在两次会议上考虑资助问题，其余两次用于讨论策略、回顾过去表现以及深度探讨问题。董事会需要从批准资助的运作性功能向制定战略和评估结果的功能转化。

随着目标、战略以及评估机制的到位，职员便具备了更高的独立性，从而可以更为及时灵活地作出资助决策。在科罗拉多信托基金会，董事会研究并批准长期大投入的项目，这些项目都有确定的目标，并有明确的战略。一旦董事会设定了体系，项目职员便有权在整个项目期间处理单个资助案例。因此，职员在决策单个资助案例方面便拥有了更大的责任与自由度，董事会也便有时间研究专业领域，制定总体战略并对职员表现进行评价。

对于那些深切关注社会问题并不懈工作以期与众不同的人来讲，现有基金会的做法不但影响到了效率，并且不可避免地会降低资助者、职员和接受资助者的满意程度。分散的资助、与接受资助者的若即若离关系以及缺乏对结果的关心很可能会在基金会与最终工作结果之间制造一种隔阂。有战略性的行动要困难很多。然而，对于受资助者与职员来讲，这却更加有益。

改善慈善事业的表现将会使基金会在社会上拥有更大的影响力。基金会在改变社会管理文化方面能够发挥带头作用，它们能够将慈善事业从个人道德层面提升到专业领域层面。等到基金会能够接受社会责任并承担起创造价值的义务的那一天，它们便会立于不败之地。但也只是立于不败之地，而不能说真正获得了成功。

13 企业慈善事业的竞争优势

迈克尔·波特
马克·克雷默

目前，企业慈善事业已经越来越少。2001年，美国企业的实际慈善投入下降了14.5%；在过去的15年时间里，企业资助的利润下降了50%。个中的理由并不难理解。经理人看到，他们越来越难获得成功，因为他们要面对许多来自批评者的声音，要求他们承担更高水平的“企业社会责任”，投资者也希望能够通过持续不断地向他们施加压力而实现短期利益最大化。即使付出再多，批评家们也不会满足，反之会对其抱以更高的期望。但是，经理人会发现，要维持慈善事业的最低收益却是一件极其困难的事情。

这一进退两难的处境迫使许多企业必须采取战略性的慈善活动。但是，目前所谓的“战略性慈善”几乎完全没有战略性可言，并且难以称其为慈善行为。因此，慈善事业已越来越成为一种公共关系或广告用语，用以通过事业关联营销或者其他资助方式提高企业形象或者品牌效应。尽管仅占到整体企业慈善支出的一小部分，但美国企业在营销上的支出已从 1990 年的 1.25 亿美元上升到了 2002 年的 8.28 亿美元。同时，艺术赞助也在上升，2001 年增加了 5.89 亿美元。尽管这些做法的确为有价值的事业提供了急需的帮助，但它们在带来社会影响力的同时，也提升了企业的知名度和提振了员工士气。比如，1999 年，烟草业巨头菲利普 · 莫里斯花 7 500 万美元用于慈善事业，然后又启动了一项 1 亿美元的广告计划对这一事业作宣传。不过，对于这些方法，它们是否能够奏效，还是只会使人们产生对企业动机的嘲讽，却难有定论。这一点并不奇怪（请见本章插入内容“战略性慈善的误区”）。

战略性慈善的误区

几乎没有哪个词像“战略性慈善”一词那样被严重滥用和狭隘定义。这一词汇被用于几乎所有类型的拥有可定义主题、目标、方式或者焦点的慈善活动。在企业背景下，这一词大体意味着，慈善投入和公司业务之间存在着一定的联系，尽管有些模糊和牵强。通常情况下，这一联系仅仅是语义上的，使得企业能够在其公开报告和媒体新闻中自圆其说。实际上，大多数企业资助的项目与企业战略并不存在任何关系。企业的基本目标是要产生一种良好愿望和正面的公开性，并提高员工的士气。

企业集中于向单项事业或者组织资助所需要的事业关联营销是被称之为“战略性慈善”的最早的做法之一，它避免了企业投入的分散性。在其最为成熟的阶段，事业关联营销可通过将企业声誉与所选非营利性合伙伙伴或者一种通行的事业挂钩而提升企业声誉。比如，奥运会赞助商不仅能够获得广泛的知名度，而且能够获得追求完美的机会。同时，通过事先准备好的选择体系将资助项目集中起来，事业关联营销可能会创造出较之分散型资助更大的影响。

然而，事业关联营销十分缺乏真正的战略性慈善，其重点仍是公开宣传，而不是社会影响力。期待效益是通过良好愿望的方式去实现的，而并不是通过提高企业竞争力的方式。真正的战略性资助对社会与经济目标会看得同等重要，致力于企业与社会的双赢，因为企业能够带来独一无二的资产和专有技术。

基于目前困扰企业慈善事业的模糊不定性，我们的确需要重新考虑一下一个基本问题：企业是否应当介入慈善事业？1970 年，经济学家米尔顿 · 弗里德曼在一期《纽约时报杂志》上撰文认为，“商业的唯一社会责任”是“追求自身利润的增长”。同时，在他的《资本主义与自由》一书中，他写道：“公司是其股东的一种工具。如果公司有资助行为，便会妨碍单个股东关于自有资金的决策。”弗里德曼得出结论说，如果需要作出慈善资助，也应由单个股东来作，或者由单个公司职员来作，而不是公司本身。

从今天企业慈善事业的情况来看，弗里德曼的话是对的。大部分的企业慈善项目形式分散，没有突出的主题，往往仅仅是针对当地事业的多项小额资助，或者仅仅是向大学以及慈善组织提供一般的运作性协助，以期在员工、客户以及当地社会形成良好的口碑。这些资助项目没有经过深思熟虑选择社会或者经营目标，而仅仅是反映出了企业管理层或者员工的个人信仰和价值观。的确，最为常见的一种方式是符合员工情况的资助，很明显，这使得慈善行为最终要靠员工完成。实际上，尽管目标是鼓舞员工士气，但通过提高工资水平也能达到同样的目的，因为此时员工便可以享受纳税优惠政策而进行慈善资助了。的确，目前企业所作的许多资助决策如果换做员工个人资助的方式，效果会好得多。

至少在表面上与业务目标有关系的项目（比如事业关联营销）又怎样呢？即便是最成功的这类项目也很难称得上是一种慈善行为。由于所有合理的企业支出都是可以减免税费的，因此企业在慈善事业上的支出相对于其他企业行为并不能获得税费方面的特别优势。如果事业相关营销本身做得成功，便可以享受到税费优惠，因此也并没有必要将其命名为一种慈善。

但是，弗里德曼的话是否放之四海而皆准呢？实际上，这些话的背后有两个暗含的前提条件。第一个条件是社会和经济目标要独立和独特，由此企业的社会资助是以牺牲其经济利益为代价；第二个条件是企业在处理社会问题时，提供的效益不大于个人资助者。

如果像目前这样的情况，即企业资助形式分散，那么这些假设便是正确的。然而，还有一种思考慈善事业的更富战略性的方式。企业可以利用其慈善行为改善其竞争环境——企业所在商业环境的质量。通过慈善事业改善竞争环境会将社会与经济目标统一起来，并改善企业的长期业务前景，从而造成与弗里德曼第一个假设矛盾的状况。此外，改善竞争环境不但能够使企业乐于出钱，而且还能够提高其参与慈善事业的能力和有利于其处理各种关系。如此，相对于个人资助者、基金会，甚至是政府，企业的慈善行为便会带来更大的社会效益。因此，专注于具体环境的资助行为便与弗里德曼的第二个假设产生了矛盾。

目前，许多企业已开始从事专注于具体环境的慈善事业，从而取得社会效益与经济效益的双赢。比如，思科公司投资了一项庞大的教育项目——思科网络学院，以对网络管理者进行培训，从而缓解了网络管理需求方面的紧缺，最终为高校毕业生提供了许多令人艳羡不已的就业机会。通过专注于能够影响到企业环境的社会需求与利用企业独一无二的优势，思科公司已经挖掘出了其在企业慈善事业方面的潜力。然而，这种新做法需要企业开展慈善事业的方式作出一些基本的改变。对于企业专注慈善行为的重点以及如何具体实施资助行为，企业的确需要重新作一番思考了。

专注的重点

的确，长时间以来人们一直认为，经济与社会目标都是独一无二和具有竞争力的。然而，这需要人们分开来看。在一个基于知识的开放的世界，这一观点已经逐渐过时。离开周围的社会环境，企业便不会发挥任何作用。实际上，企业的竞争能力很大程度上取决于其所在的地域环境。比如，一般来讲，改善教育被看做应当是由社会来完成的，然而企业员工的受教育水平却会大大影响到企业的潜在竞争能力。社会进步与企业业务越相关，企业便越会获得经济效益。比如，在建立网络学院的过程中，思科公司所关注的不仅仅是整个教育体系，而且还有为培养网络管理者而进行的培训。这一特殊的教育方式使得思科的竞争环境变得与众不同（关于思科网络学院的详细情况，请见本章的插入内容“思科网络学院”）。

思科网络学院

思科公司的网络学院是将企业慈善事业战略、企业竞争环境与社会效益强有力结合在一起的经典例子。思科是领先的网络设备和路由器（用于将电脑与互联网连接的设备）生产商，在过去的10年时间里发展迅速。但是，随着互联网使用范围的扩大，世界各地的客户都遇到了优秀网络管理者紧缺的问题，这一点已成为影响到思科公司乃至整个IT产业持续发展的问题。一项评估表明，20世纪90年代末，全世界有超过100万个信息技术方面的岗位空缺。思科公司清醒地认识到了这一竞争环境的限制，认为只有通过慈善行为，企业才能找到应对方式。

这一项目是基于良好愿望资助的经典例子：一开始，思科向一家临近其公司总部的学校资助了网络设备，然后逐渐向附近区域扩展。然而，一名负责与学校联系的思科工程师看到，这些设备安装之后，学校教师与管理人员缺乏设备管理方面的培训。因此，这名工程师与其他几名工程师一起自愿启动一个项目：不但向学校提供设备，而且培训教师如何建立、设计和维护计算机网络。学生们也逐渐开始加入这一课程，并成功地学到了有关的知识。随着思科公司将项目扩大，公司管理层进一步意识到，他们可以开发出一种基于互联网的远程教学课程，用于培训本科及本科以上网络管理专业的学生，并颁发证书。这一项目可以产生更为广泛的社会影响力和经济影响力。就这样，思科网络学院诞生了。

由于这一项目的社会目标与思科的专有知识紧密结合，思科公司得以快速高效地建立起了一套高质量的课程，从而较之仅提供现金和设备创造出了更多的社会和经济价值。在美国教育部的建议之下，思科公司已开始将目标对准了“授权区域”学校。这些区域都是由联邦政府指定为经济状况最受困扰的地区。同时，思科公司还将社区学院与职业培训包含在了项目中。最近，思科公司还与联合国一起将项目扩展到了就业机会奇缺、网络技术有限的发展中国家。同时，思科公司还为学院毕业生创立了一个世界范围内的就业机会数据库，从而创造出一个更为有效的就业市场，并为毕业生和他们所生活的地区带来福利。

在全球业务拓展的同时，思科公司利用其独有的资产与专有技术创立了这个项目，这一项目是其他教育机构、政府部门、基金会和公司资助者所难以迅速设计并推广的。这一项目通过向同行业传递而扩大了其影响。其他公司通过资助产品或者将产品和服务（比如互联网接入、电脑硬件和软件等）打折，对思科公司的资助也形成了补充。几家领先的技术公司也开始意识到思科公司所创建的全球体系的价值，它们没有自己创立网络学习体系，而是选择了与思科公司合作。太阳计算机系统公司、惠普公司、Adobe系统公司和泛达公司通过赞助编程、科技概论、网络设计和电缆敷设等专业学科扩大了思科学院的课程范围。由于项目与思科公司的业务关系重大，项目得到了业内其他公司的支持，并能够有效地利用赞助。

尽管此项目仅推出3年，但却已在全美50个州和世界147个国家的中学、社区大学和社区组织中拥有9 900家学院，所创造出的社会和经济价值无可估量。根据思科公司的估计，自项目推出以来，他们已经投入了1.5亿美元。这些投资已使美国和世界许多国家穷困地区的人们拥有了高技术产业事业并提高了技术水平。有超过11.5万名学生已从为期两年的学制中毕业，另有26.3万名学生目前正在项目学习过程中，其中有一半来自于美国之外的其他国家。目前，这一项目还在迅速发展，每周大约新开设50~100家新学院。思科估计，50%的学院毕业生在IT业找到了工作，而在美国，IT业中的网络管理员平均年薪高达67 000美元。据估计，对那些已经加入到就业岗位的毕业学员来讲，在其整个事业期限内，他们可能会创造出大约几十亿美元的效益。

可以肯定的是，这一项目还使世界各地的企业受益匪浅，它们不浪费一分钱，便能够招聘到技术熟练和竞争力强的学院毕业生。然而，作为世界领先的路由器供应商，思科是项目所带来的竞争环境改善的最大受益者。通过主动调动别人的资源，思科便不需要承担项目的全部支出。思科不但扩大了其市场和增强了自身实力，并且还提高了客户的能力。通过体现在竞争环境中的这一看得见的进步，而不是仅通过资助行为，思科的这一项目已获得了世界范围内的广泛认可，并且在公司员工身上产生出了自豪与热情，在合作伙伴之间产生出了善意的愿望，在慈善事业中铸就了领头羊的声誉。

因此，从长远来看，社会目标和经济目标在本质上并不冲突，而是互相联系的。今天，竞争能力的基础是生产效率。有了生产效率，企业便可以利用劳动力、资本和自然资源生产出高质量的产品与服务。高生产效率取决于高学历、健康、物质生活富足及面对机遇能够激发起热情的员工。保护环境不仅有益于社会，而且有益于企业，因为污染和废物排放的降低会提高资源的使用效率，并且能够生产出客户所喜欢的产品。对发展中国家来讲，社会和经济条件的改善能够为企业业务带来更多的机遇，为企业产品带来更大的市场。的确，我们正逐渐意识到，处理目前世界上紧要问题的最有效的办法是通过使社会和企业双赢的方式调动所有人的积极性。

但这并不意味着，每一项企业支出都会带来社会效益，或者，每一项社会效益都能够提高竞争力。大多数的企业支出都只能产生经营效益，而与企业业务无关的慈善资助只能产生社会效益。只有企业支出能够同时产生出社会和经济效益，企业慈善事业和股东利益才能融合在一起（见图 13–1)。图 13–1 中深色部分便是企业慈善事业能够对企业竞争环境产生重要影响的区域。只有在这一区域范围内，慈善才是战略性的。

竞争环境对战略来讲一直都是一个重要的因素。技术高超和富有激情人才获得的难易程度、当地基础设施（包括道路与通讯）的效率高低、当地市场的规模大小与成熟与否，以及政府政策的力度大小等环境变化因素总会影响到企业的竞争能力。然而，随着竞争的基础从低价生产要素变化为高生产效率，竞争环境已越来越成为竞争的关键因素。一方面，基于知识与技术的现代竞争越来越取决于员工素质。另一方面，如今企业对区域合作的依赖性越来越大。它们越来越依赖于与当地供应商和机构间的联系与合作，而不是靠纵向联合；它们越来越依赖于

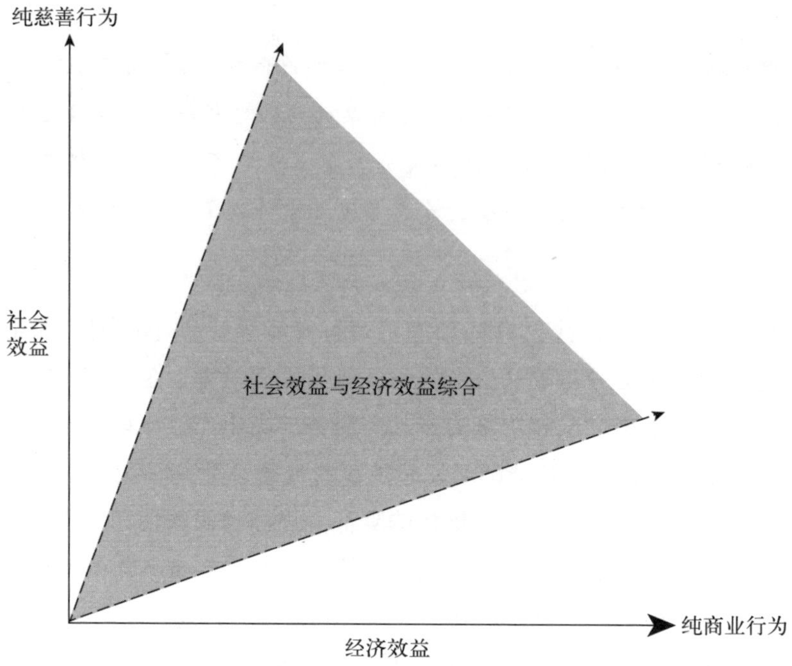

图 13–1　利益趋同

紧密与客户沟通；它们越来越依赖于与当地大学和科研机构合作实施研发项目。最终，对竞争来讲，解读日益复杂的当地政策和缩短新项目与新产品的审批时间已越发重要。这些趋势所带来的结果是，企业的成功已经与当地有关部门及其他环境因素牢牢联系在了一起。同时，生产和销售的全球化也意味着，对企业来讲，不仅国内环境，而且国际环境都十分重要。

企业的竞争环境包括当地商业环境中决定潜在生产效率的 4 个相关因素：生产要素，需求情况，战略与竞争环境，支撑产业与相关产业。图 13–2 对这一体系作了总结，迈克尔 · 波特的《国家竞争优势》一书中对此作了更为详尽的叙述。这 4 点中缺少任何一点都可能会对一个国家或者地区的竞争力造成影响。

有些业务环境因素，比如公路系统、企业税率和公司法等，其影响会波及所有产业。在发展中国家，这类基本条件会对竞争力产生关键性影响，而通过企业慈善行为改善这些条件，可为世界最贫穷国家带来巨大的社会效益。然而，对于特别产业簇群——互相间关联的企业、供应商、有关产业和特殊领域的专业化机

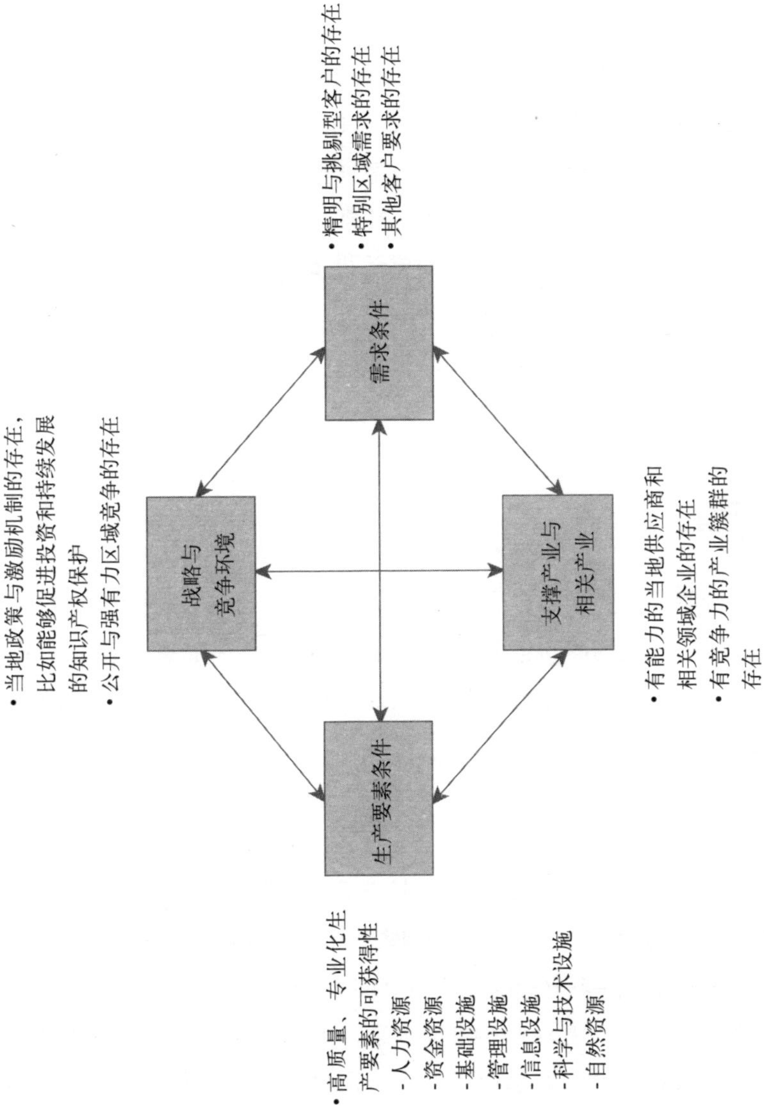

图 13–2　竞争环境的四大因素

构（比如德国的高性能轿车和印度的软件）——竞争环境的4个因素起着同样重要作用。产业簇群的崛起靠的便是竞争环境中所有4种因素的综合影响。产业簇群是区域经济的显著特征，它的建立有益于产业的发展，并能够提高企业的生产效率，从而促进创新和新产业的形成。

产业簇群成员的慈善投资（不管是个人还是集体行为）会对产业簇群及其所有组成企业的竞争力造成影响。慈善事业也可能是一种改善竞争环境的最有效的方式，有时甚至是唯一的方式，因为它不仅能促使企业调动自有资源，并且能够调动非营利性机构和其他单位的现有资源。比如，资助一所大学较之于内部培训在提高企业先进技术局部基础方面的成本要低得多。同时，慈善行为也符合企业利益，因为它可以使企业投入分散于多个国家。最终，由于慈善事业能够带来广泛的社会效益，企业便得以与非营利性组织和政府建立起合作关系，尽管政府会一再提防与企业的合作会使企业成为最终唯一的受益者。

影响竞争环境

通过仔细分析竞争环境因素，企业可以发现社会价值与经济价值的重叠区域，从而大大提高自身与产业簇群的竞争力。下面，让我们来逐个看一下竞争环境的4种因素，以及企业是如何通过慈善事业影响这4种因素从而提高自身的长期经济前景的。

生产要素条件

高生产效率的获取取决于受过良好培训的工人、高水平的科研机构、足够的基础设施、透明高效的管理方式（比如企业注册或者批准许可程序等）以及充足的自然资源。这些都是慈善事业能够影响得到的。

比如，慈善资助可以改善教育和培训水平。电影制作公司梦工厂最近在洛杉矶启动了一个面向低收入学生的培训项目，培训目的是提高他们在娱乐产业的工作能力。梦工厂6个部门中每一个部门都与洛杉矶社区大学、当地中学等一起合作，开设了特别课程，将课堂教学与实践很好地结合在了一起。对于低收入者来讲，改善之后的教育体系和更多的雇佣机会便是一种社会效益；能够招聘到经过良好特别培训的毕业生，对于企业来讲则是一种经济效益。尽管毕业生中很少有人能够进入梦工厂工作，但是，其所依托的娱乐产业有了发展，梦工厂也会受益匪浅。

慈善事业还能够改善人们的生活品质，使全体民众受益。然而，这需要高技术的专有人才的出现。1996 年，家用清洁产品生产商美国庄臣公司启动了“可持续发展的拉辛城”项目，旨在使这座位于威斯康星州的城市变成一个更好的工作与生活的地方。在与当地组织、政府和居民的合作中，公司建立了一个遍布社区的联盟，致力于改善当地的经济与环境条件。一个由 4 个镇联合进行水处理的计划在降低水污染的同时还为居民和企业节省了开支。另外一个计划是开设社区第一家特许学校，主要面向辍学高危学生。同时，还有几项针对经济复苏的计划。最终，拉辛市商品房空置率从 46% 降到了 18%，受污染地区得到重新利用，普通大众找到了新的工作岗位。

通过提高诸如当地研发机构的水平、管理机构的效率、基础设施的质量或者自然资源的可持续性发展等，慈善事业还可以改善生产要素。比如埃克森美孚公司，为改善其业务所涉及的发展中国家的诸如道路和法制等基础条件，作出了很大的投入。

需求条件

一个国家或地区的需求条件包括当地市场的规模、产品标准的合适度和当地客户的成熟度。通过向公司提供需求信息和施加创新压力，成熟的当地客户会提高地区竞争力。比如，波士顿先进的医疗制度激发了波士顿医疗器械公司的创新浪潮。

慈善事业能够影响到当地市场的规模与质量。比如，思科网络学院通过帮助客户获得受过良好培训的网络管理员而改善了需求条件。在这一过程中，市场规模和用户成熟度得到了提高，由此用户会表现出对更先进技术的兴趣。苹果公司一直以来致力于向学校资助电脑，以此作为一种向年轻人推介其产品的方式。这对于学校来讲无疑带来了社会效益，而同时，苹果公司的潜在市场得到了扩大，学生和教师也增加了自身在电脑购置方面的知识。Safeco 公司（一家保险与金融服务公司）目前正通过与非营利性机构的合作来提高人们购房能力和公共安全水平。

随着Safeco公司的4个实验市场中自有房屋拥有比例和公共安全水平得到了提高，其保险销售额也上升了40%。

战略与竞争环境

一个国家或地区中对竞争起到规范作用的法规、动机与规章对生产效率起着主要的影响作用。在一个地区中，能够鼓励投资、保护知识产权、开放与鼓励市场交易、拆散或者阻止卡特尔和垄断组织的形成以及降低腐败滋生的政策，会更有利于吸引人们从事商业活动。

慈善事业对于创建一个更为有效和透明的竞争环境具有极大的推进作用。比如，来自美国的26家企业与来自其他国家的38家企业联合支持“透明国际”组织在世界范围内从事揭露和阻止腐败行为的工作。通过将公众的视线引入腐败这一现象，这一组织推动创造了一个能够奖励公平竞争与提高生产效率的环境。这会造福于当地民众，同时也提高了资助企业进入市场的能力。

另外一个例子是国际公司治理网络（ICGN），一家由主要机构投资者（包括美国教师退休基金会和加利福尼亚公共雇员退休基金）联合组建的非营利性组织，主要致力于发展中国家公司监管和披露标准的改善与推介。ICGN鼓励在全球范围内实施统一的财务标准和公平的股东选举程序。改善之后的监管和披露制度提高了当地企业素质，将不正当的当地竞争者向大众曝光，并且使得当地对外商投资具备了更大的吸引力，这些都使发展中国家及其国民受益匪浅。支持这一项目的机构投资者也获得了更好和更公平的资本市场投资机会。

支撑产业与相关产业

拥有高水平的支撑产业与相关产业的服务，企业的生产效率可得到很大的提高。尽管企业可以选择较远的外地供应商渠道，但这远不如利用当地有能力的服务、零部件和机械供应商的效率高。在降低运输和物流成本的同时，地域上的接近会提高反应速度，促进信息与创新力的交流。

慈善事业可以促进产业簇群的发展，并提高支撑产业的实力。比如，美国运通公司的信用卡业务及其旅行社收入在很大程度上依赖于其在旅游产业的投入。因此，在其业务所涉及的国家，这家公司实际上是当地旅游产业的一个组成部分，公司的成功将取决于当地旅游产业簇群的成功。1986 年以来，美国运通公司一直在资助中学的“旅行与旅游学院”，其资助目的既不是训练学生使用作为公司核心业务的信用卡业务，也不是为了公司自身的旅行社业务，而是为了其他旅行社、航空公司、宾馆和酒店等事业的发展。这一项目目前已覆盖了 10 个国家的超过 3 000 所学校的 12 万名学生，其内容包括师资培训、课程支持、暑假实习和产业指导。项目提高了当地的教育水平，增加了当地的就业岗位，为当地民众创造出了极大的社会效益。在美国，参与项目的 80%的学生进入了大学校园，25%的学生在毕业后进入了旅游产业工作。项目的经济效益也同样可观，因为当地旅游产业簇群的竞争力得到了加强，发展前景一片大好。同时，这也为美国运通公司创造出了不菲的收益。

顺风车效应

当企业慈善行为改善了竞争环境之后，产业簇群或者区域中的其他企业（包括直接竞争者）通常也会坐收渔利。这便引发了一个重要的问题：其他企业搭乘顺风车的能力是否会将专注于环境改善的慈善事业的战略价值抵消掉？答案是否定的。从事慈善事业的企业所收获的竞争力仍很大，有如下 5 个原因：

• 竞争环境改善的主要受益者是那些当地企业。由于并不是所有竞争者都位于同一地区，因此总体来讲，企业仍能够在竞争中获得有利地位。

• 企业慈善行为现在已经适合采取集体活动形式。通过与产业簇群中的其他企业（包括竞争者）共同承担成本，企业可以大大减轻顺风车效应。

• 业内领先的企业最具备大额资助的实力，因此将会从中获得最大的收益。比如，网络设备的市场领跑者思科公司将是市场高速发展的最主要受益者。

• 对于所有竞争者来讲，不同的竞争环境优势所带来的价值是不同的。企业慈善行为越符合企业独特的战略——比如提高企业所最为依赖的技术水平或者基础设施水平，提高企业最为擅长的特别范围内的持续增长的需求，企业便越会从竞争环境的改善中获得更大的收益。

• 在特定领域从事慈善事业的企业通常会超常比例地从竞争环境的改善中获益，其背后的原因是它们固有的商业声誉和与客户的良好关系。比如在非洲与疟疾抗争的过程中，埃克森美孚公司所做的不仅仅是改善了非洲国民的健康水平，它还通过这一善举提高了公司员工和业务合作伙伴的健康水平，并建立了与当地政府和非营利性组织良好的关系，从而使其成为首选资源开发合作伙伴的目标又向前迈进了一步。

至于如何能够在自身善举使竞争对手获益的情况下仍能够立于不败之地，Grand Circle Travel旅游公司便是一个很好的例子。这家旅游公司是面向美国老年人国际旅游市场的领先开拓者，它的战略是基于向其客户提供丰富的文化和教育体验。自 1992 年以来，其公司基金会一共向旅游者所感兴趣的历史保护项目提供了超过 1 200 万美元的资助，比如土耳其的以弗所废墟和波兰的奥斯威辛－比克瑙国家博物馆等。其他旅游公司如果采取同样的线路，它们也会得益于Grand Circle Travel公司的资助。然而，通过其慈善行为，Grand Circle Travel公司与那些保护这些景点的组织建立起了紧密的合作关系，并得以向其旅游客户提供特别的观摩景点的机会。由此，相对于其他旅游机构，Grand Circle Travel公司获得了独一无二的竞争优势。

如何资助

理解慈善行为与竞争环境之间的关系能够帮助企业确定他们的资助重点。只有理解了慈善行为创造价值的方式，企业才能够对如何通过资助行为获得最大社会效益和经济效益做到心中有底。我们可以看到，从哪里入手和如何去做这两方面是互相促进的。

在上一章中，我们总结出了慈善基金会创造社会价值的 4 种方式：选择最好的受资助者，向其他资助者发出信号，改善受资助者的表现，改进知识与实践能力。这 4 种方式互成一体，互相关联。随着资助者从选择合适的受资助者提升到改进知识和能力，便会有持续不断的价值产生（见图 13–3）。这一原则同样适用于企业资助，为企业慈善行为如何最高效率地改善竞争环境指明了方向。遵守这 4 项原则还确保了企业资助较之同等规模的个人资助具有更大的影响力。

选择最好的受资助者

在多数慈善活动中，资助会流向能够实际创造社会效益的其他机构。因此，资助者所获得的影响力在很大程度上取决于接受资助者的效率。选择一家工作效率高的受资助者或者合作机构会提高单位投入所产生的社会效益。

在既定领域内选出效率最高的受资助者并不是一件容易的事情。也许，很明显的是哪家非营利性机构能够获得大量资助、享有极高声誉或者实施最佳管理，但这些并不能很好地说明受资助者是否能够高效率地利用这些资助。通常，为选出那些受资助者能够获得最大社会影响力，需要进行大量认真的研究工作。

个人资助者很少有时间和专业优势承担这一严肃的工作。基金会较之个人拥有更多的专业知识，但它们的职员数量有限。但是，如果企业慈善行为与其业务有联系，那么企业的确是承担这一研究工作的合适人选，它们能够深度挖掘自身内部能力，特别是其员工的财务、管理和技术优势。不管是通过自身努力，还是

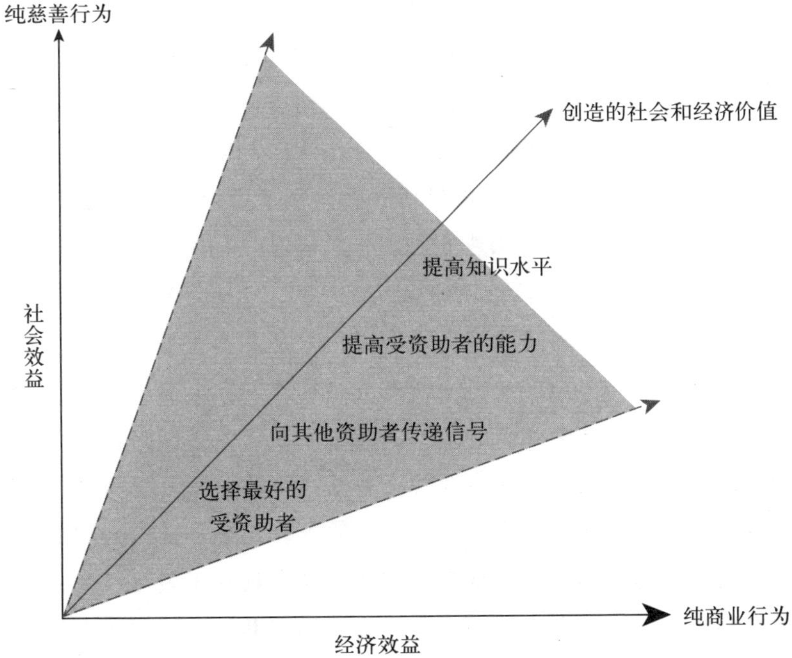

图 13–3　慈善行为价值的最大化

通过其供应商和客户的努力，企业都能够出现于世界各个国家的社区中。这便为研究比较非营利性机构提供了第一手的知识与能力。

在某些情况下，企业可以在其业务遍及区域内为高效率的非营利性机构或者项目提供支持。比如，Grand Circle Travel利用其全球15家海外分支机构确定历史保护的资助项目。波士顿舰队金融公司组织了一个具备丰富管理和金融知识的员工团队对公司基金会所资助的城市经济发展机构进行了调查。调查小组访问了每一家非营利性机构，访问了管理层，回顾了政策与有关程序，并最终向公司基金会作出了报告。报告就是否继续资助以及如果继续资助切入点在哪里等问题作出了解答。这一做法的专注程度和专业程度要大大高于绝大多数的个人、基金会甚至是政府组织的资助者。

向其他资助者传递信号

资助者可对多数高效率的非营利性组织起到宣传作用，并将他们推介给其他资助者，从而吸引更多的资助，最终为整体慈善事业创造出更有效的渠道。

在这项任务中，企业能够提供独一无二的有价值的财产。首先，企业声誉能够得到人们的尊重，从而成为一种受资助者的信誉认可。其次，企业通常能够对其产业链网络（包括客户、供应商及其他合作伙伴）施加巨大的影响。这便使企业较之个人资助者甚至是大多数非营利性机构和基金会具备更大的优势。再次，企业通常拥有丰富的交流渠道和专业知识，它们可以利用这些渠道和知识将信息快速广泛地传递，并逐步影响到其他资助者。

在企业慈善行为中，向其他资助者传递信号是非常重要的，原因是这样可以缓解搭顺风车效应。一个由产业链中所有成员作出的社会集中投资可以改善所有参与者的环境，同时降低参与者的成本。通过利用其关系网络和品牌效应发起由其他机构资助的社会项目，企业也能够改善其成本收益率。思科网络学院从其公司所在的世界范围产业链中的许多技术公司、教育系统和政府部门那里得到了支持，这些提供支持的机构最终也从学院毕业生身上收到了效益。美国运通旅行与旅游学院得到了超过750家旅游产业合作伙伴的帮助，而这些合作伙伴则承担部分成本，获取部分利益。对于不同的慈善事业，不同的公司会有不同的参与程度。如果每家公司独有的优势都能发挥出来，那么联合投资将比任何一家公司单独资助将有效得多。

提高接受资助者的能力

通过提高非营利性组织的效率，企业能够为社会创造出效益，并提高单位投资所取得的社会效益。选择合适的受资助者能够提高社会对于单笔资助的回报，向其他资助者传递信号能够提高社会对多笔资助的回报。此外，提高受资助者的能力还能够提高受资助者的经济效益。

与许多其他的资助者不同，企业能够与非营利性机构和其他合作伙伴直接合作，从而提高它们的工作效率。企业会向个人和基金会资助者传递他们所缺乏的企业独有的财产和专业知识，从而促使个人和基金会有能力实施更大范围的非金钱协助。这样做成本更低，并且较之接受资助者为自身所购买的服务更物有所值。由于企业通常能够对其业务所在地区作出长期承诺，它们便可以在长时间内与当地非营利性机构合作，从而更加有利于当地机构能力的提高。同时，通过多区域的运作，企业能够促进不同区域或者国家的非营利性机构的知识传递和操作能力改善。一个特别产业或者产业簇群内的环境因素在不同区域内也具有相似点，这便提高了企业在多区域内获取和创造价值的能力。

通过将企业慈善事业与其业务和战略绑定在一起，企业较之其他资助者能够在提高受资助者能力方面创造出更大的社会价值。企业独有的财产和专业知识会在处理有关领域中问题时发挥极大的作用。梦工厂的影片制作技术促使其设计出了有关的教育课程，从而能够帮助洛杉矶的城市学生在娱乐产业找到工作。思科网络学院则利用了思科员工的专业技术。

同样，波士顿舰队金融公司也利用了公司专有技术，启动了社区复兴项目。波士顿舰队公司意识到其主要市场是位于美国东海岸的城市，因此它决定将重点放在了城市经济复兴上，这也许是改善环境的最好选择了。波士顿舰队金融公司将其慈善资助与其金融服务的专有知识（比如小型商业服务、城市内租赁、房产抵押以及风险资金等）结合在了一起。银行基金会确认了分行所在的 6 个城市作为其稳定的合作伙伴，这些城市的经济需求量大，有许多社区组织，它们是纽约的布鲁克林和布法罗，马萨诸塞州的劳伦斯，康涅狄格的纽黑文以及新泽西州的卡姆登和泽西市。基金会向每座城市资助了 72.5 万美元，建立了一个由当地社区、商业和政府组织所组成的联盟，从事城市复兴发展的中心事务。银行工作人员向当地公司和房产抵押以及购房者教育项目提供了技术服务和小规模商业融资服务。同时，基金会还吸引了来自于私人和市政渠道的600万美元资助，从而在其450万美元的投入基础上有了极大的提高。

另外一个例子是美国在线，这家公司拥有互联网接入和内容的独特管理技术。通过与教育机构的紧密合作，美国在线建立了AOL@School网站，这是一个免费使用、操作简单的非商业性网站，主要面向各个年级的学生、管理人员和教职员工。这项服务通过提供有关的工具改善了美国数十万学生的学习状况，同时也为教师提供了教学计划和教学参考资料。通过这一项目，美国在线便以较单纯的奖金资助的方式更好地利用自身的专业知识，从而较之其他大多数机构能够更快更高效地提高各个中学的水平。在这一过程中，对服务的长期需求巩固了下来，提供服务所需的技能也得到了提高。

改进知识与实践能力

无论是在非营利领域还是商业领域，革新都能够提高生产效率。最大的优势并不是来自于效率的不断提高，而是来自于更新更好的方法。因此，创造社会效益最有效的做法是找出解决社会问题的新方法并将其付诸广泛的实施。

企业给慈善事业带来的专有知识和研究能力能够帮助非营利性企业创造出新的解决问题的方式，而这些方式是非营利性企业自身所难以做到的。1994年以来，IBM公司已向“重塑教育”计划资助了7 000万美元，现在已使6.5万名教师和600万名学生成为受益者。通过与城市学校、州教育部门和教育学院的合作，IBM研究开发出了一个基于网络的支持新做法和战略的平台。该计划的目的在于对教师职业进行重新定义，并且通过提供一个用于教师大学课程并支持其最初几年教学的平台弥合了教师备课与课堂经验之间的矛盾。无论是教育学院还是学校，它们都不具备能力独自开发这一项目的专有知识或金融资源。2001年进行的一项独立评估发现，“重塑教育”计划中所涉及的教师的教学水平得到了极大的提高。

辉瑞公司为防治沙眼（发展中国家常见的一种导致可预防性失明的最主要疾病）开发出了一种高效治疗方法。在药品资助之外，辉瑞公司还与埃德娜 · 麦康内尔 · 克拉克基金会和世界卫生组织合作建立了治疗所需要的基础设施，并且将这些设施分散建于之前医疗保健资源缺乏的人群周边。结果，在一年的时间里，摩洛哥和坦桑尼亚的目标人群其沙眼的发病率下降了50%。从那以后，这一项目便蓬勃发展起来（后来比尔及梅林达 · 盖茨基金会和英国政府也作为合作伙伴加入），全球范围受益人数多达3 000万。除了提供重要的社会效益，帮助建立开拓市场所需的基础设施，辉瑞公司还升级了自身的长期业务计划。

与创造新知识同等重要的是在实践中利用新知识。企业领导层的知识、影响力和关系网以及他们在世界范围内的大范围存在，为其在处理社会问题方面传播新观点创立了强有力的网络渠道。企业能够促进全球范围内的知识传递和社会新项目的多方位实施，这一点远非绝大多数其他资助者所能比拟。

全新的做法

如果企业能够以正当的方式支持正当的事业，并且知道从何处着手，那么它们便会进入一个良性循环。通过专注于其所在产业和企业战略的环境条件，企业便能够确保自身能力用于帮助受资助者创造出更大的价值。同时，通过以慈善方式提高其在自身领域所创造的价值，企业便能够取得竞争环境方面的改善。因此，无论是企业自身还是它们所支持的事业，都会获得极大的利益。

然而，采取专注于竞争环境的方法却有悖于现代慈善事业的利益。许多企业主动使它们的慈善事业远离自己的主业，因为它们认为这会在当地社区中获得更好的口碑。尽管的确有越来越多的企业极力使它们的资助更具有战略性，但很少有企业能够将资助扩大到能够提高其长期竞争能力的领域，更少有企业能够全面地利用自身的独有优势将其慈善事业所创造的社会价值和经济价值最大化。相反，企业经常会花费时间将其所资助的金钱与努力公之于众，以期能够给人们留下一个企业承担社会责任和关爱社会的良好印象。比如，雅芳公司最近调动了其40万名独立销售代表参与了一项特色鲜明的门到门运动，共筹集到了3 200万美元用于资助乳腺癌预防事业。与乳腺癌抗争是一项有意义的事业，特别是对于雅芳这样一个定位于女性消费者的公司来讲。然而，这并不是雅芳竞争环境中的一个实质性因素，也不是雅芳一个有传统优势的项目。结果，雅芳通过高效的资金筹措方式大大增加了其资助金额，并大大提高了其知名度，但它却不能实现其通过慈善事业最大程度上创造社会和经济价值的目标。雅芳已经做得不错，但它完全能够做得更好。只要企业仍专注于它们资助的公共关系效益，而不是资助的社会影响，它们便会丧失创造社会价值的良好机会。

但是，这并不意味着，企业不能通过慈善事业获得良好口碑和提高声誉，只是声誉本身并不足以成为开展慈善事业的动机。基于公众对商业道德的怀疑态度（这一态度随着一系列企业丑闻事件的发生而变得越发强烈），能够在社会问题上表现出巨大影响力的企业较之那些极少资助别人的企业更能够获得更高的公信力。检验企业慈善事业的准绳是企业所期望的社会变革是否极大地有利于企业，以致机构不管是否了解这一企业，都愿意期待这一变革发生。比如，思科公司便以其出色的工作赢得了广泛的认可，但是，即便没有获得良好口碑，思科公司也有足够的理由设立网络学院。

向专注于环境改善的慈善过渡需要较之目前所使用方法更为强有力的方式。这会意味着将慈善管理与企业的其他活动整合在一起。企业的CEO不应当将慈善事业完全委托给企业的公共关系部门或者公司基金会职员，而是应当通过一套严格的程序带领整个管理团队致力于设立并实施企业的基于改善环境的资助战略。特别是，商业实体在确认环境投资领域的过程中必须扮演核心角色。

这一新过程包括5个步骤。

研究企业每个地域的竞争环境。社会投资能够从哪些方面提高企业或产业簇群的竞争力？限制生产效率、革新、增长和竞争力的关键因素是什么？对于那些对其战略有更大影响力的特别限制因素，企业应当给予特别关注；而这些领域中的进步将有可能增强竞争优势。对竞争环境定义得越详细，企业便越可能创造出效益和实现其目标。一项涉及广泛的计划（比如雅芳公司提高妇女健康水平的计划）不一定会创造出环境效益，即便它对某些员工或客户形成了帮助。同时，一项孜孜以求的目标也并不一定会降低影响范围。范围集中的计划（比如辉瑞公司的防治沙眼计划，IBM公司的“重塑教育”计划以及思科公司的网络学院计划等）可能会造福于数百万名民众或者改善整个产业的全球市场。

审查现有慈善计划看其是否符合新制度。现在的计划大致可以分为如下3类：

- 公共责任：企业迫切希望成为一名好市民，从而支持福利和教育事业。

• 良好口碑的建立：为支持事业而作出的贡献，这一点为员工、客户或社区领导所支持，有利于改善企业关系。

• 战略资助：专注于改善竞争环境的慈善活动。

大多数企业资助都属于前两类。尽管这两类中有相当比例的资助是必需的，但我们的目标是要尽力将企业的慈善事业纳入到第三类资助中。至于事业相关营销，其归根结底是营销而不是慈善，因此它应另当别论。

对现有和潜在企业资助计划按照4种价值创造形式进行评估。企业如何利用其资产和专有技术选出最高效的受资助者，向其他资助者传递信号，提高受资助者的能力并且提高知识与实践能力呢？在现有战略之下，企业通过其他企业所无法复制的方式进行资助能够从哪些方面创造出价值？

在产业簇群内部及与其他合作伙伴间寻求集体合作机会。在处理竞争环境问题和提高所创造价值方面，集体合作较之个体努力更为有效，并能够通过广泛分散成本而减缓搭顺风车效应。目前，很少有企业通过合作实现社会目标，其原因可能是企业不愿意同竞争者进行合作。然而，实际上，产业簇群中却包含很多并不存在直接竞争关系的相关合作者和产业。更为可能的是，将慈善行为看做一种公关形式的趋势却能够引导企业挖掘自身的资助项目，而这些项目都是以其自身的名义，从而打击了合作伙伴的积极性。专注于将要获得的社会变化，而不是将要获得的社会宣传效应，这样就会扩大合作的范围。

一旦企业发现了改善竞争环境的机会并且确定了它们增加独特价值的资助方式，对合作伙伴的寻找便变得直接了：这一竞争环境的变化还给什么人带来利益？谁拥有补充性优势或资源？其他人的慈善计划有什么值得参考之处？通过提升价值的方式实施资助，企业将成为其他人的良好合作伙伴。

严格追踪和评估结果。对成果的控制对于连续改善慈善战略及其实施情况是必需的。同其他企业行为一样，持续的进步能够带来最大的价值。最成功的计划不是那些短期项目，而是那些规模和复杂性持续提高的长期活动。

慈善事业中专注于竞争环境的方法并不简单，原因是众口难调。在慈善事业方面，不同企业有不同的便捷程度和时间要求；而且关于如何实施，不同企业也会有不同的选择。慈善事业永远不会成为一门科学，它只是一种追求长期目标的判断和信仰。然而，我们这里讲到的观点和方法将会帮助所有企业更为高效地从事其慈善事业。

如果这种方法得到广泛的采纳，那么企业资助的方式便会发生重大变化。同时，资助的总体水平可能会上升，所创造的社会价值和经济价值也将会更为快速地上升。对于慈善事业的价值，企业会更加有信心，从而更专于此项事业。企业将更加有效地在其业务范围内就其慈善战略进行交流。企业所选的支持领域将更容易被人们所理解，并且因此不会形成曲高和寡的情况。最终，企业资助者与其他形式资助者之间便会有更好的区别，使得在企业业务领域中，只有企业自身才能够创造出价值。

慈善机构也能够从中受益。它们将会看到，有更多可预见的企业资源流向了非营利性机构。同样重要的是，慈善机构将会与企业建立起紧密的长期合作关系，从而能够更好地将营利机构的专有知识和资产应用于实现社会目标价值上面。正如企业可以依托非营利性机构获得他们的目标一样，非营利性机构也可以通过利用商业基础设施而受益。

对一些企业领导者来讲，这一种新的方式看上去可能有些自私自利。他们会认为，慈善是一项纯粹的人道事业，不能够受到商业目标的影响。在一些产业，特别是那些能够激起民众议论的诸如石化和制药产业中，这种观点根深蒂固，以至于许多企业建立起了独立的慈善基金会，并将资助行为与商业行为完全分开。然而，实际上，在这样做的过程中，他们放弃了为社会和自身创造更大价值的千载难逢的机会。专注于改善竞争环境的慈善不仅会考虑到企业的自身利益，还会通过广泛的社会变化而给更多人带来利益。当然，如果一家企业的慈善事业仅有利于自身利益，那么它便称不上是合格的慈善性支出，并将由此威胁到企业的声誉。

在改善竞争环境和表达有益于社会的诚挚承诺之间并没有本质上的矛盾。事实上，我们看到，企业的慈善事业与改善其竞争环境越相关，企业对社会的资助力度便会越大。企业既不能创造附加值又不能获得利益的其他领域应当由个人资助者按照他们自身的慈善动机参与，这一点也符合弗里德曼的观点。如果以一种创造利益最大化的方式系统地从事改善竞争环境的慈善事业，那么这一慈善事业便可为企业提供一套全新的竞争工具，从而使资源投资物有所值。同时，这样也可以为改善整个世界提供一种更为强大的方法。

14 战略与社会

——竞争优势与企业社会责任之间的关系

迈克尔·波特
马克·克雷默

政府、行动主义者与媒体已经熟谙使企业为其行为社会结果负责之道。许多组织都按照企业的社会责任对企业进行排名，而且，尽管这些排名有时候会受到针对其排名方式的质疑，但它仍然吸引着人们的注意力。因此，企业社会责任便成为每个国家中的商业领导者所必须要首先考虑的因素。

许多企业为改善其行为的社会与环境影响作了很多努力，然而这些努力并没有达到其本应实现的效益，原因有二。其一，这些努力将商业与社会对立了起来，而实际上两者只是一种各自独立的关系。其二，这些努力使企业以一种千篇一律的眼光看待企业社会责任，而不是针对不同企业的不同战略进行具体分析。

事实情况是，关于企业社会责任流行的做法有很多，它们都与企业和战略脱节，从而使企业造福社会的许多机会流失。然而，如果企业能够利用其指导自身核心商业行为的原则，从其社会责任方面分析自身发展前景，那么便会发现，对企业来讲，企业社会责任并不仅仅是一种成本、限制或者慈善需要，还是一个机遇、创新和竞争优势的源泉。

在本章中，我们提出了一种看待企业和社会之间关系的全新方式，这种方式从不将企业成功与社会福利看做是一场零和游戏。我们会介绍一种企业能够用于发现所有社会正面和负面效应的方式；我们还会确定哪些效应是可取的，并对那些有效的行事方式进行推荐。当我们用战略的眼光看待企业社会责任时，它便会成为一个社会进步的巨大的源泉。与此同时，企业将会把其可观的资源、专有技术和洞察力应用在造福社会的活动中。

企业社会责任的出现

企业对于企业社会责任关注程度的提升完全是自发的。许多企业以前从未意识到这一点，直到其企业社会责任引起了公众的强烈反应。比如，20 世纪 90 年代初，《纽约时报》和其他媒体报道了耐克公司位于印度的供应商虐待工人的情况之后，耐克公司立刻遭到了消费者大规模的抵制；1995 年，壳牌石油公司要将位于北海的布兰特史帕尔废弃石油钻塔沉入海底的决定遭到了绿色和平组织及国际媒体的反对；制药公司发现，它们需要对非洲大规模流行的艾滋病作出反应，尽管这与它们的主要产品和市场格格不入；快餐和包装食品公司现在要面对人们对其导致肥胖和营养不良的指控。

所有类型的激进或者保守的行动组织在将公众压力施加给企业方面已变得更为主动和高效。行动主义者会将目标锁定为最显眼和最成功的企业，以此激起人们的注意力，尽管这些企业对所发生的问题并没有产生多大影响。比如，世界最大的瓶装水制造商雀巢公司已成为全球淡水资源缺乏问题的指责对象，尽管实际上雀巢瓶装水的销售量仅占全球淡水供应总量的 0.000 8%。而低效率的农业灌溉每年要消耗掉世界淡水供应总量的 70%，这才是更亟待解决的关键问题。但是，相对于将目标锁定为现成的跨国公司，锁定农业灌溉要困难得多。

关于企业社会责任的争论已成为企业董事会的话题之一。2005 年，共通过了 360 项关于企业社会责任的股东决议，内容从劳动条件到全球变暖等各不相同。政府政策也越来越看重企业社会责任报告。比如在英国，一项正在讨论中的法案将要求每家上市公司在其年报中披露其道德、社会和环境风险。这些压力明确显示出，公司外部股东正致力于使公司为社会问题负责，并且还预示着，那些被指有不当行为的公司正面临着巨大的金融风险。

尽管企业已经意识到了这些风险，但它们还远不知道如何去应对。实际上，最为常见的企业反应既没有战略性，又没有操作性，而只是浮光掠影式的：公共关系和媒体公关。其最主要的特征便是洋洋洒洒的企业社会责任报告，报告中详细阐述了企业在社会和环境方面的良好作为。2005 年，在当时 250 家最大跨国公司中，有 64%的公司在其年报中或单独的可持续性发展报告中发布了公司的社会责任报告，从而使报告写手赚得盆满钵盈。

实际上，这类报告很难系统地说明企业社会责任的问题，要体现出战略性就更无从谈起了。的确，它们为证明企业的社会敏感度，会想方设法拼凑一些证据。实际上，报告中所写的内容无一是企业能够做到的。比如，降低污染物排放和碳排放量以及节约能源使用等应当作为某个领域或区域的政策，而不应当对企业提出这样的要求。通常，慈善计划都是以美元或者志愿者时间来计算的，几乎从未通过社会影响力的方式进行评价。为达到明确的目标而作出的前瞻性承诺更是少而又少了。

与企业社会责任报告泛滥同时出现的还有企业社会责任排名。尽管严格与可靠的排名可能会建设性地影响到企业行为，但现存的这种自我夸大现象只会使事情变得更糟（请见本章中的插入内容“排名游戏”）。

排名游戏

衡量企业的社会表现并将其公开化是一种影响企业行为的强有力的方式，前提条件是排名经过周密计算并且能够精确反映出企业的社会影响力。但不幸的是，现在我们所看到的大量企业社会责任表单中，看不到任何真实的内容。

排名所使用的标准各不相同。比如，道琼斯可持续发展指数包括了其评估过程中各个经济方面的表现，这一指数将客户服务看的比企业自身实力要重 50%。然而，FTSE4Good指数却根本没有考虑到企业经济表现或客户服务。即便评估标准恰巧相同，在最终排名过程中它们的重要程度也会有所不同。

在选择标准和加权之外，还有一个更令人迷惑的问题，那便是如何判断是否满足了某项标准的要求。大多数媒体、非营利性机构和投资顾问机构在对全球范围内的企业行为进行评价时，其手头并没有掌握多少有价值的资料。结果，它们经常倾向于通过一些低成本方式获得的数据对企业进行考量，尽管这些考量方法并不能很好地反映出它们本应该反映出的社会或者环境效应。比如，道琼斯可持续发展指数便采用企业管理层的规模来衡量其社区参与能力，其实管理层规模与社区参与能力可能完全不相关。

最后，即便所采取的方法能够精确反映出社会影响力，其数据也是极不可靠的。大多数的排名或是基于那些没有统计学意义的反应率的调查，或是基于没有经过外部机构审核的企业内部数据。其结果便是产生出了一大堆毫无意义的排名，并进而会助长企业向众人炫耀承担的某些社会责任——它们也的确是这样做的。

为了避免这一情况的出现，企业领导者已开始征求近年来涌现出来的一些非营利性组织、咨询公司和学术专家的意见。由此，关于企业社会责任的提法便流行起来了，尽管它对企业管理者能够提供何种实际指导作用仍不得而知。

企业社会责任存在的 4 个主要理由

从广义上讲，企业社会责任的支持者有 4 个支持自身立场的论据：道德责任、可持续性、运作许可和声誉。道德呼吁认为，企业有责任成为良好市民，并“正确做事”，因此这便成为美国处于领导地位的非营利性“企业社会责任协会”的最主要目标。这一协会要求其成员“以珍视道德价值和尊重他人、社区与自然环境的方式获取商业成功”。可持续性强调的是环境和社区。20 世纪 80 年代，挪威首相格罗 · 哈莱姆 · 布伦特兰给出了一个绝妙的定义，并为国际可持续发展工商理事会所采用：满足现在需求的同时，不降低子孙后代满足自身需求的能力。运作许可概念的事实来源是每家企业都需要来自于政府、社区和其他无数股东对经商的默许或者明文许可。最后，许多企业都利用声誉使自己的企业社会责任计划站得住脚，原因是这些计划能够改善企业形象、加强其品牌效应、提高员工士气，甚至提高股票价格。这些理由都有充分的思想根据，但是没有哪个理由能为企业领导的艰难决策起到足够的指导作用，因为每一个理由都有其自身的局限性。

企业社会责任仍具有很强的道德强制性。对于某些领域来讲，比如财务报告的真实性，道德因素很容易为人所理解。然而，道德责任的本质已使其具备了高度强制性，而多数企业的社会选择都会涉及平衡竞争价值、利益和成本。在社会效益之间或金融成本之间进行对比权衡所需要的道德因素尚不得而知。道德原则并不会告诉医药公司如何在贴补穷困者、研究未来治愈方法以及向投资人分红之时实施利润分配。

可持续性原则能够迎合自私自利者的心态，这经常会借助于经济、社会与环境表现的所谓三位一体底线。换句话说，企业的运作应当能够通过避免出现对社会有害、对环境有害的短期行为，以确保企业长期的经济运行。这一原则最为适用的对象是符合企业经济或者政策利益的事务。比如，自 1990 年以来，杜邦公司通过节约能源已经省下了超过 20 亿美元；麦当劳通过食品包装材料的变化使其固体废弃物下降了 30%。这些都是明智的决策，不仅会带来环境的改善，也会使企业在经济上受益。然而，在其他领域，可持续性发展的概念十分模糊，甚至是毫无意义。透明性可能要比腐败更为“可持续”；好的用工制度要比血汗工厂更为“可持续”；慈善事业可能会有益于社会的“可持续性”。不管这些判断有多正确，相对于由此引起的短期成本，它们对于平衡长期目标的影响会小得多。可持续发展学校对这些取舍提出了自己的质疑，却无法提供回答这些问题的体系。对企业社会责任没有形成战略性理解的经理人倾向于推迟这些成本的发生。这样做的结果是，当企业在其后被认定为拒不履行其社会职责时，其最终成本反而会更高。

相反，运作许可方法却现实得多。它为商业活动提供了一种具体的方法，从而能够确定那些对其股东至关重要的事务，并帮助形成最终的决策。同时，这一方法能够促进与政府部门、当地民众以及行动主义者之间的对话，特别适用于那些依赖于政府审批的公司，比如采矿公司及其他需要严格监管的产业。这也是这一方法适用于那些依赖于近邻者忍耐性的公司（比如化工生产公司，其生产会对环境造成破坏）的原因。然而，只要满足股东的要求，企业便能够将其企业社会责任转移给局外人。显然，股东的意见非常重要，但是他们不会完全理解企业的能力、竞争定位及其所必须面对的取舍。股东们的热切心情也并不能说明一项事情对企业或者世界的重要程度。将企业社会责任看做是一种平息压力的行事方式，会使企业经常陷入一系列的短期预防性反应——一种永无休止的公共关系缓冲剂，对社会没有什么价值，对业务也没有战略性利益。

最后，声誉论所追求的战略性利益几乎从来实现不了。对于声誉的关注（比如运营许可），其焦点是满足外部观众的需求。在以客户为重的企业中，这经常会引起事业相关营销活动。在一些备受诟病的产业（比如化工和能源）中，企业应当将社会责任计划当做一种保险形式，以期其在社会良知方面的声誉能够缓和一旦发生危机时公众的批评。这一原理再一次使得人们可能会将公共关系与社会商业结果混淆。

一些企业（比如本-杰里、巴塔哥尼亚和美体小铺等公司）已通过对社会责任的长期承诺将自己特色鲜明地呈现了出来。但即便对于这些企业，它们所取得的社会影响力和商业效益也很难确定。关于企业社会声誉对客户购买偏好或者股市表现的影响力的研究没有得出任何结论。至于将企业社会责任当做一种保险的观念，乐善好施与客户态度之间仅仅存在间接的联系，以致难以进行衡量。由于无法将这些投资效益量化，这些企业社会责任便缺乏基础，很容易由于管理变化或者商业周期的变动而动摇。

以上4种思维方式都有一个共同的弱点：它们关注的是企业与社会之间水火不容的关系，而不是它们相互之间的依赖性。无论哪一种方式，都会产生一种思想理论，这一思想理论既不与特别企业的战略和运作相关，也不与其所运作的地区相关。最终，任何一种方式都不足以帮助企业发现、优先考虑和处理最重要和能够产生最大影响力的社会问题。其结果经常是形成各类不协调的企业社会责任以及脱离了企业战略的慈善行为，这既不会产生任何有意义的社会影响，也不会加强企业的长期竞争力。从内部来讲，企业社会责任经常会与营运单位背离，甚至会与企业慈善事业背离；从外部来讲，企业的社会影响被许多不相关的活动所稀释，每一项活动都对应着一个不同的股东或者企业的压力点。

这一分散性的结果便是大量浪费机会。创造社会效益的企业能力被浪费掉了，企业采取措施以支持社区及其企业目标的潜力也被浪费了。

企业与社会的和谐

为促进企业承担社会责任，我们必须将其扎根于对企业和社会之间关系的深刻理解之中，同时，我们要将其与具体企业的战略和行动紧密结合。泛泛而谈企业与社会难以独自存在，似乎有些老生常谈，但实际上，这样能够将企业从目前的企业责任思维所导致的泥潭中拯救出来。

事业有成的企业需要一个健康运行的社会。教育、保健和公平机会对提高工作效率是必须的。安全的产品和工作条件不但能够吸引客户，而且会降低由于发生事故而带来的内部成本。对土地、水资源、能源及其他自然资源的有效利用会提高企业的效率。好的政府、法规以及财产权制度对于效率和革新至关重要。高要求的政策标准能够保护消费者和竞争企业免受剥削。最终，健康运行的社会能够创造出对企业越来越多的需求，同时，更多的人文需要会得到满足，人们的理想便会越来越崇高。以其所在社会为代价而追求成功的企业，最终会发现，它们所取得的成功是靠不住并且是短暂的。

同时，健康运行的社会需要成功的企业。在创造就业岗位、财富、改革创新，以及在长时期内提高人们生活水平和社会条件方面，任何社会项目都无法与企业相比拟。如果社会中的政府、非政府组织以及其他参与者妨碍了企业高效运作的能力，那它们有可能会取得暂时的利益，但最终却会满盘皆输，因为那时企业和当地的竞争力会逐渐淡去、工资水平停滞不前、就业岗位越来越少、用于纳税和支持非营利性支出的财富也会蒸发。

企业和社会过多地看到了两者之间的摩擦，而很少看到两者之间的联系。企业和社会的共存共荣性意味着，企业决策与社会政策都必须遵循共有价值的原则。也就是说，每一方的选择都必须有利于双方的利益。如果企业或者社会采取有利于自己却有损于对方的战略，那么它们便会走上一条危险的道路。一方暂时利益的获得会导致双方长远利益的损失。

为了将这些原则付诸实施，企业必须在其现有体系中植入社会因素，从而能够更好地理解竞争并指导自己的企业战略。

确认交汇点

企业与社会的相互依赖性有两种体现方式。第一，企业在其正常的商业运作中会对社会产生影响：这些影响是一种由内而外的联系。

实际上，企业价值链中的每个环节都关系到企业经营所在的社区，从而创造出或正面或负面的社会效果（有关这一过程的例子，请见本章末的插入内容“绘制社会机遇的蓝图”）。尽管企业已经越来越意识到其行为（比如用工制度、废物排放和处理等）所带来的社会影响，但企业经理人却很难意识到这些影响的微妙性和可变性。首先一点，社会影响取决于社会所在地。同样的生产经营在中国与在美国会产生截然不同的社会效应。

随着社会标准的进步和科学的进步，企业对社会的影响还会随时间推移而发生变化。现在，人们都知道石棉对身体有害，但在20世纪初，限于当时的科学技术水平，人们都认为石棉对人体是安全的。在后来的50年时间里，石棉危害人体的证据越来越多，直到最后由企业为此承担起了责任。许多企业并没有预见到问题的严重性，并最终因此而破产。现在，企业已经不满足于仅对显而易见的社会影响进行监控了。如果不能对将来的社会影响进行仔细的研究，企业仍会面临生存的威胁。

第二，不仅企业行为能够影响到社会，外部社会条件同样能够或正面或负面地影响到企业。这些影响是一种由外而内的联系。

每一家企业都是在竞争环境下运作的，这便会极大影响到企业实施战略（特别是长期战略）的能力。社会条件是这一环境的关键组成部分。较之价值链影响，人们对竞争环境的关注更少，但竞争环境对企业和社会的影响力却更具有战略意义。

竞争环境可以分成四大部分。一，目前企业生产要素（比如人力资源或者交通设施）的质量和数量；二，规范竞争的规则和动机，比如保护知识产权、确保透明度、预防腐败行为和刺激投资的政策；三，当地需求的规模与成熟度，这一点受到诸如产品质量与安全、消费者权益以及政府采购公平性等影响；四，当地的支撑产业，比如服务供应商和机械生产商。竞争环境的所有上述4个方面都是企业社会责任计划的机会（请见本章末的插入内容“绘制社会机遇的蓝图”）。比如，招聘人才的能力取决于许多企业可以施加影响的社会因素，比如当地教育系统、住房、偏见（这会限制员工的数量）以及公共医疗设施等。

选择企业所要从事的社会事务

没有哪个企业能够解决所有的社会问题或者承担由此导致的成本。相反，每家企业都应当选择与其特殊业务相关的事务。其他社会事务最好交由其他产业企业、非政府组织或者政府机构来处理，因为它们更具备处理这类事务的能力。指导企业承担社会责任的最主要检验标准并不是该项事业是否值得去做，而是它是否能够提供创造共享价值的机会。所谓的共享价值，就是一种对于社会与企业都有价值的利益。

我们将影响企业的社会事务划分为3类。这样，对企业具有重要战略意义的事业与许多值得从事的社会事务便可以区分开来。

一般社会事务对社会来讲可能很重要，但其不会受到企业行为的巨大影响，也不会影响到企业的长期竞争性。价值链社会影响是那些受到企业正常经营行为巨大影响的因素。竞争环境的社会因素是那些在企业业务领域中能够显著影响到竞争力深层次驱动力的外部环境因素（见图14–1）。

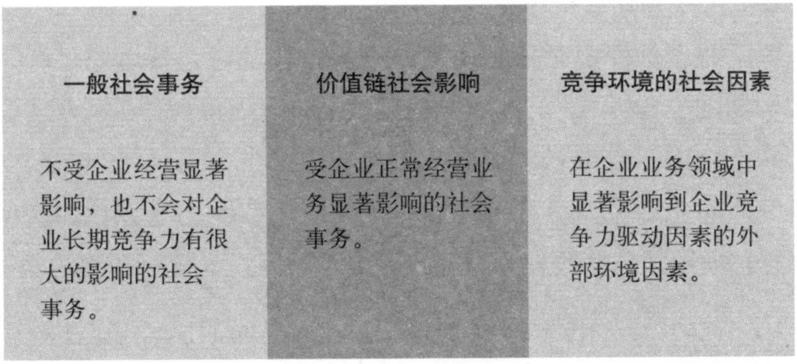

图14–1　按重要程度排序的社会事务

对于其所经营的每项业务和每处地域，每一家企业都需要将社会事务划分到这三大类中，然后按照其潜在影响力进行排序。一项既定的社会事务属于哪一类取决于不同的业务、产业和区域。

对于南加利福尼亚爱迪生电力公司这样的企业来讲，对舞蹈公司的支持可能只是一项一般社会事务，但对于像美国运通公司这样依托高端娱乐、服务和旅游产业簇群的企业来讲，这却是重要的竞争环境的组成部分。对于美国银行这样的金融服务公司来讲，碳排放量可能只是一般社会事务，但对于像UPS这样的依靠运输业生存的公司来讲，却是一个负面的价值链影响因素，而对于像丰田这样的汽车制造商来说则不仅仅是一个价值链影响因素，还是一个竞争环境的问题。对于诸如家得宝这样的美国零售商来讲，非洲流行的艾滋病可能只是一般社会事务，但对于像葛兰素史克这样的制药公司来讲，却是一种价值链影响因素，而对于像基于非洲当地劳动力的英美资源集团这样的矿业公司来讲，是一种竞争力环境因素。

即便是那些经济生活中常见的事务（如招聘或者节约能源）也会对一些产业产生很大的影响。比如，相对于那些在零售业等依赖于大量低收入工人的企业，员工数量少、收入高的软件开发公司或者生物技术公司受医疗保健政策的影响便要小得多。

在产业内部，一项既定的社会事务对不同的企业会产生不同的影响，原因是企业竞争定位的不同。比如，在汽车产业中，沃尔沃将安全性作为其竞争定位的核心，而丰田则依靠其混合动力技术获得了环保优势。对于单家企业来讲，事实会证明，有些社会事务对企业的许多业务和领域都能起到重要作用，为开展战略性的企业社会责任计划提供机遇。

如果多个产业内的许多企业都面临同一项社会问题，那么通过合作便可以对此事务有效地处理。比如，“采掘产业透明度行动”涵盖了19家大型石油、天然气和矿业公司，它们一致同意，在业务涉及的国家中，通过完全向公众公开其向政府付款情况来防止腐败。这样，通过这些国家中所有主要企业的集体行动，便能够防止政府有损社会利益的腐败行为，即不与公开自身支付情况的企业合作。

创建企业的社会议程

将社会事务分类和排序并不是最终目的，最终目的是要创建一个明确的企业社会议程。企业的社会议程应高瞻远瞩，其目的是为了能够同时实现社会利益和经济利益。社会议程的重点不是减少损失，而是要通过改善社会条件找到加强企业战略的方式。

这样的社会议程必须对股东及时回馈，但这还远远不够。企业资源和注意力的很大一部分必须转移到真正的战略性企业社会责任上（见图 14–2）。只有通过战略性企业社会责任，企业才能够对社会形成显著影响，并取得最大的商业利益。

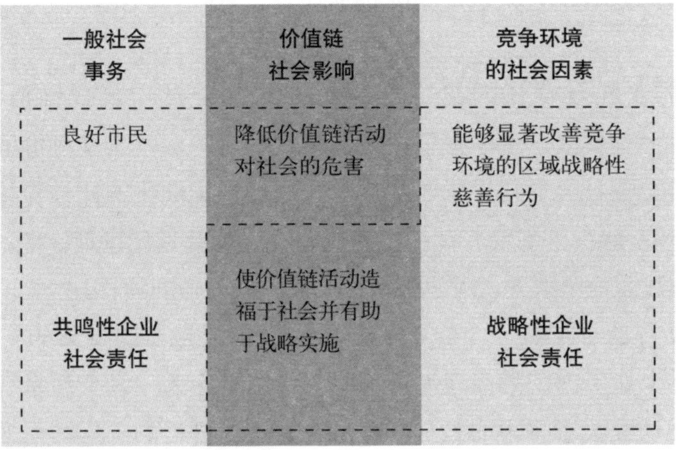

图 14–2　企业参与社会事务：一种战略性的做法

共鸣性企业社会责任。共鸣性企业社会责任包括两个方面：做一个良好的企业市民，这符合股东日益增长的社会考虑；减轻企业活动中现有或者将来可能出现的负面效应。

成为良好的公民是企业社会责任的必要条件，企业应当履行好这一职责。许多有影响力的当地组织都依赖于企业资助，而员工的自豪感也来自于企业积极参与社会事务。

最好的企业公民项目远不只开具支票那样简单，而是应当确立明确实际的目标，并全程追踪结果。通用电气公司便是一个很好的例子，它们的一个项目是资助其美国主要经营地点附近的几家成绩不佳的公立中学。在超过 5 年的时间里，通用电气公司向每家学校资助了 25 万美元到 100 万美元不等，同时还有一些非现金赞助。通用电气公司的经理层和员工积极参与这一项目，与学校管理人员一道对学校需求进行评估，并对学生进行指导。在 1989~1999 年的 10 年时间里，该项目对 10 家学校进行了独立的研究，发现几乎每家学校都有了明显的改善，其中最差的 5 家学校中有 4 家的毕业率从 30% 上升到了 60%。

类似通用电气公司的这一类高效的企业公民项目为企业带来了良好声誉，并且改善了企业与当地政府和其他重要部门的关系。同时，公司的员工也为自己能够参与到这一项目而深感自豪。然而，这类项目的影响力是有限的。不管项目本身会创造多大的效益，它只是公司的辅助业务，对公司的招聘和后续发展并没有多大的影响。

共鸣性企业社会责任的第二部分——减轻来自于公司价值链活动的危害——是一种经营挑战。由于每一个业务单元都可能会产生多种价值链影响，许多企业都针对企业社会责任采取了清单方式，使用标准化的社会与环境风险评估方法。目前，《全球报告倡议》正在迅速成为企业社会责任报告标准，这一标准已包括了 141 项社会企业事务，还包括其他产业的一些辅助项目。

这些清单有助于形成一个完美的起始点，但是企业需要更为主动与合适的内部程序。每个业务部门的经理人都可以将价值链作为一种全面系统地确定每一领域中部门活动社会影响力的工具。这里，与正在进行的工作联系最为紧密的操作管理，具有特别的辅助作用。最具挑战性的是对尚未充分意识到的影响进行预计。让我们来看一下英国的一家国际家具供应中心百安居公司的例子。这家公司已开始对位于其数百家店面的数万种产品，针对十几项社会事务进行系统的分析——从气候变化到供应商工厂的工作条件，以确定哪些产品可能会产生社会责任风险，以及在产生外部压力之前公司将如何采取措施。

对于大多数价值链影响，都不需要从头开始做。企业应当确定彼此之间最合适的交往方式，并密切关注这些方式将会如何变化。在减少价值链可能引起的广泛的社会问题方面，有些企业更为主动和高效。这些企业将会获得一种优势，但是，正如采购和其他方面的经营改善一样，任何优势都可能仅是暂时的。

战略性企业社会责任。对任何企业来讲，战略都必须超越最好的实际行动。这便需要选择一种独特的定位——以一种能够降低成本或者更好服务于特别客户需求的方式做区别于竞争者的事情。这些原则不仅适用于与客户和竞争者的关系，也适用于企业与社会的关系。

战略性企业社会责任的内涵超越了成为良好企业公民和降低价值链不良影响的意义，将促进形成为数不多的社会与企业效益巨大且与众不同的项目。战略性企业社会责任需要彻头彻尾的全新工作。这里面隐藏着真正的共享价值机遇。

能够造福于社会和提高企业自身竞争力的许多前沿创新机会都来自于产品生产和价值链。丰田公司对于人们在汽车尾气排放方面的反应便是一个很好的例子。丰田的电油混合动力汽车普锐斯是一系列汽车型号中第一款能够同时产生竞争优势和环境效益的车型，其混合动力发动机废气排气量仅为传统汽车发动机废气排气量的10%。2004年，普锐斯被《汽车动向》杂志评为年度车型，丰田公司因此扩大了自己的领先优势，以致福特和其他汽车公司不得不转让自己的技术。丰田公司已经确立了独一无二的定位，并且目前正致力于开发出将作为世界标准的汽车制造技术。

一家名为Urbi的墨西哥建筑企业取得了很大的成功，而它依靠的是为弱势人群建房，并允许这些人群使用某些新型金融工具，比如基于工资账户扣取的灵活抵押支付方式等。法国农业信贷银行是该国最大的银行，它与众不同的一点是能够提供关于环境方面的特别金融产品，比如节能型住房改善贷款等金融组合产品。

战略性企业社会责任还可通过投资于能够提高企业竞争力的社会环境因素而实现共享价值。由此，便产生出一种共生的关系：企业的成功和社区的成功变得越来越相关。一般来讲，社会问题与企业经营越相关，利用企业资源和能力并造福社会的机会便越大。

微软公司与美国社区学院协会的合作是一个说明来自于环境投资的共享价值机遇的很好的例子。信息技术人才的缺乏是制约微软公司发展的一个重要瓶颈。目前，仅在美国便有45万个IT业空缺岗位。拥有1 160万名注册学生、占美国大学生数量45%的社区学院却在很大程度上能够解决这一问题。然而，微软公司意识到，社区学院也面临特别的挑战：IT课程没有标准化，课堂上教授的技术经常已经过时，没有系统的职业发展规划，以确保教师跟上时代步伐。

为了解决上述3个问题，微软公司耗资5 000万美元推出了一项5年计划。除了提供资金和产品，微软公司员工还自愿到学院去评估学校需求、开发课程以及创建教职员工发展学院。我们应当看到，在这种情况下，志愿者与选派员工便能够将他们的核心专业技能应用于解决社会问题上面，这一点与一般的志愿者项目大不相同。微软公司这一项目使许多社区受益，同时，也对公司本身产生了直接重大的影响。

综合运用“由内而外”和“由外而内”的做法

使价值链创新成为排头兵和改变社会对竞争力的局限性，对于经济价值和社会价值的创造来讲都是非常有效的做法。然而，有例子证明，如果二者同时发生，则影响力会更大。价值链活动会以能够促进社会因素环境改善的方式进行。同时，对竞争环境的投资可能会降低对企业价值链活动的限制性。比如，万豪国际酒店集团对那些处于失业边缘的员工会提供180个小时的课堂和现场培训。企业已将此与对当地社区服务组织的支持结合在一起，从而使当地组织向万豪集团推荐、筛选和确定候选员工。结果这既对社区是一个重大利好，还能够降低万豪集团招聘初级员工的成本。最终，参加培训项目的人员中有90%进入了万豪集团工作。一年之后，这些人中仍有65%留任，大大超过平均留任率。

价值链活动和竞争环境投资完全融合在一起之后，企业社会责任便与企业日常经营业务没有很大差别了。比如，雀巢公司与发展中国家的农民直接合作，从而获得其所需的基本产品，比如牛奶、咖啡和可可，这也是其业务全球化所必须的（请见本章末的插入内容“企业活动与环境的融合：雀巢公司的牛奶区”）。雀巢公司在当地基础设施方面的投资及其数十年来顶端知识与技术的转移已经产生出了巨大的社会效益，使当地的医疗保健水平、教育水平和经济发展水平得到了提升，同时这为雀巢公司提供了获取其所需产品的直接可靠的渠道，从而维持其全球业务的利润。雀巢公司这一独特的战略与其社会影响力是分不开的。

为价值定位创造社会维度

每一项战略的核心都是一种价值定位：制定战略的企业所能满足其选定客户的一系列需求，并且这一系列需求是其他企业所不能满足的。当企业为其价值定位增添一个社会维度之后，最具战略性的企业社会责任便会出现，从而形成整体战略所需要的影响。

让我们来看全食食品公司的例子。这家公司的价值主张是将天然有机健康食品销售给关注食品和环境安全的客户。社会事务是全食食品公司在其食品零售方面的基本要务，也促成了其要求溢价的能力。企业的采购渠道强调通过其分店的采购程序从当地农民处进货。企业认为有接近100种常见食品配料对人体或环境有害，对此，买家也就不会去购买含有其中任何一种配料的食品。对于内部产品，全食食品公司也采取同样的标准。比如，全食食品公司的烘烤食品使用的全是未漂白和未溴化处理的面粉。

全食食品致力于天然和环保型食品的做法远不只用于其采购方面。其连锁店面的施工材料都是原始天然材料。最近，企业完全使用可再生的风能满足其店面和设施的电能使用，因此全食食品企业也成为《财富》500强企业中唯一一家完全使用绿色电能的企业。企业还用卡车将腐烂产品及可降解垃圾运到当地有关地区做复合肥料。企业的运输工具也使用生物燃料，甚至连其店面所使用的卫生清洁产品都是环保型的。通过慈善活动，企业还创立了动物同情基金会，支持开展更为自然和人性化的养殖动物的方式。总之，几乎全食食品企业价值链中的每个方面都强调了其价值定位的社会维度，从而使自己具备了相对于其他竞争者独有的特色。

当然，并不是每家公司都能像全食食品公司那样完全基于社会事务建立其价值定位，但无论怎样，对价值定位增加社会维度能够为竞争定位提供一个全新领域。政府制度、对批评和责任的暴露程度以及客户对社会事务的关注都在不断加强。结果，竞争优势能够涵盖社会价值主张的产业和企业数量将会不断增长。比如，北美最大的面向酒店等部门的食品分销商西斯科公司已启动了一项计划，致力于保护小规模家庭农场，并将当地出产的农产品出售给客户，从而形成了自己独特的竞争力。即便是诸如通用公司和联合利华这样的大型跨国公司也已经看到，重大商机存在于企业与社会的融合过程中。目前，通用公司已经推出了一项“绿色创想”计划，致力于开发水提纯技术和其他“绿色”项目；联合利华则通过开发新产品、新包装材料和分销体系满足最穷困人群的需要。

为企业社会责任而准备

要将企业需求与社会需求融合在一起，不仅要有正当的目的和强有力的领导，还需要在组织和激励机制方面进行调整。很少有企业能够基于其经营业务的特色性和企业竞争环境的重要性而找到并优先从事社会事务。而能够将慈善事业与企业社会责任管理融合为一体，并将社会维度融入自身核心价值主张的企业则更是少之又少。与现在流行的方式相比，做这些事情需要完全不同的方式。企业必须将分散、被动的态度转变为集中、积极的态度；关注焦点应当从形象转变为实质内容。

目前衡量股东满意度的因素已经不合时宜。真正应当衡量的是社会影响。经理人必须看到竞争环境对企业影响力的重要性，在企业社会责任计划中负有责任的人则必须深入理解价值链中的每项活动。价值链和在企业社会责任中对竞争环境的投入，需要与负有损益责任的经理人的能力相结合。这些变化不仅需要扩展就业定义，而且需要克服许多根深蒂固的偏见。许多经理人一直固执地认为，社会事务与企业事务是势不两立的，正如许多非政府组织对企业追求社会效益持怀疑态度一样。如果企业希望撬动企业战略中的社会动力，那么必须改变这一态度。

要实施战略，便一定要作出选择。企业社会责任的成功也是如此，必须要选出应当关注的社会事务。企业所面临的短期表现压力能够使企业避免对社会价值创造的盲目投资。相反，它会使企业认为，创造共享价值应当被看做是一种研发行为和对企业未来竞争力的长期投资。已花费在企业社会责任和企业慈善事业上的数十亿美元投入，如果按照我们所提到的投入原则，那么无论对于企业还是社会，它都会创造出更多的效益。

要尽到共鸣性企业社会责任，就必须做一名好的企业公民，并针对企业所可能导致的社会危害采取措施。然而，对战略性企业社会责任来讲，它需要更多的选择。企业需要面对的事务成百上千，但其中仅有少量事务能够促进企业提高竞争能力。社会组织只要能够作出正确选择，并建立集中和主动的关于其核心价值的社会计划，那么它们便会使自己越来越与众不同。

企业的道德目标

通过日常的提供工作岗位、投入资金、采购产品和经营业务等行为，企业会对社会产生深远和正面的影响。企业能够为社会和社区所作的最重要的事情是促进繁荣经济的形成。政府和非政府组织经常会忽视这一点。比如，发展中国家打击企业积极性的政策最终会使高生产效率的企业受害。因此，这些国家贫穷、人民收入水平低、依靠出卖资源度日也就不足为奇了。企业拥有足够的知识和资源来改变这一状况，这些企业不仅指那些发展中国家的企业，还指那些发达国家中位于经济贫穷地区的企业。

但是，这并不是说，企业便因此可以不择手段地追求短期效益和逃避其行为所导致的社会及环境责任。然而，企业社会责任不应仅关系到企业所犯的错误——尽管这很重要，也不应仅关系到向当地慈善机构作出的慈善资助、灾难发生时的援助行动以及对社会弱势群体的救济。如果能在具体事务操作和竞争环境的社会因素中发现共享价值，便既可以促进经济和社会发展，又能够消除企业与社会互相之间的成见。非政府组织、政府部门和企业必须停止“企业社会责任”的思维方式，转而采取“企业社会融合”的思维方式。

对于世界现存的各种问题，不应都由企业来负责，它们也没有足够的能力去解决所有的问题。每一家企业都能够发现特别适合于自身去解决，并且能够从中获得最大竞争效益的社会问题。通过创造共享价值处理社会问题能够形成自立的解决办法，并且不依赖于私人或者政府资助。如果一家业绩良好的企业将其广阔的资源、专有技术和管理经验用于解决其熟悉并事关自身利益的问题，那么较之其他任何机构或慈善组织，企业会对社会形成更大的正面影响。

绘制社会机遇的蓝图

公司与社会的相互依赖性可使用与分析竞争定位同样的工具进行分析，从而制定出战略。通过这种方式，公司能够从最大程度上发挥其企业社会责任。如此企业并不是仅仅因受外部压力而一时冲动才付出努力，而是能够设定一套积极的企业社会责任议程，从而创造出最大社会效益和企业效益。

这两种工具应当以不同的方式使用。当企业利用价值链对企业行为的所有社会结果进行规划时，实际上企业已经引导出了许多问题和机会（多数是一些操作性事宜），这些问题和机会需要进行调查、排序和处理。一般来讲，企业应当尽可能地减少价值链活动的负面社会影响。事实证明，有些企业活动可以为选择不同的社会事务和战略提供机会。

在处理竞争环境问题时，企业不能面面俱到。因此，企业的任务是要找到那些具有最大战略价值的社会环境领域。企业应当从这一菜单中仔细挑选出一项或者几项具备最大共享价值的社会计划，从而造福于社会并提高自身竞争能力。

绘制价值链活动社会影响力的蓝图

价值链描绘了企业在经营过程中所需要从事的活动。价值链可被用做一种发现这些活动的正面和负面社会影响的体系。这些由内而外的联系范围很广，包括雇佣与解雇政策以及温室气体排放，下面图中的例子也说明了这一点。

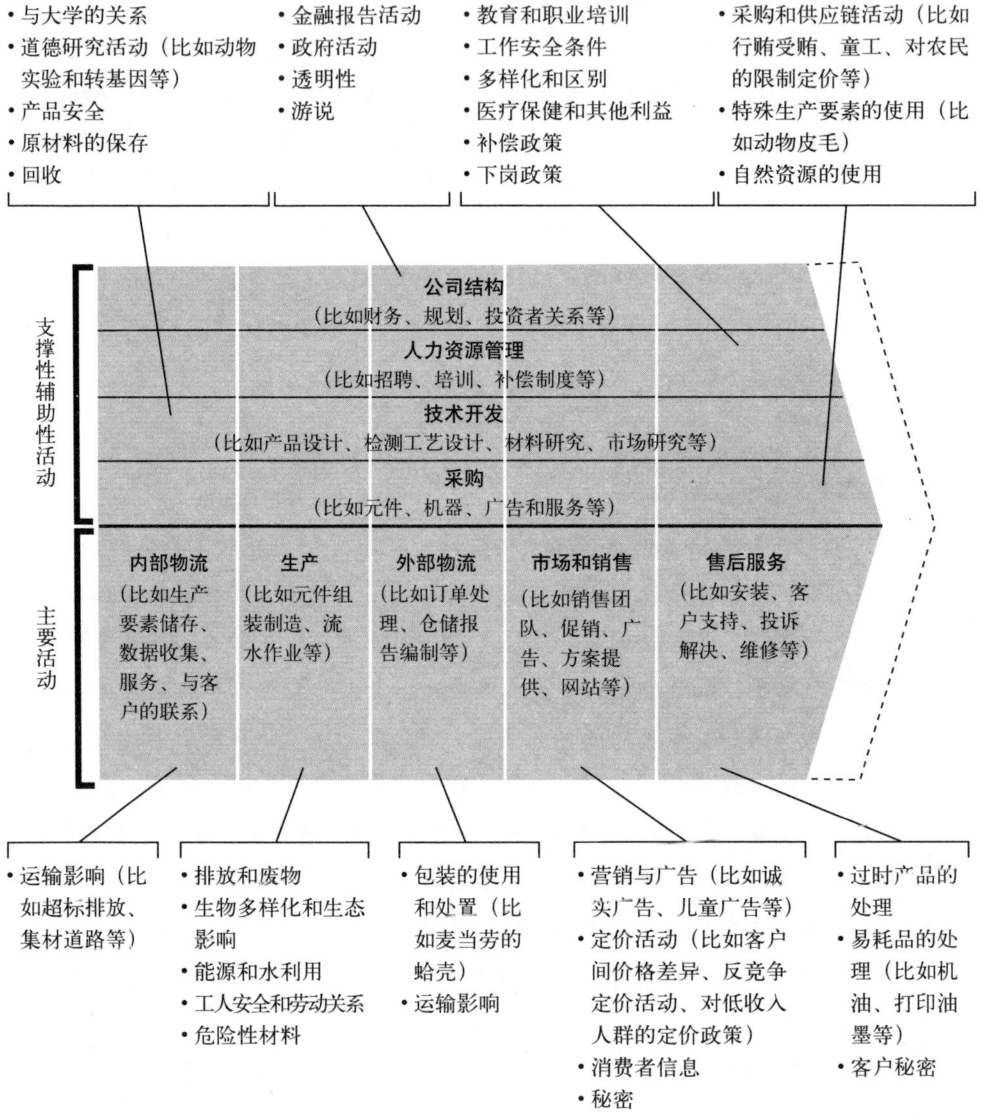

图 14–3　价值链活动如何影响社会

资料来源：迈克尔 · 波特的《竞争优势》

绘制社会对竞争力的影响力蓝图

除了理解价值链之外，有效的企业社会责任还需要对企业竞争环境的社会因素有所了解，这一竞争环境会影响到企业生产效率的提高和战略实施的效果。这些都可以通过使用“钻石体系”来了解，这一体系表明企业的地理条件（比如运输设施和严格实施的政策策略）是如何影响其竞争能力的。

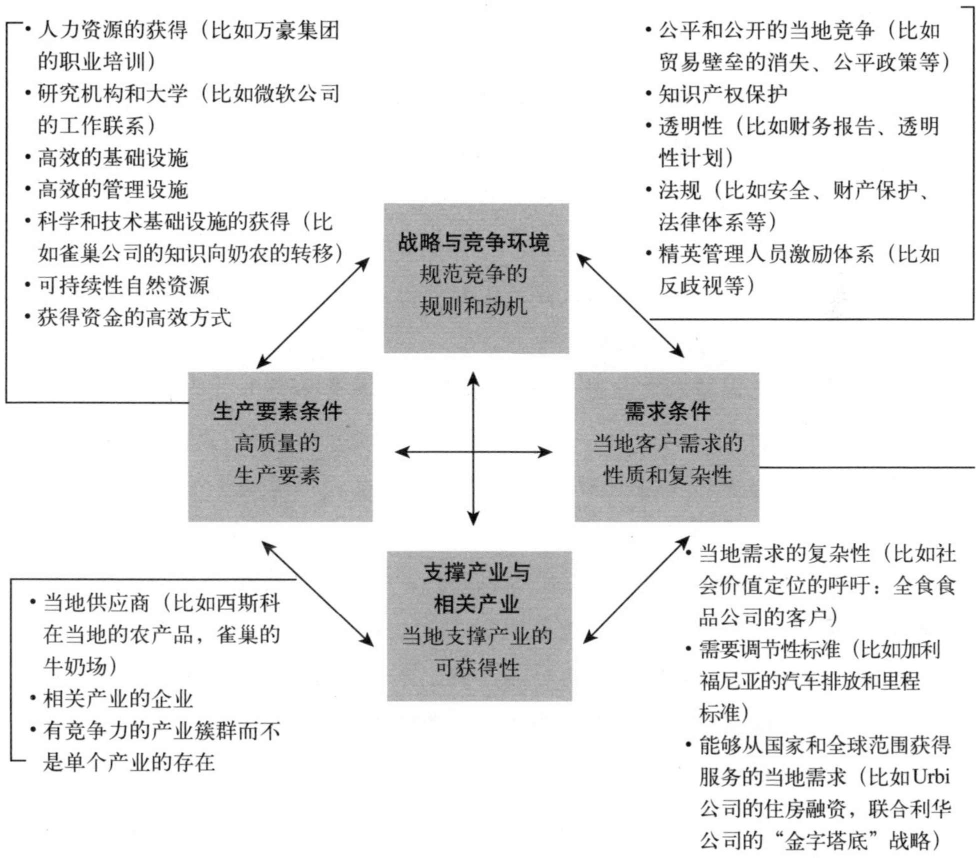

图 14–4　社会如何作用竞争力

资料来源：迈克尔·波特的《国家竞争优势》

企业活动与环境的融合：雀巢公司的牛奶区

雀巢与小农之间的合作方式很好地说明了社会进步与竞争环境改善之间的共生关系。具有讽刺意味的是，尽管雀巢公司的声誉一直受到30年前关于其在非洲幼儿配方销售争议的影响，然而，其在发展中国家的影响力却一直是正面的。

让我们来看一下雀巢公司奶业在印度的发展历史。1962年，雀巢公司计划进入印度市场，并从政府获得许可在莫加区北部建立一个奶牛场。这一地区的当地民众生活极为穷困，甚至没有电、交通设施、通讯设施或医疗保障。平均每名农民仅拥有5英亩缺乏灌溉的贫瘠土地。许多农民家里只有1头水牛，但其产奶足够满足自身需求。然而，刚生下的小牛仔有60%夭折。由于当地农民缺乏冷藏、运输设备或者其他质量检测手段，牛奶不能长途运输，而且牛奶经常受到污染和变质。

雀巢公司来到莫加之后建立了一家企业。雀巢公司来自于其起源地瑞士的价值链依靠的是从大量、多样化小农基地获得当地的奶源。在莫加建立这样一条价值链需要雀巢对竞争环境作出改变，以便能够为公司和当地创造出大量的共享价值。

于是雀巢在每座城镇都建起了冷藏奶场，将来自于各地奶场的牛奶用卡车运到这些冷藏奶场，兽医、营养学家、农学家以及质检员也随车前往。对于生病的奶牛，雀巢公司给予药物治疗和营养补充，并且每个月公司都会对当地奶农进行培训。奶农发现，牛奶的质量取决于奶牛的食谱，而食谱的改善又需要对饲料作物进行良好灌溉。在雀巢公司的资金和技术帮助之下，奶农们开始挖深井。灌溉条件的改善不但提高了奶牛的饮食水平，也增加了农作物的产量，从而提高了当地居民的生活水平。

雀巢公司开第一家牛奶厂时，仅有180名当地农民供应牛奶。而今天，当地为雀巢供应牛奶的奶农达到了7.5万名，雀巢公司每天都要从超过650个村庄的奶场取两次奶。牛犊死亡率下降了75%，奶产量增加了50倍。随着牛奶质量的提高，雀巢逐渐提高了向奶农的收购价格，直至超过了印度政府的收购价。同时，雀巢每两周便与奶农结算一次，这大大提高了奶农的资金流动能力。这样，逐渐形成了竞争的奶牛场和牛奶厂，一个产业簇群正在悄然兴起。

今天，莫加居民的生活水平已经达到或超过了附近其他地区。90%的居民家里通上了电，多数家庭都有了电话；许多村庄都建起了小学，甚至还建起了中学。在莫加，医生数量是周边地区的5倍。当地农民购买力的提高也大大拓宽了雀巢产品的市场，从而进一步促进了雀巢公司的成功。

雀巢公司致力于与小农合作的方法是其战略的核心。这使得公司能够不必通过中间渠道获得稳定、高质量的产品供应。公司诸如咖啡和可可等其他产品也都是由发展中国家的农民按照类似的条件种植的。雀巢公司在印度莫加积累的设立收集站、培训农民和引入更好技术的经验也同样用在了巴西、泰国和其他一些国家。在每一个地方，雀巢都取得了成功，同时，当地经济也得到了繁荣。

ON COMPETITION

第五篇 战略与领导力

15 新任CEO们的七个意外

迈克尔·波特
杰伊·洛尔希
尼汀·诺瑞亚

有这样一种职业，将企业的成败扛于一肩，却无法控制成败之根源；貌似地位高高在上，却不能肆意妄为。这是一种什么职业呢？答案是CEO。你是否感到很惊讶？实际上，就连刚刚上任的CEO们也会对此结论惊讶不已。就在新官上任的CEO志得意满，认为自己达到了事业顶峰，并且实现了垂涎已久的奋斗目标时，他会意识到，CEO这份差事远没有自己当初所想象的那样简单。

有些意外源自于新任CEO的时间和知识限制，因为他身边总有忙不完的方方面面的事情，并且难以有足够的时间获得可靠的消息；有些意外来自于对新岗位的不熟悉以及职业关系网的变化；还有一些意外是来自于对“权力越大便越难以发挥”的困惑。尽管有些挑战看上去似曾相识，但我们发现，一名领导的任何背景——即便是在企业内主管重要业务的经历，都不足以使其成为一名合格的CEO。

在与一些大公司新任CEO的接触中，我们发现了七种常见的意外情况（请见插入内容“学会窍门”）。CEO们如何能够尽快地理解、接受并面对这些意外事关其CEO事业的最终成败。这七个意外凸显了领导艺术的现实应用，不仅对于CEO职业至关重要，对于任何组织中的任何层次的领导者，都起着指导性作用（请见本章结尾的插入内容“你应当了解的七件事情”）。

学会窍门

哈佛商学院的新任CEO工作室仅向年销售额超过10亿美元的公司的新任CEO开放。为了协助哈佛商学院的工作——对那些与众不同的领导进行培训，我们在几年之前推出了这一工作室，以便帮助大企业新上任的CEO们正确面对新挑战。为了保证适当的规模，我们每次会邀请大约10名业务遍及各个产业的公司的CEO参加工作室的活动。这些CEO们所经营的公司业绩都不错，他们本人或是即将就任公司CEO，或是刚刚上任几个月。自从这一项目几年前启动以来，大约有50名世界领先的知名企业的新任CEO参加，包括应用材料公司、南方贝尔公司、吉百利史威士公司、卡特彼勒公司、劳埃德TSB银行、劳氏公司、诺华公司、斯伦贝谢公司、UPS公司和沃尔格林公司。最近，一些早期参加这一项目的参与者重新聚集在了一起，回顾了各自头几年CEO职业生涯的历史，并重新制订了战略计划。

这一工作室提供了一些独到的做法，对如何成为CEO进行了详细的探讨。我们会提前采访许多参与者，向他们提问许多关于战略、与董事会关系、短期和长期挑战的问题。为期两天的讨论便重点探讨新任CEO所要面对的陌生挑战，以及学会与他人对话。

一般情况下，我们在一开始总是要CEO们展望未来，并假想自己在行将卸任时发表离职演讲。第二天，我们会要他们描述一下他们所面临的紧要问题。然后，我们会对这些挑战进行详细的探讨，这些挑战包括制定一项能够创造持久经济价值的战略、建立与董事会的良好关系、与内部和外部机构保持良好沟通、以适当的基调和风格创建一种强有力的企业文化。讨论会上大家都积极发言，很好地交流了个人经验。本章所写到的新任CEO的七个意外是我们工作室讨论中一再强调的七种挑战。我们所使用的阐述这些问题的故事都来自于参与者的经验和与CEO们合作过程中收集到的信息。

意外之一：你不能管理企业

在成为CEO之前，多数经理人都有过主管企业某个部门或者担任首席运营官的经历。他们都擅长经营业务并且希望得到管理整个企业的机会。然而，新上任的CEO们很快便会发现，经营业务只占其整个工作的很小一部分。在哈佛商学院新任CEO工作室讨论的第二天，我们会要求参与者描述其对工作的感受。在最近的一次讨论中，一位来自于美国中西部一家大型制造商的CEO向我们解读了他在接手这一新职务初期忐忑不安的心情。不过，他的言谈举止还是说明他有很丰富的事业经历。

> 难以想象，在同一家公司一待就是37年会是怎样一种感觉。然而，由于你只面对这一家公司，你对公司的忠诚度便会大大增加，与同事们的交情也历久弥深。你担任CEO是一生中最为自豪的时刻之一。你知道，你一生的事业都要奉献于这家公司，这样做，你心甘情愿。
>
> 然而，时间再向后推几个月。你的日程被安排得密不透风。你要参加分析说明会、接受媒体采访（这会耗掉你大量的时间，因为你不知道记者们会冒出什么问题），还要出席在华盛顿召开的例会（在这种会议上你需要向政界大佬们解释你们所在产业所面临的错综复杂的形势）。同时，最近你还刚被选为两家机构的外部董事，企业所资助的那家慈善机构比以往更迫切地邀请你加入他们的董事会，并要求你以他们的名义筹款。这些活动都要你去参加，你别无选择，没有人能替你。

> 你不仅要面对来自于外部的压力，使你无法集中精力搞好企业经营，你还要面对纷杂的企业内部事务。在你成为CEO之前，你会为自己能够到邻近的每个区域访问而感到自豪，你可以认识不同的人，与不同的客户直接对话——你掌握着企业经营的节奏。自从你成为CEO以后，即便是在当初的大本营，你也很难有如此机会了，更不用提其他地区了。你会强烈地感觉到，你已经不可能再像从前那样从事公司的日常工作了。更为糟糕的是，你越发觉得自己的专业知识不够用了。

许多CEO都遇到了这种情况，随着行政事务越发缠身，新任CEO上任前处理公司事务得心应手的愉悦感彻底消失了。高强度、高密度的各类事务让他们应接不暇。几乎每一名新上任CEO都不得不挣扎着挤出时间去考虑股东、分析人士、董事、产业群、政府人员及其他机构等问题。外聘CEO会忙于熟悉新公司的运行模式，而从企业内部擢升的CEO也同样会疲于从经营性事务中脱身，并且还要学会应付外部事务。有些CEO坦言，他们多少有一种失落感，因为他们不再像从前那样紧密接触公司的经营业务了。一位参加新任CEO工作室的、从公司基层一路提拔上来的CEO告诉我们，他感觉好似一切都要重新开始，他必须学会使用新的管理工具，并且要改造旧的人际关系，营造新的人际关系。工作室参与者要完成一项强制性排名调查，在调查中他们要回答自己将如何做好准备工作，以承担各个方面的责任，比如考虑股票市场、与董事会成员协作、在公众监督之下经营企业、打造一个资深管理团队以及当好企业的首席发言人。从他们的内心坦言来看，他们必须承担起企业内部事务与外部事务，成为两位一体的当家人。

随着CEO们看到参加企业的对外活动是如何劳神费力，他们也同时惊讶地发现，还必须放弃许多责任——不仅是关于公司运作的责任，还有最起码的知情权。CEO不可能面面俱到于每一个人，每一个细节。在一家大企业中，任何CEO都不可能顾及到所有的事务，即便是他愿意每周工作100个小时。尽管新任CEO在一开始时都知道这一点，但随后他们便会陷入到无法自控的手忙脚乱中。一位工作室参与者回忆说，他惊讶地发现，在他成为CEO之后仍必须依靠手下的部门，甚至包括自己曾担任主管的业务部门，并且他必须要学会掌握诸如投资者关系和调控事务等自己没有相关经验的领域内的知识。毋庸置疑，新任CEO手握员工的生杀大权，但许多人事决定仍需要业务具体负责人来作。的确，最终较之自己的前一个职务，CEO会对企业细节问题了解得越来越少。

尽管CEO对企业经营的成败负有最终责任，但他却无法参与到关系企业命运的所有决策中。CEO的影响力已从直接转为间接——制定明确、简单易懂的战略；理顺企业结构、生产和报酬制度；设定企业价值和企业基调；同时，很重要的一点是分担企业管理的重担，正确选择和管理自身管理队伍。

意外之二：高成本的指令

毫无疑问，在任何企业中，CEO都是手握大权的一号人物。然而，如果哪位CEO想利用其手中的权力而独断专行或者不采纳基层建议，那么他便会因此而付出代价。发号施令总会引起人们的憎恶和抵制。对自身管理人员指手画脚、放马后炮，不但会重挫当事人的积极性，还会累及周围人，并破坏CEO自己的威信和信心。同时，要推翻一项提议，将意味着当前企业的战略计划和其他方面存在不足。除非CEO能够最终欣然同意一项建议，否则任何送达CEO的建议不会起到任何作用。而在此之前，所有有关的问题都应当已经基本上提出并解决了，只是在需要的时候才邀CEO加入讨论，以获得反馈意见和支持。因此具有讽刺意味的是，CEO在行使其发布指令的权力时，他的权力实际上是被削弱了，在浪费自身能量的同时阻碍了事情的进程。

CEO们在使用其直接权力时，必须要有所选择地刻意为之，不能过于草率和盲目。一般来说，通过上述提到的有序的程序间接运用权力才会收到好的效果。有了适当的基调和风格，这些程序便能够使CEO作出符合企业发展战略的有效决定。

有一名CEO付出了昂贵的代价才认识到了这一点。他成为公司CEO之后不久，被要求通过一项新产品的市场开发计划。这一计划是一名部门经理及其团队一年多的努力结果，他们提出了广告方案，准备好了促销资料，制定了销售和经销方案并为计划所牵涉的不同人员安排了不同的职责。万事俱备，只等新任CEO的批准了。经理层都认为，这只不过是走走过场而已。

然而，这位CEO却并不这样认为。他认为，公司的广告有些不合时宜，必须作出大的改动。这意味着公司很可能要重新选定一家广告公司。CEO坚持要在新广告方案推出之后再启动这项市场开发计划。他希望通过这一决定向下属传递一个他想作一番改进的强烈信号。然而，他却没有意识到，他的这一举动还传递了几个其他的强烈信号。

他的指令一下，企业内部一片哗然。很快，这位CEO便整天忙于与经理层开会，研究这一市场开发计划的批准问题。在会上，有些人要求增加资金投入，有些人要求作出人事调整，还有些人一再讨论是否召开客户会议等无关紧要的问题。他们都不知道自己是否猜透了CEO的心思，因此无论大事小事都要去请示。CEO便整日疲于应付这些事情，本该大刀阔斧干下去的事情却陷入了停顿。

有一段时间，这位CEO没有意识到他为自己这一粗鲁的做法所要付出的代价。作为一名对公司业务并不熟悉的外聘CEO，他很愿意多参与到公司事务的讨论之中，很愿意成为行动的焦点。每次会议对他来讲都是一个交流和加强对公司控制力的好机会。但是，当那位遭到自己拒绝的部门经理在一个星期之后通知他说已打算辞职到另外一家公司时，他才意识到，自己对这一市场计划的细节问题过于关注。而之前他没有认识到，他的这一做法挫伤了那位部门经理的自信心，并影响到了部门经理在其部门职员中的威信。结果，尽管这位CEO极力挽留，部门经理还是决意离开。

翻然悔悟之后，这位CEO在一周后召集公司高层开会。在会上，他向全体与会人员保证，他绝对没有损害他们在各自部门威信的念头，只是他的无心之举打击了那位部门经理的自信。他坦然承认，自己在暂停这一市场计划方面有些操之过急，特别是他并没有与大家详细讨论过自己的新战略。他在会上列出了他希望作出战略性改革的地方，强调所有这些都已经进入程序，并且需要大家一同努力。他还将企业的事务分成了两类，一类是应当咨询他本人的事务，另一类是他应当完全相信经理层的事务。他组建了一个特别行动小组，对公司的一些关键事务——计划、预算、业绩评估、新产品展示、市场开发和关键职员的招聘等进行了评估，以确保CEO能够尽快介入这些事务。最终，在第二年，他通过努力工作，使得他的观念和做法被公司所有员工特别是他的资深管理团队所了解（我们之所以知道这一点，是因为与其他参与者一样，他在参加完工作室的项目之后与我们一直保持着联系）。

这名CEO最终的结论是，单方面推翻一项经过深思熟虑、克服许多障碍之后的决定是没有任何道理的。的确，这名CEO其后所使用的用于判断公司管理状况的关键因素便是他能否欣然批准公司的决定。推翻某些事情的需要是一种更为广泛意义上的组织失败。或者可以说，这反映的是CEO不能清晰地就其战略和行动原则进行交流。当然，在某些情况下，将一项CEO认为是一种严重错误的重要战略（比如说大规模并购）继续进行下去，其损害要大于发号施令。不过，这位CEO最终承认，广告的完善工作完全可以以后再做。

新任CEO可能会迫切需要证明他才是当家人，并且要企业员工接受自己的想法。但是，直接发号施令（特别是对员工工作发布禁令）却永远是一种不可取的做法。实际上，CEO应当找到一种包容资深管理人员的做法，并且应当促进企业高层对决策标准达成一致。比如，在会议中，CEO可以通过公开会议议程的方式透露其所关心的问题，从而给管理层人员一个参与决策的机会。新任CEO必须容许别人发表自己的见解，并相信别人作出的重要决策。要成为最为成功的CEO，便必须放权给周围的人。

意外之三：信息不畅

即便CEO知道，他们难以顾及公司的方方面面，他们仍错误地认为，他们至少能够知道究竟发生了什么事情。当然，CEO们能够掌握大量的信息，但是真正可靠的信息却少得可怜。传递到高层的信息已经过了层层过滤，这当然有时是出于好心，有时却是出于恶意。获得可靠的消息越来越困难，原因便是新CEO在上任的第一天，其周围人际关系便发生了变化。以前的那些能够正确解读企业事务、对事实情况了然于胸的现任CEO的同级别同事和下属此刻却都提着几分小心。即便是那些曾经与现任CEO最亲密的同事，也选择了报喜不报忧。同时，由于CEO手握每个人的生杀大权，人们在上报情况时都是用心良苦地百般粉饰。

让我们来看一下一名工作室参与者的经历，他所在的公司是一家业绩很差的合资企业的股东公司。随着销售收入的直线下降和成本的不断提高，这位CEO极力想弄清楚背后的原因，因此便召开了几次由参与合资企业事务的几名经理层人员参加的会议。他们对这一经营困境的解释并不出人意料，他们都把矛头指向了自己的合资伙伴。显然，CEO清楚，仅与自己人讨论是得不出正确结论的，因此他设法与合资伙伴公司的经理人取得了联系，而这几个人恰好并不负责合资企业的事务。他们对情况的理解与CEO手下的经理层所报告的大相径庭，他们提供了许多对合资企业经营情况的建设性的见解。最终，这位CEO意识到，问题的根本原因在于双方股东对合资企业目标缺乏统一的认识。最终，这家公司退出了合资企业。

回顾这段历史，这位CEO并不认为他的团队是在恶意掩盖事实真相。一方面，他认为，他的团队有一种天生的自我保护的本能，特别是在他们的一把手上司面前。其他人虽然也知道问题的严重性，但是他们也不愿站出来讲话，因为他们担心CEO会迁怒于自己。另一方面，工作层也很难意识到问题的存在，因为问题不仅在于工作细节，还在于合资企业建立之初双方便没有一个明确的共同目标，从而各说各话。对CEO来讲，最令其想不到的事情是要通过外部反馈才能了解到自己内部发生的事情，因为从自己人嘴里反而得不到事情的真相。

对于CEO来讲，要找到可靠的信息渠道是一个不小的挑战。工作室的许多参与者都叙述了他们定期与企业不同部门不同级别员工进行面对面谈话的情况。比如，一名CEO每周都会邀请10~12名企业员工一起吃午饭。员工可以来自于企业各个部门的各个级别，并可以自愿报名参加。如果部门经理参加午宴，则不得带工作报告。尽管这位CEO知道，与他一起吃午饭的公司员工并不一定都会敞开心扉，但他发现，这一非正式场合在一定程度上减轻了交流障碍，并为他创造了聆听来自于各个层面员工心声的机会。其他CEO还介绍说，他们采取了现场访谈等方式收集未经过滤的原始消息。

还有一些新上任的CEO强调了不断从公司深层次内部获得信息（从最接近一线的员工）的重要性，尽管这一做法可能会使中层管理人员感到不适。比如，一家高科技公司的CEO选择了深入基层工作人员直接向他们了解项目进展情况的做法。事前，对于他的这次“摸底”举动，他并没有告诉身为项目负责人的中层领导。还有一位CEO认为，如果中层领导总是劝自己不要与其直管下属直接对话，这便是一个危险的信号。然而，这位CEO深知，这种形式的对话要起到作用，便一定要持之以恒地定期进行，从而使人们对此逐渐习以为常，而且与CEO直接对话的员工要深信，他们的坦言并不会给自己制造麻烦。

工作室的许多CEO还发现，公允的消息往往来自于外部渠道，比如通过与客户的接触、与其他CEO的谈话以及与产业协会的交流。几乎参加工作室的每一位CEO都曾经专门拿出时间系统性地进行过这样的外部交流。还有的CEO选择了与独立顾问对话，因为他们可以毫无顾忌地坦言实施情况，甚至指出CEO自身的错误。

意外之四：你无时无刻不在向别人传递着信号

一般来讲，新任CEO都会意识到，自己的一言一行会传遍公司每个角落。但是，他很可能想不到的是，无论是在公司内还是公司外，他的一言一行都会被人们仔细品味和解读。哪怕他的很小的一个动作和一句话都可能被传播并放大，并且有时候会遭到严重地误解（我们还应当记得前文中提到的那位暂停了市场开发计划的CEO）。甚至于对自己的个人选择，CEO们也要考虑到群众效应。一名CEO开玩笑说，在买车时，他必须要小心谨慎，因为一旦他买了某种型号的车，公司停车场很快便会停满相同型号的车。

第一个信号便存在于CEO就任本身。人们总是基于CEO的背景及历史经验来对CEO予以评价。有一名CEO是执掌英国公司的美国人，他告诉我们说，他的许多支持者都希望自己这位“风格粗犷的美国人”能够改变困扰公司数个世纪的旧传统和旧文化。还有一位有法律工作背景的CEO回忆说，他一上任，市场的负面反映便十分强烈，因为人们都认为，一名律师成为公司CEO的唯一原因便是公司面临着类似于剧毒石棉起诉的严重案件。可怜的新任CEO尚没来得及有任何举动，这些信号便提前释放了。

一旦工作起来，新任CEO很难再有机会与员工交心，因为他所提出来的半成熟观点有可能被追捧为至高无上的战略。因此，CEO的观点经常会被曲解。即便是CEO提出的一个天真的问题，也可能被认为是丧失信心的表现。一位CEO告诉我们，他惊讶地发现，许多人乐于随便引用自己的名字，因为他们希望，一上来便说一句“弗兰克说……”能够起到一语定乾坤的效果。实际上，我们的CEO弗兰克先生并没有说过任何这样的话。

因此，新任CEO们需要很快学会如何把握好自己一举一动可能传达的信号。这样，只要CEO们能够理解自己言行的多重效应，他们便可以从最大程度上减少不经意的信号传递和增加他们有意传递的信号。比如，让我们来看一下一位新任CEO的经历。他的公司位于美国东南部，公司避免卷入任何与种族有关的案件，而其他同一地区的公司则没有这么做。这家公司有明确的关于员工表现的标准，包括禁止展示美国南部联邦旗帜。在当地媒体报道这家公司的一名管理人员公开宣称公司挂出了南部联邦旗帜之后，这位CEO立即解雇了此人。CEO解释说，他这样做的目的是为了向人们传递一个信号：公司不会容忍任何有悖于公司原则的行为。人们不必猜测CEO在这一问题上的看法，他的做法已经说明了一切。

另举一例，一家运输公司的新任CEO希望传递客户至上和员工安全至上的信号。一天，他在视察工作时，注意到一辆有轨机车的火警开关没有处于连接位置，因此他便关闭了公司所有的机车，然后对每个开关进行了检查。同时，他还对开关断开的原因展开了调查，从而避免类似事故再次发生。尽管有备用系统，但这位CEO希望通过自己的做法向内部和外部传递一个信号：任何不完全符合安全标准的做法都绝对不能接受。同时，他还希望，为了确保安全，员工也付诸自己的行动。

对于CEO所传递的信号，不同的人和不同的部门会有不同的看法，这便使情况变得相当复杂，从而导致错误的解读。特别当信号向内和向外同时传递时，更容易出现问题。比如，尽管华尔街在听到有关资产剥离的消息会高兴不已，但员工们却会感到震惊。既要保持信号的准确性，又要千方百计协调好内外关系，这不是一件容易的事情，弄不好便会里外不是人。新CEO们所面临的一个重要课题是仔细考虑他们的言行会得到怎样的来自于不同受众的不同解读。作为管理人员，很难做到左右逢源，总会伤害某些人，但只要他谨慎传递自己的信号，损失便会降到最小。

最后，如果可能的话，CEO们必须保持他们所传递信号的前后一致性。一个经常重复并且以发人深省的方式传递的简单明了的信号，是新任CEO在与各方交流过程中所应采取的最好方式。

意外之五：你并不是老板

许多新任CEO在一开始都认为，他们终于爬上了金字塔的顶尖，可以接受众人的顶礼膜拜了。但他们很快便会发现，情况远不是他们所想象的那样简单。尽管CEO处于公司管理层的最顶端，但他仍需要向董事会报告。董事会能选择他，也同样可以解雇他；董事会有权力评价CEO的表现、确定他的薪酬、推翻他的战略，并且可以独立于CEO之外而单独作出重要决定。现在，新的有关法律规定的出台、法庭的判决以及股东激进主义赋予了董事会越来越多的权力，因此CEO们必须处理好与董事会的关系。正如一名新任CEO所告诉我们的："我们已不再知道如何与董事会打交道。"尽管人们对这种关系存在质疑，但它的存在却越来越使CEO们心力交瘁。

新任CEO并不仅仅向一名老板汇报，他必须同时面对10个或者12个老板，这些老板个个都是董事，这一头衔便意味着制衡CEO的权威。尽管董事会中不乏有经验有能力的董事，但许多董事对公司业务却了解甚少。这意味着，CEO以及公司管理层必须向董事会介绍公司以及公司所在产业发生的一切，尽管CEO本人都很难获得准确信息。最糟糕的是，董事们感到被蒙在鼓里或者对发生的事情感到惊讶。由于董事们必须在短时间内聆听大量信息，CEO在向他们解释时应采取简单易懂的方式。

而且，许多董事之前很少与新任CEO有过接触。即便CEO是从内部选拔并且此前也是董事会的一员，董事与CEO之间仍有隔膜。CEO必须花时间使董事们了解自己并对自己的能力和判断产生信心。如果前任CEO仍在公司担任董事长或者董事，那么新任CEO便会面临更大的挑战。新任CEO必须面对前任CEO所遗留的各种关系和政策。所有这些都会产生决策尴尬，并且使新任CEO感到难以与董事会相处。按照我们的经验，前任CEO留任董事会并不是一个明智的做法。

比如，有一名新任CEO，在他上任初期的几周时间无疑是一场严峻的考验。董事会解雇了其前任以及整个管理层人员，然后证券交易委员会进入公司展开了调查。就在这样一个员工士气低落、客户纷纷转投公司竞争对手以及媒体对公司频繁曝光的时刻，新任CEO走马上任了。他上任后马上采取了整顿措施，启用了新的财务制度，提拔了新的管理团队成员，并最终确立了新的战略目标。然而，他很快便发现，深受前任管理层煎熬的公司董事这次却睁大了眼睛要加强对公司及其本人的控制。显然，董事会希望形成对新任CEO的牵制力。很快，他便决定与董事会紧密合作，做到事事提前汇报，以得到董事会的支持。尽管这花费了他很多的时间，但此举使他逐渐赢得了董事会的信任，从而得以在今后做到了决策畅通。尽管这个例子有些特殊，但它却说明了一个对于所有CEO都必须面对的现实：话语权的最终掌握人是董事会，而不是CEO。

在CEO改善与董事会的关系过程中，他必须既不能将董事们看做朋友，也不能将他们看做知己，而是应当将他们看做是能够对公司成败问责的老板。通过主动向董事汇报并改进与他们的关系——比如通过单独接触、使用电子邮件汇报公司进展情况以及背景情况说明（在董事会上，最好的CEO会选择与董事们一同讨论公司事务，而不是让管理层生硬地向董事会摊牌）等方式，能够与董事们坦承以对并创造与董事们合作机会的新任CEO才更有可能得到其老板们的青睐。

意外之六：讨好股东并不是最终目标

在上任伊始，CEO们经常会错误地认为，他们的首要任务是要讨好股东。毕竟，股东价值是决定公司长远目标的核心。看上去，使股东高兴似乎是一件很自然的事情，每一名CEO（特别是新任CEO）都希望通过不断上升的股价来获得人们对其领导的认可。

问题的关键在于，将股东好评作为最终目标可能并不符合公司的最大利益。股东们所赞成的措施和战略可能并不会有利于公司的最终竞争定位。股东（包括分析师）们走马灯似的换来换去——在美国，一只股票的平均持有时间不足1年——他们只关心自己持有股票期间公司的业绩。分析师也十分关注股票买进卖出的时机，他们并不会长期持有。他们会倾向于促成一种短期趋势，而不是关注长期发展态势。实际上，无论是股东还是分析师，他们都注重短期效应。然而，CEO需要关注的是如何创造公司的可持续经济价值。

有时候，来自于分析师和股东的压力十分强大，甚至能够起到破坏性作用。我们工作室的一位CEO告诉我们，他感到了一种压力而不得不放弃公司的一项主业，因为这样能够在短期内满足分析师们的要求。然而，不幸的是，这将会伤害公司的长期业绩，原因是这一公司主业的出售使公司失掉了原来相关的客户，从而失去了这部分业务今后增长的机会。

一个消息灵通、有强烈参与意识的董事会能够帮助CEO将注意力集中于公司长期发展上。一家大型零售商的CEO向我们叙述了他刚上任时经历的一场风波：一个成熟的产业，貌似不可战胜的沃尔玛，暗淡的经济前景。按照这位CEO的描述，公司业务受到了极大影响，他需要时间恢复到以前的辉煌。因此，他与董事会一起制定出了一项新的战略，致力于重夺失去的市场。经过半年的努力，情况出现了改观。董事会因此感到十分满意，公司员工也恢复了士气，但是分析师却仍看跌公司的股票。分析师们认为，这项新战略见效慢，战线长。在与分析师们进行了多次艰难磋商之后，双方终未取得一致，CEO终于意识到，分析师们看重的只是短时期内见效的大刀阔斧的改革，却并不管这些措施的长期效果。这位CEO告诉我们："最后，我便再不去考虑分析师们的想法了。"这位CEO之所以能够找准重点，是因为他通过自己的不懈努力使得董事会也将公司长期发展战略计划作为重中之重。

CEO不应寄希望于通过有规律的业绩起起落落来讨好股东，他必须意识到，最终起到决定作用的只是公司的长期盈利能力，而不是人们对公司业绩以及股价的短期预期。高位运行的公司股价如果没有公司基本竞争优势的支撑，最终会走向崩溃。CEO不应当根据股东的喜好而制定自己的公司战略，他所制定的战略必须能够清晰反映出公司相比其他公司的独特优势，并且能够涵盖产业的基本面。CEO的一个关键任务便是要拿自己制定的战略向分析师和股东兜售，并重新塑造他们对公司的认识。实际上，CEO们并不必寄希望于公司战略能够立即被股东所理解或接受，因为要影响股东的观点，需要向他们不厌其烦地进行解释和提醒。要取得这项工作的成功需要相当长的时间。但是，CEO只要有勇气制定出可靠的战略（哪怕这些战略并不被华尔街看好），他最终会得到那些睿智的股东的支持，他们会购买并持有公司股票，因为他们相信公司将会前途无量。

意外之七：你并没有多少超人之处

在影视节目中，我们经常会看到公司CEO精力充沛，是被人们所爱戴的具有完美人格魅力的英雄。然而，实际生活中，他们与常人一样，也有许多人性固有的弱点。在工作中，他们受到众星捧月般的拥戴，因此他们很少能够自省并认识到自身的不足之处。工作室的参与者们经常会说，他们需要通过自觉的努力来避免妄自尊大和唯我独尊的心态。我们工作室的参与者非常看重CEO的个人影响力。他们都承认，他们不可能将所有事情都做好。但是，要承认自己在业务水平上存在差距，并且承认他们的工作无论在体力上还是情感上都比其他工作更加劳累，他们却难以接受。

在我们的工作室中，经常出现的一个问题是如何在个人与工作之间找到平衡。新任CEO很容易低估他所要面临的工作量和重要程度。许多新任CEO都相信，他们能够合理解决好自身生活与工作新挑战之间的关系，因为他们在之前的管理职位上都能做到这一点。然而，由于CEO的事务繁重且要面对公众，这一角色会大大加重工作负担。正如一名CEO所说的那样："最终，根本不存在什么平衡不平衡的问题，只有取还是舍的问题。"

问题不仅来自于没有足够时间。我们都希望保持自己生活的私密性，而CEO生活的许多方面都已经亮给了公众。一名CEO告诉我们，他的十几岁的女儿是通过一篇报纸上对自己情况的报道知道自己的收入情况的，而此前他从不与孩子们谈起自己挣多少钱。尽管比起其他CEO，他的收入并不算高，但他却不得不向家里解释自己是如何挣到这么多钱的。另一位CEO告诉我们说，他在成为公司CEO之后，害怕与家里人一起度假，也担心自己的事业被曝光之后家族成员们的反应。实际上，每一名CEO都认为，在成为CEO之后，自己与朋友和家庭之间的关系发生了变化。

令我们感到吃惊的是，许多新任CEO即便是在上任头几天，便已开始考虑他们卸任之后的事情了。尽管这有助于公司注重长远发展，但也会导致过激（甚至是盲目）的举动，从而作出一些对公司不必要的改变。有了这些目标，公司便容易受到诱惑，甚至会衍生出一个规模三倍于原始公司的部门，而不管这一部门是否能带来利润。

新任CEO应当努力学会谦虚谨慎，要不断反思自己的决策和行为，还要不断聆听其他人的观点，多听取善良与正直员工的意见。否则，身披光环的CEO很容易被周围人的甜言蜜语所迷惑。为避免这种情况发生，董事会也可以发挥其作用。

工作室参与者意识到，他们也需要与外部（包括家庭和社区）保持联系，否则便可能会被公司事务所吞噬。许多人通过公共服务活动为其人性化需求找到了出路。CEO们也需要休息和娱乐。定期体育锻炼、度假和打高尔夫似乎都是不错的休闲方式，当然，他们也可以选择赛车这一刺激的方式。一位CEO说，他知道自己永远成不了马里奥 · 安德列蒂，但他仍愿意去尝试着挑战一下自我。

你应当了解的七件事情

多数新任CEO会对自己的新职务、时间与信息限制，以及他们所要面对的职业关系，感到无所适从。下面让我们看一下新任CEO所要面对的常见问题以及怎样进行适当的调整。

意外之一：你不能管理企业

值得注意的信号：

- 你参加的会议过多，并且进行了过多地关于战略的讨论。
- 你经常会感到无法控制自己的时间。

意外之二：高成本的指令

值得注意的信号：

- 你已经成为瓶颈。
- 员工在做事之前过分依赖于你的意见。
- 员工开始拿你的名字说事，比如"弗兰克说……"。

意外之三：信息不畅

值得注意的信号：

- 你总是听到令自己吃惊的消息。
- 你总是在事情发生之后才听到消息。
- 你总是通过谣传而不是直接渠道听到人们所关注的消息。

意外之四：你无时无刻不在向别人传递着信号

值得注意的信号：

- 员工对你的行为议论纷纷，并且夸大或者歪曲事实。
- 你周围的人在做事时想方设法考虑你喜欢与否。

意外之五：你并不是老板

值得注意的信号：

- 面对董事会，你难以决定采取何种立场。
- 董事会成员和管理层人员的角色与职责不明确。
- 董事会会议大多讨论的是事情的结果和管理层的决定。

意外之六：讨好股东并不是最终目标

值得注意的信号：

- 经理层和董事会基于对股价的影响而对决策进行评判。
- 不懂业务的分析师着力怂恿作出可能有害于企业的决策。
- 管理动机过分看重股价的波动。

意外之七：你并没有多少超人之处

值得注意的信号：

- 你的谈话总是在强调自己，而很少强调企业。
- 相对于你的企业中的其他高管人员，你的生活作风过分气派和奢靡。
- 你的所有活动几乎完全都是有关企业的。

CEO的领导艺术

总起来讲，这七个意外对于新任CEO如何做好自己的工作具有重要的意义。

首先，CEO必须学会管理组织环境而不能将注意力完全放在日常事务上。这种抓大放小的领导方式可能需要一段时间的过渡。一位CEO告诉我们，尽管他身居高位，但在上任初期，他仍觉得自己是企业中“最无用的公司高管”。在制定战略、开展业务和遴选关键人员时，他需要学会的是如何以间接方式处理问题，从而为他人作出正确选择创造条件。同时，通过自身言行，他必须确定一种基调，并且奠定企业的文化和价值观基础。换句话说，CEO自身的表现应当为员工树立起榜样。

其次，他必须意识到，他的职位并不意味着绝对的领导地位，也不能保证员工都愿意为企业效命。他必须时时刻刻通过一种精神感召力来领导自己的企业。作为CEO，如果其想法不能使人们动心，其行为与价值追求不符，或者他将自身利益看得比企业利益更重，那么他便很容易在员工心目中失去领导者的地位。他必须意识到，企业成功与否最终取决于员工的主动行动，而不是唯命是从。尽管对传统管理方法的掌握使CEO有了今天的荣光，但仅靠这些方法则不足以使他长期在这一位子上坐下去。

最后，CEO必须学会清醒看待自己的这一职务。即便别人对他五体投地，他仍要看到自己的不足之处。如果不能意识到这一点，他便可能陷入高傲自大而不能自拔，最终结果只有失败。只有知道取舍，并且多为别人着想，CEO们才能够正确决策，从而促进企业的长远发展。

合著者简介

马克·克雷默是FSG社会影响力顾问机构的创始人（与迈克尔·E·波特教授一起）之一，并担任这一顾问机构的常务董事。FSG社会影响力顾问机构是一家非营利性咨询公司，其主要业务是向波士顿、圣弗朗西斯科、西雅图和日内瓦的政府机关提供慈善和企业社会责任方面的服务。克雷默先生是有效慈善中心（Center for Effective Philanthropy）的创始人，并且是哈佛大学肯尼迪政府学院的资深院士。在《哈佛商业评论》上，克雷默先生与波特教授先后合作发表过3篇关于慈善和企业责任方面颇具影响力的文章。在此之前，克雷默先生做过12年风险投资人。他拥有布兰迪斯大学、沃顿商学院、宾夕法尼亚州立大学法学院学位。

克拉斯·范德林德是瑞士圣加仑大学经济研究所国际管理研究所的副教授。他的研究和咨询工作主要是国际与地区竞争力和竞争，以及国际管理事务。他著有《德国的竞争优势》（Deutsche Wettberbsvorteile）一书，还独立和合作发表了大量的专著文章。他拥有纽约哥伦比亚商学院的MBA学位以及圣加仑经济研究所的工商管理博士学位。

杰伊·洛尔希是哈佛商学院人际关系学教授。他的著作有十几部，包括《董事业的作用与效率》。他被选为美国艺术与科学院院士。洛尔希教授参与了哈佛商学院的所有教育项目，现任哈佛商学院全球企业治理行动项目主任。他具有为美国及国际上众多公司咨询的丰富经验，现任美国国际联合电脑公司董事。

维克多·米勒在1958~1986年间就职于安达信咨询公司，这段经历使其赢得了在管理服务方面的国际声誉。他是业界第一个预言IT业将会长期繁荣的人，并且是第一个对智力资本和效益增长关系作出论述的人。米勒现任哥伦布集团公司（Columbus Group LLC）——一家专业服务公司的董事长，并担任其他数家专业服务公司的董事。

尼汀·诺瑞亚是哈佛商学院商业管理教授和资深副院长。他致力于研究领导和企业转型。诺瑞亚教授在哈佛商学院执教MBA、PhD和行政教育。1996年他作为访问学者赴伦敦商学院。他与别人合写过10部书，包括最近所写的《走向强大之路：内行与外行如何改变美国商业领导》。他还先后发表了75篇专业文章。诺瑞亚教授获得了麻省理工学院史隆管理学院管理学博士学位，以及印度理工学院化学工程Btech学位。1988年7月，他加入哈佛商学院执教。

伊丽莎白·泰斯伯格是弗吉尼亚州立大学达顿商学院副教授。泰斯伯格教授的研究和咨询主要致力于高科技和医疗保健行业中的价值创新和战略机遇分析。她是The Portable MBA（1997）一书的作者之一，并在多家刊物上发表了许多专著文章。在加入达顿商学院之前，她在哈佛商学院担任了8年教授。她拥有斯坦福大学理学硕士和工程博士学位。